21 世纪网络教育精品教材

远程教育教程

（修订本）

主　编　黄正明
副主编　於　实

北京交通大学出版社

·北京·

内 容 简 介

　　本书从宏观和微观的角度论述了远程教育的基本概念、基本理论。在对远程教育的教育对象和办学模式与传统教育进行比较的同时，介绍了国内外远程教育发展史，详细阐述了远程教育的理论基础。在分析中国远程教育系统结构特点的基础上，提出远程教育系统的开发设计和实现方法。介绍了利用现代教育技术进行远程教育的教学设计及资源建设，对远程教育的学习支持服务、远程教育管理、远程教育的质量保证、远程教育的评估也进行了论述。本书内容翔实，脉络清晰，理论与实际紧密结合。

　　本书可以作为接受远程教育学习和培训的各专业学生的基础教材，也可作为从事远程教育管理、技术人员的参考书或社会大众了解远程教育的工具手册。

图书在版编目（CIP）数据

远程教育教程／黄正明主编．—修订本．—北京：北京交通大学出版社，2013.1（2020.2重印）

　　（21世纪网络教育精品教材）

　　ISBN 978-7-5121-1338-1

　　Ⅰ.① 远…　Ⅱ.① 黄…　Ⅲ.① 远程教育-教材　Ⅳ.① G43

中国版本图书馆 CIP 数据核字（2013）第 004881 号

责任编辑：刘　辉
出版发行：北京交通大学出版社　　　　　　电话：010-51686414
　　　　　北京市海淀区高梁桥斜街 44 号　邮编：100044
印 刷 者：艺堂印刷（天津）有限公司
经　　销：全国新华书店
开　　本：170×235　印张：20.5　字数：379 千字
版　　次：2013 年 1 月第 1 版　2020 年 2 月第 27 次印刷
书　　号：ISBN 978-7-5121-1338-1/G·188
印　　数：148 001 ～ 151 500 册
定　　价：38.00 元

本书如有质量问题，请向北京交通大学出版社质监组反映。对您的意见和批评，我们表示欢迎和感谢。
投诉电话：010-51686043，51686008；传真：010-62225406；E-mail：press@bjtu.edu.cn。

序 ◀◀◀

　　《国家中长期教育改革和发展规划纲要（2010—2020 年）》中提出"广泛开展城乡社区教育，加快各类学习型组织建设，基本形成全民学习、终身学习的学习型社会"，将终身学习提到一个国家战略的高度。要建设终身学习的学习型社会，实现任何人在任何时间、任何地点进行学习的目的，网络教育是最重要的途径之一。

　　网络教育不仅是传统教育的延伸，更是提高成人素质和职业能力的桥梁。教学资源的建设是网络教育的重中之重，如果说网络教育是骨架，那么资源就是丰富骨架的血和肉。而在网络教育资源建设中，文字教材和音像教材是学生在学习中接受知识信息的最主要、最基本的源泉，因此教材建设又显得尤为重要。

　　网络教育教材必须坚持以学习者为本的理念，在教学方案的设计上，在教学方法的选择上，既从讲课的角度去思考，也注意学生的"自学"，突出教材的实用、适用、够用和创新即"三用一新"的特点。

　　网络教育教材必须既重视理论知识的阐述，更强调实践性，寓知识于应用中，引导学生进行观察和思考，激发学生的学习兴趣，启发学生的参与性，将生活和工作中的问题作为学习的核心，加强实际问题的研究，通过解决实际问题加深理论的理解和应用。

　　网络教育教材必须紧密围绕网络学习者的需求。为帮助学生判断学习效果并启发其进一步思考，设置大量练习题，并配备视频讲解光盘，建设学习网站。

　　网络教育教材必须考虑与其他媒体组合使用的问题，应与网上学习相结合，合理安排学习计划，以控制学习进度；及时参加网上测试，检验学习效果参加视频辅导；并积极与同学、老师互动，共享学习疑问和学习经验，提高学习效率。

　　江南大学网络教育在多年资源建设实践的基础上，编写了网络教育系列教材。网络教育教材建设工作是一项长期的与时俱进的工作，既需要建设者的努力，更需要使用者的意见和建议。江南大学的网络教育教材建设工作还处于起步阶段，更需要付出不懈的努力。如何在教材的编写和使用中更好地体现对学生能力的培养，如何激发学生学习的兴趣，如何解决学生实际生活工作中存在的问题，将是江南大学网络教育系列教材建设者重点探索的课题，希望广大教材使用者提出宝贵的意见和建议，祝愿江南大学网络教育教材建设工作取得长足进步，不断为网络业余学习者提供有用的、喜欢的书！

冯 骥

2012 年元月

前 言 ◀◀◀

　　国务院批准发布实施、教育部制定的《面向 21 世纪教育振兴行动计划》中提出，要在我国实施"现代远程教育工程，形成开放式教育网络，构建终身学习体系"。这就要求我们大力提高教育技术手段的现代化水平和教育的现代化程度。远程教育是一种发展迅速的新型的教育形态。随着新技术对高等教育越来越深刻的影响，随着社会和经济的发展，传统教育受到越来越严峻的挑战，在许多国家，远程教育逐渐成为高等教育和成人教育不可或缺的组成部分。

　　远程教育在科学技术进步的推动下，以开发教学产品通过传输媒介作为教学的手段来达到教学的目的。印刷技术与书面教材建立了第一代的远程教育形式——函授教育；广播电视技术与音像教材建立了第二代远程教育形式——广播电视教育；计算机及网络技术与计算机课件建立了第三代远程教育形式——现代远程教育（网络教育）。教学产品的独立性，使得教师与学生可相互分离，面对面的教与学不必贯穿于教学活动的全过程。教学从教室、校园扩展到社会。有形的学校围墙在远程教育这一新的教育形态中慢慢地淡化。远程教育将为全社会成员提供终身学习机会。

　　近年来我国远程教育尤其是网络教育取得了很大的发展，远程教育理论研究和学科建设取得了丰富的成果和显著的进步。在教育部试点的现代远程教育院校中，有必要对已接受现代远程教育的学生开设《远程教育教程》的教学，使学生循序渐进地了解当前现代远程教育学术研究的最新成果，以适应现代远程教育教学和研究的需要。

　　编写《远程教育教程》教材的指导思想：在实现我国高等教育课程的设置和教学内容的改革的总构架中，突出创新和借鉴两个方面。既要敢于探索，勇于创新，又要善于借鉴，不断总结。借鉴国际远程教育学术研究的成果，探索中国远程教育的道路，本书将为我国远程教育发展，建立远程教育体系提供参考资料，为我国远程教育的研究抛砖引玉。

　　本书第 1 章、第 2 章从宏观和微观的角度论述了远程教育的基本概念、基本理论。对远程教育的对象和办学模式与传统教育进行比较，从而构成了远程教育的理论基础。第 3 章、第 4 章、第 5 章在分析中国远程教育系统结构特点与发展的基础上，提出远程教育系统的开发设计和实现的方法。第 6 章、第 7 章介绍了利用现代教育技术进行远程教育的教学设计及资源建设。第 8 章分析了远程教育的特点，提出强化远程教育的学习支持服务。第 9 章、第 10 章提出远程教育的管理方法和远程教育质量保证体系。第 11 章介绍了远程教育的评估。

《远程教育教程》既可以作为接受远程教育学习和培训的各专业学生的基本教材，也可作为从事远程教育的管理、技术人员的参考教材或是其他专业教师和学生了解远程教育的查阅教材。希望通过本书能让读者了解一种新的教学形态，了解当前国际教育的发展热点。尤其是接受远程教育学习的学生，通过本书能更好地适应远程教学的环境和模式。读者如从本书中能有所收益，将不胜欣慰，即达初衷。

本书的第 5、第 6 章由於实编写，其余各章由黄正明编写。在编写过程中参考了诸多专家、学者的文献论著，本书后列出主要参考文献、论著以示对文献资料、论著作者的衷心感谢。特别需要说明的是江南大学网络教育学院教材建设工作小组孙力、梁仁青、黄娅芳、鲁云霞等老师在本书的编写和协调出版过程中，做了大量细致的工作，在此表示由衷的感谢。

由于编者才疏学浅，水平有限。难免会有不当和错误之处，恳请专家、读者不吝指正。

编　者
2012 年 9 月

目 录 ◀◀◀

第 1 章

远程教育的基本概念

本章主要介绍有关远程教育的一些基本概念的定义，并对远程教育和传统教育、远程教育和远程教学及远程学习、远程教育和开放教育及开放学习、远程教育和教育技术、远程教育和现代远程教育的相互关系进行探讨。

1.1 简 介

1.1.1 什么是远程教育

远程教育（Distance Education）这一术语的正式出现似乎可以追溯到 20 世纪 50 年代初澳大利亚新英格兰大学在其成立的特许状况中的条款和前民主德国政府批准其管辖下的 53 所高校中的至少 20 所提供 Distance Education 的文件。最早对这一术语所代表的概念进行描述的是德国图宾根远距离教育研究所的多赫曼。在 70 年代初远程教育已达到了相当成熟的水平，一些独立的研究者和机构作出了卓越的贡献。其中有蔡尔德、魏德迈、彼得斯、穆尔、霍姆伯格、基根等学者，蒂宾根小组及联合国教科文组织等机构。国际上对 Distance Education 的定名与定义逐渐有了基本的共识。80 年代中期以来，随着信息技术的飞速发展与应用，远程教育的发展进入了一个令人振奋的历史时期。国内目前较全面的关于远程教育的定义是"施教者通过多种传播手段向受教者传递知识信息，连接教与学的过程"。它包括：教学过程中师生在空间上或在时间和空间上处于相对分离状态；使用多种媒体传送预制的教学内容；教师的行为与角色发生重大变化；学生自主学习；存在人工设计的反馈、评价与互动机制。

从本质上说，远程教育只是一种与学校传统教育不同的教学模式，传统教育即为校园课堂面授教育，这一直被视为正统的教育。而远程教育则有六个基本要素：

① 教师和学生分离；

② 教育组织的影响；

③ 应用技术媒体；

④ 双向通信机制；

⑤ 可能有面授交流的机会；

⑥ 教育的工业化形态。

它最突出的特征是：① 在远程教育系统中的教师和学生是分离的，教师教的行为活动与学生学的行为活动相对分离，但处在一个媒体的交互系统中；② 远程教育系统中可以有多种传播教学内容的手段，因此教师在教学活动中的地位和作用发生变化，学生成为教学活动的中心。

事实上远程教育并不是一个全新的事物，这种教学模式早已存在并且被人们所熟知。远程教育发源于 19 世纪的函授教育，函授教育是通过邮政通信和印刷技术方式进行教学活动。20 世纪以来，随着电力的普遍使用、视听技术的广泛应用和大众媒介的大规模发展，使单一的函授教育形态向多种媒体的广播电视教育形态发展，在邮政通信和印刷技术的基础上利用广播电视（卫星和微波）、录音录像、电话电传和计算机等现代大众、个人和电信手段传播。多种媒体突破区域范围将教师上课的过程以广播方式进行教学活动。虽然广播电视教育和函授教育的手段不同，但它们实际上都具备了远程教育的特征，是远程教育的初级阶段。近年来，由于科学技术和通信技术及信息产业的迅速发展，以双向交互为特征的网络教育使远程教育进入了新的历史时期，也为远程教育的开展提供了更多更丰富的技术手段，计算机网络、电信网络、数字卫星电视网络正带来教育形态的革命。今天的远程教育在教学手段上比早期的广播电视教育、函授教育要丰富得多，已从单向传输发展为双向交互；在内容上可以覆盖人们社会生活的方方面面。它为彻底打破现有学校教育体制的时间和空间限制，打破以教师为主导的灌输式教育方式，扩大受教育对象的范围，以及信息社会对教育终身化、社会化的要求提供了可能。

远程教育在当前之所以成为炙手可热的话题，除了通信与信息处理技术的飞速发展为其提供了技术背景之外，还有一个重要的原因就是社会需求的推动。

随着 21 世纪的悄然来临，人类社会进入了一个信息化的新世纪，知识经济将成为未来社会的经济基础，政治、经济、文化的全球化进程将大大加快，各国间科学技术、经济实力、综合国力和民族文化凝聚力的竞争日益加剧。国际竞争归根结底是各国国民素质的竞争，开发人力资源，发展人力优势，是各国提高国际竞争力的关键。而人力资源开发的基础是教育，实现高质量的基础教育，大众化的高等教育和全民族的继续教育，构建开放灵活的终身教育体系和终身学习社会，是各国教育发展的战略目标。远程教育在各国终身教育体系中，在全球化的国际教育大格局中都占有重要的战略地位。信息社会对人才的知识结构和能力素质提出了新的要求，对学校传统的教育模式进行了挑战，教育作为培养人才的基本手段也呈现出新的特点，这主要表现为以下三个方面。

第一，素质教育成为教育的核心。全面提高受教育者的素质和创新意识是教育的核心内容，而传统的教育体制和以校园教师讲授为主的教学模式很难适应信息社会所需要人才的信息能力和创造能力培养。

自 20 世纪 80 年代以来，国内外的许多专家、学者对信息社会所需人才的知识结构和能力进行了讨论，提出了各种各样的观点，虽然没有取得完全一致的结论，但信息社会的人才必须具备获取、分析和加工信息的能力是大家普遍的共识。这就要求学校在新世纪培养出来的人才必须具备发散性思维、批判性思维和创造性思维，而不应当是只知接受教师传授的知识、只会记忆背诵前人的经验，不善于创新也不敢于创新的传统型人才。因为他们要面临 21 世纪各种严峻的挑战。

第二，终身教育成为教育的使命。随着信息社会的到来，知识更新的速度大大加快，出现知识"大爆炸"，于是，即使受过高等教育的专业人员也存在知识老化问题，一次教育已经不能满足要求，需要接受继续教育，不断更新和创新自身知识体系。教育应当贯穿于人的一生，成为每个人一生不可缺少的"精神粮食"。

信息社会中经济发展的一个重要特征是社会财富的创造与积累对信息产业的依赖度越来越高。1999 年在我国上海进行的《财富》全球论坛年会上公布了当年的世界 500 强，美国的 AOL（美国在线）雄居当年"信息技术 100 强"榜首；微软在排行榜上遥遥领先于通用电气、埃克森这样一些大公司；eBay、Inktomi、InfoSpace 和 Healtheon 等几个才上市的网络公司都榜上有名。这些例证成功地提示了信息产业的发展趋势，信息产业在国民经济中比重迅速增加，在全球经济领域中发挥着越来越重要的作用，世界经济的中心将紧紧地与信息产业联系在一起。与此同时，基于知识的信息产业也是竞争最激烈、变化最急剧的产业。在这一领域，哪怕是知识与信息只领先或落后几个星期、几天、甚至是几个小时就足以让一个企业成为暴发户或面临破产。人们或许很难想象当今世界上个人资产达到 215 亿美元的迈克尔·戴尔多年前还在大学宿舍里拼装自己的电脑。

在这样一种大背景下，对劳动者而言，不仅需要在就业前接受教育和培训，在就业后仍然需要不断地接受教育和培训，更新自己的知识，以便跟上时代的步伐。对劳动者进行终身教育是信息社会的必然要求。

第三，教学效率成为教育的追求。据联合国教科文组织的统计：人类近30年来所积累的科学知识，占有史以来积累的科学知识总和的90%，而在此之前的几千年中所积累的科学知识只占10%。英国技术预测专家詹姆斯·马丁的测算结果也表明了同样的趋势：人类的知识在19世纪是每50年增加一倍，20世纪初是每10年增加一倍，到了70年代是每5年增加一倍，而近10年大约每3年增加一倍。可见，知识总量在以爆炸式的速度急剧增长，老知识很快过时，知识就像产品一样频繁更新换代。显然，随着信息社会中知识爆炸式增长和迅速更新换代，低效率的传统教育体制与教学模式已难以适应教育需求。按照传统的教学模式与落后的教学方法，许多知识还没等到学生把它学会，可能就已经过时了。

1.1.2 远程教育与传统教育的区别与联系

我国现有的教育体制以学校教育为主体，小学、中学和中等、高等学校是进行人才培养的主要场所。除中小学实行九年义务教育制度，学生无需参加考试就可以直接入学外，其他各级学校对学生的入学条件、学习年限都有具体的要求。由于我国的教学资源人均占有率比较低，教育还不是人人可以享受的权利，必须通过大规模的统一考试，成绩优异者才有机会进入高一级学校学习。过去我国适龄青年有机会接受各类高等教育的比例只有15%左右，也就是说绝大部分青年没有机会接受高等教育，现在虽然情况得到很大程度的改善，我国高等教育的入学率提高很多，但仍有相当数量的青年无法接受高等教育，而远程教育则可为更大范围的人群接受高等教育创造条件，提供机会。

远程教育作为一种新的教育模式，同传统教育的区别主要表现在以下几个方面。

第一，教育的对象不同。学校传统教育中的教育对象具有大致相同的年龄和知识程度，并且是充满朝气的青少年，而远程教育系统的学生在年龄和知识程度上会有很大的差异，这就要求远程教育在教学内容和形式上要更丰富、更灵活，以满足不同层次学生的不同需求。

第二，教育的目的不同。学校教育的根本目的是让学生在掌握基本知识、基本技能之外培养高尚的品德和完善的个性，也就是我们所说的既学习科学文化知识，又学会做人。远程教育系统当然也有这两方面的目的，但更偏重于知识的学习，特别是新知识、新技术的学习，以满足人们的知识更新需求。

第三，教育的要求不同。传统教育以学历教育为主，即学生在规定的学习时间内完成教学计划规定的学习任务，考试合格后可以获得相应的学历证书。而在远程教育中除了学历教育外，更多的是继续教育、职业培训和终身学习。学生接受远程教育的主要目的是通过这种方便快捷的学习方式来获取新的知识，他们所关注的是学习效果，学到的内容能否很快地应用于生产实践。这就要求远程教育的学习内容紧密联系实际。根据社会需要来确定远程教育的教学内容是一个必须遵守的原则。

第四，教育的手段不同。在传统教育中教学的主要手段是课堂教育，即师生面对面地连续地进行教学，它的特点当然是教师与学生处于同一物理时空，基本通信媒介是教师的语音，其间，教学这种"服务"是同其"产品"的"消费"同步进行的。师生间直接面对面地交流接触，可以实现相互激励，产生好的学习效果。同时它也不可避免地存在着弊端，主要表现在：学生学习的自主性差，课堂教学中以教师为中心，学生只是被动地听教师的讲授；教学资源不能共享，由于受教学空间的限制，无论是多么优秀的教师，每次有机会听他授课的学生人数却非常有限，不能实现优秀教学资源的共享。同时，课堂教育中由于有几十个学生在听课，各个学生的基础和学习兴趣是不尽相同的，教师不可能照顾到每个学生。远程教育中教师和学生是分离的，没有面对面的教学过程，它的特点是师生不处于同一物理时空，师生间的通信交流主要是借助于各种媒介来实现的，教学这种服务是在与它被"生产"出来的不同的时间和地点被"消费"的，而为了将这种服务送到学习者，必须经过包装、运输、储存和发送，尽管师生间的交互可能因通过媒介而变得不那么亲切，但教学手段已引起了教学的革命，体现了远程教育中教学是以学生为中心、学生自主学习的主体地位。教学的焦点由"教"转向"学"，由"结果"转向"过程"，由"知识"转向"能力"。

1.1.3　远程教育具有的优势

（1）充分的交互性。虽然在远程教育中教师和学生不在同一个地点，甚至不在同一个国家，但利用可视电话、计算机电视会议系统或计算机网络等高科技技术手段，教师的讲授和学生的学习可以在不同地点同时进行，师生之间可以进行充分的交流，就像在同一间教室一样。

（2）学习的自主性。在远程教育中，学生作为教学主体得到了充分的发挥。学生能够根据自己的需要自主安排学习的时间和地点，自由选择学习的内容，自行安排学习计划，随时提出学习中遇到的问题并能及时地得到满意的回答。能够发挥学生自主学习的主动性、积极性和创造性。

（3）资源的共享性。我国教育资源相对的匮乏，并且分布很不平衡，有的地方有一流的师资，一流的实验条件，而有的地方连基本教学条件都得不到满足。利用远程教育系统可以使不同地区的学生都能听到一流水平教师的讲课，看到一流水平实验室的实验，从而实现有限教育资源的共享。

远程教育手段给教与学的概念赋予了新的内涵，将给教育带来深刻的变革，推动教育观念、教育思想、教育模式、教学方法和教育结构的更新。

虽然远程教育同传统学校教育相比有自己的优势，但远程教育并不是传统教育体系的终结者，而应与现行教育体系结合，充分发挥学校的资源优势，使其成为传统教育体系的延伸。例如，通过现代通信网络跨越时空的特点，使所有的教育资源得到广泛的共享，形成跨城市、跨地区的分布式教育资源网。这些教育资源可以分为两个方面。一方面是网上人力资源，可将各学校各学科的优秀教师资源集于网上，形成网上优势教师联盟，让大家来共享他们的授课、感受他们的实验，从而可以形成教师与学生之间、教师与教师之间、学校与学校之间的广泛交流。另一方面是网上内容资源，可以建立各类知识领域的专门资源网站，配合网上学习内容为学习者提供大量形象生动的多媒体资源，让学生在计算机网络上就可有身临其境的感觉。最终，网上的双向交流大大拓展了网上教育功能。利用互联网的信息交流技术可以快捷、有效地进行各种形式的交流。人们从互联网这个大仓库中获取知识时，可以更好地利用互联网进行学习交流与讨论，学习者可以像使用电视、电话一样方便，迅速地进行网上答疑、网上学习讨论、网上学术研讨会，甚至网上知识竞赛等。网上教育有时也称为虚拟学习社区。只要有人聚集的地方就会形成交流的核心，网上的这种社区自然会成为学习的聚焦点。学习社区的兴旺需要人气，而网上交流正好提供了这种人气。可以说，网上交流是未来网络教育的重要核心，正是有了它，网络教育的未来才变得不可估量。

1.1.4　开展远程教育的意义

1987 年丁兴富在《远距离高等教育学导论》中提出："战后各国科学技术和社会经济的迅猛发展对人才的需求是远程高等教育发展的动力；战后教育思想的演变和革新是远程高等教育的发展的理论基础；战后以信息技术为核心的现代教育技术的长足进步是远程高等教育的物质技术基础"。社会历史动力是远程教育发展的最根本动因。未来信息社会是以知识创新和知识传播为根本、为动力的社会，是信息化、学习化的社会。

网络时代为高等教育的跨越式发展提供了新的机遇，远程教育的发展为高等教育的发展和竞争提供了一次重新洗牌的机会。正如美国经济学家罗斯托所说"以发达国家走过的道路为借鉴，跳过某些传统工业的发展阶段，直接进入以遗传工程、激光、微型电子计算机为标志的新时代。"就以多媒体网络技术为背景而言，世界各国高等教育，包括发达国家和发展中国家，几乎处在同一起跑线上。因此，应该把多媒体网络作为高等教育中远程教育发展的立足点，实现现代信息传播的自动化，其最终目的是为了更好地进行知识创新，培养更多的社会需要的人才，教育是百年大计，高等教育更是关乎国家竞争力和实施可持续发展战略的根本保证。

我国是一个发展中国家，幅员辽阔，人口压力巨大，人均占有的教育资源非常有限，加之各个地区发展极不平衡，教育相对落后，相当数量的人员没有接受高等教育的机会，许多在职人员不得不边工作边"充电"。正是人们对教育有着强烈的需求与渴望，而传统的教育方式显然很难满足这种需求，才使得网络教育这种"没有围墙的大学"大有用武之地。在教育经费投入紧张，师资缺乏的情况下，在全国范围内，如果能够通过远程技术途径发展网上教育，提供教育资源，为各种需要学习、培训的人们提供学习途径，不仅可以迅速扩大受教育者比例，进一步冲破高等教育体制的精英教育独木桥，形成大众化教育的立交桥，而且可以使学习者更快地获得学习资源，提高学习效率。

现有的教育体制是以各级各类学校的正规教育为主，电大和函授形式的成人教育与继续教育为辅。这种教育体制有利于系统知识的传授和人才培养的规范化，有其合理性的一面。其主要弊病是投资庞大、效益不高，且受场地、空间、时间的严格限制，缺乏灵活性，不能适应终身教育、全民教育的需求。目前在各级各类学校中占主流地位的教学模式是以教师为中心，主要靠老师讲、学生听的班级授课模式，这种教学模式的优点是有利于教师起主导作用，便于教师组织课堂教学。其最大缺点是，作为认知主体的学生在教学过程中自始至终处于受灌输的被动地位，其主动性、积极性难以发挥，很不利于培养学生的发散性思维、批判性思维和创造性思维，不利于创新能力的形成和创造型人才的培养。由于在班级授课的条件下学生缺乏主动探索、主动发现的学习环境，因而在传统教学模式下学生的这种自主获取、分析与加工能力更加难以培养。可以说目前现有的教育体制与教学模式很难满足信息社会对教育的要求。作为一种新的教育模式，远程教育对于克服现有教育体制的弊端，加速教育事业的发展具有特殊的意义。

首先，开展远程教育有利于利用有限的资源扩大教育规模。统计资料表明，我国目前在适龄人口之中能够进入各类大专院校（含成人教育学院）学习的毛入学率为15%（《中国教育改革与发展情况》，中华人民共和国教育部，2004年1月6日）。而在发达国家这一比例高达50%～70%。在信息社会中没有接受过高等教育的人是很难满足社会对人才需求的。而在目前的情况下，由于高等教育在资金、场地、师资方面的制约，我国不可能在很短的时间内大幅度地提高高等学校的办学规模，让更多的人有机会接受高等教育，真正实现大众化教育，发展远程教育就成为一种符合我国国情的新教学模式。作为没有围墙的大学，远程教育能大大增加受教育的人数，加速教育的发展。

其次，开展远程教育有利于构建终身学习体系。建立终身学习体系是教育发展和社会进步的共同要求。在 21 世纪，科学技术日新月异，知识更新速度进一步加快，"信息爆炸"、知识倍增、知识在虚拟网络上具有了非线性、多格局且迅速更新的特点，导致知识的不确定性和相对性，人们不可能在有限的时间内从学校学到终身受用的知识，人们只有通过贯穿一生的不断学习，才能跟上时代发展的步伐，才能不断适应从事某一工作岗位或转岗再就业的要求。同时，随着物质生活水平的提高和人们休闲时间的增加，人们渴望掌握更多的知识和技能，以提高自身生活质量。这就要求必须建立终身学习体系，以满足社会成员形式多样，内容广泛的教育需求。在现代社会中，人们的生活节奏很快，学习通常需要在工作的间隙进行，很难有机会脱离工作岗位去参加专门的培训或学习，远程教育随时随地能进行学习的特点正好满足了终身学习的要求，成为构建终身学习体系的一种现实而有希望的选择。

此外，开展远程教育还将有利于完成从以教师为中心的灌输式教育手段到以学生为中心的自主学习教育手段的转换，有利于提高教学质量和办学效率等。

由于远程教育能满足信息社会终身教育、全民教育、个性化教育以及社会化教育的需求，因此在我国教育部制定的《面向 21 世纪教育振兴行动计划》中将现代远程教育作为振兴中国教育的六大工程之一，投入资金 5.3 亿元；提出把发展现代远程教育作为一种新型的教育方式，作为构筑 21 世纪终身学习体系的主要手段，作为在我国教育资源短缺的情况下办好大教育的战略措施，作为国家重要的基础设施来加快建设。同时提出：经过三年左右的努力，初步建立现代远程教育网络，以中国教育科研网和卫星电视网为基础，并结合中国电信的公网，初步建立起现代远程教育网络体系，使一批高校和有条件的中小学利用该网开展远程教育，建立一批不同类型的现代远程教育试点单位，加紧教育软件开发和信息库的建设，探索适合我国国情的现代远程教育的教学模式、管理模式和运行机制。到 2010 年，基本形成多规格、多层次、多形式、多功能，具有中国特色的现代远程教育体系，构建开放的学习体系和终身教育体系。

1.2　传统教育和远程教育

传统教育一般是指校园课堂里的面授教育。面授或课堂讲授的学校教育一直被视为教育的正统。"远程教育"的称谓很好地标志了这类教育形态的本质特征：教师和学生的相对分离，即教的行为活动与学的行为活动相对分离。正是这一基本特征使远程教育有别于传统的、口授的、面授的和基于集体的教育。

1.2.1　国外远程教育定义

一些国际组织和国家政府都对远程教育作过界定，在 20 世纪 60 年代到 70 年代德国的多曼·彼得斯、美国的穆尔和瑞典的霍姆伯格等著名学者分别给出了远程教育的定义，对于远程教育的研究具有十分重要的价值。爱尔兰学者基更在分析和总结其他学者对远程教育定义的共同特征的基础上，在《远程教育基础》中描述远程教育的定义有六项基本要素：

① 教师和学生分离；

② 教育组织的影响；

③ 应用技术媒体；

④ 双向通信机制；

⑤ 可能有面授交流的机会；

⑥ 教育的工业化形态。

他指出远程教育是具有以下特征的教育形态：教师和学生在教与学的全过程中处于相对分离状态（这使它区别于传统面授教育）；教育组织通过规划和准备学习材料以及提供学生支持服务对学生学习产生影响（这使它区别于个人学习和自我教育项目）；应用各类技术媒体——印刷媒体、视听媒体和计算机媒体，将教师和学生联系起来并以此作为课程内容的载体；提供双向通信并鼓励学生交流对话和从对话中受益（这使它区别于教育技术的其他使用方式）；学生在学习全过程中与学习集体也处于相对分离状态，学生通常是接受个别化教学而不是集体教学，但并不排除为了教学和社会的目的组织必要的集体面授交流。

1.2.2　国内远程教育定义

我国对远程教育概念的定义及其阐述是从引进国外学者的观点开始的。中国学者丁兴富有自己的概念定义和理论分析，他在《远距离高等教育学导论》中给出了远程教育的五项描述性定义：

① 学生和教师在时间和空间上处于分离状态；

② 以现代教育技术为基础的媒体教学占有主导地位；

③ 有组织的系统工程；

④ 自学为主、助学为辅；

⑤ 在学生和教师之间存在某种形式的双向通信和反馈机制。

在《新型的远距离高等教育系统》一文中又概括了远程教育的特征：开放性、适应性、灵活性、多样性、高效性和系统性。

1.2.3 国外远程教育现有定义的优点和缺陷

1. 优点

（1）将"远程教育"确定为这一新兴教育形态的核心概念。

（2）将"师与生的分离（即师生分离）和教与学行为活动的分离"作为远程教育的首要本质特征或要素。

（3）将"各类技术媒体及其对重新联系和整合师生的教与学的行为活动的基础功能意义"正确地列为远程教育的本质要素之一。

（4）将"远程教育"界定在学校教育范畴，注重将远程教育与"个人自学"、"传统教育环境中对教育技术的应用"以及"其他形式的基于资源的学习"区分开来，有利于避免过分宽泛的定义而失去实际应用和学术理论价值。

（5）将"学生与教师和教育组织其他代表之间的双向交流通信"作为学校远程教育的必备要素。

2. 缺陷

（1）没能明确广义远程教育与狭义远程教育（即学校远程教育）的区别，在当今和未来社会中，远程教育、远程教学和远程学习已经并将越来越超出学校远程教育的范围。

（2）没能对远程教育、远程教学和远程学习三个基本概念及其相互关系做出更明确的阐述。将学校远程教育与"个人自学"、"传统教育环境中教育技术的应用"以及"其他形式的基于资源的学习"区分开来是正确而必要的，但其同广义的远程教学和远程学习存在密切的关系是明显的。

（3）概念定义中的要素只应列入其必备的本质特征即本质属性；将"学生与学习集体在学习全过程中处于相对分离状态"、"个别化学习"、"学校学习的私人化"以及其他如"学生学习自治"、"独立自主学习"、"以学生为中心"或"开放灵活学习"等主流特征列为远程教育定义的基本要素虽有积极的倡导意义，但依然欠妥。各国远程教育的实践和比较研究表明，远程教育可以是开放的也可以是封闭的，可以采用个别化学习模式也可以采用集体学习模式，可能以学生为中心也可能以教师（学校和学科）为中心，可以强调学生学习自治也可以强调学习支持服务等。在一定历史发展阶段，某些特征可能成为许多国家和地区远程教育的主流特征，但在某些社会中可能具有不同甚至相反的特征，在较长的历史时期，远程教育的主流特征也可能变化，因此，将远程教育的某些特征、即使是重要的和主流的特征纳入定义中是不妥的。

1.2.4　国内远程教育理论研究的特点

（1）我国对远程教育概念理论的研究仍以引进为主，对本国丰富的远程教育实践经验总结和概括不足。

（2）我国已有远程教育定义陈述性和描述性的较多，深入的理论分析和比较研究不够。

（3）我国远程教育学者和文献较多强调远程教育的开放性和现代化两大特征，但对此两大特征与远程教育定义及其基本要素的关系的分析仍有待深入探讨。

（4）我国远程教育的实践和理论长期以来有许多争鸣，我国远程教育至今仍以集体学习为主要特征，对个别化学习的倡导至今并未成为主流；我国远程教育在开放性与封闭性取向上争议激烈，对开放的倡导和实施依然相当局限；在以学生为中心还是以教师（学校和学科）为中心的取向上，理论认识和教学实践中有诸多问题亟待解决；实践中对固定班组课堂面授教学的依赖和各类教育技术媒体开发、设计和应用的相对薄弱。

1.3　远程教育、远程教学、远程学习

远程教育是一种新型的教育形态，是相对于传统教育而言的，是一种非连续面授教育。在出现远程教育概念的同时，常常伴随着远程教学和远程学习的概念，它们既有联系又有区别。远程教育概念的内涵比教学和学习更丰富，前者包含后者。远程教育泛指教育现象的各方面，包括方针和规划、体制和模式、教学和后勤等。远程教学则专指教育目标的设计和实现过程，表现为教学目的和目标、内容和方法、形式和手段。远程教学（教与学）是教师的教和学生的学的共同双边交互活动。远程学习则是教学（教与学）中的一部分，即学生在教师的教导下学习的过程。

1.3.1　远程教育的核心——远程教学（教与学）

远程教学是远程教育的核心，其三大要素为：教师、教材和学生。更普遍地说，是助学者（教师）、教育资源和学习者（学生）。助学者不必是学校教师，学习者不必是学校学生，而教育资源不仅只是教材。在某种意义上说，助学者也是

一种教育资源，当然是一种特殊的教育资源。于是，可以认为学习有两大要素：学习者和学习资源。学习资源即教育资源可以分为三大类：教育组织、教育材料和教育情境。

1.3.2　广义的远程教育

广义的远程学习：学习者（学生）利用各类学习资源在没有助学者（教师）连续面授指导情境下的学习行为活动。

广义的远程教学（教导）：助学者（教师）通过技术媒体而不是连续面授为学习者发送课程材料并利用双向通信设施对学习者（学生）的远程学习进行指导或辅导（也称学习支持服务）。

广义的远程教学（教与学）：在非连续面授指导的情境中，助学者（教师）和学习者（学生）之间通过各类教育资源和双向通信实现教与学的双边交互活动。

广义的远程教育：通过远程教学和远程学习实现的教育（包括各类学校或其他社会机构组织的教育和社会生活情境中的教育）的总称。

1.3.3　狭义的远程教育

狭义的远程教育指的是通过远程教学和远程学习实现的各类学校或其他社会机构组织的教育，也可称为机构远程教育或学校远程教育。即目前在各高校中的远程教育行为。这样，可以将学校远程教育（机构远程教育或狭义远程教育）独立定义为：学校远程教育是对教师和学生在时空上相对分离，学生自学为主、教师助学为辅，教与学的行为通过各种教育技术和媒体资源实现联系、交互和整合的各类学校或社会机构组织的教育的总称。所表现出的社会形态为以下几种。

（1）教师和学生在时空上相对分离（这是远程教育，也是远程教学和远程学习的首要本质属性，并以此与以最高程度的连续面授教学为本质属性的传统教育相区别）。

（2）建立在对各种教育技术和媒体资源的开发和应用的基础上（重要本质属性，是远程教育、也是远程教学和远程学习赖以发生的必要条件）。

（3）由各类学校或其他社会机构组织实施（学校远程教育、也即机构远程教育或狭义远程教育的限定条件，并以此与社会生活情境中的广义远程教育相区别）。

（4）学生自学为主、教师助学为辅，教师和学生通过双向通信实现教与学的行为的联系、交互和整合（学校远程教育、也即机构远程教育或狭义远程教育的首要本质属性，并以此与个人独立自主学习相区别）。

1.3.4 远程教育、远程教学和远程学习三者的关系

从概念内涵来说，远程教育包括远程教学和远程学习，远程教学和远程学习构成远程教育的一部分，而且是远程教育的核心部分，而远程学习又是远程教学的核心部分。从概念外延来说，远程教学和远程学习不仅仅发生在学校和其他社会机构组织的远程教育中，也可以发生在企业经济活动中、社会文化活动中、大众媒介传播过程中和社会家庭日常生活中等各类社会生活中。因此，学校和其他社会机构组织的远程教育中的（狭义）远程教学和远程学习只是多种多样的（广义）远程教学和远程学习中的一类，当然是最重要的一类。更进一步说，远程教学（指远程教与学）包括远程教导和远程学习两部分。远程学习可以是指远程教与学双边活动中学习者的学习行为，在这种场合，远程学习即学生的行为活动必定与远程教学（指远程教导）即教师的行为活动有双向交互作用。但是，远程学习也可以是学习者自主组织实施的基于各类教育技术和学习资源的开放而灵活的学习，而与远程教学（指远程教导）无关，即学习者与教师（教育技术和学习资源的开发设计者）并不直接发生双向通信交互作用。这就是说，远程教学（教与学）中的远程学习只是更广义的远程学习中的一部分，如图 1-1 所示。

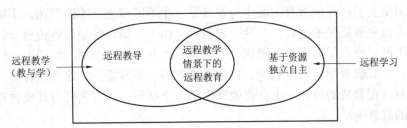

图 1-1　远程教育、远程教学和远程学习三概念内涵的逻辑关系

1.4　远程教育、开放教育、开放学习

1.4.1 开放教育的定义

"开放教育是以崇尚自由、顺应自然为理念，以社会化教育、终身教育为宗旨，以希望获得教育者为对象，以寻求教育者的自主学习为中心，以最大限度的选择和最小限度的限制障碍，借助社会力量与科技成果，提供一切利于此种自由、自

主学习的教育思想、教育方式、教育方法、教育手段的总和。"

一般认为，开放教育的思想基础是由18世纪法国启蒙思想家卢梭的自然主义教育思想演变而来。从思想观念上看，开放教育的最大特点是主张教育的民主化和平等性，这表明开放教育与终身教育、全民教育是相通的；从办学形式上看，开放教育一般不受时空的限制，往往以学生的分散化、个别化自学为主；而从具体的教学形式上看，开放教育以"三个转化"为自己的目标，即由以教为主转化为以学为主，由以集体为主转化为以个体为主，由以教师为中心转化为以学生为中心。

1.4.2 远程教育与开放教育

真正意义上的开放教育应该是一种人们期盼的形态。从哲学的层面来理解，开放教育可视为对人类教育自由的崇尚以及对人性自然的顺应，即为人类的教育消除各种限制与障碍，提供最大限度的自由，并为这种教育的自由所付出的一切不懈努力。从这个前提出发，开放教育应该包容一切已经运用这一教育观念、教育态度、教育政策的教育形式，以及其他的尚未开发出来的一切崇尚这一理念的教育方式、教育载体和教育手段。

从历史上看，开放教育的诞生与发展是一个不断修正、不断开拓、不断前进的由逐步量变到质变的过程。在这一过程中，由于各国、各地、各校自身认识与条件的不同，产生了诸多不同模式、不同特色的开放教育类型，如函授、广播电视教学、计算机教学、网络教学、自学考试等等。不难看出，这些教育类型都差不多具有远程教育的特征。由此也就产生了一个疑问：远程教育与开放教育是两个等同的概念吗？

远程教育与开放教育确有吻合之处，但两者的差别也是非常明显的：开放教育作为一种教育理念是一种抽象的教育理想，远程教育作为一种教育实践则是一种教育现实；远程教育应该以开放教育作为自己的理想目标，但能否做到这一点就是另外一回事了。实际上，也有传统式的远程教育，过去所说的"电大教育的异化"就是批评这种现象的。而开放教育也并不拘泥于远程教育这样一种教育形式，事实上传统的学校教育也是可以容纳和吸收开放教育的。

换句话说，远程教育实质上只是对一种特定的授课方式的界定，但开放教育并不排斥近距离面对面地由教师进行答疑释难的指导与辅导相结合的传统教学方式。实际上，远程教育这个概念并不具备完整的顺应自然教育、消除入学资格限制等内涵，并未构成一个完整意义上的开放教育系统。比如自学考试不设入学资格考试，但相对配套的支持学生自学的机制不完善；函授教育虽不受时空的限制，但限制入学资格，且媒体单一，方式单调，也非完整的开放教育；而广播电视教育或计算机与网络教育等，也仅仅是使用了先进的信息载体与借助这些先进的传播通道进行教育的表意，并不涵盖开放教育所有的特质。如若想使远程教育真正地开放，与开放教育做到同步，就必须借鉴、吸收开放教育的观念和思想。

1.4.3　远程教育与开放学习

各国教育实践和理论研究都表明，远程教育和开放学习是两个相互区别又紧密关联的概念。由于远程教育使学习者从校园课堂面授的时空束缚和其他传统教育的局限中解放出来，从而同开放学习有内在的、本质的联系，因此教育文献中"远程与开放学习（DOL，Distance and Open Learning）"和"开放与远程教育（ODE，Open and Distance Education）"这类术语的应用变得越来越广泛，这就是说，远程教育和开放学习越走越近。

可以将开放学习作为一个类概念，包括了各种不同的学习方式和方法，如远程学习、灵活学习、约会学习、基于资源的培训、课程设置和环境、协商学习等。远程教学即作为开放学习的一个子集。就是说，作为一种类型或模式的远程学习，可以看作是开放学习的一个子集。远程学习已经被开放学习取代、超越和包容了。

开放学习也可以是总的概念，不仅表示入学政策对各类教育对象的开放，而且表示用以满足学习者个体需要的各类学习资源的开放，以及学习过程和学习组织管理方式的灵活开放。

远程教育和开放学习是两个既有差异又有关联的概念。远程与开放学习是指在远程教学情境中的开放学习，而开放与远程教育则是指具有开放学习特征的远程教育，都具有以学生为中心的特征。与此相对的是以连续面授为主要特征的传统教育和传统教学。

现代远程（开放）教育指任何人都可以在任何时间、任何地点，选择任何教育内容，以自己喜欢的方式和适合自己的学习进度进行学习。它包括教育观念的开放、教育对象的开放、学习方法的开放、教育过程的开放等。教育观念的开放就是要突破传统教育的束缚，着眼于现代科技给教学资源合理配置和教学模式带来的新变化，从而确立开放理念；教育对象的开放是指教育要满足所有受教育对象的需要，从而建立终身教育体系；教育资源的开放，就是要为学习者建立必要的学习中心和学习媒体"超市"，让学生选择优秀资源，以构成一个开放性、学习化的环境；学习方法的开放，就是让学习者按照自身的基础条件，选择适当的媒体，确定最佳的学习方式；教育过程开放就是根据远程教育的规律与特点，在有效的教学支持服务系统基础上，实施教育全过程的开放。

1.5 远程教育、教育技术

1.5.1 教育技术定义

教育技术（instructional education），其最初的概念强调的是媒体技术与方法。随着教育的社会化、社会的信息化和人们认识的不断发展，教育技术也被赋予了新的含义。在 1994 年美国教育传播与技术协会（AECT）发表的（《教育技术：领域的定义和范畴》）一书中，教育技术被重新定义为："教育技术是为了促进学习，对有关的过程和资源进行设计、开发、利用、管理和评价的理论和实践。"

这个定义由四个部分的内容组成：（1）理论和实践。教育技术已从一场运动发展成一个领域和行业，所以它既包括理论，也包括实践。理论是指概念、理论框架、原理和命题，这些构成知识体系；实践则是指这些知识在解决问题时的应用。（2）设计、开发、利用、管理和评价。这些术语是教育技术的五个基本范畴，指的是各个范畴的知识基础和专业人员的职能。其中设计范畴（教学设计）在整个教育领域影响最大，也最成熟。（3）过程和资源。前者是指为了达到特定结果的一系列操作或活动（即学习过程），在教育技术中包括教学策略、教学系统设计、传递系统和自主学习等；后者是指支持学习的资源（即学习资源），包括支持系统、教学资料与学习环境等。（4）为了促进学习。这个短语是为了强调教育技术的目的是影响和促进学习，即教是促进学的一种手段，学是评价教的最终标准。

1.5.2 远程教育与教育技术

远程教育与教育技术的关系无疑是十分密切的。根本原因当然是由于远程教育这种特殊的教育形式所决定的，即师生的"时空分离"要求人们运用技术（包括硬件技术和软件技术）来重建师生之间的关系。而从教育技术的诞生和发展过程来看，教育技术与远程教育本来就存在着难分难舍的亲缘关系。

教育技术诞生于美国 20 年代的视听教学运动，特别是在"二战"时，因为将电影、幻灯、录音等视听媒体大量应用于军事训练而得到了迅速发展，当时称为"视听教育"。此后由于教学系统方法和个别化教学的出现，教育技术又从单纯重视媒体技术的作用逐渐转向对教学过程的研究，强调系统研究。而这个发展过程，同时也正是远程教育从函授教育形态发展为多媒体教育形态的过程。实际上，如果没有教育技术的发展，很难想象远程教育能脱胎换骨，发生这么大的变化。

就远程教育与教育技术的辩证关系而言：教育技术是进行远程教育的一种有效手段，远程教育是教育技术施展自身本领的一个领域。教育技术在远程教育中扮演着不可或缺的角色。爱尔兰学者基更甚至认为："在教育技术中，技术通常是对教师的补充，而在远程教育中，技术代替了教师。"必须指出的是，教育技术并非在远程教育一个领域中得到使用，在传统的学校教育中，教育技术随着电化教学和教学系统设计的运用也已显示出了自己不俗的战绩。目前，以运用计算机网络技术的现代远程教育越来越走向信息化、多媒体化和多元化，而由于教育技术与现代媒体的天然联系以及在此基础上发展起来的先进的教育观念、教育方法，必将使得教育技术对于远程教育的重要作用也随之越来越大。

1.6 远程教育的教育形式

1.6.1 远程教育形态

研究远程教育形态是对远程教育属性的考察，从事这方面研究的德国著名学者彼德斯在1967年提出了工业化远程教育理论，并一直把这一理论发展到现在。彼德斯认为，没有产业革命，没有现代化科学进步，没有现代的邮政、交通、电子通信、广播电视、电子计算机等工业社会的技术成果，就不会有远程教育，因为远程教育是工业化社会的产物之一，是一种工业化的教育形态，适用于分析这种新的工业化教育形态的唯一理论模型是工业化大生产理论。远程教育与工业化生产十分相似：

- 远程教育学习课程的开发如同生产过程开始之前的准备工作一样重要；
- 教—学过程的有效性特别依赖于严密的计划和适当的组织；
- 教师的功能被划分成几个子功能，由专业人员来执行，如同装配线上的生产过程一样；
- 只有在学生数量很大的情况下，远程教育是经济的：大众教育相当于规模生产；
- 如同生产过程中的情况一样，远程教育需要资金的投入、可用资源的集中以及合格的集中管理。

远程教育与其他教育形式相比是最工业化的教育形态，传统的课堂面授形式是一种前工业化的教育形式，其结构上类似于手工艺人的工作，这是远程教育明显区别于传统教育方式的特征。远程教育之所以能够获得成功是因为这种教育形态符合工业化的原则、组织和价值观念，已经适应了工业化时代的强大趋势，同时，它必将随着社会向后工业化发展作出相应的改革。

1.6.2　远程教育的结构

　　远程教育结构探讨的是远程教育系统构成要素的性质，是构建远程教育的基础理论。当前关于远程教育结构研究较有影响的理论包括：穆尔的独立学习和教学理论、凡尔登和克拉克的三维结构模型理论和阿蒙森的学习核心理论。

　　（1）独立学习和教学理论。穆尔从 1972 年到 1986 年这十余年的时间里，建立并不断完善了独立学习和教学理论。这一理论认为，远程教育由两个维度组成，即交互影响距离和自主学习。

　　第一个维度是"交互影响距离"。交互影响：指某种情景中环境、个人与行为方式之间的相互作用。远程教育的交互影响是指在教师和学习者相互分离的特殊环境中发生的，并由此导致了学习者、教师特殊的学与教的行为方式。交互影响距离：指因地理上的因素而形成的教师与学生之间在教与学的行为、心理和通信方面造成的可能误解的空间。交互影响距离大小是对话和结构两个变量的函数。对话是指任何一种教育方案中，学习者、方案、教育者之间彼此作出反应的能力水平；结构则是指对教育方案反映学习者个别需要的一种度量。第二个维度是"自主学习"。自主性是每个人随着个人的成熟而自然形成的理想倾向，自主是学习者对学习过程的自我控制。交互影响距离越大，学习者就越有可能自主学习。

　　（2）三维结构模型理论。凡尔登和克拉克在 1991 年提出了较为系统的远程教育三维结构模型。第一维度是"对话/支持"：对话的主要目的是对学习者的支持，这种支持从为学生提供简单的作业指导到为学生提供实在的动机或情感支持。第二维度是"结构/专业化"：即在作业期限、学生在科目编制上的投入等方面均具有了很高的灵活性。在需要不同能力层次的教育领域中，结构水平也应该不一样。第三维度是"综合能力/自我指导"：与自主学习类似，但附加了关于人文主义原则以及学习者个人和对于各种学科内容等限制性条件。

　　（3）学习核心理论

　　阿蒙森在 90 年代提出了以学习为核心的远程教育结构理论体系，如图 1-2

所示。

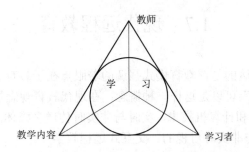

图 1-2　以学习为核心的远程教育结构

　　学习核心理论指出：远程教育理论应基于教与学的一般结构之中，应以学习而不是以学习者或距离为核心，对于其他因素的分析都要从学习的角度去看待。与传统教育一样，教师、教学内容和学习者是构成远程教育结构的三个主要成分，但教师与学习者之间的关系却由于空间、时间上的分离或距离而发生了改变，因此，要考虑距离对完成计划，进行学习的影响。

1.6.3　远程教育的教育过程

　　（1）指导性教学会谈。霍姆伯格 1983 年提出了非接触性通信、感情投入和自学为指导性教学会谈理论的三大支柱。在远程教育过程中的学习活动一方面是学生自学，从专制的课程材料中受益；另一方面是从通过通信手段与远程教育机构相互作用中受益。远程教育过程中给学习者以自由和尊重，倡导开放入学，自定学习单元起止和进度。

　　（2）教学活动再度综合。基更 1986 年提出在远程教育过程中必须重新构建教师与学生内在的主动性，重新构建跨越时空的教与学的相互作用情景。使分离的教与学活动再度综合，重新联结起来。这种联系依赖每一教学方案的设计，因此学习材料将会起很重要的作用。

　　（3）交互控制。加里森 1989 年提出：在远程教育过程中，教师与学习者之间的交互是通过先进的技术手段进行双向通信来寻求理解知识为基础的。控制则说明交互影响的复杂性，以与自主学习和独立学习的区别来控制它，影响教与学的过程，在考虑交互作用的前提下使学生选择自己希望的时间、地点进行自由的学习。当然，控制不能由某一方面建立，而须有本质上的多方合作才行。

1.7　现代远程教育

"远程教育"表达的是该教育模式强调的着眼点在于教育手段、方式及技术支撑。"现代远程教育"可以是这样一种概念：在现代教育观念指导下，利用当今最先进的 Internet 网络和计算机技术，实时与非实时传送多媒体的音频、视频、数据等信息，进行实时与非实时可视的、交互式远程教学。

现代远程教育手段使教师和学生能跨越空间进行实时或非实时的交互。一方面，它表述了学习主客体的相对分离状态和教学相对异步特征，强调学生的个别化自主学习。另一方面，它表述了教学手段，教与学时空局限的突破，强调多媒体教学带来教学手段的革命性变化。

1.7.1　现代远程教育的优势

（1）教育对象的开放性。为没有一定条件的学习者提供接受正规教育和培训的机会，如在职人员、偏远地区人员，又如在押犯人、医院病人和残疾人等特殊群体，受教育的人可扩展到全社会。

（2）真正做到不受空间的限制。有潜力进行全学科和全球性教学并使学习者获取校园乃至全球范围内丰富的教学资源。

（3）不受时间的限制。教育实施者可以提供大量的教学信息，实现个别化教学。可建立富有创造性的一对一的师生关系，使教育内容与学生个别特征相适应。

（4）教学方式由原来的以教为主变为以学为主。具有学习行为个人化特征，适合在日益个人化的社会中发展终身学习。

（5）具有可移动性。通过移动电话、便携计算机，不仅可满足远程学生，而且可满足远程移动学生的学习要求，使学习走进移动时代。

（6）可实时交互。学生可通过网络学习平台、电子邮件递交作业并迅速得到反馈信息。

（7）有利于扩大教育规模，降低教育成本。教育成本低廉的优势成为知识经济时代选择现代远程教育模式的主要因素。

1.7.2　现代远程教育的时代特征

古往今来，任何一种教育模式（educational pattern）无一不受到社会经济发展的制约，无一不折射出科学技术进步的水平，无一不刻上时代的烙印。应该说教育模式的选择是经济发展水平、科学技术进步和教育文化需求的综合反映。教育模式的演变总是与当时的科技水平呈现出某种相关性，而且教育模式的开放性和交互性充分与否与高新技术的应用具有正相关。

（1）现代远程教育由高科技所孕育。知识经济是以现代科学技术为核心，以智力为主要资源，建立在知识和信息的生产、传播、储存、处理和消费之上的经济。知识经济时代的基本特征表现为：①科技的发展更加注重知识创新；②知识劳动者成为社会劳动结构中的主体；③知识成为最基本的生产要素。置身于知识经济时代，新技术的日新月异使人们目不暇接；信息总量呈爆炸式增长使人们产生迷向；知识更新周期和职业寿命的缩短；生活、工作节奏的加快和竞争的加剧使人们不堪重负，面临着日益增大的生存和发展的压力，这一切都迫使人们必须不断地提升和充实自我，提高竞争能力，以面对严峻的自下而上的环境。因此，学习已从先前那种狭隘的、被动的、短期的功利行为转变为主动的、贯穿生命全过程的自觉意识和生活的重要需求，学习的社会化、终身化趋势为现代远程教育的诞生提供了契机，这种全新的教育模式为这个时代所孕育。

总结人类历史上教育形态已经发生过的两次重大变革（第一次变革源于文字的出现，第二次变革源于印刷术的产生，从而催生了古代和近代的学校教育），可以这样说：高科技的发展必然导致教育形态的变化，先进的科学技术和媒体是建立现代化教育的先决条件，是新的教育形态的支撑点。教育学家认为，教育本身虽具有超越时代的不变的价值——永恒性，但同时又具有伴随时代变化而变化的因素——时代性。那么，什么样的教育模式才能既满足学习者需求，又与现时的社会经济发展水平相匹配，与当今的时代特征相吻合而有望成为主流模式呢？现代远程教育模式兼顾了永恒性和时代性的统一，可以认为其脱颖而出是知识经济时代的最佳选择和必然结果。

（2）现代远程教育的高科技特征。高新技术的飞速发展和广泛应用，极大地推动了教育技术的现代化，使教育观念和教育模式产生了深刻的变化。现代远程教育是建立在现代教育技术平台之上并以高新技术为支撑的新型教育模式，其教学的组织实施以信息技术的应用为背景，主要包括通信技术，多媒体技术和计算机网络技术等三个方面。

①通信技术：远程教学是师生分离状态下的教学活动，为保证教学信息的快速传递，实现师生间的实时交互，信息传输中的瓶颈成了需要解决的首要任务。由于传统的传媒已无法适应今天大量信息的高速传递，因此，通信技术的创新和新式传媒的开发成为远程信息传输的关键。光纤通信技术代表了通信技术的最新发展，光纤通信频带宽，容量大，保密性好，抗干扰性强，通信质量高，同时还

具有尺寸小，重量轻的优点。光纤通信技术的应用使信息高速公路的建立成为可能。

② 多媒体技术：远程教学较之面授教学存在着交互性差、情感交流不够充分的缺憾，而多媒体技术则可让人们与计算机以接近自然的方式交换信息，完成丰富多彩的人机交互，极大地改善了学习环境。对多媒体技术可以描述为：计算机综合处理多种媒体信息，包括文本、图形、图像、声音以及动画等，在各种媒体信息间按某种方式建立逻辑连接，集成为具有交互能力的系统。多媒体技术可以多种形式生动、形象、逼真地呈现教学信息，其教学应用有利于激发学生的学习兴趣和认知主体作用的发挥，其所具有的超文本功能可实现对教学信息最有效的组织与管理，其所提供的外部刺激的多样性不仅有利于知识的获取和保持，而且可以提高学习和记忆效果，调动学习者的积极性。

③ 计算机网络技术：由于远程教育时空的开放性和学习者的移动性，必须依赖计算机网络技术的支持。网络技术是通信技术和计算机技术二者高度发展和密切结合的产物。计算机网络技术从 20 世纪 50 年代末开始到今天已经历了四代的发展历程。从分时多用户联机网络到互联网络，然后进入分布式处理网络。今天的第四代计算机网络其技术和服务方式更加先进，开放式的网络体系结构、网络传输媒介的光纤化、高速传输技术和多媒体技术的应用及以网络为中心的处理模式和计算机网络的智能化已成为最新的技术标志。

（3）现代远程教育的高科技手段。现代远程教育其本质是以现代教育观念为指导的高科技应用，其教育手段有以下几方面。

① 教学手段网络化。

用于现代远程教育的网络包括：卫星电视网、计算机互联网、有线电视网和电信通信网。其中利用互联网教学可不受时空限制，使学习者方便地共享教学信息和资料，提供自主式、协同式和交互式的学习方式，主要形式有：基于 WWW，基于 E-mail，采用文件传送（FTP），以及远程登录（TELNET）。

② 教学环境数字化。

现代远程教育环境包括多媒体综合教室、网络型多媒体 CAI 教室和多媒体教室，其设备配置一般有多媒体计算机、大屏幕光学数字投影仪、视频演示仪、光盘刻录系统、非线性编辑系统及多媒体创作工具软件等，教学信息的处理与传输完全数字化，教学信息呈现多媒体化，教学信息的组织超文本化及教学过程交互化。

③ 教学管理电脑化。

教学管理主要包括对学生学习过程的监控，对学习结果的测量和评估以及与教学相关的日常事务的管理。目前已开发应用的计算机教学管理系统、集成学习系统和各种计算机辅助软件使教学管理步入计算机时代，计算机正高效准确的替代人工完成这些琐碎繁杂的工作。

④ 教学资料电子化。

现代远程教育中电子媒体发挥了重要作用。其信息量大，易保存，易复制，便携带，造价低，同时便于使用超文本功能非线性组织教学信息的特点，较纸介媒体占据明显优势；电子图书馆和教学光盘库的广泛建立，使教学资料电子化成为必然的发展趋势。

思考题

1. 试述远程教育和远程教学及远程学习的相互关系。

2. 简述现代远程教育的特点，并结合自身实际，阐述选择这一学习形式的动因、学习效果及感受。

第 2 章

远程教育的理论基础

远程教育的发展与其他学科的发展一样，除需要雄厚的物质基础以外，还必须建立起自身的理论基础。理论是学科发展的主心骨，而这方面过去则没有受到应有的重视，这一章我们将对其发展的理论基础，作较为全面的阐述。

2.1　远程教育与哲学

哲学是一切科学之本，也是一切社会活动和个体行为的理论依据。远程教育的理论研究和实践探索同样离不开哲学理念的支撑。美国教育哲学家杜威在《民本主义与教育》中指出，哲学其实应当是"教育的一般理论"，它不仅可以"提供解决现实社会精神和道德问题的方式"，而且有助于"明确教育活动的目的和方法"，"不仅是全部学校教育活动的出发点，而且是全部课程活动的关键所在"。托马斯·霍普金斯更明确地提出，"学校教学的每一天都不能离开哲学的重要指导作用"。远程教育与学校教育有所不同，它改变了从两千多年以前的柏拉图和孔子直到如今的教育形态。即改变了师生面对面交流为教育形态的必备要素及它的核心地位。但作为一种教育活动，它同样存在着对于教育目的、教育内容、教育方法、教育过程、教育评价等问题的探索和实践，对于教学过程本质的认识论理解，对于教学过程中师生关系和地位问题的哲学思考，对于学生主体性、学生认识规律的哲学认识等。同样，远程教育离不开哲学的重要指导作用。远程教育作为一种新兴教育形态的特殊性；远程教育这种独特的教育形态存在的合理性；以及远程教育的存在和发展对整个教育和教育学，对人类社会及其进步和演化的意义和价值等。具体地说，哲学决定着远程教育的宏观问题，诸如远程教育的教育目的观，远程教育的教学过程本质，远程教育中学生的主体性问题和认识规律问题等。同时，哲学也决定着远程教育的微观问题，诸如远程教育的课程与教学的价值取向，远程教育中教师和学生教与学的理念和方式，远程教育一切教学活动的具体内容等。

2.1.1　远程教育的宏观理论

1. 远程教育的教育目的观

在世界范围内，远程教育已有近一个半世纪的历史。远程教育出现在产业革命后的工业化社会中，并随着近代科学技术发展带来的技术进步而不断发展。科学技术和社会经济的迅猛发展对人才的需求是远程教育发展的历史动力；教育思想的演变和革新是远程教育发展的思想理论基础；以信息技术为核心的现代教育技术的长足进步是远程教育发展的物质技术基础。

远程教育的发展其目的是为了增加受教育的机会，扩大教育的规模，实现规模经济和较高的成本效益。

传统教育由于教师和学生必须在同一时间出现在同一空间，通常具有相对较低的固定的学生教师比例。远程教育教学有可能突破传统教育的学生教师比例，从而极大地扩大教育规模；在一般情况下，远程教育比传统教育的教学成本低，无论是学习开支还是单位成本都是如此；远程教育可以为无法进入传统教育体系的受教育对象提供接受教育的机会。

2. 远程教育的教育过程的本质

远程教育的教育过程必须具备有组织的对话交流，多种媒体教学比单一媒体教学更有效，系统方法是规划远程教育的有效方法，反馈是远程学习系统的必要组成部分，有效的远程教学材料必须确保学生在阅读、视听的同时，经常进行各种必要的学习活动。

（1）远程教育的工业化理论。

德国的彼得斯认为，远程教育是"一种新型的、工业化的和技术性的教育"形态，而常规的、面授式的和以群体为基础的教育则是一种"前工业化"的教育形态。人际交流是构成传统教育教学过程的基础，而在远程教育中已被建立在技术和工业化基础上的非人际的、机械的和电子通信所取代，就是说，远程教育以教学过程的高度技术化为其基本特征，远程教育主要依靠技术媒介来实现，而传统教学则主要是通过面授和以集体为基础。为远距离的学生制作学习材料本身就是一个工业化的过程。在这个基础上，彼得斯分析了工业化教育形态的理论模型是工业大生产的理论。他用分析工业生产过程的那些概念和方法技巧应用来分析远程教育的全过程。比如分工和流水线生产、机械化、大规模生产、规划和准备、标准化、功能变换和专业化、集中和垄断的趋向等。这主要包括以下几个方面：

① 学生的批量生产。传统教学面对小的群体，教育对象为一个教室里的几十个学生，至多是利用扬声器等简单的设备将课堂加以扩充，使一个教室里多容纳些学生，但一次培养学生的人数是有限的；远程教学则能成批生产，教学上没有学生人数的限制，学生学习是借助技术媒体与教师进行教学活动，而与教室空间无关。我们经常讲远程教育具有规模效益，原因就在于此。

② 劳动分工。如果注册参加远程学习的学生数量很大的话，定期的成绩评价是不能由课程开发人员来执行的，而应由专门的考核人员来执行。具体到当前的远程教育来说，由于学习材料日益多样化，课程开发人员的分工已势不可免。

③ 标准化与装配线。由于远程学生的大批量生产，远程教育中的标准化比在常规教学中更为重要，因而要照顾学生的特点和个性几乎是不可能的，同时远程教学中教师的特殊兴趣也将被课程的客观需要所限制。这表现在学习材料的制作上，就是工作人员必须坚守在各自的岗位上，整个过程就像装配线一样，是经过一个职责范围到另一个工作范围来实现的。

④ 机械化与自动化。由于运用技术媒体（无论是信函还是广播电视、多媒体计算机、计算机网络等），远程教学的教学结构业已发生变化，即作为"一种间接的教育形式"，它更多地表现出机械化和自动化的特征。

⑤ 垄断的趋势。集中化和中心化是远程教育体系和工业化企业管理的共有特点，在一个地区或国家的教育规定中，远程教育院校有一个垄断的趋势。

（2）三代信息技术和三代远程教育理论。

远程教育的发生和发展始终都与信息技术、教育技术的发展紧密联系在一起，并形成一系列历史发展阶段。

加拿大学者伽利森 1985 年指出，远程教育的发展可以归结为与三代技术变革（函授、电子通信和计算机）相适应。丹麦学者尼珀 1989 年指出，第一、第二和第三代远程学习是指远程教育的三种模式，它们与通信技术开发和传播的历史发展相联结。第一代远程学习即函授教育，其主要媒体是书写和印刷材料；第二代远程学习是 20 世纪 60 年代发展起来的多媒体教学，它将印刷媒体和广播电视、录音录像及部分计算机结合起来；第三代远程学习引进网络通信技术，使远程学习成为一种社会交流过程。从通信技术观点看，第一、第二代远程教育属于从教师到学生的单向通信和有限的双向通信，第三代远程教育则是师生之间及学生之间相互作用的双向通信。

（3）远程教育学生自治和双向通信的理论。

学生自治和双向通信的理论学说是远程教育体系中论述最多，也是对远程教育实践和决策影响最大的。各国探讨远程教育学生自治和双向通信理论的学者众多，学派林立。最具有代表性的有三种主要理论派别，第一种是注重和强调远程教育中学生自治的理论，认为理解和实施学生自治、自主学习，自我控制是开展远程教学和和远程学习的灵魂；第二种是注重和强调远程教育中师生以及学生之间开展双向通信的理论，认为以双向通信为核心的对远程学生的学习支持服务在远程教学和远程学习中具有重大的教育学和社会学意义；第三种则是注重和强调学生自治和双向通信应当均衡发展的理论，认为学生自治必须经历一系列发展阶段才能达到其终极目标，而正是以双向通信为核心的对学生学习的各类支持服务，帮助远程学生培养和发展自主学习自治和自我控制的能力，实现上述不断进步和成熟的过程。

2.1.2　远程教育的微观理论

1. 远程教育教与学重组的理论

远程教育教与学重组的理论是对远程教育本质进行的一种哲学论证。这一理论来自对远程教育许多学说的深思熟虑和综合加工，是一种更高层次的理论抽象。这一理论对教育的核心——远程教与学的本质、远程教育与传统教育的关系以及远程教育的特征做出了自己的哲学诠释。

爱尔兰学者基更在远程教育理论和学科建设上的长期耕耘，使他对远程教育的哲学论证作出了自己独特的贡献。他在《远程教育基础》一书中，提出并发展了远程教和学的理论。远程教育是以学的行为和教的行为在时空上分离为特征的，因此，远程教育理论应对教—学行为的重新综合进行论证。他认为，对远程学生来说，教—学的重新整合必须通过人际交流来实现，这种人际交流不只限于面授辅导，电话辅导和其他双向通信技术都能提供人际交流。他还认为，印刷教学材料也可以设计包含许多人际交流的特征。教—学过程是在教师和学生的交互作用中发生的，这在远程教育中必须人为地重新综合创造出来。远程教育系统跨越时空重新构建教—学相互作用，使学习材料同学习行为紧密结合是这个重建过程的核心。远程教育的弱点在于学生的学习行为通常与教师和教学行为在时空上是分离的。这种情形的一种满意的解决方案是在远程学生和远程教师间通过双向通信实现教—学的重新综合，并使利用学习材料进行学习成为可能。印刷材料和非印刷材料都要设计成包含可能多的人际交流的特征。建议尽可能采用通俗易懂的书写风格，并精心做好排版、图表和美工设计。在印刷教材、视听教材、录像和计算机教学包以及实验箱的设计中，应尽可能模拟课堂讲授和辅导以及实验室教学的交互作用。其次，课程开设后，教学活动的重新综合要通过各种双向通信来实现，包括：函授、电话辅导、计算机通信、由辅导教师或计算机进行作业批改、电话会议、视频会议和计算机会议。

英国学者亨利和凯依在出版法文著作"远程教育学问题"中提出了一个与基更理论类似的理论体系，这是加拿大法语地区远程教育工作者对远程教育理论创造的贡献。亨利和凯依分析远程教育时指出，为了克服因时空间隔造成学生孤立的状态，有必要实现教育实践和方法的重大变革。这些变革给教育系统带来了完全的功能变换，它将学习材料的设计、制作和发送变成中心。学生变成了利用学习材料和其他学习支持服务的自学者。这样的一种教育结构改变了传统教育以教师为中心，由教师来控制教学过程，学生主要从教师面授中学习的模式。亨利和凯依指出："在远程教育中教和学分解为在不同时间发生在不同地点的分离的行为。"他们说，对远程教育的挑战就是重新产生教—学过程。远程教育面对的挑战并不是一般的教学关系，而是由于时空间隔而带来的特殊的教学关系。真正的挑战在于这样一个事实：远程教育既要克服时空间隔产生教—学关系，又要将教育情景设置在远离教师的学生日常的生活环境中；而且要在师生分离的状态下，在无法及时了解学生的需要的情况下，规划、开发和发送教学内容。

2. 远程教与学的三种基本相互作用的理论

穆尔是美国宾州大学成人教育学院教授、美国远程教育杂志主编。他在 1989 年提出的远程教与学的三种基本相互作用的理论获得了远程教育理论界的高度评价。基更认为这一理论的提出标志着远程教育理论基础的日臻成熟。在传统教育中，教学过程有三要素：教师、教材和学生。在远程教育中，教学过程三要素可以改造为教师、资源和学生。穆尔提出的远程教与学的三种基本相互作用是指学生和教育资源（课程学习材料）、学科教学内容的相互作用，学生与教师的相互作用，以及学生与学生的相互作用。第一种基本相互作用，学生和教师（或教育院校机构）设计、开发、发送的教育资源（其主体是多种媒体的课程材料）所呈现的教学内容的相互作用。而后两种基本相互作用则是人际交互作用，可以是面对面的人际交流，也可以通过其他建立在技术基础上的双向通信机制来实现；可以是个别化的一对一的人际交流、也可以是基于集体的交互作用。

（1）学生和内容的相互作用。学生和（教学、学习）内容的相互作用主要通过教师基于技术媒体设计、开发和发送的各类教育资源（其主体表现为课程材料）实现。教师通过学科课程材料的设计、开发和发送，引导和帮助学生与教学内容发生相互作用。学习者与教学内容的相互作用通过广播和电视、录音录像、电子视听媒体、计算机软件、相互作用多媒体以及计算机网络来实现。计算机多媒体和网络已经成为向学生提供的与教学内容进行相互作用的最先进的技术。

（2）学生和教师的相互作用。大多数学生和教师都认为师生交互作用是教学过程最根本的属性，并对这种作用抱着很高的期望，在远程教育中依然如此。在教学内容发送之后，无论这些内容是知识信息、技能演示、还是一定的态度和价值的模式表现，教师们都要帮助学生与这些教学内容进行有效的相互作用。为此，他们要保持并激励学生对教学内容的学习兴趣及学习动力；要组织学生们根据学习的内容，通过实践去掌握已演示过的技能，去应用已经学习过的知识、原理和理论。教师要组织各种类型的教学测试和评价，以便确定学生学习取得的进步并帮助学生决定如何改进学习方法。最后教师对每个学生提供咨询、指导帮助，当然，这种支持的程度和性质可能会很不相同，这取决于学生的教育水平，教师教学方法、风格和个性，以及远程教育系统的环境和组织等因素。

在远程教育中，学生与远程教师可以通过函授、电话、近年来发展起来的电子远程会议系统以及基于计算机网络的通信系统（从电子邮件到各种网络会议）进行交互作用。学生在与所学习的各种媒体材料的课程内容发生相互作用时，如能得到一位经验丰富、态度认真、教学效果好的教师的具体指导和帮助，这对每个特定的学生将是最有效的。这种个别化教学是远程教育公认的优势。

（3）学生和学生的相互作用。学生与学生间的相互作用可以产生在个别学生之间，也可以产生在学生集体之中，也可以在没有教师组织和参与的情况下产生。即使如今已经具备了众多信息通信技术手段，课堂教学和小组讨论依然是学生间交互作用的主要组织形式。在远程教育中，对学生间相互作用的注重程度可能很不一样，它在很大程度上取决于学生所处的环境以及他们的年龄、经验和自治的程度。集体的环境对某些类型课程内容的教学会很有帮助，特别是在学生们可以组成学习小组，并有机会向其他同学讲述课程内容时集体的环境显得尤其重要。一般而言，在帮助学生深刻理解所学的课程内容并通过交流来检验各自的学习效果时，同学间的讨论就特别有价值。

2.1.3　远程教学两大功能要素理论

1. 课程设计开发发送和学习支持服务两大功能要素理论

瑞典学者霍姆伯格首先比较系统地提出了远程教学具有两大功能的思想。他认为在远程教育系统中，远程教育院校和教师是通过发送事先准备好的课程材料和为学生提供学习支持服务两种方式进行远程教学的。所以，远程教育中教师的教学功能主要有两个：一是设计、开发和发送多种媒体的课程材料，二是在学生学习时通过各类双向通信机制实现师生交互作用，为学生提供学习支持服务。

2. 课程设计开发发送和学习支持服务相互作用

英国学者凯依和鲁姆勃尔在对远程学习系统进行分析时，引进并论述了课程和学生两个运行子系统。他们首先指出，远程教育属于开放的社会系统，其主要的输入是入学的新生，主要的产出则是合格的毕业生。在开放系统中，将输入的新生转化为产出的毕业生的功能部分是远程教育的运行系统。凯依和鲁姆勃尔进一步将运行系统划分成课程和学生两个主要的子系统。

（1）课程子系统的功能是负责课程的设置、开发和多种媒体课程材料的设计、制作和发送。课程子系统的主要功能如下：

① 课程创作过程：以达到课程设置为目标，通过采用适当的媒体，对有关的教学内容和教学方法进行设计，形成课程原型。

② 课程生产过程：将课程原型转变成课程成品。可能是一件成品（如广播电视用录像带、课件光盘），也可能是多件复制品。

③ 课程发送过程：将课程成品发送到学生能取得的地点的过程。比如将函授课本发送给学生或者当地学习中心；在开放频道上播送广播电视节目；为学生就近配备辅导教师等。

（2）学生子系统的主要功能包括对学生的教学全过程的组织和管理，教学咨询，学籍学业管理，以及对学生学习提供各类双向通信和支持服务。具体来说：

① 接纳学生，收取费用；

② 为学生提供专业教学计划中课程设置的咨询和选课指导；

③ 依据开设课程、当地学习中心、辅导教师和咨询人员来分配学生；

④ 确保学生按时收到课程材料，组织各类教学活动包括面授辅导、假期在学校住宿和各种实践性教学环节，并让学生及时了解参加相关教学活动的时间和地点（如在当地学习中心集中收听收看教学内容，参加辅导和考试等）；

⑤ 布置和批改作业，组织函授、电话辅导和答疑，组织和管理平时作业、各类检测和考试；

⑥ 组织和使用各种通信技术（如各类音频和视频远程会议和基于计算机的通信系统）的教学活动，核定学分、颁发证书和授予学位，保存学生档案；

其中，对学生学习的支持服务应该是学生子系统最重要的功能成分。

2.1.4　以学生为中心的远程学习理论

国际远程教育和开放学习文献中普遍达成一个共识：远程教育应以学生为中心。以学生为中心不仅是远程教育这一重要的基本概念的核心内涵，也是远程教育的教学理论和学习理论的核心内容。远程教育作为一种新型的教育形态，具有比传统院校面授教育更大的开放性，其教学和学习以学生为中心，学习资源和学习环境具有更大的选择性、多样性、适应性和灵活性。以学生为中心首先应体现在远程教育的教学系统开发和多种媒体课程材料的教学设计、开发和发送上，同时要贯穿在远程教学全过程中对学生学习的支持服务上。以学生为中心要求教师和教育院校机构转变角色，经常调查了解学生对象的不同特征，并将满足学生多样化和个性化的需要放在首位。教师不应以说教者、学科领域的绝对权威的面目出现，而应成为学生的朋友、学术和心理咨询顾问、指导者、辅导者、帮助者和不倦的服务提供者。

2.1.5　虚拟教学理论

虚拟教学是基于计算机和电子通信技术进行的双向交互式教与学的一种概括。它既不同于人际面对面交流的面授教学，也不同于在应用印刷、广播电视和录音录像技术设计制作和发送课程材料的基础上开展的单向、非实时的远程教学。虚拟教学是应用电子信息通信技术开展的模拟校园内教学或模拟课堂面授教学。虚拟校园则是进一步设计开发建立在计算机和电子通信技术基础上的包括虚拟教室、虚拟图书馆、虚拟实验室、网上教育资源数据库、网络信息管理中心等在内的对传统教育院校校园的整体模拟，构建虚拟大学或虚拟学校。虚拟教学的更进一步的发展同虚拟现实技术的发展与应用有关。虚拟现实技术使学习者如同身处三维空间的现实世界，并能以其感官和组织与之发生交互作用，从而使学习者得以身临其境地拜访各国图书馆、博物馆及各种社会生活场景和模拟历史场景，或者得以前往海底世界、星际外空或地球深处，进行航空驾驶、星际飞行或疑难手术等的教育和培训。丹尼尔对虚拟教学的论述通常同虚拟大学联系在一起。丹尼尔指出，当前形态的虚拟大学的概念，就是通过电子手段将现存大学联合成一种结构更灵活、拥有许多相对自治节点的新型的网络巨型大学。基更将虚拟教学描述为"远程面对面教学（Face-to-Face Teaching at a Distance）"，并论述了从面授教学（Face-to-Face Teaching）到远程教学（Teaching at a Distance）再到虚拟教学的历史发展。

2.2　远程教育与教育学

当社会进入了以知识经济为代表的高科技时代时，教育已由应试教育过渡到素质教育，由精英教育普及到大众教育，由以教师为中心、院校为中心或学科为中心的教学发展到以学生为中心的开放学习和个别化学习，重视教育技术的开发和应用，重视学习过程和学习资源的开发和设计，发挥建构主义认知理论在教学系统开发和教学设计中的指导作用，所有这些构成了开展远程教育的当代教育科学和心理科学基础。

在远程教育专家德斯蒙德·基更给远程教育下的定义中，可以清楚地看到他从教师和学生的状态、教学组织的准备、技术媒体（课程内容的载体）、双向通信的提供、自学的性质几个方面描述了远程教育的基本特征，它们恰恰又都属于教育学的研究范畴，作为教育学的一个分支，母体教育学理论可以为远程教育提供厚实的基础。特别是教育学中的一些主要基本观点：学生主体观和整体发展观。

2.2.1 学生主体观

传统的教育理论中，教师是课堂的主宰，书本知识是学习的唯一模式。在这种状况之下，学生主体积极性的发挥几乎无从谈起。现代教育理论研究教学过程中的师生关系，既反对传统教育中以教师为绝对权威的做法，又反对以杜威为代表的进步教育派提倡的"儿童中心"的主张，已形成的各派关于教学过程中师生主客体关系的观点，主要有五类。

（1）教师唯一主体论。主张教师是教学过程的主体，学生是客体。理由是：教育是教育者进行的有目的、有计划、有组织的培养人的活动。教师受过专门的训练，并负有社会所赋予的教育学生的职责，而学生是教师改造和发展的对象。因此，教师是主体，学生是客体。

（2）学生唯一主体论。主张学生是教学过程的唯一主体，教师是客体。认为根据马克思主义哲学的原理，外因是变化的条件，内因是变化的根本。教学活动也是如此：在教学过程中，学生主体内部的积极性就是内因，因此学生就是教学过程的主体，而教师尽管指导学生主体作用的发展，帮助学生主体开展认识活动，但因为教师只是学生变化的外因，仍然不能成为教学过程的主体，而只能是客体。

（3）师生双主体论。包括以下几种观点：一种是教师和学生同时互为主客体论。认为教学过程中，学生是教师的教育对象，教师是学生的学习对象，师生同时都是客体，双方又都无时无刻不在发出主体性行为，存在着主体—主体的关系。因此师生同时互为主客体。另一种观点认为随着教学过程主要矛盾的转换，教师和学生轮流成为主客体。在教师的教为矛盾的主要方面时，教师是主体，学生是教的客体；当学生的学为矛盾的主要方面时，学生是主体，教师是学生学的客体。还有一种观点，在承认教师和学生皆为主体的前提下，又进一步明确规定了两者的主从关系。认为学生主体是认识论意义上的主体，教师主体是社会学意义上的主体，因而学生是第一位的，最重要的主体。最后一种观点认为，师生是教学活动的统一主体。师生都是教学活动的主体，他们的主体地位和作用无法加以比较，而是统一在学生的认识过程和教学的总体目标之中。

（4）教学主体的滑移位错论。认为教学过程中的主体是教与学二者滑移位错的一种运动。教先作为主体，主动地施教于学，在教作为主体时，教是矛盾的主要方面，然后学又自然地与教进行滑移位错变为主体，这时学就成了矛盾的主要方面。

（5）教师主导，学生主体论。主张在教学过程中，教师是主导，学生是主体。学生主体是教师主导下的主体。"教师主导和学生主体是辩证的统一。学，是在教之下的学，教是学而教"。这种观点是当前教育界较趋一致的观点。

对教师和学生在教学过程中的地位和作用问题的研究可以说是教学改革的关键问题，并且着重于研究学生主体性发挥的问题，一般倾向性的认为：学生是在教师主导下的认识、实践和发展的主体。这些认识引起了教学重心由教向学的转移，将教和学作为一种统一的认识活动。

在这一大背景之下，现代教育所提倡的学生主体观主要就是指在教育过程中，要重视发挥学生的主体性。学生主体性，主要是指学生在教师指导下积极主动进行学习时表现出的一种主观能动性。它一方面表现在对外部信息的选择上，受学习动机、兴趣及价值观的推动和支配，表现为自觉性、选择性。另一方面表现在对外部信息的内部加工上，受原有知识经验、认知结构、情感、意志等制约，表现为独立性和创造性。无论从学习动机对学习的重要意义，还是从富有创造精神的主体力量培养对于社会发展的重大意义来看，学生主体性都应得到相当的重视。

认识是人脑对客观世界的反映，作为反映者的主体和被反映者的客体同时存在，主体结构和功能的健全是认识得以确立的必要条件。在教学认识活动中，任何知识的真正获得依赖于教学认识主体——学生主观能动性发挥的程度。瑞士心理学家皮亚杰从发生认识论的角度指出，一切知识起源于认识主体的实践活动，认识的形成主要是一种活动的内化作用——主体对客体的行动。因此，在知识的授受过程中，唯有学生积极地作为主体去活动，教学才是真正有意义的。

从远程教育的定义来看，形式上——"在整个学习过程期间，准永久性地不设学习集体，结果人们通常不在集体中而是作为个人在自学"——自学是远程教育的基本学习方式。从远程教育理论来看，20 世纪六七十年代以来，出现了强调学习者自己进行的学习，学生可能得到教师的指导但不依赖教师，而是自主安排学习的课程和进度。独立学习应该是自我安排的、个别化的和可自由选择目标的学习。德国的德林认为，远程教育作为一个系统，包括了学习者、社会、助学机构、学习目的、学习内容、学习结果、远程和媒体八个方面。其中并不包括教师，他认为远程教育中几乎没有"教"的特征，主要依靠学生的自主性和独立性。当然，这是一种较为极端的说法，即便在今天，以多种媒体和计算机网络为代表的现代远程教育虽已得到了迅猛发展，但以函授和广播电视为代表的远程教育尚未被淘汰，并仍以远程教育主力军的面目出现。从远程教育的实践来看，通过现代媒体来实行灌输式的"大头像"的教师当然不能代表现代教育观念中教师应有的形象，这只是对传统学校教育的一种搬家方式，没有体现出借助于现代媒体的远程教育的先进性，也没有体现出远程教育发挥学生自主性、独立性学习的基本特征。

要在远程学习过程中切实地体现出学生主体观，仅有口头上的重视是远远不够的，必须落实在多方面的支持之上，最主要的是在媒体技术的支持下，确立运用现代教育观念，设计出新的体系。"一切新技术、新媒体、新模式、新系统都要有利于学习者兴趣和学习主动性的调动，有利于学习过程的简洁和优化，有利于学习资源的获取、加工、保存、传输和发布"。媒体技术对于学生自主学习支持主要有两个方面，一是为学习者提供丰富的学习资源，发挥一个教师难以发挥的作用；二是组织教师对学生的学习进行答疑、咨询。课程对自主学习支持表现在课程内容的价值取向、课程结构体系与实施的方式方法等方面。具体地说，课程内容上强调技巧和能力的培养而非知识的简单传授；课程结构由垂直性趋向平面性；课程实施方法上强调启发引导而非灌输；学习资源和环境的利用强调多样化而非单一化。

2.2.2 远程教育学生自治理论

学生主体观以其鲜明的时代特点体现在远程教育过程之中。在探讨远程教育学生自治理论中，注重和强调远程教育中学生的自治，认为理解和实施学生自治、自主学习，自我控制是开展远程教学和远程学习的灵魂。

美国学者魏德迈关于远程教育的理论核心是独立学习和学生自治。其使用独立学习的概念来描述大学层次的远程教育：独立学习由各种形式的教学安排组成，其中教师和学生在执行他们的基本任务和职责时相互分离，他们之间的交流通过多种途径来实现。远程教育的目的是将校园内部的学生从不适当的课堂进度和模式中解放出来，为校外学生提供在他们自己的生活环境中继续学习的机会，并且培养所有学习者发展成为成熟的受教育者应具备的自学能力。魏德迈指出，克服他所谓的教育的"时空屏障"的唯一途径是将教和学分离。这就要求将教和学设计、规划为一系列分离进行的活动。

独立学习理论的核心可以总结为以下三条灵活自主原理：

① 学生根据自己的需要和条件选择教育目标和选学课程；

② 学生根据自己的需要和条件决定学习进度；

③ 学生根据自己的需要和条件选择学习方式和考试方式。

根据魏德迈的独立学习理论设计的远程学习系统应具备如下六个特征：

① 学生和教师分离；

② 教学过程通过印刷的、书写的和其他各种媒体手段进行；

③ 教学是个别进行的；

④ 学习通过学生自身的活动实现；

⑤ 学习是在学生自身环境条件中进行的；

⑥ 学生控制自己的学习进度。

穆尔关于远程教育的理论核心是交互距离和学生自治。穆尔引进的交互距离不仅是一个物理学和地理学的概念，而且是一个心理学和教育学的概念。穆尔将交互距离定义为对话和结构这两个变量的函数。变量"对话"描述"教育系统中师生间个别需要和条件的针对性程度"。就是说，如果一个教育系统具备很好的师生双向交流通信，这个系统的对话变量的值越大；反之，如果一个教育系统的师生双向交流通信很弱很差，这个系统的对话变量的值越小。另外，一个高度结构化了的教育计划课程设计很难根据不同学生的各种不同条件，满足他们各种不同的需要，而结构灵活的教育课程设计则能轻松自如地解决这个问题。穆尔将学生自治的核心规定如下：一个高度自治的教育计划课程设计是以学生为中心和学生自治的，而一个较少自治的教育计划课程设计则是以教师为中心和由教师严格控制的教学过程。穆尔提出了三条测算学习计划的学生自治程度的准则：

① 设定教育目标的自主权，即学习目标的选择是由学生还是由教师决定的；

② 选择学习方法的自主权，即学习方法、资源和媒体的选择是由学生还是由教师决定；

③ 选择考核方法的自主权，即考核方法的选择是由学生还是由教师决定。

穆尔随之提出了一个由交互距离和学生自治两个维度构成的独立学习理论模型。在他的模型中，如果学生进行个别学习，没有师生双向通信，课程设计结构灵活，学生拥有决定教育目标、学习方法和考核方法的自主权，即属于高度独立学习的模式；如果学生在教师的全面控制下学习，有丰富的师生双向人际交流而课程设计结构灵活，则属于极不独立的学习模式。因此，独立学习是指学的过程与教的过程分离的教育形态。其中，学生至少与教师一样在决定教育目标、学习方法和考核方法上享有同等的发言权。当然，在远程教育的实践中，穆尔注意到学生在教育需要、学习能力、个性和心理素质等方面的千差万别。穆尔理论的中心课题是：针对不同需要、能力、个性和心理特征的学生对象，设计和建立适合他们的双向交流通信机制和教育计划课程设计自治结构模式，从而使学生可以获得最优的选择和最大限度的发展。

总之，学生主体观提倡的是在教师主导下学生主体作用的发挥，因此，教师的主导始终是存在着的，而且可以说在课堂上仍起着相当的作用。但是在远程教育过程中，教师不再充当面对面的主讲者，而主要是组织者和辅导者，有相当的教学内容可以不经由教师之口，而由"电子媒体教师"所替代。

2.2.3 远程教育学生双向交流通信的理论

学生主体观在远程教育过程中的体现，表现为以自主学习、双向交流通信作为远程学习的主要学习方式。

瑞典的霍姆伯格在过去的30多年中一直倡导并发展一种自称有指导的教学会谈的理论。霍姆伯格坚持说，建立师生间的人际交流关系是增强学习动机从而是实施远程学习的先决条件。在远程教育中，师生交流是通过非连续通信手段实现的：在远程学生和学习支持组织（主讲教师，辅导教师和咨询人员）之间存在经常的相互作用（教学会谈），既有通过学生与事先设计好的课程材料相互作用进行的模拟会谈，也有通过学生与辅导教师和咨询人员利用信件、电话计算机网络进行的真正的教学会谈。这不仅揭示和强调了教师和学生间的双向通信和交流在远程教学中的重要地位，而且使远程教育领域的教学会谈的理论有时也被称为远程教育的双向交互的通信理论。

西沃特提出的理论要求远程教育院校和教师对学生有更多的持续关心，为学生提供更好的学习支持服务和其他各类服务。西沃特认为，如果没有这种持续的关心和支持服务，远程学习的学生会因遇到种种困难而引发问题，影响学习效果和教学质量，从而导致学生流失。由于远程教育的学生的不均衡程度大于传统教育系统，因此更需要远程教育院校和教师关心学生。远程学习的学生不是天生就会自主学习的。学生的自学能力、自治能力、对信息资源的选择能力和对学习过程的控制能力都需要在院校和教师的指导和帮助下逐步培养和发展起来。学生自治是对学生持续关心和支持服务的结果，而不是起点。当然，对学生的支持服务类型、方式、强度、频率等应因人而异，即使对同一个学生也要随着学习进程而有所变化，要不断培养学生的自学能力。

丹尼尔自70年代末起提出并发展了独立学习和相互作用均衡发展的理论。他评论了远程教育的有关文献，重点考查了远程学习系统中那些使学生得以和其他人员发生接触和交流的活动，强调系统设计要使学生尽量从这些活动中取得尽可能多的益处。他指出，远程教育尤其要提高学生、教材、辅导教师和学习伙伴之间的相互作用。同时，高等和成人教育的目标之一是使学生成为更有效的独立学习者。丹尼所说的独立学习者，不仅指独自一个人学习，而且强调学生要有更高的自学和自治能力，并在必要时有能力利用各种学习资源。

史密斯在澳大利亚远程教育双重院校综合一体化模式实践基础上尝试提出一种称之为相互依存的远程学习理论。他认为，校外学习的成人学生基本上处于独立学习的处境。因此，远程教育院校应该注重对校外学习系统的教学设计。一方面，要使校外学生在最少的外部帮助的情况下，能够独立策划并完成课程的学习。另一方面，不能只依靠学生个人的努力、毅力和智慧才能，教师应尽可能地给予学生更多的指导、辅导和帮助。在提供学习资源和教学服务过程中，对校外学生和校内学生要同等对待。要由远程教育院校的同一批专职教师同时对校内外学生进行教学。要鼓励校外学生尽可能地利用校园内资源，组织尽可能多的师生以及学生之间的集体交流和个别辅导。

加拿大伽利森理论的出发点是教师和学生之间的教育交互学说。教育交互学说是指通过对话和辩论寻求理解和知识，因此，教师和学生之间的双向通信就是必要的。这就要求有技术来支持在远程教育情景中的教育交互。伽利森指出，在理论和实践中，技术和远程教育是不可分离的。远程教育随着技术的日益发展而完善。在伽利森的理论中，除了教育交互和建立在技术基础上的双向通信外，另一个基本概念是学生控制，即教师、学生和内容之间的关系。伽利森强调学生控制的概念与课程有关，涉及影响和指导课程进度的能力和机制，因此他提出，控制应该建立在独立（作为自学者）、熟练（作为独立学习的能力）和支持（指用于指导和实现教育交互的资源）三者之间的相互关系上（伽里森，1989）。

范笛和克拉克是美国学者，他们提出了一个由对话、结构和学生自治三维构成的理论体系。第一维"对话和支持"用以反映对话和一系列学习支持的功能；第二维"结构和特定能力"提出特定能力或特定学科领域的能力通常是结构和主题的函数；第三维"学生自治和一般能力"是指确定适当的自学和自治方案以适应学生在相关学科的一般能力和智力水平。范笛和克拉克据此提出了由上述三维变量的各种组合构成的一个连续谱系结构并描述了其中 12 种模式，每种模式都给出了实际的教育系统案例。

2.2.4 远程教育师生观

远程教育中，师生关系建立在全球化信息时代的基础上，体现的乃是一种全新的人际关系，因而更能折射出当代教育的实质。

1. 远程教育的教师观

现代远程教育是在卫星电视网络、电信网络和计算机网络三大网络环境下开展的远程教育，它具有数字化、交互式和多媒体等显著的技术和教学特点。但无论在何种网络环境下，远程教师相对于其学生来说都是隔离的即师生双方基本上是不见面的，因此远程教师可以称之为"隐性教师"或"虚拟教师"。根据教育学理论，可得出"教师主体—物质、信息、素质三类客体—学生主体"的三维关系理论，远程教师作为远程教学的主体是通过客体与远程学生发生关系并进而影响学生的物质条件、知识结构和素质结构的，以此为基础的远程教育的教师观理应包括以下相应的内容：

以学生为中心的"支持服务观"，远程教师固然是远程教育的主体之一，但这个主体和其他领域的主体不同，作为一名教师，他的根本宗旨乃是围绕建立学生的主体性结构服务的——这就是我们时常提到的远程教育的"学习支持服务观"。远程教育的"学习支持服务观"，首先导致了教师的职能由古代所谓的"传道、授业、解惑"的"教"开始向"导"的转化，即远程教师的角色由高高在上的"家长"变成了以"指导、引导和辅导"为特点的学生们的朋友和伙伴，有人据此形象地将远程教师称为远程学生学习的"导航员"。的确，远程教师的职能已转变为学习环境的营造、学习材料的设计、学习方式的组织、学习偏差的矫正和学习的帮助等。惟其如此，远程教师才能担当起远程教育的主体职责，从而适应远程教育的网络环境，真正做到提高远程教育的教学质量。

首先是开发便于学生学习的学习资源（相对于教师来说是教学资源）。由于远程教育的特殊性，远程教育的学习资源或教学资源是多种多样的和丰富多彩的，这些资源大致包括以下几类：

（1）多种媒体教材，如文字教材（教材、辅助教材等）、音像教材（录音、录像、VCD 教材等）、计算机辅助教材（即 CAI 课件）等；

（2）网上学习资源，如教学指令性信息、教学阶段性辅导信息、网上课件、网上（BBS）（实时讨论）、双向视频教学等；

（3）VBI 数据广播，可用于教学信息、教学文件、教学辅助材料下载等任务；

（4）电话答疑和电子邮件，可用于来访的共性问题查询、作业传递、师生沟通等工作。作为一名远程教师，其主要任务就是建设这些学习资源，同时在其中贯彻、体现"以学生为中心"的教学思想，真正使这些学习资源通过相应的传播渠道传递给学生，并进入学生的知识结构。

其次是以信息技术、教育技术为核心整合自己的综合素质。由于远程教师职能的改变，对其自身素质自然提出了更高的要求，教师必须具备现代远程教育的观念，了解教学对象（远程学生）的特点和需要、熟练掌握远程教学技术、精通本学科的相关知识，这是远程教师所必备的基本素质。这里需要特别强调的是在新的网络学习环境下，一名远程教师能否熟练地掌握与远程教学相关的信息技术、教育技术是至关重要的，如能熟练操作计算机、熟悉各种软硬件设备、比较自如地设计课件、善于进行网上教学等。只有这样才能建设出能够满足学生需要的学习资源，才能在教学教程中完成"支持服务"的历史使命。

2. 远程教育的学生观

"教"与"学"是教学中的一对永恒范畴，远程教师与远程学生是不可须臾分离而且是相互依存的。就像远程教师可以称之为"隐性教师"或"虚拟教师"一样，远程学生相对于他们的教师来说也可以称之为"隐性学生"或"虚拟学生"。远程学生的"原型"属于成人，"尽管如今远程教育已被完全用于不同类型的学生，但可证实，在一定程度上，情形依然如此。"这是我们在考虑远程教育的学生观时必须注意的。根据"远程教师主体—物质、信息、素质客体—远程学生主体"三维关系理论，远程学生作为远程学习的主体同样是通过客体与远程教师发生关系，并进而满足自身的物质需求、建立自身的知识结构和素质结构。

远程学生要树立"自主学习观"，如果说远程教学从教师的角度来讲强调的是"支持服务观"的话，那么从学生的角度来讲则应强调"自主学习观"。"自主学习"或"独立学习"的理论是魏德曼提出的。他用"自主学习"的概念说明大学层次的远程教育，认为远程教育中"独立学习者的学习环境不同于传统院校中的环境，学习者可能接收教师的指导，但并不依赖他们；学习者在设计和实施学习活动方面拥有相当程度的灵活性和自主性"。自主学习之所以可行，是因为远程教育的"时空屏障"由于六个方面的进步而被日益排除。这六个方面包括：文字和书写材料的发明；印刷术的发明和改进；函授教育的发生（独立学习者的第一种正式教育形式）；民主和平等教育哲学的发展；电子通信媒体技术在教育领域中的应用和程序学习理论的发展。按照这一理论，自主学习的系统应具备：学习者与教育者分离；日常教育过程（或学习过程）通过印刷和其他各媒体组合进行；个别化教学；学习活动由学习者自己实现；学习可以在学习者自身环境中简单方便地实现；学习者对学习进度拥有自主权；可以灵活地控制自己的学习时间按自己的节奏进行学习。现在远程教育学界一般公认，远程学生应以"自主学习观"来进行学习：这不是远程学生的一种不得已的行为，而应是远程学生一种主动性的学习策略。究其原因一方面远程教师及其机构已经提供了足够的"支持服务"可以保证自主学习的进行，另一方面自主学习也是未来社会对于每个人的内在要求。

自主学习或独立学习并不是一个人在那里学习就行了，而是在教师不在场的情况下，学生要善于利用各种学习资源进行学习；实际上，也没有一个人可以不利用任何外在条件、外在的学习资源进行学习。因此，对于作为自主学习者的远程学生来说，学习资源不是不重要了，恰恰相反倒是更加重要了。前面的论述是从远程教师或远程教育机构的角度谈学习资源建设的重要性及其多样化的内容，对于远程学生来说，就是如何根据自己的需要和学习环境来利用这些学习资源。就学生自身而言，所谓"自主学习"也就是"个体化学习"，因此一个远程学生在利用学习资源上应该做到：能够自己制定学习目标；能够自己制定学习进度；能够自己选择媒体资源，例如既可以通过文字教材学习课程内容，亦可以通过音像教材、各种课件等学习资源学习课程内容，原则上通过种种媒体进入课程内容都是允许的。当然，这要取决于学习资源的质量，即其适应学生自主学习的程度；如果学习资源的质量达到了相应的程度，那么问题的关键就是远程学生如何结合自己的情况来充分利用它们。总之，远程学生如何利用学习资源，对于他们取得一个好的学习成绩是至关重要的。

　　就熟悉并能使用远程学习技术而言，如果说一名远程教师必须熟练掌握与远程教学相关的信息技术、教育技术的话，那么，一名远程学生起码也要熟悉并能使用与远程学习相关的信息技术、学习技术。在现代远程教育的学习环境下，其实这也是对于远程学生的一种最基本的素质要求。但据已有的研究表明，"与可进入计算机实验室的校内学生相比，远程学习者遇到的技术障碍要大得多。"这里有经济上的原因，也有观念上、知识储备上的原因。但要想克服远程教育的教学隔离，熟悉并学会远程学习技术是不可缺少的环节。印度英迪拉·甘地国家开放大学的阿卜杜勒·W·罕在《在知识型社会与远程学习技术》一文中谈到信息与通信技术对于远程学习者的重要性时说，"它能够最有效地跨越师生之间的时空障碍。"为此对远程学生进行学习技术的培训是必要的，阿卜杜勒·W·罕举了英迪拉·甘地国家开放大学的"虚拟校园"作为例子。虚拟校园的学生所要学习的技能包括：自我管理与自我发展的技能；与他人合作与联系的技能；与资源管理人及其他学习者的交流技能；工作管理与解决问题的技能；运算应用技能；技术应用技能；创造性地运用设计原理的技能。显然，就像教育技术一样，学习技术也包括"硬件"、"软件"两个方面的技术和能力。除了学会运用静态的学习资料或者资源之外，远程学生还要学会学生之间的"交互式学习"，以及更为重要的师生之间的"交互式活动"，两者都有同步和异步两大类型。当然，远程学习技术并非仅仅限于印度虚拟校园涉及的这些内容，除了与计算机和互联网相关的学习技术之外，它也不能舍弃对于文字材料和VBI等相关的学习技术,对于发展中国家的远程学生来说，它们还可能是更加重要的。

引导远程学生开展合作学习或学习小组的功能与作用，这也就是 "主体际关系" 中的 "生—生" 关系。自主学习其实是一种个体化学习，但这种个体化学习并不是把自己孤立起来，而是说大部分时间是一个人利用学习资源学习，但也不排除在必要的时候通过和别人交流进行学习。换句话说，合作学习对于远程教育还是非常重要的，具体地说，其中最典型的形式就是 "学习小组" 的建立和运用。就本质上说，学习小组是一种 "非正式组织"，也就是说它对于远程学生没有任何的强制性，完全是远程学生自发的一种学习组织形式。学习小组对于远程学生的学习具有特殊的功能：

（1）互助功能。这不仅体现在学习较好的同学帮助学习较差的同学，也体现在小组内的讨论、甚至争论而相互得到的启发。

（2）激励功能。即取得好的成绩会受到正激励，取得差的成绩会受到负激励，而无论正激励和负激励都能激发学生学习的信心和毅力，从而避免因完全独立学习而导致的孤独感、容易半途而废的结局。

（3）教育功能。学习小组是远程教育中最小的细胞，它不仅承担着接受学科知识、专业技能的教育，而且还有思想品德、社交知识、人文素质等方面的教育，当然，这种教育主要是自我教育、感染教育而非强制教育。由此可见，学习小组对于远程学生来说作用是重大的。

2.3 远程教育与学习理论

学习理论是揭示人类学习活动的本质和规律，解释和说明学习过程的心理机制，指导人类学习，特别是指导学生的学习和教师的教学的心理学原理或学说。

远程教育与学习理论的关系似乎更直接地表现为作为远程教育支撑的教育技术与学习理论的关系。在《教学技术：领域的定义和范畴》一书中有一段话对理解这一问题颇有启发："本领域一直表明持认知立场，虽然程序和方法反映了行为和认知两个取向。目前，越来越多的人支持建构主义的观点，其结果是强调学习者的经验、学习者的控制和学习者对意义与现实的解释。"显然，学习理论中行为主义、认知主义和建构主义是和教育技术发展关系最密切的学习理论。它们对于教育技术的影响或强或弱，或是永久性的或是阶段性的，"但是即使这些理论取向的优势衰弱，它们的观念和实践中的影响仍然不会全部消失"。

2.3.1　远程教育与行为主义学习理论

行为主义学习理论有很多，较有代表性的有华生的学习习惯说、赫尔的系统行为理论和斯金纳的操作性条件反射学说。知识的学习靠条件反射，靠外在强化，行为的多次愉快或痛苦的后果改变了个体的行为，他们把一切学习的心理现象都归结为刺激—反应的联结；把所有的学习都归结为刺激—反应联结的组成；在学习问题的研究方向上，注意学习者外部现象与外在条件的探索，忽视内在过程与内部条件的研究。故而行为主义学习理论又可统称为"刺激—反应的联结说"，其中，斯金纳的理论与远程教育的发展关系最为密切。根据斯金纳的"操作条件说"，一切行为都由反射构成，学习就在于形成条件反射。他认为，如果一种反应—不管有没有引起这种反应的刺激—之后伴随一种强化物，那么，在类似环境中都是一种刺激，可以此来控制反应。因此，强化是其理论的重要概念，强化是增加某个反应概率的手段，是塑造行为和保持行为强度不可缺少的关键，是控制学习的根本手段。将此理论运用到教育上，斯金纳提出并实施了程序教学：向学习者呈现一个小单元的信息（称为框面）作为刺激，学习者通过填空或回答的方式作出反应，然后由反馈系统对反应作出评价。反应错误就告诉学习者错误的原因，反应正确就得到强化，学习者就可以进入第二个框面学习。刺激—反应—强化的过程不断反复，直到学习者完成一个程序的学习。

程序教学有五条基本原则。

① 小步子原则。要求在学习上前后连续的每个步骤应该尽可能小些，以使强化的次数提高到最大限度，并降低学习难度。

② 积极反应原则。程序教学要求每个学生有一套程序教材或机器，这样，就可以克服传统教学中学生很少有机会回答老师问题的弊病。

③ 及时强化原则。这是程序教学原则的核心。要求在学生作出反应之后，必须使学生立即知道他的反应是否正确，得到及时的强化。

④ 自定步调原则。程序教学是一种个体化学习的形式，因此，要求让学生根据自己的实际情况确定学习的速度，不要求统一进度。

⑤ 低错误率原则。学习过程中出现的错误对于学生是一种阴性强化，不利于学生学习兴趣的维持和学习行为的巩固，因而，要求尽量避免学生出现错误的反应。

斯金纳的刺激—反应理论及其据此而形成的程序教学思想对教育技术的影响相当大。计算机辅助教学（CAI）可以说是对程序教学的延伸，其人机交互作用和灵活性促进了个别化教学的发展。因此，人们认为，"从发展教育技术的角度来看，斯金纳的历史贡献在于把程序教学运动重新推向高潮，并使行为科学和教学技术的结合进入了一个更为密切的阶段"。其影响还表现在对教育技术理论研究的贡献：使"该领域的研究从仅仅重视媒体的使用，扩展到同时重视对学习者行为的方面，从注重教学刺激的设计，发展到对'学'的强调"。

2.3.2　远程教育与认知学习理论

与行为主义者相反，认知心理学家认为，是个体作用于环境，而不是环境引起人的行为。环境只是提供了一种潜在的刺激，它能否受到注意或被加工，完全取决于学习者内部的认知结构。认知学习理论所着重研究的并不是外显的刺激和反应，而是研究个体处理其环境刺激时的内部过程，即它强调主体的认知功能和已有知识经验或心理模式在学习过程中的主观能动作用。

认知学习理论中对远程教育发展作出较大理论贡献的主要有布鲁纳的"认知—发现"说、奥苏贝尔的认知同化学习理论以及加涅的信息加工学习理论等。

1. 布鲁纳的"认知—发现"说

布鲁纳认为，新知识的获得是一种主动的、积极的认知过程。人的认知活动是按照一定阶段的顺序形成和发展的心理结构来进行的，这种心理结构就是认知结构。学习者通过把新的信息和以前结构的心理框架联系起来，建构自己的知识。

在学校教育目的观上，应该培养学生具有探索新情景，提出假设，推测关系，应用自己的能力解决新问题、发现新事物的态度。鼓励学生们发现他们自己猜测的价值和改进的可能性；发展学生们运用"思想"解答问题的信心；培养学生的自我推进力；发展学生理智上的忠诚。在教学方法上，采用发现学习，发现包括用自己的头脑亲自获得知识的一切形式。学习就是依靠发现，教学过程就是教师引导学生发现的过程。通过对学习的内在动机的激发和培养，使每个学生都具备良好的学习状态。

2. 奥苏贝尔的认知同化学习理论

奥苏贝尔不仅研究学习的过程，而且将过程和结果结合起来，探讨学生认知结构的形成以及据此进行相应的教学。他认为，学生能否获得新信息，主要取决他们认知结构中已有的观念，也就是新旧知识能否达到意义的同化。有意义才是衡量学生学习是否有价值的标准，并不在于学习是发现学习还是接受学习。认知同化学习理论强调学习者的积极主动精神，强调新观念与已有认知结构的相互作用。

奥苏贝尔认知同化学习理论的核心是有意义学习，必须以学习者原有的认知结构为基础。他进一步分析了有意义学习必须具备的两个条件：一是学生表现出一种学习的倾向，即将新学内容与自己已有认知结构建立联系的倾向；二是学习内容对学生具有潜在意义，即能与学生已有的认知结构联系起来。所谓认知结构，是指学生现有知识的数量、清晰度和组织方式。显然，每个学生的认知结构是不同的，要求教师事前充分掌握。认知心理学认为学习是一个认知结构积极形成的过程，在这一过程中，学习必须是有意义的，而且要求按照一定的目标达到某种程度。为了使学习适应不同学生的认知结构水平，认知学习理论强调动机（或内驱力）的作用，强调具有吸引力的学习情境的创设，强调学生的主动学习（无论是发现学习的研究还是有意义学习的研究），这和行为主义只重学习结果不重学习过程是截然不同的，而且对远程教育中教育技术的应用颇有启发。远程教育必须对学生的学习过程有细致的研究，对学生的不同认知结构有充分了解，对学生和学习过程的研究更甚于对教材的开发、对学习结果的片面追求。在远程教育中，可能会造成片面追求学习结果而忽视学习过程的偏向；花较大的精力于教学内容的阐释，大量习题的安排，而忽视对学生如何去掌握这些知识的研究。技术媒体是远程教育赖以生存的物质前提，但对技术媒体的过分依赖可能会造成只重技术不重人，追求技术的完美而忽略了技术是为学生学习服务的，教育技术的开发和应用必须建立在对学生学习过程研究的基础之上，否则就是本末倒置了。

3. 信息加工学习理论

信息加工理论是传统认知理论与行为主义刺激—反应学习理论融合的结果，它主要吸收了信息论和控制论的许多理论思想，把学习看作是信息的加工、贮存及运用的过程。

加涅认为，学习及心理的发展，就是形成一个在意义、态度、动机、技能上相互联系着的复杂、抽象的模式体系（认知结构）。因此，教学并不仅仅是呈示一个初步刺激物的事，而是由若干不同类型的、影响若干不同学习过程的外部刺激所组成的。加涅把课堂教学分为八个阶段：动机阶段、领会阶段、习得阶段、保持阶段、回忆阶段、概括阶段、作业阶段和反馈阶段。这提示了教育技术领域中所做的很多工作仅仅只涉及教学工作的初步阶段，还必须对其余的各个阶段都进行深入的研究。利用教育技术媒体呈现教学信息，固然以其直观、形象和生动有利于激发学生兴趣，但这仅仅是教育技术作用发挥的初步。除了在知觉辨认（形成表象）中的作用以外，还应在整个教学过程中的各个阶段，创设各种学习情境，提供各种参与学习的方式和反馈评价的方式，真正让学生在信息加工的整个心理过程（感觉输入＋知觉辨认＋短时记忆储存系统＋选择过滤器＋长时记忆储存系统）中始终参与其中。

信息加工学习理论特别强调把学习看作对符号信息的加工编码，把人的认知过程与计算机对信息加工的过程结合起来进行研究，提出了人工智能的理论。该理论奠基人西蒙教授认为，认知活动既然是信息加工的过程，那么，同样是信息加工理论的计算机程序就可以具备人的思维特点。希冀通过揭示计算机程序设计的奥秘了解人类的学习过程，因为作为"人为事物"的计算机可与人脑相比拟。"计算机是称为符号系统（或者更明确地称为实体符号系统）的人为事物重要家族中的一个成员。这个家族的另一个重要成员（有些人认为它是最重要的）是人脑和思维"。因此，计算机能模拟人的思维，反过来说，人类的各种学习，包括死记硬背的、理解的、范例的、发现的等，都可以在计算机上加以模拟。信息加工理论与计算机理论的结合，使计算机模拟人脑思维成为可能，也为计算机辅助教学的发展奠定了基础。

早期的计算机辅助教学（CAI）主要应用的是行为主义学习理论，采用斯金纳程序教学的模式。近年来，CAI 在系统化方面得到了很大发展，如 20 世纪 70 年代发展起来的柏拉图Ⅳ型系统，以两台大型计算机为中心，与 3 000 多个终端相联系，形成了一个大型的 CBE 网络系统。到 80 年代，系统所提供的教学软件可达 1 万学时左右，涉及 200 门左右的课程，从幼儿教育到研究生课程，每年的教学能力相当于有 24 000 个学生的四年制学院的教学总量。尽管如此，CAI 的功能被人们批评为似一台"高价的翻书机"，离一名真正教师的素质还相差很远。近年来，CAI 的研究正向着智能化（将教师的许多素质体现在 CAI 系统中）、多媒体化（提供丰富的直观信息，以多种人-机对话手段和方式辅助教学，并以非线性网络方式组织知识和信息的"超媒体"、"超文本"技术）和网络化（把卫星电视传播技术和远程通信技术应用于发展现代远程教育）发展，为远程教育的发展在技术上创造了良好的机制，并业已取得较好成果。

2.3.3　远程教育与建构主义学习理论

西方一些心理学研究工作者认为，行为主义和认知主义者主要采取的是客观主义的传统，如行为主义认为学习就是通过强化建立刺激与反应之间的联结；认知主义中的信息加工理论认为世界是客观实体及其特征和客观事物之间的关系所构成。学习就是使外界的客观事物（知识及其结构）内化为其内部的认知结构。

建构主义学习理论是继行为主义和认知主义之后进一步发展的学习理论，而且它是向着与客观主义相对立的另一方面发展。这种理论认为世界是客观存在的，但对于世界的理解和赋予的意义却是由个人自己决定的，每个人以自己的经验为基础建构客观现实世界。

建构主义学习理论提倡的学习方法是教师指导下的，以学生为中心的学习。

学生是知识意义的主动建构者；教师是教学过程的组织者、帮助者、指导者和促进者；教材所提供的知识不再是教师讲授的内容，而是学生主动建构意义的对象；媒体也不再是帮助教师传授知识的手段、方法，而是用来创设情境、进行协作式学习和会话交流的认知工具，简单地说，媒体被作为学生主动学习、协作探索的认知工具。建构主义学习理论强调学习过程中学习者的主动性、建构性，提出自上而下的教学设计及知识结构的网络概念的思想以及改变教学实际情况的情境性教学，进一步强化了认知心理学在教育和教学领域中的指导地位。

从近年来崛起的建构主义理论中，能清晰地看到皮亚杰关于主客体相互作用理论、维果茨基的心理发展理论、杜威的经验性学习理论、布鲁纳的认知结构理论等的深刻影响。

1. 建构主义的基本学习观及其教学应用

（1）学习的主动性。一方面，建构主义者认为学习是学习者主动地建构内部心理表征的过程。学习者并不是把知识从外界搬到记忆中，而是以已有的经验为基础，通过与外界的相互作用来建构新的理解。因而学习者是知识的积极的探求者和建构者。另一方面，建构包含着两方面的含义：对新信息的理解是通过运用已有经验，超越所提供的新信息而建构成的；从记忆系统中所提取的信息本身，也要按具体情况进行建构，而不单是提取。这种双向建构要求学习者积极地参与到学习过程之中。

（2）学习的情境性。学习是一个积极主动的建构过程，它不仅包括结构性的知识（根据已有的认知结构，包括已有的经验和认知策略加工新的信息，进行学习建构），而且包括非结构性的经验背景（在具体情境中形成的非正式的经验背景）。建构主义者更强调后者的作用。

（3）学习的社会性。每个人都是以自己的经验为背景认识和理解事物，而各人经验有所不同，主观的不同造成了对同一客观事物的认识必然不同，因此，在同一事物面前不同的人看到的往往是不同的侧面，每个人的认识都不能被认为是唯一正确的认识，在教学中要使学生超越自己，形成对客观事物完整的、正确的看法，可以通过合作和讨论，这种合作包括教师和学生之间以及学生与学生之间的合作。学习就应该是这样的一种带有社会性的活动。社会性的互动可以促进学习，这是建构主义学习观的一个核心观点，提倡合作学习和交互式教学。

（4）学习的累积性。一切新的学习在学什么、学多少、怎样学等方面都要建立在以前学习的基础之上，或者在某种程度上利用以前的学习。学习是不断深化的，对意义的建构也可以具有多重性。教学一方面要提供学生建构理解所需的基础，同时又要留给学生广阔的建构空间，让他们针对具体情境采用适当的策略。

（5）学习的探究性。在学习过程中，学生应该成为一个积极的探究者。建构主义者所提倡和实践的支架式教学、情境性教学、合作学习、交互式学习、随机通达学习等从探究的学习主体、探究的学习环境、探究的学习方式、探究的学习途径等多个方面充分体现了探究性的特点。

2. 建构主义学习理论的远程教育实践

（1）建构主义强调学习环境的设计。在这一学习环境中有着丰富的基础知识、真实的问题和用以解决问题的真实工具。这是一个整体的学习环境，充分体现了建构主义学习的特点。它是"学习者在追求学习目标和问题解决的活动中可以使用多样的工具和信息资源，并相互合作和支持"的场所。威尔生还归纳了三种学习环境：计算机微观世界（计算机基础的学习环境，它可以是更大的教室环境，也可以是独立的）、教室基础的学习环境（教室是主要的学习环境，不同的技术作为工具来支持课堂学习活动）、开放的虚拟的学习环境（这种计算机基础的学习环境是开放的系统，允许学习者与其他参与者、资源和表征相互作用）。

（2）建构主义主张情境性教学。学生的学习应在非结构性的具体情境中进行，致力于解决实际生活问题。多媒体技术的发展和网络技术的进步为情境性教学的实现提供了可能，通过技术模拟的情境可以给学生以逼真的、置身其中的感觉。

思考题

1. 本书将远程教育的基本理论划分为宏观理论、微观理论，它的哲学理论依据是什么？

2. 试论述远程教育学生自治理论、双向交流通信的理论与教育学的关系。

3. 结合自己已有的学习体会与习惯，说明某一学习理论的现实意义。

第 3 章

国内外远程教育的发展

本章从远程教育自身的系统结构出发，论述远程教育的地位和作用。较为详细地回顾了中国远程教育的发展历史，同时介绍了国外若干国家远程教育的发展概况。

3.1 远程教育系统的结构

远程教育系统的结构，按照系统科学的原理，就是指组成远程教育系统的内部构成形式，即各个子系统之间稳定的相互联系。也就是说，要研究远程教育系统的结构，首先，必须划分出该系统的层次，即该系统下属的各个系统乃至更下层的系统，这是从纵向加以分析；其次，必须分析出这些子系统之间的相互关联，即它们的组织结构问题，这是从横向加以分析。在具体研究过程中，两者又是相互交叉、融合的，即纵里有横，横里有纵。

简单地从纵向加以分析，远程教育系统可以分为远程研究生教育系统（如美国开放大学和英迪拉•甘地国立开放大学）、远程大学教育系统（如英国开放大学、中国中央电大）、远程中学教育系统（如印度国家开放学校）、远程小学教育系统（如新西兰函授学校）等等。交叉的有远程职业教育系统（如斯里兰卡开放大学开设的）、远程特殊教育系统、远程艺术教育系统等。其中远程高等教育发展最为成熟。

从横向加以分析，主要可以分为：远程教育管理（监控）系统，远程教育传播（教学）系统和远程教育支持服务系统。本节着重从横向的这三个子系统剖析远程教育系统的结构，并对各个子系统进行纵向深入，以期更好地认识远程教育系统。

3.1.1　远程教育管理（监控）系统

这一系统的职责包括办学管理、教学管理、课程和教材的开发建设以及质量保证评价等方面。从世界上已有的远程高等教育系统的管理结构来看，无论是以英国开放大学为代表的中央集权和地方分权相结合办学模式，还是以加拿大为代表的诸省分权制管理模式，在管理上都是实行分层垂直管理。

远程教育管理一般采用三级办学机构：校本部、地区办公室、学习中心，而面向全国。各办学结构自成体系，各司其职，但在校本部的统一指导下协调运行，充分发挥系统的整体优化功能。

校本部的管理职责包括：学校办学策略和资源分配的规划；教学方针和教学事务的决策；学校财政的管理和人事安排；新生申请注册的管理；各级学位教育计划和继续教育计划的制订；开发学位课程和非学位课程；课程组的组建和各种教学材料的编写；音像教材的设计与制作；教学媒体的发送；对地区办公室工作进行规划、组织、协调与监察；对学习中心进行指导和开发研究；组织全国性的课程统一考试和统一阅卷；授予学分、学习证明和学历等。

地区办公室的职责包括：对申请入学者提供咨询服务；为本地区学生指定学习中心；保持学生的作业和考试成绩记录；组织安排各学习中心的教学活动和教学设施的利用；负责本地区教学辅导工作的组织、协调和检查；安排考试；组织学位授予典礼；促进和帮助开展继续教育等。

学习中心的职责包括：给学生提供学习辅导和咨询服务以及多种学习支持服务实施，如电视（录像）放映室、广播（录音）收听室、计算机终端、实验设备、电话和其他通信设施等。

3.1.2　远程教育传播系统

作为构成远程教育系统子系统之一的远程教育传播系统，与管理系统和支持系统相比，所起作用最为重大，是其中的主导功能系统。因为它直接发挥着远程教育的职能，具体实现着远程教育通过传播文化使学生成才的目的。

1. 远程教育传播系统的构成要素

远程教育传播的过程也就是从远程教育的特点出发，根据远程教育的目标和要求，运用远程教育所特有的教学手段和方法，对远程教育的对象进行教学的过程。关于教学过程构成要素主要有：教师、学生、教学内容、教学手段、教学目的、教学环境、教学信息反馈、教学组织形式、教学效果检查。其中有的是静态的，有的是动态的，将这些借鉴到对远程教育传播系统的构成要素分析之中，我们可以从静态和动态两个角度对此加以分析。

（1）远程教育传播系统的基本要素。

构成远程教育传播系统的要素，除一般教学过程中的传者（教育者）、信息、授者（受教者）、通道和媒体外，还存在一个远程教育传播机构。它在远程教育系统中有着不可低估的作用及职能。在远程教育传播系统中，不同的传播类型，存在着不同的机构。例如卫星电视远程教育传播机构—电视台，除了传播信息外，它还起着守门人的作用，对发出的信息严格审查、编辑、把关。但没有统一的目标和对象。而远程教育则与大众传播有着非常大的区别。远程教育则要求电视台根据远程教育学习管理部门的安排，进行有目的的传播活动。其目的性非常强，对象也很明确。因此教育电视台不仅要把信息传出去，而且在发信息以前则要公告教学节目安排。让学习者做好收视准备，以保证学习者按时收视。教育电视台不仅有传播教学信息的职能，而且要有预告职能。中国教育电视台就很好地做了这样的工作。另外远程教育学习管理机构，不仅要准时将信息传出去，还要注意配合教育电视台做好信息反馈，及时掌握学习者的反应，才能保证远程电视教育机制的建立。同样，网上办学机构也有着与一般网络公司不同的职能。作为网上远程教育传播机构，得花力气研究如何建立网上教学机制，这是头等重要的。

（2）远程教育传播系统的基本结构。

教育者、信息、受教育者、通道和媒体是构成远程教育传播系统的四大要素，这是系统处于静态时的状态，一旦系统运行，这四大要素的运动和联系便形成了系统的基本结构，即传播过程的环节：教育者处理信息；教育者呈现信息、受教育者接受处理信息、受教育者作出反应、教育者收集受教育者的反应并进行诊断；教育者对受教育者的学习作出评价；教育者向受教育者提供其学习结果的反馈。

其间，教师和学生都借助教育媒体和通道进行了一系列的对于教育信息的输入（接收）、储存、变换、输出、反馈和控制的活动。而这一切又离不开既定的教育目标和教育内容，最终还有落实到对于目标完成情况的鉴定—教育评价之上，至此，才完成了整个的教育传播过程。

2. 远程教育传播系统的优化

如果远程教育传播系统的结构能够保证系统最大程度地发挥其整体功能，达到了尽可能最好的教学效果，那么，可以认为，这是优化的远程教育传播系统，而要实现这一目标，必须满足两大条件。

（1）远程教育传播系统的自稳性。

自稳性的实现有赖于系统中反馈机制的建立。系统的动力主要来自"主动行为"，尤其是"有目的的主动行为"。而所有有目的的主动行为又必须建立在信息反馈的基础之上。以信息反馈调控系统的行为，以达到预期目的。在远程教育传播过程中，反馈机制的建立必须做到以下几点。

① 教学之间是双向互动的（交互的），而非单向注入或不通畅的双向交流。以保证反馈通道的畅通无阻。交互包括教师与学生之间的交互，学生与学生之间的交互，教师与媒体、学习材料的交互，学生与媒体、学习材料的交互。

② 反馈要及时、灵敏。一方面教师接收学生的反馈信息要灵敏，一旦从学生学习过程中发现问题，马上检查自己教学内容和教学手段，予以调整。另一方面，教师给予学生的反馈要及时，让学生及时了解自己的学习情况。

③ 增强反馈的自觉性，是提高教学效果的重要方法之一。反馈自觉性主要体现在教师和学生能否根据反馈情况调控自己的教学行为，逐步提高自我分析、自我调整、自我定向、自我控制的能力，这些都是教学系统稳定性的基础。

④ 反馈要明确化、有针对性。对提高学生学习成绩最有效的方法。

（2）远程教育传播系统各要素的协同性。

教育者、受教育者、信息、媒体和通道分别是远程教育传播系统的四个要素，它们相互联系、相互依存、相互制约，各要素之间的协同有很多种搭配：教师与学生之间、教师与信息之间、教师与媒体之间、学生与信息之间、学生与媒体之间的协同。主要是教师与学生之间通过媒体的协同。

3.1.3　远程教育支持服务系统

支持服务系统是保证远程教育质量的一个重要部分。

1. 远程教育的支持服务系统立足于以学生为中心

学生的主体性发展正成为教育界的研究热点，素质教育的全面深入推进，其根本的立足点在于学生主体性的充分发展，在于学生真正成为教学过程中的主人。远程教育的学习方式基本是以学生为中心的。学生根据自己的实际情况，选择合适的课程、合适的进度、适合自己的学习方式，主动地从教师那儿寻求帮助，主动与其他同学交互。为此，需要远程教育支持服务系统树立以学生为中心的观念，为学生提供适合学生自学的教材、建立面向学生个人的学习指导、咨询机构、配备强有力的辅导人员，设立有利于学生间交互的学习中心，并保证学生对于建立在现代技术之上的各种教育资源的充分利用。

2. 多个渠道、多种方式提供远程教育支持服务

设立远程教育服务机构。这是向学生提供支持服务的主要渠道，具体支持服务方式可分为：课程教材开发、集中面授辅导、设立学习中心、提供计算机网络、学习包等。

建立一支有一定创新能力的理论与实践相结合的远程教育课程教学设计、多种媒体总体设计、媒体制作队伍；建设一支能对学生提供完善学习支持服务的设计、教学、制作、应用和研究的远程教育专业队伍。精心设计课程，使学生在学习之前就能了解该课程的目的要求、课程概要、教学计划，精心编制的教材便于学生的自主学习。针对课程教材中的重点、难点、学生学习中的问题，集中面授辅导、答疑、解难，目的是为了让学生更好地把握课程内容。学习中心为学生学习提供服务，为学生创造良好的学习环境。计算机网络为学生提供取之不竭的教育资源，也为学生提供拓展思维空间的极丰富的智能环境。

3.2 远程教育在我国教育体系中的地位和作用

3.2.1 我国国民教育体系分类

通常认为，我国国民教育体系分为四类：基础教育、高等教育、职业技术教育和成人教育。其实，成人教育里既有基础教育和高等教育，也有职业技术教育。因此，比较确切的分类是按院校类型将我国国民教育体系区分为两种：普通教育和成人教育。其主要差异在教育对象和教育性质：前者是对青少年一代的职前教育，后者则是对已进入职业社会的成人的职后教育。

我国的学校体制就是按照这种两种教育体系的体制区分的，即普通教育院校和成人教育院校。但在两类院校举办两类教育上有交叉：普通院校也举办各类成人教育，如普通高校设立成人教育学院或继续教育学院，举办成人高等教育；成人院校也有招青年学生的，统计时，将普通高校的成人教育学院或继续教育学院、夜校和函授部归并在成人高等院校中。普通院校和成人院校都可以进一步区分为基础教育、高等教育和职业技术教育三类。其实，这三类可以统称为学历教育，因为它们都有明确的培养目标和学制，规范的教学计划和课程设置，以及达标考试，都给合格毕业生颁发国家认可的学历证书：文凭和（或）学位。

在国民教育体系中还有各种各样的非学历教育和培训。非学历教育和培训的教学目标各异，学制长短不一，招生入学、课程设置和考核灵活多样，对完成学业结业者发给某种类型的结业证书但不是学历证书。非学历教育在层次上，既有面向全社会的各类社会教育（如老年教育和法律文化科技环境知识普及教育等），面向农村和基层企事业单位的各种在职职业技术培训和岗位培训，也有为了专业知识和技能更新而开展的大学后继续教育，包括各种单科教育、专业教育等。非学历教育和培训的对象通常是成人。开展非学历教育和培训的，既有成人院校和普通院校，也有各类社会、经济、文化和社区组织。从教育院校的所有制形式，还可以区分为公（国家）办和民（集体）办等。

在我国已经开展远程教育的院校中其主要对象是成人，属于成人教育范畴。既有学历教育、也有非学历教育。远程教育举办的学历教育中，既有高等教育（主要是大学本专科教育，个别普通高校的函授教育提供成人在职研究生教育），也有中等职业技术教育。

我国远程教育主要分布在学历教育的成人高等教育（以大学本专科教育为主）和中等专业教育以及非学历教育和培训，远程教育已经成为我国国民教育体系的一个重要组成部分。远程教育对我国社会经济发展的一项重要推动作用就是为中国城市和农村、尤其是基层，加快培养了大批高级和中级专业人才。在我国这样一个世界上最大的发展中国家，一个人口众多，地域辽阔，社会经济依然不发达，而且发展极不平衡的穷国办大教育，远程教育发挥着它不可替代的重要作用。远程教育对调整和改善我国高等教育和中等专业教育的层次比例、学科专业结构和地理布局都发挥了重大的作用。远程教育为全国各地，特别是为边远、农村、基层和少数民族地区培养了适合当地需要的各类专门人才，特别是经济、管理、法律、师范、理工、农林等专业人才。远程教育提供的学历教育和非学历教育为全体就业人员和社会其他成员提高国民素质，开展终身学习创造了条件。远程教育为我国实现现代化和工业化做好人才准备作出了贡献，并将为推动我国进入信息和学习社会，推进知识经济的发展继续发挥积极作用。

3.2.2　我国远程教育的体系结构

如上所述，从教育对象来说，我国远程教育的主要对象是成人。从教育类型和层次来说，我国远程教育主要举办学历教育中的高等教育和中等专业教育以及非学历教育，且以高等教育为主。直到 20 世纪 90 年代末，我国远程高等教育基本是一种三重体系：单一模式的广播电视大学教育、双重模式的普通高校函授高等教育和标准模式的国家高等教育自学考试制度。丁兴富在其博士论文《中国与澳大利亚远程高等教育系统的比较研究》及其他论文中首次提出中国远程高等教育的三重体系及其主要模式特征：

中国函授高等教育：除了 4 所独立函授学院外，主要是由几百所普通高等学校的函授学院和函授部举办，属于双重模式中的分离型的第一代远程教育（函授教学）。

中国广播电视高等教育：主要由独立设置专门开展远程教育的中央广播电视

大学和44所省级广播电视大学组成多层次结构的全国电大系统举办，属于单一模式第二代远程教育（多种媒体教学）。

中国国家高等教育自学考试制度：学习者自学为主、社会各界助学为辅、国家委托普通高等学校考试的国家高等教育资格考试制度，属于院校远程教育功能不完备的准模式的第三代远程教育（家庭自学）。

下面将集中讨论作为我国当前远程教育主体的几种远程教育的系统结构和功能及其教学和管理特征。

1. 我国单一模式院校的远程教育

（1）中国广播电视大学。

①全国广播电视大学系统。

中国广播电视大学具有世界上独特组织结构，即与行政区划并行的五级结构，实行多层次教学和管理。

● 中央广播电视大学：在北京，是全国电大系统的核心。

● 省级广播电视大学：1979年创建时共有28所省级电大。如今，省级电大总数扩大到44所。

● 地市级广播电视大学分校：我国有地市级行政建制约330个，其中大多数建立了地市级电大分校。此外，还有政府部门、产业行业、企事业和其他社会机构设立的电大分校。如今，地市级电大分校总数达814所（1998年）。

● 县级广播电视大学工作站：我国有县级行政建制2 200多个，其中多数已经建立县级电大工作站。此外，还有政府部门、产业行为、企事业和其他社会机构设立的电大工作站。如今，县级电大分校总数达1 742个（1998年）。

● 基层广播电视大学教学班：我国广播电视大学系统最基层的单位是电大教学班。如今，全国共有电大教学班17 076个（1998年）。

②广播电视大学的领导管理体制。

从1979年到1986年，中央广播电视大学兼有全国电大管理办公室的职能。自1987到1993年，原国家教委设立电化教育局（后改为司）、从1994年起又改为电化教育办公室，直接向主管的国家教委副主任报告，负责全国电化教育（包括广播电视教育和学校电化教育）的规划、决策、协调、控制和管理。我国广播电视大学系统实行"统筹规划、分级办学、分级管理"的体制。各级广播电视大学（分析、工作站）在行政（人事、财政、基建等）上归属同级政府教育主管部门领导，在教学和教学管理业务上接受上级广播电视大学的指导。

③广播电视大学与广播电视机构的合作。

我国电大的两个全国性的电视台——中央电视台和中国教育电视台，通过全国卫星电视网、微波网和有线电视网为中央广播电视大学提供课程广播和教学信息传输服务。各地各级（省、地市和县）广播、电视机构也为当地广播电视大学（分校、工作站）提供广播、电视发送和传输服务。

中国广播电视大学是世界上最大的巨型大学，具有规模经济的优势，是工业化形态远程教育的主要代表，也是独立设置的单一模式第二代多种媒体教学的远程教育系统的主要代表，它的全国性的五级结构的多层次教学和管理体制在世界上也是独特的。

④广播电视大学的教学和学生学习。

我国广播电视大学自 1979 年创建以来，主要举办各种学科专业的高等专科教育，从 1996 年起试办专科起点的本科（专升本）教育。同时，广播电视大学也举办多学科的中等专业教育以及包括大学后继续教育在内的各类非学历教育。广播电视大学系统的学历教育实行三级办学的体制：中央广播电视大学举办全国统设的学科专业教学计划；省级广播电视大学举办面向本地区的学科专业教学计划；地市级广播电视大学分校则实行多级开课的体制。以中央广播电视大学全国统设学科专业教学计划为例，中央电大提供不少于 60%的全国统设课程（包括主要基础课、专业、技术基础课和骨干专业课；分为必修课、限定选修课和任意选修课）；其余课程由各级地方电大（分校、工作站）直至电大教学班分工负责开设。广播电视大学的学生对象主要是在职成人，但也有一定比例的应届高中毕业生和社会知识青年。电大创建初期，全脱产和半脱产学习较普遍，如今成人以业余学习为主，普通班学生仍以全脱产学习为主。我国广播电视大学教学的一大特征是组班教学，即绝大多数学生组织在电大教学班中进行集体教学。广播电视大学的教学模式是：在组织班组集体教学的同时，鼓励个体化教学和学习。但是在实践中，仍然存在对班组集体教学强调较多、依赖较大，个体化教学和学习不足。以学生自主学习印刷教材和多种媒体学习材料为主，以集体收听收视广播（录音）电视（录像）节目、组织面授辅导以及其他类型的教学辅导和指导（函授、电话）为辅，积极开发和发展双向交互的计算机辅助教学和网络教学。但在实践中，仍然存在对面授辅导直至面授讲课的过多依赖，而自主学习印刷教材和多种媒体课程材料不足，广播（录音）电视（录像）教育资源利用率不高，计算机及网络教学开发仍处于起步阶段。

（2）中国电视师范学院（1993 年并入中央电大）。中国电视师范学院成立于 1987 年，属原国家教委电教局（司）领导。其任务是规划、组织和管理全国中小学在职教师的卫星电视培训，既包括高等专科和中等专业师范类学历资格培训（颁发相应的学历文凭），又组织中小学校长在职培训、优秀教师示范讲课、各科课程教材教法探索和创新等继续教育节目。主要工作方式是同高等教育出版社和人民教育出版社以及有关的普通高等学校（尤其是师范院校）和中等师范学校合作，组织上述院校的教学人员制订中小学教师在职培训的教学计划、课程教学大纲，编写培训教材和制作卫星电视教学节目。中国电视师范学院以这种方式组织全国一流教师，开设了适于中小学教师进修学习的中等师范教育 16 门课程和高等师范教育 12 个专业的相关课程。中国电视师范学院的教师培训教学节目由中国教育电视台通过全国卫星电视网播出。

（3）农业广播电视学校。农业广播电视学校是我国最大的面向三农（农村、农业、农民）提供中等专业教育的远程教育系统。农业广播电视学校直属农业部领导，创建于 1980 年，如今，已经发展成为由 1 所中央校、38 所省级校、330 所地（市）级分校，2 408 所县级分校，23 000 个（乡镇）教学班组成的覆盖全国城乡的五级教学网络和办学体系。在过去的 20 年中，累计培养中专毕业生 130 万，各种非学历教育培训结业学员 132 万人，绿色证书学员 190 万，实用技术培训 3 000 万人次。

2. 我国双重模式院校的远程教育

我国普通高等学校的主要任务是对青少年一代进行以校园面授为基础的全日制高等教育。兴起于 20 世纪 50 年代初的函授高等教育、80 年代初的各级高等教育自学考试以及 90 年代末的现代远程教育，其实质都是普通高等学校举办的多种类型的远程高等教育。即普通高校既有面授教育模式又有远程教育模式。

（1）函授高等教育。我国函授高等教育的主体是普通高等学校中举办函授教育的那些双重模式院校。我国普通高等学校在学科专业上各有专长和优势。相应地，普通高等学校面向全国、当地或特定经济和产业部门举办各类学科专业的函授高等教育，使它们的教育资源优势得到充分的发挥。

大多数普通高等学校设立函授部，负责函授高等教育的教学规划和教学管理，而函授教育的教学工作，包括函授教材的编写和函授教学活动的实施仍然通过各个教学院系来组织，由各个教学院系的教师来承担。有少数函授教育历史比较长、函授教育发展比较快的普通高等学校才建立了相对独立的函授学院，如北京的中国人民大学和上海的同济大学。这类函授学院具有相对独立而完整的教学和各类功能，并且拥有自己的专业教师队伍。

我国函授教育属于双重模式院校中的分离型教学和管理模式，即函授教育同全日制校园教育实行各自独立的、并行的教学计划和课程设置、课程教学大纲和教材，由不同教师（函授教师和全日制教师）进行教学，组织不同的考核和考试，最后取得不同的学分，获得学历文凭和证书。当然，对于同一层次同类学科专业的课程教学，函授教育和校园面授教育的学术水平和质量标准是相同或接近的。

我国函授教育的主导教学媒体是函授印刷教材、学习指导书和其他辅助教学资料。已开发应用少量的视听课程材料，但没有使用广播电视和其他双向交互电子信息通信技术，函授指导和作业批改是主要教学辅导手段之一。我国函授教育的另一重大特点是组织函授教学班进行面授辅导，提供函授教育的双重模式院校在各地建立函授工作站，其主要任务是组织函授教学班、聘请当地辅导教师，组织平时定期面授辅导及期末考前集中复习。重视及依赖组班集体面授教学几乎是我国各种类型的远程教育的教学模式的共同特征。

（2）自学考试制度。我国主要中心城市在 1981 年首先实行国家高等教育自学考试制度，1983 年这一制度向全国各地推广。1998 年，全国有 1 091 万人次报考国家高等教育自学考试，有 31.87 万人取得本专科毕业证书。

国务院批准在教育部设立了国家高等教育自学考试的国家指导委员会，委员会下设 13 个专业委员会和 1 个考试研究委员会。指导委员会的日常工作由设在教育部的国家高等教育自学考试办公室负责。同时，在各省、自治区、直辖市相应设立了省级高等教育自学考试委员会和相应的办公室。国家和省级高等教育自学考试委员会和办公室的主要工作任务是分别负责全国和本地区高等教育自学考试的决策、规划、协调和对质量的控制。在各地（市）、县也设立了相关的工作委员会、工作组和办公室，负责高等教育自学考试工作的组织和管理。

对每个特定的学科专业，高等教育自学考试国家指导委员会将选择和批准主考学校，主考学校从这一特定学科专业领域里择优选取教学声誉显著、教师队伍和教育资源条件好的知名普通高等学校。主考学校的职责是确定考试标准、负责考试命题、组织试卷的批改和学分授予工作以及各学科专业的实验实习、社会调查等实践性教学环节的组织实施。此外，主考学校将同高等教育自学考试的省级指导委员会共同盖章签发毕业文凭。依据规定，主考学校不得组织其主考的科目课程的教学辅导，这就是通常所说的教学辅导必须与考试命题分离的原则。

参加国家高等教育自学考试的学习者可以完全自主学习有关的课程材料而不参加任何辅导，也可以在自愿的基础上参加由社会各界组织的各种类型的自学考试辅导，进而申请参加考试。申请参加自学考试没有任何年龄、性别、学历、工作性质、职务等的限制。通过自学考试取得的学分可以保持长期有效。取得足够的课程考试学分并成功完成教学计划规定的实践性教学环节的学习者，可以获得相应的学历文凭或证书。

3. 现代远程教育

我国在 20 世纪 90 年代末崛起的现代远程教育首先是由清华大学等知名普通

高等学校发起的，到 2003 年底，全国已有 68 所重点普通高校获准建立网络教育学院，进行现代远程教育工作试点。这与当今世界上传统院校纷纷举办远程教育从而转变成双重模式院校的发展趋势是一致的。这也是建立在以计算机网络为核心的电子信息通信技术基础上第三代远程教育发展的特点之一。这里仅以 4 所第一批现代远程教育工程试点学校为例探讨普通高等学校举办的现代远程教育。

（1）清华大学。清华大学现代远程教育采用数字压缩卫星网、有线电视网和计算机网络相结合的传输方式，优势互补、覆盖全国。以上三种网络平台统一在 TCP/IP 传输协议下，将清华大学校园内直播教室里的课堂授课、多媒体课件、图文资料及相关数据传输到设置在全国各地的远程教育站点；这些校外站点利用电视教室或多媒体教室组织学生学习课程。同时可提供实时交互和非实时交互手段进行远程教学。实时双向交互教学可通过卫星 VSAT 站构成双向虚拟课堂，也可以利用基于公用电话网的可视电话和基于综合业务数据网（ISDN）的视频会议系统等方式实现。通过计算机互联网可以同时实现实时交互和非实时交互，开设网络课程，开展网上学习、答疑、讨论、作业的提交和批改，并提供网上信息发布、网络课件下载（FTP）以及电子邮件通信等功能。清华大学远程教育提供的课程有 4 大类：一是研究生进修课程，分学历教育和非学历教育两种；二是高新技术和现代管理学科在职人员继续教育、短期培训；三是各类岗位培训和资格考试辅导，如律师、拍卖师、资产评估师、造价工程师、注册会计师等；四是各类学历教育，包括工程类硕士学位教育、第二学士学位教育和专科升本科教育等。

（2）浙江大学。浙江大学的远程教育在校内和校外同时进行，浙江大学宽带校园网的建立为校内远程教育的开展提供了技术支持。重建后的浙江大学具有 5 个校园和 5 个附属医院，分布在全杭州。浙江大学在这 10 个校区之间建立了 48 芯单模光纤"城域网"环形传输干线，总长度 100 千米左右。配备了 155M 的 SDH 环形网络基础传输设备，3COM 公司的 622M 的 ATM 网络设备以及千兆位的以太网等，从根本上解决了带宽限制。浙江大学的校外远程教育传输基础设施建设主要开发了双向视频会议系统，传输到杭州、宁波、椒江、湖州、金华、丽水、温州等校外远程教学点。校外教学点的远程教室由浙江省广播电视厅提供的 2M 的 DDN 数字信道连接，初步实现了双向交互教学。浙江大学计划与省教育科研网建设同步，将校外远程教育计算机网络传输速率提高到 155M，用来支持多媒体课件的实时点播及计算机网络的同步通信等高层次应用。

（3）湖南大学。1997 年 10 月，湖南大学与湖南省邮电管理局联合成立了湖南大学多媒体信息教育学院，统一步骤和实施湖南大学的现代远程教育。湖南大学多媒体信息教育学院由院本部和 16 个网上教学点组成。校内已建成 ATM 光纤骨干校园网络,并具有中国教育科研网和湖南信息港两个出口。学生既可在教学点上网进行实时双向交互学习,也可在家通过电话线拨入信息港(169 网或 163 网)上网异步点播教案或课件进行学习。初步形成以湖南大学为中心,向 16 个教学点及学生家庭辐射的网上大学组织结构模式。由自行开发的多媒体教学系统、数据信息教学系统和语音信息教学系统组成一套完整的网上教学系统,解决了远程教学和远程学习中教师与学生双向交互这一基本问题,同时开设学历教育和非学历教育。

(4)北京邮电大学。北京邮电大学开展函授教育已有 40 多年历史,如今已发展形成一个拥有 1 个函授学院、5 个函授部、30 个函授总站和 300 多个函授站的全国邮电函授教育系统,注册的邮电高等函授学生 13 000 多名,此外还承担着 10 000 多人的自学考试工作。但是,随着我国信息产业的飞速发展,信息产业界的教育和培训需求与日俱增。从 1997 年开始,北京邮电大学成功地进行了一系列现代远程教育试验项目。1998 年 12 月,北京邮电大学和中国邮电电信总局签订了《关于开展远程教育项目的合作》备忘录,决定双方合作完成现代远程教育技术方案的制订、实施建设和运营。中国邮电电信总局作为网络的提供者,负责网络设备和教学设备的配置以及软、硬件技术支持;北京邮电大学提出技术方案,负责教学的组织管理,包括课件的制作、网上教学软件的开发和招生计划、教学计划、培养方案、教学管理、组织考试、颁发学历证书等工作。

3.3　中国远程教育的发展历史

我国是运用多种模式开展远程教育的国家,既有国家创建的专门从事远程教育的院校,也有举办各类远程教育的传统院校。

3.3.1　新中国成立至 20 世纪 50 年代中期

中国的远程教育是从中华人民共和国成立开始的。早在 1949 年 9 月 29 日,中国人民政治协商会议通过的《共同纲领》就明确指出:"有计划有步骤实行普及教育,加强中等教育和高等教育,注重技术教育,加强劳动教育者的业余教育和在职干部教育,给知识青年分子和旧知识分子以革命的政治教育,以适应革命工作和国家建设工作的广泛需要",并明确指出:"中华人民共和国的文化教育为新民主主义的,即民主的、科学的、大众的文化教育。"同时规定"人民政府的文化教育工作,应以提高人民的文化水平,培养国家建设人才,肃清封建的、买办的、法西斯主义的思想，发展为人民服务的思想为主要任务"。从 1950 年 6 月至 1950 年 12 月，当时的政务院先后颁布了《关于开展在职业余教育的指示》、《关于开展农民业余教育的指示》，教育部公布了《高等学校暂行规定》等各级各类学校的有关指示和决定。这为改造旧教育，发展新中国的文化教育事业指明了方向。在这种大的社会背景下，中国的函授教育、业余教育有了很大的发展。至 1956 年中国已有 123 所大学开办了函授教育，在校生占当时普通高校在校生的 28%。这是中国远程教育发展的第一个历史阶段，即以印刷教材为主要媒体进行函授教育的历史阶段。

3.3.2 20 世纪 50 年代中期至 70 年代中期

1956 年 1 月，中国共产党和中国政府宣布，在中国已经完成了对农业、手工业和资本主义工商业的社会主义改造任务，中国社会开始进入社会主义建设时期。在中央政府召开的最高国务会议上指出，中国人民也应当有一个远大的规划，要在几十年内，努力改变我国在经济和科学文化上的落后状况，迅速达到世界的先进水平。在中共中央召开的关于知识分子问题的会议，又强调了知识分子在社会主义建设中的重要作用。随后，成立了国家规划委员会，着手制定十二年科学发展远景规划。同年 9 月，中共中央召开的关于知识分子问题的会议，指出要把党的工作重心转移到经济建设方面来，集中力量发展社会生产力。这一年中国政府提出向科学进军的伟大号召。但是，教育却还远远落后于这一形势。当时全国文盲占总人口的 78%；全国适龄儿童入学率只有 52%。师范教育不能适应普通教育发展的需要。仅 1956 年和 1957 年两年内缺中学教师 9 万人，小学教师 20 万人。为适应当时社会和经济发展的需要，从 1958 年开始以中心城市为主的广播电视大学相继建立起来。1958 年 7 月，天津市红专广播电视大学成立（1959 年改名天津市广播函授大学），设有电机、机械、化工、农业、中文五个专业，先后招生 3.5 万人，毕业 4 900 多人（其中 1 100 人获本科文凭）。1968 年停办。1959 年初，哈尔滨广播大学和哈尔滨电视师范大学筹建，1960 年合并为哈尔滨广播大学，设中文、英语、俄语三个系，招生 7 000 多人，毕业 405 人。1966 年停办。1960 年 2 月，北京电视大学成立。设有数学、物理、化学、中文四系及英语专业，共培养毕业生 6 020 人，单科结业 3.6 万人。1966 年停办。1960 年 4 月，上海电视大学成立，累计招收本科生 1.03 万人，毕业生 1 139 人，1966 年停办。1960 年，沈阳市广播电视大学成立，设中文、俄语、政治、英语四个专业，共培养专科毕业生 805 人，肄业生 100 人，结业生 7 321 人。1969 年停办。1961 年 9 月，广州市广播电视大学成立，1968 年底停办。这一时期的广播电视大学，是为适应其中心城市社会、经济发展的需要，由当地政府建立的，为在职人员接受高等教育，特别为广大中、小学教师提供了进修的机会。因"文化大革命"的原因，都先后停办了。这是中国远程教育发展的第二个历史阶段，即以电子技术为教育手段，采用广播电视等为主的各种媒体进行远程教学的阶段。

3.3.3　20 世纪 70 年代中期至 90 年代中期

1976 年 10 月，中国政府宣布十年"文化大革命"结束，在开始进行思想上的拨乱反正工作的同时，开始恢复经济建设工作，并把发展科学技术、教育工作作为中国现代化的战略重点工作，放在各项工作的首位。1977 年 5 月，邓小平同志就指出："我们要实现现代化，关键是科学技术能不能上去。发展科学技术，不抓教育不行"，1977 年 8 月，又指出："教育还是要两条腿走路"，1977 年，中国政府决定恢复被"文化大革命"中断 10 年的高等学校招生工作。同年 10 月，邓小平在会见来中国访问的英国前首相爱德华·希思时，谈到恢复中国教育事业和实现现代化人才短缺严重的问题时，希思介绍了英国开放大学的情况，并表示愿意提供有关的资料供中国政府参考，引起邓小平注意，并指示教育部、广播事业局邀请有关部门就开办电视教育，筹办电视大学问题交换意见，同时成立了电视教育领导小组。同年 12 月《人民日报》发表题为"大力发展各级各类教育事业"的评论员文章，提出了要多出人才，快出人才，必须从我国实际出发，坚持"两条腿走路"多种形式办学的方针，强调"办好电视、函授、广播等业余教育"。12 月 9 日教育部、中央广播事业局联合举办面向全国的电视教育讲座在北京电视台开始播出。1978 年 2 月 3 日，教育部、中央广播事业局在同有关部门研究论证后，向中央呈报了《关于筹办电视大学的请示报告》，以及《关于开办电视台办电视讲座的初步设想》等三个文件。报告建议由教育部和中央广播事业局联合，集中力量举办面向全国的广播电视大学，即中央广播电视大学。1978 年 4 月 22 日，邓小平在全国教育工作会议上的讲话指出：教育事业的计划应成为国民经济建设的一个重要组成部分，这个计划"要研究发展什么样的高等学校要制订加速发展电视、广播等现代化教育手段的措施，这是多快好省发展教育事业的重要途径，必须引起充分的重视"。1978 年 11 月 26 日至 12 月 3 日，教育部、中央广播事业局共同召开了全国广播电视大学工作会议。1979 年 1 月 11 日，国务院批转教育部、中央广播事业局关于全国广播电视大学工作会议的报告，通知各地参照执行。1979 年 2 月 6 日，中央广播电视大学举行首次开学典礼。2 月 8 日，开始向全国正式播出课程。当年开设了机械、电子类及数学、物理专业。由中国著名数学家华罗庚教授主讲第一课。从此，一个面向全国的，进行远程高等教育的中国广播电视大学正式成立。同年 11 月，国务院批转《关于第二次全国广播电视大学工作会议的报告》认为，广播电视大学开办半年来的事实证明，它是多快好省培养人才的一种办学模式，要求各省、自治区、直辖市应加强对广播电视大学的领导，帮助解决工作中的实际问题，要求中央各有关部门应积极予以支持，抓紧落实应由本部门解决的问题，扶植广播电视大学茁壮成长。1981 年 7 月，由国家农委、农业部、农垦部等 10 个部门联合举办的"中央农业广播学校"正式开学。至 1987 年已开设农学、林学、淡水养殖、乡镇企业经济管理等七个专业，在校学生 150 万人。同年 2 月改名为中央农业广播电视学校由中央广播电台 、中央电视台负责播课。这是一所面向广大农村的中等专业教育学校，这所学校对普及和推广农业知识和技术、培养农村需要的中等应用型专业人才，对促进中国农村、农业和农民的发展起了积极的作用。另外，还有 1985 年由中国科协等单位创办中国农村致富函授大学，1990 年 4 月成立的附设在中央电大的中国燎原广播电视学校，1987 年成立的中国电视师范学院，1997 年在中央广播电视大学内设立的中央广播电视中专，以及 1986 年成立的中华函授学校和深受中国政府重视的全国高等教育自学考试等。这一时期是中国远程教育发展的第三个历史阶段，即由中央政府统一组织的，有计划地面向全国进行远程教育阶段。

3.3.4 20 世纪 90 年代中期以后

进入 20 世纪 90 年代中期，在世界范围内信息技术迅速发展的推动下，中国已开始向信息社会过渡，知识经济在中国已见端倪。1993 年 2 月，中国政府公布的《中国教育改革和发展纲要》中指出："当今世界政治风云变幻，国际竞争日趋激烈，科学技术发展迅速。世界范围的经济竞争、综合国力竞争，实质上是科学技术的竞争和民族素质的竞争。从这个意义上说，谁掌握了 21 世纪的教育，谁就能在 21 世纪的国际竞争中处于战略主动地位，为此，必须高瞻远瞩、及早筹划我国教育事业的大计，迎接 21 世纪的挑战。"1998 年 12 月中国政府又颁布《面向 21 世纪教育振兴行动计划》，提出实施"现代远程教育工程"，构建终身学习体系。《行动计划》指出："现代远程教育是随着现代信息技术的发展而产生的一种新型教育方式，是构建知识经济时代人们终身学习体系的主要手段。"指出要充分利用现代信息技术，在原有远程教育的基础上实施"现代远程教育工程"，有效地利用各种教育资源优势，是符合世界教育技术发展潮流的，认为这是在中国教育资源短缺的条件下办好大教育的战略措施。随后教育部提出实施"现代远程教育工程"的三个重点工程即构建一个天、地结合的远程教育基础设施工程，国家支持以教育科研网（CERNET）和卫星视频系统为基础的一个现代远程教育网络，以此作为硬件平台；远程教育资源建设工程，包括各级各类教育资源建设与软件开发；扶贫项目工程。在中国政府重视和推动下，各级各类网络学校应运而生。1999 年，教育部批准清华大学、北京邮电大学、浙江大学、湖南大学四所大学启动现代远程教育。至 2000 年末又批准北京大学、中国人民大学、中央电大等共 31 所院校开展现代远程教育试点工作，截止到 2003 年，共有 68 所高等院校获准开展现代远程教育。

这一时期网上教学风起云涌，以前所未有的速度渗透到一些学校中，这为一些正在进行教育改革的学校带来了教育现代化发展的契机，同时也形成了一个极具潜力的网络教育产业市场。如中国人民大学、上海交通大学等一些高等学校已开始在网上为学生开设辅导课。北京师范大学与教育部基础教育课程教材发展中心联合建立的"中国基础教育网"，清华大学利用其品牌效应建立起来的"中国教育热线"、中国农村远程教育网、北京"101 网校"、汇文网校等。网络教育已大踏步向中国社会走来。当然，这些网校或网站，基本上还是初始型的，正如历经百年沧桑的近、现代教育体系那样，网上大学、中小学网校的发展，要成为真正意义上的网络学校，形成完整的学历教育体系，也需要时间的验证。由于网络学校的出现，中国远程教育已进入第四个历史发展阶段，即开始走向现代远程教育阶段。

3.3.5　现代远程教育工程

在我国，首次出现"现代远程教育工程"这个词的政府公文是国务院 1999 年批转的《面向 21 世纪教育振兴行动计划》；其中的第六部分是这样表述的：

六、实施"现代远程教育工程"，形成开放式教育网络，构建终身学习体系

20. 实施"现代远程教育工程"，有效地发挥现有教育资源的优势，是在我国教育资源短缺的条件下办好大教育的战略措施，要作为重要的基础设施加大建设力度。

《面向 21 世纪教育振兴行动计划》用了整整 6 个条款详细规定了现代远程教育工程的战略任务和方针方向、信息技术设施建设和软件开发制作的指导方针，实行国家统筹规划管理、通过竞争和市场运作机制的发展战略，以及鼓励和发展各级各类远程教育、实施资源共享的原则等。

现代远程教育工程的主要任务有以下几个。

（1）中国教育和科研计算机网（CERNET）高速主干网和中高速地区网建设。

中国教育和科研计算机网（CERNET）主干带宽全面提速到 2.5 Gbps 以上；扩大 CERNET 的覆盖范围，向中西部和中小城市延伸；推进 CERNET 省域网和城域

网建设，速率达到 2.5 Gbps，为各级各类教育进入 CERNET 提供高速接入和优质服务。目前，已经建成 20 000 km 的 DWDM/SDH 高速传输网，覆盖中国大陆近 30 个主要城市，主干网总容量可达 40 Gbps；中高速 155M 地区网已经连接到 35 个重点城市；全国已经有 100 多所高校的校园网以 100～1 000 Mbps 速率接入；联网单位达 900 多个，网络用户近 1 000 万人；CERNET 已经成为中国第二大互联网络。

（2）中国教育电视台卫星宽带多媒体传输平台的建设。

中国教育电视台卫星宽带多媒体传输平台的建设，包括将 2 个 C 波段频道改造为 2 个 Ku 频段卫星转发器，并实现与 CERNET 的高速连接。改造后的中国教育电视台卫星宽带多媒体传输平台具备了播出 8 套电视、8 套语音、20 套以上 IP 数据广播的能力，已经初步形成了天地合一的具有交互功能的现代远程教育网络平台。该平台为高等学校现代远程教育试点工作，为各级各类教育机构整合和共享教育资源，对东西部教育合作，为西部教育的跨越式发展奠定了坚实的基础。

（3）现代远程教育扶贫示范工程。

政府联合友好人士共投资 1.6 亿元人民币，利用现代远程教育的方式支持贫困地区快速发展教育。该项目采用中国教育卫星宽带多媒体传输平台的技术标准和体制；利用 Ku 频段和 C 频段传输平台的已有资源；开发贫困地区教育电视台站的无线和有线资源；建立"现代远程教育资源服务中心"，为贫困地区提供教育资源和信息服务；建立农村现代远程教育教学收视点；建立两级培训人才体制。

（4）全国远程教育资源库建设。

1999 年 8 月，政府成立了"教育部现代远程教育资源建设委员会"，并投资 1 亿人民币，开展各种类型的全国远程教育资源库建设。截止到目前，各级各类教育主管部门和学校十分重视教育教学资源建设，根据学校的学科优势和教学特点，开发了一批基于网络的教育教学资源、素材库、网络课程和教学课件，对整合教育力量、推动资源共享，开展远程教育创造了基本条件。

（5）大学数字博物馆建设。

2001 年教育部从"现代远程教育工程"的中央财政拨款中，设专项资金设立"现代远程教育网上公共资源建设大学数字博物馆建设工程"项目。该项目主要支持部分大学博物馆的数字化建设，其中包括软件平台建设、标准制定和规范研究、大学数字博物馆建设。

（6）现代远程教育关键技术与支撑服务系统建设。

政府投资以 CERNET 和中国教育电视台卫星宽带多媒体传输平台（天地网）为依托，研究提出基于天地网开展高等学校网络教育联合办学和资源共享的解决方案，研究课程互联、学分互认的问题，研制并集成各相关主要关键技术的攻关成果，形成一套自主版权的基于天地网的远程教育支撑系统。在此基础上，实现 10 所高校、2 个专业以上、5 门以上课程、跨地区、跨城市高校之间的网络教育示范应用。

（7）现代远程教育标准化建设。

2001 年，政府启动"现代远程教育标准化制定与标准化网站建设"项目，目的是制定并发布一些教育信息化和现代远程教育领域急需的标准，规范现代远程教育资源。2001 年 4 月教育部发布了《现代远程教育技术规范（教学资源相关部分）》V1.0 版，2002 年 2 月发布了《现代远程教育技术标准体系和 11 项试用标准》V1.0 版，2002 年 10 月又发布了《基础教育教学资源元数据规范》。

（8）高等学校现代远程教育试点工作。

教育部自 1999 年开始批准部分高等学校开展现代远程教育试点工作（以下简称"试点工作"），并根据试点工作的具体情况，逐步出台了政策、规定，加强对试点工作的规范和管理。

3.3.6　现代远程教育（网络教育）试点工作

为落实《面向 21 世纪教育振兴行动计划》，推动现代远程教育工程的进展，教育部决定支持若干所高校建设网络教育学院和中央电大"人才培养模式改革和开放教育试点"项目，开展现代远程教育试点（以下简称试点）工作，主要任务是：通过现代通信网络，向社会提供内容丰富的教育服务，包括开展学历教育和非学历教育，探索网络教学模式和教学工作的管理机制，建设网上资源等。

我国现代远程教育（网络教育）的发展，经历了从"量的扩张"到"质的提升"的转变，目前仍在探索中前行，成绩与问题都有，机遇与挑战并存。

1. 1998—2000 年为网络教育的初创阶段

1998 年清华大学等四所学校开始试点，之后教育部又批准北京大学和中央电大开始试点，前期社会期望度高。初期，试点学校缺乏资金、设备、资源、师资、技术、经验和合作伙伴，同时，对学习中心的设立没有明确的要求，试点高校享有完全充分自主权，办学教学、管理、技术和服务模式多种多样。

2. 2000—2002 年为网络教育的快速发展阶段

2000 年，批准了三批共 25 所高校开始试点，至 2002 年共批准了 67 所高校。试点高校开始跑马占地，有学者形容这是网络教育的春秋战国时期；由于盲目扩大招生、少数高校办学极不规范，社会认可度急剧滑落；此时对学习中心的设立要求告知性备案，省级教育行政部门有些无所适从，学习中心泛滥。

3. 2002—2006 年为网络教育的规范管理阶段

教育部严肃处理了部分违规办学的高校，出台对学习中心清理整顿的文件，清理了大量违规的学习中心。开始组织建设公共服务体系，奥鹏公共服务体系应运而生。每年专门下发招生文件，并实行招生计划和录取情况备案，停止招收全日制的学生。整个试点方向发生根本变化，开始组织网络教育统考工作，本科段的学生参加统考才能获取毕业资格，实现入学和毕业电子注册，社会认可度逐渐回升，试点学校逐渐进入状态，管理、教学、资源、师资技术和合作伙伴各方面都有了长足的进步。教育部出台对学习中心规范管理的文件，此时对学习中心的要求为通过审批，并实施网上年报年检。

4. 2007—2008 年网络教育进入转型期——协调与创新

网络教育的游戏规则已经建立，整体秩序基本规范。试点学校完成原始积累，管理人员获取足够的经验，教学管理模式基本形成。资源建设已经解决了有无问题，有能力考虑进一步的发展。高等教育毛入学率的快速提高以及教育资源的日渐丰富，使得学生选择的空间大大增加，迫使方方面面要考虑如何在竞争中保持优势。通过艰苦的努力取得了回报，网络教育已经逐渐为社会、学生和教育界认可，成为终身学习社会重要的学习形式；教育部组织了对网络教育教学情况的大规模调研，并组织制定关于教学管理、教学评估、质量监管等一系列的办法和文件。网络教育从"规范办学"转向"规范教学"，推进质量工程、示范中心和精品战略。网络教育成绩与问题并存，机遇与挑战并存，特别是党的十七大为网络教育的发展指明了方向。

自 1999 年以来，教育部已批准 68 所普通高校和中央电大开展试点工作。截至 2008 年年底，网络本专科累计招生 800 多万人（其中，电大 500 万人，开放教育已成为电大办学的主要形式，占其成人学历教育的 90% 以上）。2008 年，网络本专科在读生 356 万人（网院 131 万人、电大 225 万人），约占高等教育在校生总规模的 12%，占成人高等学历教育在读生总规模的 40%；招生 147 万人（网院 61 万人、电大 86 万人），约占高等教育招生总规模的 15%，占成人高等学历教育招生总规模的 35%；毕业生 90 万人（网院 38 万人、电大 52 万人），成为我国高等教育和继续教育的重要组成部分。普通高校、中央电大及公共服务体系设立校外学习中心（点）8 000 多个。初步建立了高校网络教育的办学、教学、管理、服务和技术等模式，建设了一批数字化学习资源、学习平台和学习中心，吸引了十多万从业者和数百家企业投身这个行业，形成了有中国特色的网络教育办学体系、学习支持服务体系及产业链。

（1）试点高校与网络教育学院。1999 年至 2002 年期间，教育部分期、分批批准了 66 所普通高校和中央电大开展试点工作；2003 年，考虑到全国教师教育网络联盟的任务和试点学校在地域上的分布，特批东北师范大学为试点学校；2006 年和 2007 年为理顺管理体制，中国石油大学（华东、北京）、中国地质大学（武汉、北京）分别独立开展试点工作，一分为二；另有上海第二医科大学与上海交通大学合并，合二为一。此外，其他学校的分分合合，对试点普通高校的名单没有影响。因此，目前共有 68 所试点普通高校。

现代远程教育试点普通高校名单及区域分布

区域	试点高校数	现代远程教育试点普通高校
北京	18	北京大学、中国人民大学、清华大学、北京交通大学、北京航空航天大学、北京理工大学、北京科技大学、北京邮电大学、中国农业大学、北京中医药大学、北京师范大学、北京外国语大学、北京语言大学、中国传媒大学、对外经济贸易大学、中央音乐学院、中国石油大学（北京）、中国地质大学（北京）
天津	2	南开大学、天津大学
辽宁	4	大连理工大学、东北大学、中国医科大学、东北财经大学
吉林	2	吉林大学、东北师范大学
黑龙江	2	哈尔滨工业大学、东北农业大学
上海	7	复旦大学、同济大学、上海交通大学（含医学院）、华东理工大学、东华大学、华东师范大学、上海外国语大学
江苏	3	南京大学、东南大学、江南大学
浙江	1	浙江大学
安徽	1	中国科学技术大学
福建	2	厦门大学、福建师范大学
山东	2	山东大学、中国石油大学（华东）
河南	1	郑州大学
湖北	5	武汉大学、华中科技大学、中国地质大学（武汉）、武汉理工大学、华中师范大学
湖南	2	湖南大学、中南大学
广东	2	中山大学、华南理工大学、华南师范大学
四川	6	四川大学、西南交通大学、电子科技大学、西南科技大学、四川农业大学、西南财经大学
重庆	2	重庆大学、西南大学
陕西	4	西安交通大学、西北工业大学、西安电子科技大学、陕西师范大学
甘肃	1	兰州大学

68 所试点普通高校包括：教育部直属高校 55 所（还有 20 多所教育部直属高校没有举办网教的资质），工信部和中科院所属高校 5 所，地方高校 8 所。39 所"985工程"学校中，35 所是试点高校。115 所"211 工程"学校中，65 所是试点高校，50 所不是。

68 所试点普通高校中，大致包括综合类 23 所、理工类 25 所、师范类 8 所、语言类 3 所、农林类 3 所、医药类 2 所、财经类 3 所、艺术类 1 所。

早在 2000 年，教育部文件规定：试点学校的网络教学工作要统筹规划，对网络资源和远程教育资源要进行整合，并由网络教育学院归口管理。目前，网络教育学院（有的试点学校成立现代远程教育学院、远程与继续教育学院、继续教育学院等，本书统一用网络教育学院指代），都已成为各试点高校内唯一的网教办学机构。

网络教育学院设置方式不尽相同。第一种设置方式是网教机构与其他成人学历教育（有的甚至包括高职教育）、非学历培训（有的还包括国际教育）机构合并，成立一个归口的办学机构和管理机构（一般是办学和管理功能合二为一，也有分开的）。常见的是整合成立新继续教育学院或远程与继续教育学院。也有的是成立继续教育部、继续教育处、教育发展中心，但主要是作为归口管理机构，一般情况下是合署办公。第二种设置方式是网教机构与其他成人学历教育机构合并。网教与成教机构整合后，比较常见的还是合署办公，一套班子两块牌子；也有的是两个机构相对独立运行。第三种设置方式是网教机构（网络教育学院、远程教育学院、现代远程教育学院）独立设置，其他成教机构（成人教育学院、继续教育学院）、非学历培训机构（培训学院、培训中心）也独立设置。这种情况是学校还没有实现网教、成教和继教资源的整合。

（2）校外学习中心与公共服务体系。校外学习中心的设立曾经实行备案制。2002 年后，教育部规定由学习中心所在地省级教育行政部门负责审批，由网院会同学习中心依托建设单位向学习中心所在地的省级教育行政部门提出申请，报送资质证明，包括在该地区实施网络教育的方案和委托协议，拟设立学习中心的概况、管理方式、学习支持服务方式、学习支持队伍和信息安全保障措施，举办条件、设施、资金等文件资料。网院依托学习中心为学生提供校外教学支持服务，但网院不得以任何形式转移专业和课程设置、招生录取、考试命题和评阅、论文答辩、毕业和学位资格审核等办学职责和权利。

校外学习中心是接受试点高校的委托，根据试点高校统一要求和工作安排，配合试点高校进行招生宣传、生源组织、学员管理、支持服务和日常管理，开展现代远程教育支持服务的机构。目前招生和学生管理是几乎所有学习中心均不同程度地承担的工作，一般情况下，学习中心不同程度地承担了教务管理方面的任务，包括招生咨询、报名、缴费、入学考试、注册、网络学习环境提供、教学资源发送、网院教学信息传递和咨询、对学生的学习督促、学生信息搜集上报、各类考试报名、作业收缴、学生活动组织、学习小组和学生班级组建和管理、学籍管理等；协助承担一些教学环节的工作，包括平时作业批改、学习问题解答、面授辅导、实践教学、论文指导等。此外还包括必须在当地完成的一些工作，如考试场地、监考人员、考试实施的落实和实验实习教学环节的落实。

公共服务体系是为了更好的整合各高校资源，提供优质的教学服务而建立的独立机构。公共服务体系是集合各类资源，提供社会化的公共支持服务的机构，通过建立公共的网络教学、管理与服务环境，为学习者提供学习支持服务。公共服务体系是为办学者和学习者提供的一种"共用服务"，它本身不创造资源，是将高校网院提供的资源，通过服务平台提供给学习者，是充当着第三方服务提供方的角色。而高校网院是资源的提供方，是供给者，学习者是教育需求者。公共服务体系的作用是通过宣传网络教育，推广网络学习模式，普及新型学习理念，改变传统的求学方式，实现报名、缴费、选课、课程学习、答疑交流等通过公共服务支持平台在网上进行。通过公共服务体系可以达到汇集优质资源、高效并节约成本、便于学生自主学习、自我管理。2005 年，教育部正式批准建立中央电大现代远程教育公共服务体系（中央电大奥鹏远程教育中心负责公共服务体系的建设与管理），2007 年又批准了二个现代远程教育公共服务体系建设试点项目。目前公共服务体系主要包括奥鹏、弘成、知金三大公共服务机构。

（3）教学运行。教学过程（包括支持服务）和教学管理是教学运行的重要方面。教学过程是指在现代教育理念的指导下、充分利用现代信息技术、以多种媒体教学资源为基础，有目的、有计划地通过时空分离情况下教和学的相互作用，促进学生发展的过程，主要涉及专业设置与培养方案制订、课程设计与开发、学习支持服务、实践教学、课程考核、毕业论文（设计）、教学质量监控与管理、教研与教改等环节，以及学生学籍与教学档案、教学平台、教师队伍、校外学习中心等方面。教学管理的基本任务是按照教学要求、学生特点和远程教学基本规律合理配置教学资源，对教学过程各个环节进行规划、组织、协调、监督，并对教学、管理人员和学生实施管理，切实保障教育目标的实现和人才培养的质量。

教学教务管理系统全面实现用户信息管理、系统基础信息的管理、教学计划的管理，招生管理、收费管理、教材管理、教学实施和管理、学籍管理、考试管理、成绩管理、教学分析管理、毕业管理、学位管理等职能要求。

教学支撑环境提供网上非实时的教学功能、在线课件制作功能、网上课程点播功能、网上协作学习功能，学生与教师之间完成网上学习、网上作业、网上自测与考试、网上答疑等教学过程，同时对教师的教学、学生的学习情况进行质量跟踪，并可以发布系统公告、发布各类学习信息、考试信息、课程介绍、教师介绍等信息。

支持服务贯穿于整个远程学习过程中，是落实学习环节，促进教与学相互作用，确保教学质量的关键。通过建设和完善校外学习中心，利用多种媒体和系统，向学习者提供信息服务（招生信息、教务信息、就业信息等）、资源服务（课程包、辅导材料、网上资源、答疑库等）、人员服务（作业批改、远程答疑、面授辅导、实验指导、实践教学、投诉热线、预约考试等）、技术支持服务（媒体和系统、技术支持热线等）和设施服务。支持服务的方式包括：网络教学平台提供网上学习支持服务，通过电子邮件、BBS 和双向视频会议系统为学生提供网上教学辅导和答疑，为学生提供相关资源，供学生自学时使用，组织各种形式的学生活动，通过常规通信工具，为学生提供咨询和答疑服务，面授辅导答疑等。

（4）学习资源。资源是网络教育的核心。教学资源主要包括：教材、讲义、课程学习包、网络课程、视音频流媒体课件、光盘课件、电子教案、案例库、题库、数字图书馆、资料网站、学科讲座资源、助学辅导类资源、网上作业、实践性课程作业、实践作品等。其中，网络课程、光盘课件使用的频次最高。

网络教育课程资源的设计与开发应充分考虑网络教育师生时空分离的基本特点，要体现应用型人才培养目标，符合科学性、先进性及网络教育规律和教学改革的方向，适合于在职从业人员业余学习和终身学习，并能恰当运用现代教育技术、方法与手段。一般情况下，完整的资源开发团队从角色上包括：① 课程负责人，主要负责课程整体的设计和开发的管理，如课程开发进度的跟踪，课程开发过程中的工作和成果的审核，协调课程开发制作各环节的工作等；② 主讲教师，与教学设计人员一起完成对课程内容及表现形式的设计，提供课程内容的相关资源，并完成相应内容的讲授，有些主讲教师会负责一些课程辅导；③ 教学设计人员，针对网络教育的特点，与主讲教师沟通交流来进行课程设计；④ 课件制作人员，根据主讲教师和教学设计人员提供的课程内容，进行课件设计和制作；⑤ 平台技术人员，主要负责教学平台的开发、测试、运行和维护等。

在学习策略设计方面，一般采用讲授、自学、讨论、体验、探究、问题解决、协作等多种模式，以自学与远程讲授为主，自学主要是学生按照导学要求，自主学习网上资源，有的也采用了体验、探究、问题解决等策略。例如大部分网络课程较为重视与学生自主学习有关的学习辅助工具设计，如记笔记、画图的学习工具；知识点查询工具、导学信息；教学代理如小教鞭、练习或者测试中的提示等。

每个学习界面中都有以下学习工具：学习进程查看、检索、书签、笔记、实时答疑、关键词搜索。

在学习活动设计方面，首先建立课程的基于知识点的知识结构体系，在此体系中实现以元知识点为最小学习单元，实现对学习者学习过程的控制，建立学习资源与元知识点的关联关系，将学习资源融入课程的知识结构中，从而实现了结构化的学习资源的建设、组织方法。有的课程把学习活动视同为网络课程中的不同模块，如课程介绍、自学周历、教学互动等；有的课程认为学习活动是学习某一部分内容时的学习行为的组成，如在学习某一个单元时，有学前指导、内容讲解、应用案例、虚拟实验、总结评价、扩展学习等学习行为构成学习该单元的一个学习活动。

在对支持学生与学生之间、学生与教师之间交互工具的设计方面，大部分课程提供了在线交流、教学互动、短信平台、课程论坛等交互模块。

在对于学生与学习资源之间的交互设计方面，充分利用网络教学平台开展实时的网上答疑、网上讨论、课程论坛等活动，开展同学、教师之间的沟通交流，并通过 BBS、MSN、E-mail 等增进师生互动，疑难解答。

在技术支持设计方面，一般的教学平台的功能模块均包含有课程信息、课程大纲、课程日历、视频课堂、论坛、个人信息、作业、练习等栏目，只是分类方法不同而已。

3.4　国外远程教育的发展概况

当前，国际上高校远程教育的办学体系呈现"主体多元化、类型多样化"的特点，如：美国主要有传统校园教育增强型、联营/合作型、契约/经纪人型、虚拟大学型、独立设立的远程在线教育大学（如凤凰城网络大学）；英国开放大学（OU）是全球远程教育的成功典范；荷兰、西班牙、日本、韩国、印尼、巴基斯坦、印度、马来西亚、菲律宾、泰国、伊朗、以色列、尼日利亚、南非等与英国的模式相似，国立开放大学或国家远程教育大学是典型代表；在法国，法国国家远程教育中心（CNED）是最主要的一个远程教育机构；加拿大主要有阿萨巴斯卡大学、虚拟大学、电视大学；巴西教育部向 166 个教育机构颁发了远程教育的许可证；瑞典建立了大学网络联盟；德国以哈根函授大学为代表；澳大利亚南昆士兰大学（USQ）和查尔斯·斯塔特大学（CSU）是其双重模式的代表，澳大利亚开放学习联合体是其又一特色；墨西哥蒙特雷理工学院、土耳其安那多鲁大学、埃及开罗大学等则设立专门的机构开展远程教育。

各国远程教育发展定位既包括其服务对象，即主要是面向学习者群体，也包括其办学的社会目的，即国家战略、社会、经济、技术和文化发展需求。如：美国远程学历学位教育是主要形式，网上文凭学位同传统学校颁发的文凭学位一样，且已大规模进入企业培训领域；法国 CNED 的核心理念也是为社会提供大众化教育与培训；德国在职人员的学历教育主要由哈根函授大学完成；英国远程教育的核心价值是终身学习、以学生为中心和全球化；韩国、日本、墨西哥、荷兰、巴西、泰国、土耳其、埃及等国，发展远程教育旨在扩大国民享受高等教育和终身学习的机会；加拿大阿萨巴斯卡大学的使命是，为成人扫清接受大学教育的障碍；澳大利亚发展远程教育旨在使内陆和边远地区的学生接受同等质量的教育；印度、印尼、菲律宾等则更多考虑为那些由于种种原因不能进入传统大学的人们提供灵活而又经济的教育，特别是对偏远和农村地区的弱势群体更是如此。

基于现代信息技术的媒体教学与面授结合的混合式教学模式已成为主流，核心是媒体技术和资源利用、教学交互、协作学习、教学活动及过程管理等。各国远程教育的教学模式、教学管理模式和技术模式体现了"以学生为中心"，灵活多样。如：美国远程教育采用最多的是视频技术和基于 Internet 的非同步教学、双向交互式的视频教学和单向式预录视频教学技术（如凤凰城网络大学的所有环节都在网上完成），教学管理灵活且不拘一格，并设有"学分银行"；英国开放大学建有总部、区域中心和学习中心，学生可参加脱产的住校学习，也可采取不脱产的业余方式学习，灵活多样的教学方式，学分制和自由选课制等，印度、伊朗、南非等的组织模式与此类似；法国采用多媒体混合式的教学模式；德国、加拿大、荷兰、墨西哥、日本、韩国、泰国、以色列的远程教育学习者可按照自己的进度灵活安排学习时间和地点，考试时间不限，普遍实行学分制，使用多种媒体进行教学，Internet 为师生之间的交流提供支持；澳大利亚 USQ 的课程学习包通过邮寄或互联网传送到学生手中，学生通过邮局或电子邮件提交作业，在 USQ 考试中心参加考试。

立体化教材、多媒体课件和网络课程等学习资源是远程教育的核心和重中之重，各国远程教育发展都非常重视其数字化、标准化、存储、传输、注册、搜索、审查、更新、交易、共享及知识产权保护等。如：美国强调各级政府、各类办学机构、社会团体以及商业机构要统一协调，从而避免不必要的重复和浪费；英国设计、编写、出版和发行适合远程教育的高质量的"活页"教材，按单元组成教学内容，以模块结构组成多媒体教材，以教学包的形式发给学生，并组成由学科教师和教学法、心理学、教育技术、编辑设计、广播电视制作、考试等方面的专家构成的课程组共同完成教材编写任务，还建立有一套完善的教材需求调查、设计、编写、制作、征订、发行、销售系统，采用产业化的运作方式；法国提供大量个性化的视听材料、网络课程和学习网站等多媒体教学内容；日本、韩国重视电视媒体的应用；印度有很多公司从事把大学课程转变为数字化学习课程，把粗糙的课程变为精细的课程；巴基斯坦、土耳其开发专用的自学教材、阅读材料及广播和电视教学节目；菲律宾、印尼、以色列、南非等则建立有专门的教材和资源开发的专家团队。

国际远程教育都强调以学生为中心的观点，强化学习支持服务，这不仅是远程学习的核心原理，也是整个远程教育的基本指导思想。如：美国的远程教育机构会让学习者了解办学模式和参与远程教育的方法等，从而选择和决定自己是否参加远程教育、怎样参与远程教育、参与什么类型的远程教育和学习后能获得什么成果；英国开放大学以高质量的教学和支持服务强化学习过程，注重远程教育的师资队伍建设，建立了覆盖全国的开放入学中心，为每一个学员提供富有个性化的学习支持服务，并为残疾学生提供特殊的支持服务，大部分课程的教学都会发给学生一本学习手册；印度总体上模仿的是英国开放大学的体系；日本、韩国、巴基斯坦、以色列、尼日利亚、菲律宾等国的远程教育机构在主要城市建立区域中心和学习中心，主要用来协助招生，提供面授辅导、课程学习咨询与指导、收听广播、收看电视节目、借阅图书等服务，组织注册与考试等；法国 CNED 在晚间和周末使用法国的 500 多个教学点的基础设施，主要利用呼叫中心来保证学生的满意度；土耳其的远程教育机构通过 Internet 为学生提供辅导，借助当地大学的师资力量提供面授辅导；印尼特布卡大学同三大因特网运营商合作，全国邮政服务邮递注册表格和课程材料，学生通过印尼银行缴纳学费，借用其他学校大楼作为考场；埃及设有学生事务处、学习支持服务部、公共关系和宣传处；南非设机构随时对贫困生进行评估，为其提供贷款；澳大利亚 USQ 设有 E-learning 中心，为远程学生开发学习材料和提供学习支持，并致力于远程和网上学习的研究等。

质量是远程教育的生命线，各国采取了一系列措施确保远程教育的高质量和高效益。如：美国在宏观上抓住对从事远程教育机构的认证，并建立网络课程质量标准；加拿大学校间建立理事会负责课程评估，确立相互承认学分的标准，建立"学分银行"；英国督导团的教育审计和高等教育基金会的教学科研评比，以及社会直接参加学校管理和社会质量保证；南非的远程教育机构既开展自评，同时接受校外评估；印尼特布卡大学采用了亚洲开放大学协会的质量保证框架；法国学生可以注册 CNED 的高等教育课程，但要获得高校的文凭则必须到相应的高校注册，并参加注册高校的考试；日本与其他高校签订了学分相互承认协议；菲律宾、土耳其远程教育课程具有和面授教育同等的学术质量保证；泰国重视领导才干在管理中的作用；韩国开放大学远程教育研究所专职研究如何提高远程教育质量与交流手段问题；澳大利亚 USQ 的 Elearning 中心在"远程教育方法与技术的设计、开发、实施、评估方面都形成了完善的规范"。

各国都十分重视远程教育的立法（包括政策），这对规范和发展远程教育具有重大的意义。如：美国联邦（国会）主要体现在对《高等教育法》的修订上，各州几乎都有自己的"总计划"或"战略性计划"，并出台"大学进入和机会法"，扩大了"联邦财政资助"的合格范围，设定了"质量合格标准"的新期望值，强化了对远程教育的"合格认证"；英国政府在《我们的信息时代》政策宣言中指出，政府应改革教育，在教育中利用新技术，使人们能够获得信息时代所必需的知识和技能，以及扩大信息受益面，确保信息时代在有利于所有公民方面起主要作用；日本、韩国、印度、泰国、土耳其、埃及、荷兰、瑞典、菲律宾等通过国家立法确立远程教育机构的地位，并给予经费资助；法国 CNED 主任由政府任命。

在经济全球化和教育全球化的进程中，远程教育和传统教育争夺教育市场的竞争将加剧，各类开放与远程教育系统、院校和模式之间的竞争也将增长，并相互合作、相互借鉴、资源共享和优势互补，以此构建各国终身教育体系的新体制、新格局。如：美国多数院校"把网络教育看成是他们长期发展战略的关键"，"机遇增长、迈入主流、稳步发展"是 21 世纪远程教育发展趋势；英国把发展远程教育作为高等教育改革的突破口和新的发展方向，既注重发挥本国教育的优势，走内涵发展之路，又积极拓展教育市场，走国际化的发展道路；加拿大、墨西哥、瑞典等注重和积极开展国际合作和国内合作，推进学分互认，坚持"请进来、走出去"；德国、南非、法国、日本的远程教育面向未来，面向学习型社会，面向终身教育，适应时代之变迁；菲律宾建立动态、创新和特别的学习环境、学习技术和学习机会；韩国从电子学习向移动学习迈进；印度农村应用有很大潜力；土耳其政府正在试图发挥远程教育将西部地区的富裕和工业化机会带给人口稀少的东部农村地区的作用。

下面介绍一些有代表性的国家远程教育发展情况。

1. 英国

1969 年成立、1971 年正式招生的英国开放大学在英国教育史上被称为"一次伟大的历史革命"，是全世界公认的现代远程教育史上的里程碑式事件。据 2008 年统计资料，英国开放大学在校学生总数已经达到 229 215 人，是成立时的十多倍；校内教职人员 4 949 人（包括地区办公室专职人员 943 人）；地方外聘辅导教师总数为 7 982 人。到目前为止，平均每 22 个英国人就有一人接受过开放大学的教育服务。英国计划到 2030 年有 50%的人口接受高等教育，而开放大学的成功将为这一教育目标的实现作出巨大的贡献。

英国开发大学成立以来，始终秉持首任名誉校长杰弗里·克瑞德勋爵提出的"四个开放"理念，坚持做到"人的开放（open to people）、地点的开放（open to places）、方法的开放（open to methods）和思想的开放（open to ideas）"。开放大学将这种理念作为该校的办学使命和学校整个未来战略发展的基石，几十年间，"四个开放"已经完全融入了学校办学的每一个细节，它的内涵也在办学实践中得到了延续、充实和发展。

进入 21 世纪，英国开放大学继续秉持开放的理念，在课程资源开发和国内与国际合作方面取得了重大突破。2005 年启动开放学习（OpenLearn）项目，作为学习者在互联网上自主获取教育资源和协作学习的工具，该项目 2006 年 12 月开发完成，2007 年 4 月荣获全球学习协会学习效果"白金奖"（platinum award）。目前，网站上已有数千小时的资源和相关工具供教师和学习者免费使用。合作方面，国内与国际两方面同时展开。在苏格兰，设立了个人学习帐号项目，为低收入者提供四百多门免费课程，开展了教师培训试行计划，与苏格兰社会服务局合建社会工作荣誉学位，缓解苏格兰护理人员短缺问题。在爱尔兰，为高等教育及远程学习提供重要咨询，与爱尔兰各种组织建立了良好的合作关系，成为爱尔兰第一个非官方的完全有资格进行学历认定的机构。在非洲，实施撒哈拉以南非洲教师教育项目（TESSA）、数字化教育提升工程（DEEP）。在亚洲，与巴基斯坦 Beaconhouse 国立大学（BNU）、阿拉伯开放大学和北京大学医学院成为合作伙伴。

全面开放性是英国开放大学最根本的特色。它向所有大学求学者开放，不论种族、国籍、性别、宗教、信仰、原文化程度、入学动机、职业、资历和社会地位的差异，只要有注册入学学习的意愿，向学校的地区教育中心提出申请，根据学校现有的教学名额及指导教师，任何公民都可以报名，招生原则按报名的顺序先后录取，不需任何考试，就可成为开放大学的学生。对那些身体或其他方面有缺陷的人和在住宿大学修学位课程比较困难的人有专门安排，并允许一定数量的在狱犯人参加学习。学生可以自己选择学习内容、学习地点、学习方式和学习时间，自己确定学习进程，按自己专业兴趣和学习条件制定自己的学习计划，开展自己的学习活动。开放大学允许新生有 3 个月的试学期，观察他们能否妥善安排学习和其他事情，能跟上学习进度的才可以正式注册学习，当然也可以不注册旁听，还允许在其他大学学习的学生同时选修开放大学的课程。这种全面的开放性正是英国开放大学取得巨大成功并为世人所瞩目的原因所在，它从根本上打破了传统教育中对学习者身份的限制，公民进入大学不再被一道严格筛选的门槛阻隔，学习意愿成为人们选择开放大学的唯一资格；这种开放性还打破了传统学校受校园围墙教室空间时间限制的缺点，使学生随时随处都能学习，不断更新知识和技能，鼓舞和激发人们学习的愿望和热情。

英国开放大学的课程设置多种多样，除了提供相对稳定的专业课程之外，还随时调整课程，按社会需要合理增删。它提供本科生、研究生和进修三种课程设置，本科生课程分四个年级，所有学生都从基础课程学起，到二年级时学生开始选修专业课程并确定专业方向，2011年开放大学开设了600门左右的本科和研究生课程以及专业资格课程。研究生课程的成绩采用学分制，学生必须修完规定的学分才能撰写论文，学生完成一个研究项目或递交一篇学位论文后，经过论文答辩合格才准授予硕士或博士学位。它还开设了许多短期进修课程和为人们提供专业培训的课程，对修完规定课程并考试合格的颁发结业证书，对修完规定课程而未经考试的学生发课程修完证明，同时修完四门课程可获得开放大学的学业进步文凭。学生们学习哪类课程是根据自己的学历和经验来决定的，按照自己的进度学习，误课时自己选择最方便的时间补课。

开放大学采用广播、电视、函授、面授、网上教学、E-mail、电话答疑、小组讨论和暑期学校学习等多种多样的教学方式。它的每门课程几乎都是同电视和电台广播联系在一起的，由英国广播公司（BBC）在低峰时间（一般在星期一至星期五的清早、傍晚和深夜，及星期六、日的清早和上午）向全国播放教学节目。这些节目是课程中不可分割的一部分，大约占学生学习时间的5%～8%，有些广播教学对课程的理解比其他教学手段更为重要。它设有地区咨询和教学辅导站，聘请部分时间制工作人员负责指导学生学习；它还设有暑期学校，暑期学校的教职员由开放大学教师、兼职教师和所在寄宿大学的教师担任，规定学生必须参加一周的暑期住校学习，这一周的活动内容比较丰富，包括专题讲座、研究会、现场作业、小组讨论、实验室操作等，集中学习，学生可以从中获得一些重要信息和研究方法，也能相互交流学习体会。随着信息技术的发展，因特网的出现，使教学方法不断丰富，例如，学生可通过E-mail同学校和自己的辅导教师联系，提交作业，提出问题，教师也可通过E-mail给学生答疑。这种灵活多样的课程设置和教学形式为人们的学习提供了极大方便，满足了人们不同的学习需要，有越来越多的年轻学生攻读它的学位课程，颇受社会欢迎。

为了保证教材质量的可靠性、优秀和多样化，以使学生在家或工作岗位上获得愉悦的学习体验，英国开放大学采用了一种新的教材编写方法。它设有许多课程编写组，课程编写组由学科专业人员（教师）和各种辅助人员（如英国广播公司电视和电台节目的编排者、教育技术研究所课程教材方面的研究人员、专职教务人员、教材编写助理等）组成，教材质量深入浅出，方便学生自学，易于无师自通，主要教材由知名学者、专家参加编写和审校，教学人员相互讨论，使教材质量不断得以更新、提高。开放大学选聘的教师一般都是各大学的优秀教师和各行业、领域的专家、学者。1972 年，开放大学中 60%的教师具有博士学位，其师资力量之高，实力之雄厚在英国名列第三（仅次于牛津大学和剑桥大学），比其他各类大学都高。这些教师在自己的专业领域都有一定的建树，在教学经验和教育心理学方面具有较高的水平，而且还具有一定的教学组织能力和极强的责任心与献身精神。他们始终处在学科发展的前沿，能激发学生的学习兴趣。开放大学所选聘的教师都经过培训并且有 2 年的试用期，学习中心负责对教师的工作进行监督，能胜任工作的教师保持稳定，不称职的则及时辞退，所以，开放大学始终有一支优秀、高质量的教师队伍。优秀、高质量的教材和教师队伍使开放大学的教学质量名列英同大学的前茅，其研究水平是英国最好的研究性大学之一，英国开放大学以其卓越的科研质量跃居英国大学的前三位，其优秀的教学质量使其日渐闻名。为了保证教学质量，开放大学对教材、教学水平、教学服务、考试命题质量、地区教学中心的工作以及科学研究工作都建立了严格的检查评估制度。英国高等教育质量评估委员会每年对一些课程进行质量抽查，每 3 年对科研工作进行一次评估，每 4～5 年对学校教学进行一次全面检查，每次都由专人负责。这些严格的质量检查和评估制度保证了教学质量的可靠性，促进了教学质量的提高。

　　开放大学通过提升硬件装备水平与人员服务质量为远程教学提供了有效的支撑。地方服务中心为学生提供课程选择、职业规划、付费和奖励、学习指导、考试咨询以及残疾学生学习的特别安排等服务；总部的服务中心设有图书馆、学习技巧等在线资源以及开放大学网上会议系统，学生通过开放大学的数字化图书馆可以获得大量远程教育学习资源；计算机会议服务是供所有学生和教职员工使用的一流的电子邮件和会议设施，它允许发送消息并进行在线讨论，用户任何时候都可以登录。

　　20 世纪 90 年代中期以来，英国开放大学的教学质量一直跻身于所有英国大学综合排名前 10 名，教学研究水平居于前 3 名。2003 年末，拥有 20 万在校生的英国开放大学，经过英国权威教育机构评估，在 140 多所高等学校中再次脱颖而出，综合排名第 5 位，列于牛津大学之前。就在此时，担任英国开放大学校长 11 年之久的约翰-丹尼尔爵士，因其对世界远程教育事业的巨大贡献荣升为联合国教科文组织副总干事。英国开放大学的成功让世界上许多国家坚信，建立在应用新技术基础上的远程教育系统，在终身教育的广大领域中能够对高等教育数量的增加和质量的提高作出有效的贡献。

2. 加拿大

从行政区划上来看，加拿大全国共分为 10 个省和 3 个地区。各省设有省政府和选举产生的省议会，地区也设立相应职位和机构。加拿大没有联邦教育部或类似的教育机构，因而全国没有统一的教育制度，只有一个由 10 个省的教育部长组成的加拿大教育部长理事会，负责促进和直辖市、各省间的教育合作。联邦政府只负责组织管理印第安人、因纽特人、武装部队人员及其家属，以及监狱犯人的教育。联邦政府向各省提供部分教育经费，并向学生提供加拿大学生资助计划，以维持他们的学习。

在加拿大"远程教育"被认为是涉及全民综合素质，国家的经济发展，劳动者素质和再就业能力提高的手段，因此为确保高等教育的课程对所有愿意学习且有能力的人开放，加拿大政府部门、学术机构从不同的角度关心和支持远程教育，各远程教育机构也应运而生。加拿大"远程教育协会"就是全国性的远程教育专业人员的学术性组织，该会旨在推动和促进全国的远程教育，促进远程教育理论与实践的研究，提供包括业务能力培训在内的会员服务，提供全国的、地区的、省内的及本地的会员经验交流机会，促进接受远距离学习。加拿大联邦政府在人力资源部设立了以陶冶终生学习的精神文明为目标，以应用新技术、共同扩大创新学习机会为使命的学习技术司。加拿大工业部负责启动校园网，旨在使学生为知识社会做好准备，"建设没有围墙的教室，提供无穷无尽的信息，享用浩瀚无边的通讯"，使加拿大成为世界上第一个所有学校都联网的国家。随着计算机和网络被广泛应用于远程教育，带动计算机课件开发，已经形成产业，成为加拿大知识经济的组成部分之一。加拿大远程学历教育的文凭学位同传统学校颁发的文凭学位具有同等效力，而且已进入到企业培训领域。加拿大远程教育中基于现代信息技术的媒体教学与面授结合的混合式教学模式已成为主流，其远程教育的教学模式、教学管理模式和技术模式体现了"以学生为中心"。

由于加拿大的高等教育是由各省政府自行负责的，所以，每一个省都设有各自的教育部，专门负责全省的教育事业发展，当然，这也就决定每个省都有权独立自主地决定本省的教育经费使用，尽管其教育经费主要是由联邦政府拨付。加拿大的大学大多数是公立的，包括社区学院也不例外，由于各省自行管理，因而每个省的教育组织管理机构都不一样，各省都有各自的宪法，每个省的宪法都对各省的教育组织机构、学制、考试制度和经费等做了明确的规定。比如阿尔伯达省共有四所公立大学，其中阿尔伯达大学（Univesity of Alberta）、卡尔加里大学（University of Calgary）、莱斯布里奇大学（University of Lethbridge）均为采用传统教育手段的普通大学，而阿萨巴斯卡大学是由阿尔伯达省教育部批准建立的属于地方的唯一一所远程开放大学，尽管其专业设置较全，也属于综合型、研究型大学，但是它的主要任务就是为在职的成人提供各种各样的远程开放学习支持服务。

在教学模式上，加拿大的每个大学在开展远程开放教育时，往往都根据本校的实际情况，建构本校的发展模式。比如多伦多大学继续教育学院将其发展的重点放在合作办学和专业资格认证上，因此，社会上的各个部门都是其远程开放教育的潜在合作对象。约克大学重点开展对特殊社会人群的网上教学，非常注意面对面的教学在远程教育中的作用发挥，其每门课程都建有适合学习者自主学习的系列自学辅导材料，并积极与当地电视台合作，每学期播该校的一门课程电视教学节目。同时，也非常注重在线课程评估，建有量身定做的在线教学评估系统，学期末，一般派人至学生居住地附近安排组织考试。卡尔顿大学的特点是利用本校的校园电视优势，在每个教室都配有摄像机探头，同步记录并在网上同步播出每位教师的专业课程课堂教学的全过程（对全日制学生）。这样，非全日制的远程学习者就可以享受到与全日制学生一样教学标准，从而保证其教学质量的同一性。渥太华大学的特色是学习支持服务做得好，学校专门成立了教学中心，一方面为学生的远程学习提供支持服务，另一方面，为教师的远程教学提供技术及其培训支持服务，与此同时，该校还在进行有关教学支持服务的课题项目研究。而麦吉尔大学继续教育学院的特色是面向社区和社会办学，为社区培养专业人士，为学习者提供文凭和证书教育，除了对年轻人提供学分制课程外，还对退休人员提供没学分的课程，该校的办学理念是希望学习者将自己所学的课程融入自己的工作和生活当中，保证本校专业课程的前沿性。康考地亚大学的特点是建立了一个网络康考地亚大学，把作为实体的现实中的康考地亚大学的所有教学资源都挂在网上，其教学范围可覆盖 44 个国家的远程学习者，并为其提供教学，该校远程开放教育采用公司化运作的方式，为全球的 15 万学员制作了大量的高水平的、具有个性化特色的网上教学资源。阿萨巴斯卡大学在学习支持服务方面的特色是非常注重文字和音频课程教学材料的提供，建有专门的巴斯卡大学（My AU）、MOODLE、语言系统、移动学习（Mobile Learning）、电话辅导和电子邮件辅导等学习平台，并建有呼叫中心，给每位辅导教师配置了一个 800 号的电话，以便其随时根据呼叫中心指令为学习者提供远程学习咨询、答疑服务，而且该校的每门课程都有一个课程协调员，专门协调教师教学和学生的学习。皇道大学的特点是按照混合式教学模式进行教学，该校的教师一般都有在行业里工作和教学的经验积累，因此，该校在 MBA 课程教学方面取得了突破。

在与其他国家的有关大学进行远程教学合作时，阿萨巴斯卡大学的经验是在每个学院都设若干名课程责任教师，根据其所负责的国家或地区的学习者特点，一般都有与之相对应的素质教育要求。与此同时，在国内，阿萨巴斯卡大学也有很多远程教育合作战略伙伴，除了从事普通教育的高职学院，还有大量的社区学院，甚至中专，该校依托这些学校合理布点，进行远程教学。比如，该校有一个合作办学单位就在大草原，尽管那里人数较少，但是即使在 2010 年，当地仍有 60 名学员毕业，这在当地已经是非常不错的办学业绩。显然，这得益于该校卓有成效的团队合作办学模式，才使得生活在当地的学习者不用离开家乡就可接受到该校的优质高等教育。特别值得注意的是，该校在和很多普通大学合作时，创造性地使用一种学分转移制度，使得很多学校和学习者受益。由于加拿大的大学由每个省自行管理，而且每个省的管理标准又各不相同，管理起来非常费劲，采用这样的学习管理方式，学习者无论身在何地都可以自由转移，在每个地方既可以从普通高校转入阿萨巴斯卡大学，也可从阿萨巴斯卡大学转入普通高校，只要他们愿意，想拿哪个大学的学分就拿哪个大学的学分。由于学分互认，形成了一种阿萨巴斯卡大学与普通高校办学相互沟通、相互融通的局面。有的学习者来自普通高校，但拿的是阿萨巴斯卡大学这样的开放大学的毕业证和学位；而有的学习者他们在阿萨巴斯卡大学修完绝大多数课程，可最终拿的却是普通高校的毕业证和学位。

加拿大的远程教育机制采用了灵活的开放办学形式，其目的是为了使开放大学对于远程学习者的服务更为有效，更能符合学习者的心理需要。为了达到这个目的，各个开放大学注重对于学习者的人本化、人性化、个性化学习支持服务，按照按需办学的原则，控制和协调各个部门之间的相互关系及其工作运行方式，从而使得其在办学层次的设置、教学资源的开发、教学形式的选择、学习方法的提供、服务功能的确定等方面，真正体现出以学习者为中心的价值理念。以阿萨巴斯卡大学为例，作为一所完全的开放大学，它比传统大学优越，在这样的大学学习，学习者能够控制和掌握学习进程，因而得到学习者的青睐。与此同时，阿萨巴斯卡大学也是一所公立大学，因而它享有与传统大学一样的平等地位，它的学历、学位和传统大学是完全一致的，被联邦政府承认。阿萨巴斯卡大学的课程设计开发宗旨是服务一代人，考虑一代人。因此，对于这一代远程学习者，开放大学的课程教学资源开发建设，既要考虑编制成印刷材料，也要兼顾到学习者的在线交互学习需求，同时也要为照顾他们的移动学习、自主学习、互动答疑学习需求，以及个性学习，提供必需的媒体技术手段，为学习者提供个性化的学习支持服务。因此，这个学校开发出来的远程教育课程教学资源既有纸质的，也有电子文本的，还有音频的，甚至是影像的，学习者可以根据自己的个人学习习惯、兴趣选择自己的远程学习课程资源。而且这些课程资源一般由在各个学科领域里颇有建树的高素质的专业研究人员开发出来。尽管这些课程最初的教学设计已经很出色，但是，在使用五年之后，该校仍然要按照课程资源开发流程，根据学习者的意见，重新修订一次，然后再投入教学应用。与此同时，该校的图书馆还充分利用其数字图书资源，为学习者提供电子书籍、期刊的阅览服务，即使是馆藏的珍贵图书，也可以采用邮包形式，专门寄给学习者，供其学习之用，而且学习者在自主学习过程中遇到的任何问题都可打电话到学校的呼叫中心，请求有关部门的技术人员、管理人员、研究人员或教学人员予以解决，甚至学习者还可通过呼叫中心直接与辅导教师联系，如果辅导教师解决不了有关学习问题，呼叫中心就将电话转给教授。这种突出主体的个性化学习模式大大方便了学习者，特别是使得那些居家学习的残疾人大受裨益。

加拿大各开放大学的远程教育办学经验给我们的一个重要启示是：立足国情、地情和校情，坚持独立办学，是加拿大开放大学远程教育模式得以成功建构的制度基础。

3. 美国

20 世纪 90 年代以来，因特网在美国迅速普及，美国的普通高等学校及时抓住这一社会发展的巨大机遇，配备起完善的网络设施，借助自身的教育品牌与雄厚的资源优势，设置了较高质量的在线课程，开展了丰富多样的网络远程教育，使得远程教育迅速成为美国高等教育的重要组成部分。时至今日，美国已经成为远程教育规模最大的国家；远程教育已经成为美国培养各类人才的重要形式，也成为其终身教育体系的重要组成部分。经过 20 年的发展和完善，美国的远程教育渐趋成熟和繁盛，有着自身鲜明的特色。

为了更好地规范各州远程教育的发展，帮助各州制定正式远程教育政策，以便指导当地远程教育的实施，2007 年联邦教育部的呈批文件里提出了"远程教育政策指导方针"，该"指导方针"明确规定各州必须围绕五个大的方面来制定相关政策：（1）对远程教育政策的基本的概述；（2）对远程教育相关概念的定义；（3）开设远程教育的申请和批准程序；（4）远程教育的财政资助办法；（5）对提供远程教育的代理机构和教师的要求。这一指导方针，对美国远程教育发展中的宏观问题和细节问题都作了明确的规定和指导，使得美国远程教育的发展更加规范化，远程教育的质量不断得到提高。

凤凰城大学成立于 1976 年，在美国有 28 州承认其学历，1989 年，成为美国第一批被认可的提供网络学位教育的学校，透过遍布全美 15 所大学、97 处的校园、教学中心，迅速推展远程教育，至今有超过 15 万名的学生。凤凰城大学为网上学生提供 24 小时在线服务，大量的顾问与老师靠电话与 E-mail 就能协助学生学习，包括选课、实习等，连注册、缴学费、买数据、图书馆、教学研讨、完成作业、考试与评估、毕业典礼都可在网上完成，毕业生人数超过了几十万人。

凤凰城网络大学的基础是 1976 年建立于美国亚利桑那州的凤凰城大学，作为凤凰城大学的网络校园部分，于 1989 年开始运营，二者同为创建于 1973 年的阿波罗集团下属的分支教育机构。凤凰城大学从创业开始就将培养对象定位于在职成人学生，通过先进的技术手段提供职业化的强实践性的课程，满足成人学生的职业期望和提升社会地位的需求，赢得了学生的信任，因而办学规模不断扩大。截止到 2005 年 8 月 31 日，阿波罗集团在美国 39 个州、波多黎各、加拿大共有90 个校园、154 个学习中心。凤凰城大学已通过多个联邦或区域认证机构的认证，有权授予从学士到博士的学位。1978 年获得美国高等学习委员会的认证，1987 年获得中北部学院协会的认证，此外还获得了全国护理联盟对护理课程的认证，以及美国咨询协会的认证。目前已发展为全美最大的私立大学，也是最大的通过地区性认证的私立大学之一。

当传统高等教育机构将服务对象定位于 18～22 岁青年时，22 岁以上人口对教育的需求却一直在持续增长，他们迫切需要接受继续教育，渴望获得在传统院校中难以获得的实用技术，但传统高等院校往往忽略了这一群体。凤凰城网络大学的管理者非常清楚地意识到这一需求市场的巨大潜力，把办学地点设在人口增长速度较快、经济发展势头较好的州，吸引那些既没时间、也没兴趣进入传统教育机构学习的在职学生。他们是学校最重要的顾客，学校将为他们提供量身定制的满意服务。学生构成主要为在职成人、少数民族、基础较差以及在传统高校曾有过失败经历的学生，其中女性及少数族裔比重较大，平均年龄约 35 岁。

凤凰城网络大学聘请的教师大多是兼职人员，包括公司总裁、高级信息主管、财务主管或专业研究人员，均持有博士或硕士学位，至少具有 5 年相关工作经验（实际上平均是 16 年）。目前教师队伍中 26% 已经服务于集团 4 年以上。他们了解真实的社会需求，拥有最新的工业理论与应用技术，把产业界的知识和经验带进课堂，保证了教学内容紧跟市场需求，并容易与有工作经验的学生交流。他们充当了教师、顾问、辅导员和学习事务助理等多种角色。新聘请的教师要接受诊断性评价，开课前还要接受四周岗前培训，然后在资深教师辅导下，用两周时间规划教学大纲。在执教过程中，教师要接受学生及学校的评价，以保证有效地按照课程设计传授课程。

根据学生和社会的实际需要，学校灵活地设置适合市场的专业。学校在教育、卫生与人类服务学院及工商管理学院两大系列 37 个专业实行学历学位教育（覆盖本科、硕士和博士课程）。由于这些学位与证书得到了有关高等教育机构的认证，对学生就业、升职等都很有帮助。

传统大学的课程设计及教学方法基本上以教授为中心，每个教授按照自己的兴趣制订教学方案，选择教材，按照自己的方式讲课，随意性比较大。而在凤凰城网络大学，每门课程都有一个专业团队负责设计，并用于每个授课点的每位教师，课程都有确定的学习结果和标准的评价办法。就设计能力而言，单个教授显然是很难与一个专业团队竞争的。由于企业界人士不欢迎只拥有书本知识而缺乏实际技能的学生，所以凤凰城网络大学的教学计划均按照实际的工作市场和客户需求制定，通过现代技术手段提供职业性和实践性的课程。学校很重视教材建设，有一支不从事具体教学工作，专门开发实用的面向市场需要课程的专职教师团队。每门课程的教学计划和教材，都是由许多专家集体讨论出来的，专门为这一市场中的"顾客"量身定做的。课程设计遵循的主要原则有：符合职业需要；独特可测量；不断改进；培养团队工作能力；培养交流能力；培养实践研究能力。

教学时采用统一教材，且每年都根据学生、雇主或认证机构的要求对所有课程进行重新审查并改进教学方法和技术。高科技领域的相关课程由于变化速度快，每半年就要修订一次，以保证及时包含最新的科技发展信息。另外学校还为学生提供网络学习资源，补充印刷教材难以提供的最新资源。由于校园分布广泛，同课程教材基本一致，学生可自主选择学习中心，若中间转换校园，原来获得的学分在新校园继续有效。学生如果在别的大学接受过相关教育或培训，获得的学分或专业培训证书都被承认。学生可根据自己的时间随时随地上课，只要每周登录最少五次，每周在网上发表意见至少二次，便符合课程的参与要求。学生每次只能修一门课，每门课长度为五至六周，每周都要进行小组讨论并上交报告，这种团队合作方式与真实的职业环境很相似，有利于学生将习得的合作经验运用到实际工作中。

凤凰城网络大学的性质是私立营利性大学，与接受政府资助的公立大学与私立非营利大学不同，它是完全按照现代股份有限公司模式创建的教育公司，因而从开始就形成了良好的公司治理结构。它有专门的职业经理，在招生、课程开发、就业等各方面完全进行产业化运营。学校设有由股东选举产生的董事会，管理学校相关事务。除了为投资者创造财富外，凤凰城网络大学也是重要的高学历人才就业市场。据统计，学校在各地校园雇佣了约 8 000 名网络兼职教师，其中许多人是已退休，或对工作时间有特殊要求的，他们正好符合学校对有经验的商业顾问和兼职讲师的要求，学校也相应成为新兴的人力资源市场。

4. 德国

德国的远程教育的发展大致可以分为三个阶段，期间经历了德国的分裂与合并，其远程教育也经历不同发展模式重组过程。第一阶段以远程函授教育为主。1895 年西蒙·米勒开始在建筑行业按教学计划采用书信往来的方式授课，米勒成为德国函授教育的先驱者。第二阶段以远程视听教育为主。这一阶段的电视教育充分发挥了电视媒体的视听功能，使育效果明显提高，并逐步取代了第一代函授教育。第三阶段以远程在线教育为主。这种以网络在线教育为主的远程教育一经出现，即得到德国的广泛关注和普遍应用，很快成为远程教育的主要形式，并进一步向文字教材、声像资料和互联网在线课件相结合的综合形式发展，带来了远程教育的一场深刻革命。

第二次世界大战纳粹德国战败，1949 年原德国分裂成了民主德国和联邦德国两个国家。两个讲着相同语言、有着共同文化和习惯的国家，分别发展出了两套不同的远程教育系统。

民主德国成立之后很快就制定了以面向在职工作者的远程教育体系，最初只有德累斯顿技术大学（Dresden University of Technology）、弗赖贝格矿业大学（the Mining Academy Freiberg）、德国福斯特津纳行政学院（the German Administration Academy in Forst-Zinna）3 所大学可以开展远程教育，后来其他大学也相继加入了远程教育行列，包括 54 所大学中的 18 所和全部 234 所技术学院。民主德国创造了"会谈"式的远程教育，即学生经过一段时间的自学后，必须参加讲座和研讨会、实践和实验室工作、笔试和口试等教学活动（Horst，1991）。

联邦德国则采取了较为谨慎的做法发展远程教育，虽然早在 1969 年就专门成立了远程教育国家中央办公室，但直到 1976 年联邦德国才在法律上正式认可了远程教育，并以法律的形式保护远程教育的正常发展。1967 年蒂宾根大学率先成立了第一个远程教育学院，并以函授的方式开始提供课程教学。总结已有的经验，联邦德国于 1975 年建立了一所远程教学大学——德国远程大学，为整个欧洲德语区提供远程教育服务。除了公立大学，联邦德国的私立学校也是远程教育的重要组成部分，到 1991 年，原联邦德国地区有 112 所私立远程教育机构为 17 万多人提供了普通或职业教育课程。

1990 年两德宣布合并，德国远程教育体系经历了一次重组和重生的过程，进入了一个新的发展阶段，新的德国政府对远程教育给予了充分的重视，加强了大学的网络设施建设，开出了一大批各种各样的新的灵活课程，到 2011 年德国远程教育机构提供经政府认可的高等教育课程共 2 790 门，另外还有 907 门兴趣课程（含闲暇、健康类学科）。1991 年德国远程教育入学学生总数为 16.7 万人，2009 年已经增长到 25.9 万人，德国远程教育取得了较大发展。到 2009 年，德国有 316 所远程教育机构提供经政府认可的高等教育课程共 2 363 门，另外还有 16 所经认证的中学提供 284 门远程教育课程。

德国远程教育坚持"以学生为中心"的教学理念，并把这种远程教学理念贯穿到教学与管理全过程中。在信息技术高度发达的今天，德国远程教育在充分运用媒体教学基础上，也同样重视面授教学，两者的有机结合，形成了其独特的教学管理模式。

教学模式。为了有效解决远程教育由于师生准分离所带来的各种教学问题，德国远程教育从一开始就强调面授教学的重要性，在教学方式采用媒体教学与面授结合，即学生利用教学媒体进行个体学习，教师给予一定面授教学辅导。这种教学方式可总结为"混合式教学"模式，即"教与学"是由媒体与教师混合进行。混合式教学模式注重对学生个体学习的支持服务，它主要包括几个环节：一是学生运用印刷文字材料和网络教学资源进行个体学习；二是教师通过电话、信函、传真、电子邮件或互联网对学生进行远程学习辅导；三是开展以网络为基础的学习研讨和交流活动；四是教师给学生上面授课和教师与学生一起研讨学习上的。20 世纪 90 年代，德国远程大学的一些学院开始试行网络课程，并打造了一个课程入口"ET-Online"；到 20 世纪末，整个大学正式开始了虚拟学习的实践，自行设计和制作了学习管理系统——学习空间虚拟大学（Learning-Space Virtual University，LVU），为学习者提供了基于互联网的合作学习环境。德国远程大学的众多课程还配备了以 Moodle 开源平台为基础的异步交流平台，Moodle 允许学生建立自己的学习小空间，通过个人自我介绍让其他同学对自己有一个快速全面的了解；通过在个人博客里发布学习心得以及在他人的空间里留言，分享自身的学习经验。因此，这个以 Moodle 为基础的异步远程学习平台，还可以作为学生的学习档案，作为观察和督促学生日常学习情况的参考和依据。此外，德国远程大学还自行开发了一个在线远程协作学习平台——CURE，为学生之间开展小组协作学习提供了在线学习环境，把过去在学习中心开展的一部分面对面的活动搬到了网上，有利于远程学习的顺利开展。

教育质量。为了保证远程教育质量，德国建立起了一个以课程审查为手段的独特的远程教育质量保障体系。德国国家远程学习中心获授权对德国远程教育系统（公立大学、私立大学、远程学校）的课程进行审查，只有获得资格的远程高等教育课程才能进入远程教育市场。德国国家远程学习中心的主要职责包括：对所有远程学习课程进行判定，决定其是否能获得通过；每三年进行一次复审，决定课程是否仍达到远程学习的要求；判定已获得资格的远程教育课程能否做出重大变化；与德国职业培训联邦协会合作出版《远程教育指南》，发布远程教育的新闻与获得通过的课程名单；观察和促进德国远程教育的发展；对违规的学习项目进行罚款等。另外，一些民间的远程教育组织也在通过自身的行动推动远程教育的质量发展。如德国远程学习和学习媒体协会是德国重要的远程教育民间组织，该协会建立了一个专门的远程电子学习论坛，从 2000 年开始对德国远程教育市场的各种情况进行调查和统计，并向社会公布，对远程教育的质量发展提出建议，这在一定程度上对远程教育的办学质量起到监督促进作用。作为开展远程教育的机构或学校，对教学质量非常重视，因为德国对远程教育教学有非常严格的要求，要获得国家认可的学历、资格证书，必须要经过严格的国家公共考试，是真正意义上的教考分离。为配合这一要求，各远程教育机构或学校也规划出非常严格的课程要求，划分课程学习阶段和学习单元，提供学生选择，规定必要的学习时间，学位论文的撰写完全按照全日制学士学位的培养标准来对远程教育学生进行规定。在严格的教学要求规定下的学习，对于一般学生来说，都是一个艰辛的过程，而对于大部分有工作、有家庭的远程学生来说，更需要自身付出大量的努力。

教育立法。德国远程教育最重要的法律是以对远程教育消费者权益进行保障为目标的《远程教育法》。《远程教育法》于 1976 年在联邦德国通过，1978 年正式生效，其中对远程教育合同的进行规范，这份合同将在学生入学时与校方签订，从而保护他们的权益。1991 年统一后的德国对这一法案进行适当修改，并继续使用。到 2000 年，针对远程教育在发展上已与过去的函授教育有了极大的区别，德国又制定了一部专门的《远程教育参与者保护法》，并于 2009 年作了适当的修改。

国外教育。为适应国际人力资源的素质竞争，德国将国际竞争进入教育领域，鼓励远程教育积极拓展国外市场，以夺取国际竞争先机。德国远程大学为整个欧洲德语区提供远程教育服务，在德国以外有四千多名学生，并在中、东欧 10 个国家建立了 60 多个学习中心，为当地学生提供学习支服务。德国的高校和一些培训机构也在国外积极寻求发展机会，正在计划建设国际远程大学，让亚、非、拉等国的大学生前往就读，规模为 2 万人。

5. 法国

法国在教育方面实行中央集权制。地方教育行政单位划分是学区和分学区，目前法国按照地域分布共设置了 28 个学区，政府任命了 30 位学区长。法国国家远程教育中心属于特殊的学区，即负责全国远程教育体系的学区，直属法国教育部，是一个专门从事远程教育的机构，其总部设在法国西南部的维爱纳省的省会普瓦捷市。国家远程教育中心在全国范围内设有 8 个分中心，按照专业划分承担不同的培训任务。国家远程教育中心共有员工 6 000 名，其中教师 4 800 名。2011

年法国有超过 100 万人接受远程教育，20.2 万人在国家远程教育中心注册，其中 2/3 是成人，50％接受高等远程教育。

法国国家远程教育中心开展的高等远程教育是对传统高校教育的补充，所有培训课程只颁发相应的证书，不颁发文凭。如需获得文凭，学生需注册国家远程教育中心的高等教育课程，并到相应的高校注册，通过注册高校的考试后方可拿到文凭。为此，法国国家远程教育中心已与多所高校签署合作协议，合作课程覆盖文学、语言、法学、经济、管理、人文社科和科学技术等领域多个本科和研究生专业。法国国家远程教育中心于 1997 年成立自己的网站，将网络教学与培训作为一种新的教育工具。2011 年，中心网站访问人数超过 600 万人次。2009 年，在法国国民教育部发起下，中心成立了网络学院，免费为中小学生和家长提供可下载的从小学到中学的各个学科的学习资源，既辅助中小学生学习，也方便家长更好地掌握孩子的学习进度。

法国国家远程教育中心的宗旨是通过远程教育手段，为所有求学者提供正规教育以外的课程资源和各类培训，换句话说，法国国家远程教育中心的核心理念是为法国社会提供大众化教育与培训，使所有愿意接受各类教育和培训的人有机会获取资格证书，扩充知识容量，培养职业技能，提高生存的能力。从某种意义上讲，法国国家远程教育中心是一个面向全社会成员的多种教育的资源中心，它集成了法国各级各类的教育资源，其中包括从幼儿到成人的 3 000 多种课程。法国国家远程教育中心又是一个培训中心，它不仅承担着对 8 所院校教师的培训，同时还专门为法国其他院校以及企业、事业各类人员设计、组织培训课程。如今联合国教科文组织将法国国家远程教育中心设为培养世界远程教育教师的一个基地，重点提供与远程教育教学方法和现代远程教育技术相关的培训。法国政府非常关注远程教育在终身教育中的作用。法国国家远程教育中心主任是由政府任命的，他同时兼任着大学的学区长。应该说，法国国家远程教育中心正在为法国政府实施终身教育目标而努力。

法国国家远程教育中心是教育部直属的教育机构，是公立的教育机构。政府每年拨款的比例为30％。其他70％的经费则是靠收取学生的学费来维持中心运转。法国国家远程教育中心的管理理念建立在民主的基础上。机构内部设立管理委员会，重大问题集体讨论。管理委员会由 18 人组成，其中 6 人是由政府直接任命的；6 名是从机构内部产生的教学、管理、技术或科研人员代表；6 名是来自机构外的企业或地区的各界知名人士。管理委员会主要负责审定并通过机构的年度预算，同时对中心其他重大问题做出表决。管理委员会每年召开两次会议，集中讨论中心面临的主要问题。中心主任非常尊重管理委员会的决议，同时在此基础上代表教育部实施对国家远程教育和中心的全面管理。中心主任有权推荐学院的院长，然而院长的任命书则是由教育部负责颁发。

远程接待是法国远程教育中心最富有特点的。远程接待是法国国家远程教育中心五个公共服务机构之一，也是最重要的部门之一，于 1992 年成立。在 1992 年至 1996 年之间，根据远程接待的需求开发了一整套适合于远程接待的计算机管理操作系统。该系统为新学生注册咨询、注册课程提供方便，也提供已注册学员的其他咨询信息，如作业、教学资料方面的咨询。除了总部设有接待中心以外，在 8 个分院也设置了接待站，主要负责解答各注册学员提出的问题以及作业布置和批改等。在 2000 年以前，法国国家远程教育中心与 13 个高校签订了合作协议，允许学生通过远程教学后，到 13 所高校注册并参加考试后取得文凭，13 所高校的教师也就是法国国家远程教育中心的教师，学生的作业也是通过法国国家远程教育中心发到这些高校的教师手中，教师批改后发给学员。法国国家远程教育接待中心还有一重要的任务是根据学生咨询的意见，开发新的项目。

对学习者的支持是法国国家远程教育中心非常注重的。近年来已经建立了一个国家级的信息平台，这是欧洲最大的，同时也是最有效的一个教育平台。每年有 35 万学生通过电话和网络注册报名，选修中心提供相关课程。据有关资料表明，有 30％的注册学生是通过互联网进行学习的。由于学习者来自不同的地区，具有不同的教育背景和学习条件，所以中心在课程设计和资源提供上充分体现各类学习群体的意愿，采用多媒体混合式的教学模式。尽管有大量的视听材料和网络课程，然而文字教材在总体利用比重上依然占据主要的地位。

教学资源建设是法国国家远程教育中心最为基本的工作之一。远程教学首先是建立教学资源，一般是请高校的教授审定的教学内容编写教材，组织相应的人员开发配套的多媒体教材，如 CD-ROM、网上课程等。目前，法国国家远程教育中心共有教学产品 4 300 多个，如一个培训项目可能包含多个课程，课程内容可能包括学习小册子、几个课文、练习、课外作业、答案等。在法国国家远程教育中心的网站上为学生提供教学辅导、个人网页等服务栏目，同时在网络上只有注册的学生才能浏览所注册课程的教学内容，其他课程的教学内容不能够浏览。法国国家远程教育中心为注册学生提供了一个基于个性化的学习网站内容。此外，法国国家远程教育中心的教学中也提供电视直播课程，电视直播时学生可通过电话提出问题老师直接回答。

法国国家远程教育中心最初只是一所函授学校，如今已发展成欧洲最大的远程教育机构，不仅在促进法国国民教育和终身教育的进程中发挥了重要作用，在整个欧洲也产生了重要影响。

6. 日本

尽管日本正规教育为促进高等教育作出突出贡献，但并没有放弃发展远程开放教育，他们视远程开放教育为发展国民教育的一种重要形式。纵观日本远程教育的发展历程，不难看出日本政府对发展远程教育采取的慎重态度。日本早在20世纪60年代末就开始对广播电视媒体在教育中的应用展开相关调研。1967年日本文部科学省成立了社会教育委员会，1969年专门成立了放送大学研究小组，1970年成立预备委员会，1974年提出建立放送大学的基本想法，1975年形成基本规划，1978年建立了国家多媒体教育研究院，1981年颁布了建立放送大学基金会的相关法律，1983年文部省批准放送大学正式运作。在日本放送大学诞生前，日本没有专门从事远程教育的院校。为了满足日本社会对大学教育日益增长的需求，日本在1983年制定了《放送大学学园法》和《广播法》。同年，建立了日本放送大学。当时大学定位为国家公立大学，因为大学运作的大部分资金来源于政府的资助。1985年放送大学开始在市级地区的6个学习中心招收学生，1998年通过卫星电视向全国范围传输教育节目。2001年放送大学成立了研究生院，开始提供研究生硕士学位课程。2003年日本放送大学进行了大学体制改革，成为一所半公立、半私立体制的大学。而后在2007年10月更名为开放大学。

日本高等远程教育主要有两种类型：一是由私立大学提供的函授教育，二是独立运作、由政府资助的日本开放大学提供的以广播电视媒体为课程传输主要形式的远程教育。近年来，日本远程教育在通信技术的影响下，发生了很大变化。自1994年以来，日本每年都会有1所公立院校提出要增设远程教育课程。2000年日本有19所4年制大学和10所私立大学院校提供函授教育，培养学生达到25.4万。如今日本有更多的院校在发展远程教学和网络教学。

日本开放大学及其远程教育在国家立法的保证下，按照制度化和规范化管理程序良性运作，发展平稳。其主要成就体现于学生规模的扩大、专业课程的丰富和教育设施的完善等诸多方面。日本开放大学的教学设置和目标定位是在不断改革和创新的过程中发展完善起来的。开放大学初建时，仅仅开设文科类本科层次的专业课程，其专业范围主要包括生活与福利、心理学与教育、社会与产业、人文学科与文化，以及自然与环境等几大类。2001年，根据教育需求变化并经过数年的调研，增设了研究生课程，其课程设置集中在社会需求量最大的几个学科上。目前，日本开放大学已开设了300多门课程可以供学生任意选择，学生可以注册一个学期、一年的课程，也可以免试入学，参加一门完整的本科或硕士课程学习，并且可以接纳已经在其他正规院校注册的旁听生来开放大学听课。此外，学习者通过特定课程的学习和考试，可以获得高级教师资格证书、图书馆员证书、心理咨询证书和社会工作者证书等相关职业资格证书和专业证书。

为进一步发挥开放大学的作用，日本开放大学在 2010 年制订了《行动计划》，这个计划明确了未来五年的发展目标。该计划提出，要采用远程教育的方法，实现终身学习和普适性教育的结合，进一步确定了日本开放大学未来的角色定位和发展方向。未来发展策略的制定，要充分考虑信息化建设的发展程度以及日本社会老龄化问题日益凸显等诸多因素。未来的五年规划主要将集中于两个主要方面：通过与学习中心的合作，密切学校与学生的联系，形成畅通无阻的沟通渠道，提升学生的满意度；加强国际合作，开拓国际视野，使日本开放大学成为世界远程教育领域中活跃且有影响的终身学习院校。具体而言，该行动计划主要包括 3 项内容：提升学生满意度的改革、适应时代要求的教育组织结构改革和国际化的推进。日本开放大学在《行动计划》中还提出了 10 项具体的行动目标，包括：提高教育质量，拓展普通教育为资格证书教育、改进教育体制，明确并强化学习中心的功能，创建学习社区，开发新的教学材料，提高教科书的质量，实施信息技术扫盲教育，重组研究生院专业课程、创建新的专业与课程，根据知识传输结构开展教育与研究，促进国际合作。

7. 印度

印度在近 40 年来的探索中，即从建立函授学院到发展邦立、国立开放大学这样一个发展过程中，在不断地调整教育政策，同时用法规确立院校职责、地位和权限。1947 年印度独立时，高等教育面临的主要问题是人们对教育的需求量在以惊人的速度不断地增长，而当时印度仅有 19 所高校和 700 所学院，与现实需求差距很大。20 世纪 60 年代初，印度规划委员会认真研究了第三个五年计划中提出的采用创新方式的方案，同时对人们提出的创办夜大学和提供函授教育的建议进行了论证。根据中央教育咨询委员会在 1961 年提出的建议，以及大学拨款委员会主席团下设专家委员会的建议，1962 年在德里大学建立了函授课程与继续教育学院，之后许多大学也开始提供函授教学。委员会预测函授教育与夜大学将会改变现状，从而带动整个民族的教育提升。经过 20 多年的探索实践，印度函授远程教育得到迅速的发展。为解决函授教育中的问题，建立开放大学的思路被认为是一种新的发展策略。1969 年英国开放大学的建立在印度学术界引起高度重视。印度也设想在 70 年代建一所开放大学。1982 年，安得拉邦政府率先行动，在印度建立了第一所开放大学，即伯·阿·安贝卡博士开放大学。这所大学成为国家发展远程开放教育的先驱。

经过长期的酝酿和调研，印度政府将国家开放大学设在了首都新德里。根据法律规定，将其命名为印度英迪拉甘地国立开放大学，由国家总统担任大学的荣誉校长。同年议会颁布的《印度英迪拉甘地国立开放大学法》成为国家开放大学运作的基本依据。印度英迪拉甘地国立开放大学所应履行的两项基本职能是：大学自身的职能；协调管理全国远程开放教育的职能。25 年的奋斗历程使印度英迪拉甘地国立开放大学成为英联邦国家开展远程开放教育的典范。作为一所远程开放教育大学，如今已拥有 180 多万在校生，与当时的 4 381 名学生的数字相比，有了指数的飞跃。其在校生比例占据了印度高等教育在校生的 10%。印度英迪拉甘地国立开放大学在印度建立了 58 个地区中心和 1 804 个学习中心，同时在海外 32 个国家建立起 49 个中心。

作为国家开放大学，印度英迪拉甘地国立开放大学依法办学，为印度社会培养了各类所需的人才，开展了高质量的科学研究，同时为国家经济建设提供了广泛的社会服务。根据社会需求，目前已开设了 138 个专业，涉及证书、学历和从学士到博士的学位课程。它面向社会各个阶层，学生有来自农村和部落的、身体残疾的、在押的人员，还有政府与非政府部门的工作人员，有家长和家庭主妇，还有雇主和雇员……。印度英迪拉甘地国立开放大学坚持以学习者为中心的教育理念，通过多媒体的教育形式和网络学习方式满足学习者的需求。印度英迪拉甘地国立开放大学以其适合于远程开放教育模式的各类灵活的方式，包括对信息通讯技术的应用，传播了教育与知识；向广泛的人群，特别是社会的弱势群体提供了高质量的教育与培训；它促进了民族的统一和人的个性的整体发展；鼓励、协调并支持了印度所有的开放大学和远程教育体系不断提升他们的教育水准。

8. 俄罗斯

1992 年创建于莫斯科的现代人文大学是莫斯科唯一一所拥有信息卫星系统的大学。目前在俄罗斯拥有 500 多个教学中心（远程教育分支机构和代表处），在独联体国家也有教学机构，如在乌克兰有 14 个教学中心和代表处（总站在哈尔科夫市），以及分代表处。俄罗斯远程教育教学过程的组织模式是在研究国外各种教育机构运用远程教育的基础上不断总结和发展的教学模式。

以利用因特网为基础的教学模式。有关学校、专业、教学程序在远程教育学校服务器的网站上。想学习的人和中心办理手续，把证件以电子版形式寄到远程教育教学中心办理手续。通过正式办理手续并支付课程费用的程序之后，学员会收到批准进入教学信息通道的密码和负责单独答疑、提交中间测试的辅导教师的地址。与教师的联系借助于电子邮件、电话或视频通讯会议得到实现。颁发证书的考试要面试或借助视频通讯会议进行。网络教学要在证件流行（包括登记、注册等）的自动化条件下才有可能有效实现。在俄罗斯，首次大规模正规网络教学是在莫斯科国立经济统计信息大学的远程教育学院实现的。教育服务潜在的服务对象借助广告公司，通过大量信息设备，广播和电视作广告以及其他途径选择了具体的教育机构，通过入学测试并办理全部必需的文件。大部分（远程教育教学机构）入学考试的目的都是为了了解学员最初的知识能力水平，同时也是为了使以后的教学过程个性化，最佳化。远程教育机构入学考试是以专门的调查表测试、座谈形式进行，有时候考试也借助面试。

在远程教育模式中强调个体学习和自我管理，教学的唯一目标是促进能够管理其学习过程的学生的深入学习。因此更多地强调自主学习，课堂讨论，强调与他人（教师、辅导教师或学生）的对话与交流。俄罗斯远程教育在研究使用时十分注意教学媒体的多元化和实效性，他们在使用网络时，没有摒弃电视、广播，以及文本函授教材，有时后者还在唱主角。

9. 荷兰

荷兰开放大学是 1984 年经荷兰政府批准建立的一所开放式高等远程教育院校。根据《开放大学法》，荷兰开放大学正式开始招生、运作。尽管荷兰开放大学是荷兰最年轻的一所大学，但是它的发展却受到政府和社会的普遍关注，其公共投入比例占总预算的 66%。作为一所具有独立办学自主权和法人资格的开放式远程教育高等院校，它的办学模式和管理体制在立法中给出明确规定。荷兰开放大学目前有 7 个学院：文化科学学院、计算机科学学院、管理学院、自然科学学院、心理学学院、法学院和教育学院。7 个学院承担了教学提供的主要任务。多年来荷兰开放大学信守质量是其生命线的准则，恪守对学习者权益的维护，努力为学生提供必要的支持服务。无论学生选择哪种学习形式，都需要获得质量上的保证。荷兰开放大学在荷兰境内设立了 12 个教学中心，3 个支持中心，同时在比利时建立了 6 个教学中心。

荷兰开放大学的目标定位十分明确，就是要通过远程开放教育的创新发展，促进终身学习，在促进荷兰本土和国际教育方面发挥重要的作用。荷兰开放大学面向成人招生，所有年满 18 周岁的社会成员，无论其先前教育程度、经济基础以及文化背景如何，只要其具备一定的学术水平，就可在开放大学注册学习。正是有了开放大学，许多成人因此能够再次获得接受高等教育的机会。荷兰开放大学每年平均招收 2 万名学生，学生的年龄普遍分布在 25 岁以上。荷兰开放大学的开放、灵活的办学机制体现了远程开放教育的办学理念。正是在这种理念的支撑下，荷兰开放大学才可以按照社会的需求，设计灵活多样的教学模块和满足个性化需求的学习方式，使所有学习者能够按照自己的目标进行设计，自主地将工作、生活与学习融合在一起，实现在任何地点、任何时间、任何方式的学习。

荷兰开放大学提供的学术课程主要包括文化研究、管理、环境物理、心理学、法律、教育和计算机科学等。对不同的专业，学生可以根据需求自主选择。学生通过学习网站获得开放大学教师的支持。除此之外，大学还通过与专业院校合作，向社会成员提供开放入学课程，适合公司和客户的各类培训课程等，满足社会的多元需求。近年来，荷兰开放大学还开发了适合所有人学习的免费短期课程。许多学生利用电子学习环境，创建了具有个性化特征的工作间。课程网站、新闻小组、电子邮件和会议系统设施使远程学习更富有魅力，使远程教育的互动功能得到最大限度的发挥。

与此同时，开放大学需随时接受荷兰教育质量委员会和学习者的评估，这也对开放大学的质量保证工作及时提供了改进的动力。荷兰开放大学在多次开展的学习者评价中，总是名列前茅。2010 年，在荷兰教育、文化与科学部资助下，荷兰高等院校与学生组织联合对 14 所高校的学生进行调查，了解他们对院校的满意度。调研结果显示，荷兰开放大学是学生最为满意的院校。

10. 马来西亚

马来西亚开放大学成立于 2000 年 8 月，由当时的马来西亚总理达图斯里·马哈蒂尔·穆罕默德博士担任校长。马来西亚开放大学是马来西亚第七所私立大学，马来西亚开放大学设有 5 个学院：商业与管理学院、科学与科技学院、社会应用科学学院、教育与语言学院及咨询、科技与多媒体通讯学院，有 70 多个专业。马来西亚开放大学规定每年分为三个小学期，每学期后二周为考试时间，在各地市州设立分校，并委派开放大学职员直接负责业务指导工作。该大学极其重视网上资源建设，包括网上课件、录音资料、直播课堂、网上辅导等，图书馆服务实行全数字化，建有完善的还书系统。在马来西亚开放大学，灵活的入口避免了普通高校严格的规定和要求，它充分考虑了申请者的学习和工作经历作为学习某一专业项目的允许资格。终结性考试，主要是纸质考试，没有网上考试。

马来西亚开放大学允许个人依据自身的步伐考取学位，并使用他们所喜好的学习方法来学习。远程开放学习模式，是专门针对在职人员的新型学习方式，这些人群在接受高等教育的同时需要兼顾家庭和工作。通过开放课程和远距离学习计划，传统的"填鸭式"授课方式被资讯和通信科技所取代，这能让教师和学习者进行双向沟通和互动。马来西亚开放大学的另一特色就是听课或个人学习时间的灵活性。开放课程和远距离学习计划可以随时随地以各种适合的方式进行，学习过程不再局限于课堂和教师面前的"学习场所"。大学采用弹性教导方式，为投入社会工作的人士提供提升知识、竞争力及技能的机会。他们无需在离开住所或公司的情况下学习。马来西亚开放大学自身制定的学习管理系统，让学生在他们的住所或工作场所舒适地和教师进行沟通。在课程资料传递或进行个别指导时，灵活完整的电子软件学习平台可以使学生通过特设的宽大入门网站，以座谈会、聊天室或电子邮件方式，同讲师、助教或其他人进行交流。尽管"网络教室"的环境显得很不正式，但所有网上的交流活动都由担任媒介人的讲师或助教监督。为了在知识传递方面更加有效，讲师或助教会在 24 小时内通过学习管理系统回答学生的问题。网络教室排除了修读学士课程时所面临的距离与时间的限制。马来西亚开放大学如同其他传统大学一样，也必须遵守高等教育部制定的各种条规和程序，以确保大学提供的课程具有较高质量，大学提供的各种课程都必须获得大马学术鉴定局的验证。

经过几年的运作，电子学习被证实对马来西亚开放大学的成功扮演着至关重要的角色，已完全应用在学生和讲师联系以及课程素材方面。电子邮件和论坛已成为学生和导师互动的媒介，这使双方联系可以在任何地方、任何时间进行。由于学习管理系统，马来西亚开放大学拉近了学生和大学管理层的互动。作为一所开放大学，马来西亚开放大学完全采用信息通讯科技办学，它的数码图书馆给学生提供虚拟式的存取，包括寻找参考资料和相关学科的电子出版刊物。信息通讯科技的应用对马来西亚开放大学来说，是必不可少的，因为大部分学生都在工作。所有的课程都特别配合网上而设计，除了大学教职人员通过网上指导外，教学素材也通过网上提供。除此之外，其他的学习辅助方式包括数码图书馆。它允许学生登录更大的网上资料库搜集资料。学生不只可以阅读数码图书馆内的电子书，也可以在网上注解。而电子日报或杂志则可以让学生针对自身所修读的领域进行学术研究。

11. 巴西

巴西的远程教育历史悠久。20 世纪初函授教育开始兴起，1923 年，巴西的教育机构开始通过广播进行远程教学，电视教学始于 20 世纪 60 年代。巴西的远程教育在上个世纪 90 年代逐渐加快发展的速度。目前，有 300 万远程教育注册学习者。

巴西开放大学建于 2005 年，2006 年正式挂牌。本质上，巴西开放大学是由联邦教育部协调的各公立大学、各州和市政府组成的政府学校协作网络，向没有或缺乏高等教育资源的城市和地区提供高等教育学习和培训服务。巴西开放大学将教师培训和再教育作为一项主要任务，并借鉴了私立教育机构在教师培训方面的成功经验，利用各个城市政府出资建立的学习中心实施教学和培训。这些教学中心都配有图书馆和各种理科实验室，为学员提供面对面的辅导。开放大学网络中的公立大学负责课程的开发和培训教材的编写。到 2010 年，巴西开放大学已经拥有 74 个机构节点和 728 个学习中心，可以提供 550 门课程。从 2003 年起，联邦教育部相继开发了一系列数字学习资源。主要有互动式虚拟教育网络、教育资源国际银行、硕士与博士论文库等。

互动式虚拟教育网络是由教育部远程教育办公室和 18 所公立高等学校通过"虚拟工厂"项目建立的生物、化学、物理和数学等学科的课程学习库，并将其不断深化和专业化，为中等和职业教育提供丰富的教学资源。参与项目的高校和其他机构都可以共享"虚拟工厂"的产品，还可以通过远程数字投送的方式为偏远地区的学校或学习中心提供学习资源。学习中心在使用互动式虚拟教育网络知识库资源时，该库都会派一位指导教师，负责指导学生如何使用资源，如何在课堂上开展教学活动，教师如何备课，建议参加课程的最低知识水平以及如何达到教学目标等。移动学习符合普适学习的理论，是移动与无线通信技术发展到成熟阶段的重要实践应用。2006 年巴西开放大学提出利用无线通信技术的最新成果，使用无线移动教学的开放教育新模式。同一般数字教学方式相比，移动学习对基础设施如计算机和宽带接入设备没有要求，只需要一部入网手机或有无线接入功能的笔记本电脑即可开始学习，真正实现任何时间和任何地点的学习。

12. 澳大利亚

地广人稀且人口分布不均的国情是澳大利亚远程高等教育得以大规模发展的主要原因。随着远程教育信息技术的发展和海外教育的拓展，目前，澳大利亚的许多大学已经不同程度地开展远程教育，办学层次覆盖了普通高等教育、高等职业教育和研究生教育，并延伸至世界多个国家。根据澳大利亚国家学历资格框架2008 年登记的大学数量为 39 所，开展远程教育或远程教学的大学共 14 所。

首先，从办学体制来看，双重一体化的远程高等教育院校模式是澳大利亚目前主要的远程高等教育办学体制。这种办学体制最大的特点就是大学对接受远程教育的学生和接受传统面授教育的学生同等对待，包括经费拨款、教材、师资、考核要求、学历认证等方面。远程教育和传统教育融为一体，实现资源共享、技术互补。其次，从招生规模看，得益于海外市场的拓展以及国内远程教育的发展，选择远程学习的学生数量在澳大利亚大学招生中占有一定比例。比如南昆士兰大学大约有 17 000 个学生通过远程或在线学习的方式接受教育，占全校生的 75%；而查尔斯·斯德特大学每年大约 21 000 个学生通过该校的远程教学计划学习本科生、研究生或单科课程。再次，从招生层次看，澳大利亚大学的现代远程高等教育涵盖了本科生、双学位、研究生，并包括学历教育和非学历教育。此外，澳大利亚大学开设的远程教育课程数量繁多，专业覆盖面广。比如莫纳什大学提供了大约 150 门远程学习的课程满足学生的需求，学科门类含艺术、经济、教育、工程、信息科技、法律、医学、科学等。学生可以根据自己的情况决定是在校内学习还是校外通过远程方式学习，而即使是在校内学习，也可选择通过远程方式来学习某些课程。暑期学校的开设为那些选择校外远程学习的学生提供了集中的面授机会。

从澳大利亚开展远程高等教育的情况可以总结出澳大利亚远程高等教育的四个特征：办学理念终身化、办学体制一体化、教育技术现代化、办学目标国际化。

 思考题

1. 简述远程教育在我国教育体系中的地位和作用。
2. 试述远程教育系统的结构。

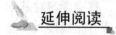 延伸阅读

现代远程教育试点工作主要轨迹

1. 1998 年 6 月 5 日，教育部报请国务院批转《关于发展我国现代远程教育的意见》（教电〔1998〕1 号），提出积极推动现代远程教育发展的必要性和紧迫性、指导方针、目标、任务及实施步骤、主要措施等。7 月 10 日，时任国务院副总理李岚清批示："远程教育是利用现代信息技术，发展高素质教育的一种教育方式，是一件很大的事。我们应作为一项重大工程来研究实施，请你们组织一些同志进行周密地研究，提出方案。"

2. 1999 年 1 月 13 日，国务院批转教育部《面向 21 世纪教育振兴行动计划》（国发〔1999〕4 号），提出实施"现代远程教育工程"，形成开放式教育网络，构建终身学习体系。指出："现代远程教育是随着现代信息技术的发展而产生的一种新型教育方式。它是构筑知识经济时代人们终身学习体系的主要手段。充分利用现代信息技术，在原有远程教育的基础上，实施'现代远程教育工程'，可以有效地发挥现有各种教育资源的优势，符合世界科技教育发展的潮流，是在我国教育资源短缺的条件下办好大教育的战略措施，要作为重要的基础设施加大建设力度。"并强调要"继续发挥卫星电视教育在现代远程教育中的作用"。

3. 1999 年 3 月 25 日，教育部印发《关于启动现代远程教育第一批普通高校试点工作的几点意见》（教电〔1999〕1 号），提出试点的目的、任务、条件、试点

学校及任务的审批、政策、试点工作的检查评估等。

4. 1999 年 3 月 29 日，教育部办公厅批复同意清华大学、浙江大学、北京邮电大学、湖南大学等 4 所高校提出的现代远程教育试点方案（教电厅〔1999〕1、2、3、4 号）。

5. 1999 年 4 月 28 日，教育部办公厅决定从 1999 年开始，开展"中央广播电视大学人才培养模式改革和开放教育试点"项目的研究工作。该项目是教育部组织实施的"现代远程教育工程"的重要组成部分，是中央广播电视大学改革人才培养模式、发展现代远程开放教育的重要实验（教高厅〔1999〕1 号）。

6. 1999 年 6 月 13 日，中共中央、国务院发布《关于深化教育改革全面推进素质教育的决定》，提出："大力提高教育技术手段的现代化水平和教育信息化程度。国家支持建设以中国教育科研网和卫星视频系统为基础的现代远程教育网络，加强经济实用型终端平台系统和校园网络或局域网络的建设，充分利用现有资源和各种音像手段，继续搞好多样化的电化教育和计算机辅助教学。""运用现代远程教育网络为社会成员提供终身学习的机会，为农村和边远地区提供适合当地需要的教育。"

7. 1999 年 6 月 15 日，高教司发文确定"中央广播电视大学人才培养模式改革和开放教育试点"项目研究试点单位（教高司〔1999〕45 号）。

8. 1999 年 8 月 12 日，教育部办公厅印发《"中央广播电视大学人才培养模式改革和开放教育试点"项目研究工作实施意见（试行）》（教高厅〔1999〕4 号）。明确试点教学点的确定和入学注册工作、教学计划（教学计划、教学大纲、教学过程、考核、成绩及证书、运行机制和经费管理）、课题立项和研究工作等实施意见。

9. 1999 年 9 月 15 日，教育部发文成立教育部现代远程教育资源建设委员会和教育部现代远程教育资源建设专家组（教高〔1999〕6 号）。委员会负责制定现代远程教育工程资源建设的指导方针和政策，制定现代远程教育资源建设规划，统筹管理各级各类教育资源建设，发布项目指南，颁布现代远程教育资源建设的管理办法和技术规范，决定有关现代远程教育资源建设重大事宜。

10. 1999 年 11 月 4 日，教育部科技司发文启动现代远程教育工程"中国教育和科研计算机网 CERNET 高速主干网建设"项目（教技司〔1999〕125 号）。

11. 2000 年 2 月 1 日，高教司启动网络课程教学试点项目（教高司〔2000〕7号），旨在对网络环境下的远程教学模式、质量保障体系、教学管理制度、技术路线进行探索和实践；推动高等学校积极使用现代远程教育资源库的素材，建设网络课程，开展远程教学，促进高等学校教育技术和现代远程教育的发展。

12. 2000 年 2 月 25 日，教育部办公厅批复同意北京大学开展现代远程教育课程教学试点（教高厅〔2000〕1 号）。

13. 2000 年 4 月 20 日，教育部印发《关于加强对教育网站和网校进行管理的公告》（教技〔2000〕4 号）；7 月 5 日，教育部印发《教育网站和网校暂行管理办法》（教技〔2000〕4 号），教育网校是指进行各级各类学历学位教育或者通过培训颁发各种证书的教育网站。

14. 2000 年 5 月 25 日，高教司发文决定实施新世纪网络课程建设工程（教高司〔2000〕29 号），旨在用大约 2 年的时间，建设 200 门左右的基础性网络课程、案例库和试题库。

15. 2000 年 7 月 12 日，教育部批复同意北京师范大学、东北大学、上海交通大学、华中科技大学、华南理工大学等 5 所高校为现代远程教育试点学校（教高〔2000〕12 号）。

16. 2000 年 7 月 12 日，教育部办公厅发文启动现代远程教育工程资源建设高等教育（含现代远程教育支撑环境）重大项目（教高厅〔200014 号）。

17. 2000 年 7 月 14 日，教育部办公厅批复同意中国人民大学、北方交通大学（北京交通大学）、北京外国语大学、天津大学、复旦大学、同济大学、东南大学、无锡轻工大学（江南大学）、山东大学、中山大学、四川大学、重庆大学、西安交通大学、北京理工大学、东北农业大学、北京中医药大学、北京语言文化大学（北京语言大学）、北京广播学院（中国传媒大学）、华中师范大学、兰州大学等 20 所高校为现代远程教育试点学校（教高厅〔2000〕8、9 号）。

18. 2000 年 7 月 17—18 日，"高等学校现代远程教育协作组"成立大会召开（教高司函〔2000〕68 号），产生第一届组织机构。

19. 2000 年 7 月 28 日，教育部办公厅印发《关于支持若干所高等学校建设网络教育学院开展现代远程教育试点工作的几点意见》（教高厅〔2000〕10 号），提出了试点工作的主要任务、试点学校的基本条件、试点工作的管理方式、开展试点工作应注意的几个问题，并启动新世纪网络课程建设工作，实现资源共享，支持网络教学工作。

20. 2000 年 11 月 6 日，中央电大与 TCL 集团在钓鱼台国宾馆举行现代远程教育合作项目签字仪式暨新闻发布会。中央电大与 TCL 集团合作开展现代远程教育项目，合资组建"中央广播电视大学远程教育技术有限公司"，旨在发挥电大在远程教育品牌、教学资源、办学系统和教学管理等方面的优势，利用 TCL 所拥有的资金、技术和市场运作的经验，实现资源整合，优势互补，强强合作，搞好"人才培养模式改革和开放教育试点"，加快开放办学和教学现代化进程，提高综合办学实力和竞争力，在现代远程教育工程中发挥重要作用，为科教兴国战略的实施作出积极的贡献。

21. 2001 年 1 月 5 日，教育部办公厅批复同意华东师范大学、石油大学（中国石油大学）、厦门大学、中南大学、西南交通大学、西南师范大学（西南大学）、福建师范大学等 7 所高校为现代远程教育试点学校（教高厅〔2001〕1、2 号）。

22. 2001 年 2 月 5 日，教育部印发《高等教育学历证书电子注册管理暂行规定》（教学〔2001〕4 号），规定证书中写明的学习形式包括普通全日制，成人脱产、业余、夜大学、函授、电视教育、网络教育；12 月 4 日，教育部学生司印发《〈高等教育学历证书电子注册管理暂行规定〉实施细则》（教学司〔2001〕80 号），规定毕业证书编号（电子注册号）中办学类型（网络教育）为"7"。（注：2002 年 9 月 25 日，《教育部关于当前加强高等学校学历证书规范管理的通知》（教学〔2002〕15 号），也规定证书中学习形式包括普通全日制，成人脱产、业余、夜大、函授、电视，网络）。

23. 2001 年 4 月 12 日，教育部印发《关于深化电教单位机构改革的意见》（教人〔2001〕1 号），明确中央广播电视大学是教育都直属的、运用广播、电视、文字教材、音像教材和计算机课件及网络等多种媒体进行现代远距离开放教育的新型高等学校。

24. 2001 年 5 月 15 日，印发《教育部办公厅关于开展"中央广播电视大学人才培养模式改革和开放教育试点"项目中期评估工作的意见》（教高厅〔2001〕5 号），决定从 2001 年其对该项目进行中期评估工作。随文印发的还有《"中央广播电视大学人才培养模式改革和开放教育试点"项目中期评估指标》（中央电大用和试点电大用）。中央电大的评估指标共有 8 个一级指标、20 个二级指标（其中 8 个核心指标）和 40 个内涵。

25. 2001 年 6 月 15 日，教育部办公厅批复同意哈尔滨工业大学、中国农业大学、南开大学、吉林大学、东华大学、中国地质大学、武汉理工大学等 7 所高校为现代远程教育试点学校（教高厅函〔2001〕4 号、教高厅〔2001〕7 号）。

26. 2001 午 7 月 26 日，教育部印发了《全国教育事业第十个五年计划》，提到"建成一批网络学校"（教发〔2001〕33 号）。

27. 2001 年 11 月 29 日，印发《教育部办公厅关于对现代远程教育试点学校网络教育学院开展年报年检工作的通知》（教高厅〔2001〕10 号），教育部决定从2001 年开始对试点学校的网络教育学院实行年报年检制度。

28. 2001 年 11 月 30 日，印发《关于 2001 年度审批现代远程教育试点高校的通知》（教高司函〔2001〕241 号），明确审批程序、申请报告的内容与要求、评审工作会议有关事项。

29. 2001 年 12 月 30 日，为了探索我国社会化的现代远程教育公共服务体系的模式、运行机制和管理办法，高教司发文同意中央电大与电大在线远程教育技术有限公司申请的"中央广播电视大学现代远程教育校外教学支持服务体系建设试点项目"立项，并纳入现代远程教育试点工作进行管理（教高司函〔2001〕268号）。

30. 2002 年 1 月 7 日，教育部办公厅印发《关于现代远程教育校外学习中心（点）建设和管理的原则意见》（试行）（教高厅〔2002〕1 号）。（注：此后以暂行管理办法为准）

31. 2002 年 1 月 22 日，高教司复函同意将"云南省鼎鑫现代远程教育服务体系"更名为"云南省现代远程教育中心"，原有的试点性质和任务不变（教高司函〔2002〕9 号）。

32. 2002 年 2 月 22 日，教育部办公厅批复同意北京科技大学、对外经济贸易大学、北京航空航天大学、中央音乐学院、大连理工大学、中国医科大学、东北财经大学、上海外国语大学、上海第二医科大学、华东理工大学、南京大学、郑州大学、武汉大学、华南师范大学、电子科技大学、西南科技大学、西南财经大学、四川农业大学、西北工业大学、西安电子科技大学、陕西师范大学、中国科学技术大学等 22 所高校为现代远程教育试点学校（教高厅〔2002〕2 号、教高厅函〔2002〕5 号）。

33. 2002 年 4 月 10—12 日，"2001 年度现代远程教育试点学校网络教育学院年检工作会议"召开（教高司函〔2002〕60 号）。

34. 2002 年 7 月 8 日，为规范高校网络教育学院的办学行为，促进网络教育的健康发展，保证办学质量，维护学习者的合法权益，教育部印发关于加强高校网络教育学院管理提高教育质量的若干意见（教高〔2002〕8 号）。提出六条意见：提高认识，进一步明确高校网络教育学院的主要任务；采取切实有效措施，保证网络教育学院的教学质量；加强远程教育公共服务体系建设，促进资源共享，提高校外教学支持服务水平；健全网络教育学院年报年检制度，加强质量监控；推动优秀教育资源向西部输送，促进西部教育质量提高；加强网络教育学院管理，促进网络教育健康发展。

35. 2002 年 7 月 14—15 日，全国高校现代远程教育协作组在北京召开了试点高校网络教育学院院长会议，时任教育部副部长周济作了题为《解放思想、实事求是、积极发展、规范管理、改革创新》的讲话，高教司司长张尧学作了题为《积极发展、规范管理、深化改革，进一步提高网络教育学院教学质量》的报告。

36. 2002 年 7 月 16 日，高教司印发《关于进一步明确高等学校网络教育学院的主要任务和工作思路调整 2002 年秋季招生计划的紧急通知》（教高司函〔2002〕183 号），要求试点高校要尽可能减少招收全日制高中起点普通高教本专科学生的数量。

37. 2002 年 9 月 27 日，印发《教育部办公厅关于现代远程教育试点学校加强网络教育信息安全管理的紧急通知》（教高厅〔2002〕7 号）。

38. 2002 年 10 月 30—31 日，"2002 中国远程教育发展论坛"在京举行，主题为"中国现代远程教育发展现状及趋势"。

39. 2003 年 2 月 24 日，奥鹏远程教育中心成立暨首批奥鹏远程教育学习中心授牌仪式在人民大会堂举行。

40. 2003 年 3 月 5 日，高教司批复同意中央电大责成电大在线远程教育技术有限公司申请注册"北京奥鹏远程教育中心"，注册资金 500 万元人民币，从事远程教育教学支持服务、培训及其他相关业务，并积极探索我国现代远程教育公共服务体系建设的管理模式及运行机制（教高司函〔2003〕35 号）。

41. 2003 年 3 月 10 日，为了加强现代远程教育校外学习中心（点）的管理，进一步规范现代远程教育教学支持服务活动，教育部办公厅印发《现代远程教育校外学习中心（点）暂行管理办法》（教高厅〔2003〕2 号）。（注：至今各级教育行政部门关于校外学习中心的管理一直遵循此办法）

42. 2003 年 4 月 24 日，印发《教育部办公厅关于举办"2003 中国高等教育软件展"的通知》（教高厅函〔2003〕9 号）；9 月 19—21 日，教育部在北京中国国际贸易中心展览馆举办"2003 中国高等教育软件展"，主题为"推进高等教育信息化，构筑学习型社会平台"（教高厅函 〔2003〕8 号），展会突出我国高等教育信息化方面所取得的成果，展示高等教育的优秀教育资源及教学软件，展示远程教育、网络教育的教育理念、教学模式、人才培养模式，展示未来学习型社会学习模式；期间召开"全国高等学校现代远程教育试点工作研讨会"（教高司函〔2003〕109 号）。

43. 2003 年 8 月 29 日，印发《教育部办公厅关于严格现代远程教育招生工作管理的紧急通知》（教电〔2003〕369 号），要求试点学校网络教育学院要以在职人员的继续教育为主，不得招收或以各种名义变相招收全日制高中起点普通本专科学生；9 月 4 日，高教司发文要求进一步落实紧急通知的精神（教高司函〔2003〕147 号）。

44. 2003 年 9 月 26 日，高教司印发《关于规范现代远程教育校外学习中心（点）管理工作的通知》（教高司函〔2003〕173 号），要求各试点高校立即停止在未经审批的校外学习中心（点）的招生工作。

45. 2003 年 10 月 14 日，高教司同意中央电大"国家现代远程教育资源库工程建设"立项（教高司函〔2003〕179 号）。

46. 2003 年 10 月 30 日，教育部办公厅批复同意东北师范大学为现代远程教育试点学校（教高厅函〔2003〕15 号）。在教师教育网络联盟的框架下，依托教育部批准建立的公共服务体系，以教师教育网络联盟成员的身份开展非全日制形式的高等教育。

47. 2004 年 1 月 14 日，印发《教育部办公厅关于对现代远程教育试点高校网络教育学生部分公共课实行全国统一考试的通知》（教高厅〔2004〕2 号），2004 年 3 月 1 日以后（含 3 月 1 日）入学注册的学生的统考合格成绩作为教育部高等教育学历证书电子注册资格的条件之一。

48. 2004 年 2 月 10 日，《2003—2007 年教育振兴行动计划》提出要"积极发展多样化的高中后和大学后继续教育，统筹各级各类资源．充分发挥普通高等学校、成人高等学校、广播电视大学和自学考试的作用，积极推进社区教育，形成终身学习的公共资源平台。大力发展现代远程教育，探索开放式的继续教育新模式"。

49. 2004 年 2 月 17 日，印发《教育部办公厅关于做好 2004 年现代远程教育试点学校网络教育招生工作的通知》（教高厅〔2004〕9 号），从 2004 年 7 月开始不得以网络教育的名义招收各层次全日制高等学历教育学生。

50. 2004 年 6 月 13 日，教育部成立第一届全国高校网络教育考试委员会（教高函〔2004〕10 号）；10 月 31 日—11 月 1 日在京召开第一次全体会议。

51. 2004 年 7 月 1 日，《教育部办公厅关于进一步完善高等教育学历证书电子注册制度的通知》（教学厅〔2004〕11 号）规定：经我部批准实施网络教育的高等学校自行考试、招收的网络生，入学注册后由所在高等学校参照我部成人高等学校招生信息标准整理注册新生名单及有关信息，报所在地省级教育行政部门，由各省级教育行政部门汇总后报我部备案。新生信息内容中学习形式须注明为"网络教育"，代码为"7"。

52. 2004 年 8 月 10 日，《教育部办公厅关于开展"中央广播电视大学人才培养模式改革和开放教育试点"项目总结性评估工作的通知》（教高厅〔2004〕20 号）规定：贯彻"以评促改、以评促建、以评促管理、以评促发展"的指导原则，试点项目总结性评估工作由教育部领导，分层次组织实施。教育部组织对中央电大的评估，并抽查部分省级及以下电大；委托省级教育行政部门组织对省级以下电大（试点分校、教学点）的评估；委托中央电大组织对省级电大的评估，届时教育部将聘请部分专家参加中央电大对省级电大的评估工作。

53. 2004 年 8 月 13 日，"区域远教资源共享及人才培养新模式研讨会"在无锡举行，江苏、浙江、上海的八所高校网院负责人共同签署与发布了《长三角地区高校远教资源共享备忘录》（即《太湖宣言》）。

54. 2004 年 11 月 26 日，教育部印发关于开展现代远程教育试点高校网络教育部分公共基础课全国统一考试试点工作的实施意见（教高〔2004〕5 号）。

55. 2005 年 1 月 25 日，全国高校网络教育考试委员会印发《试点高校网络教育部分公共基础课统一考试试点工作管理办法》（网考委〔2005〕1 号）。

56. 2005 年 3 月 1 日，教育部办公厅批复同意中央电大依托全国广播电视大学系统建设"中央广播电视大学现代远程教育公共服务体系"（教高厅函〔2005〕7 号），要求中央电大认真总结前期试点工作的经验，明确中央电大公共服务体系的任务和职责，研究中央电大公共服务体系的服务模式、技术模式，探索中央电大公共服务体系的管理体制与运行机制，提出中央电大公共服务体系学习支持服务中心的标准与设置办法。加强对公共服务体系的指导与管理，提出中央电大公共服务体系建设与管理实施意见并报教育部高教司。

57. 2005 年 4 月 8 日，中央电大印发《中央广播电视大学现代远程教育公共服务体系建设与管理实施意见（试行）》（电校办〔2005〕27 号），就中央电大现代远程教育公共服务体系的目的和意义、主要任务、机构及职责、机构设置程序、运行机制、技术与服务模式、质量管理与保证、加强领导等方面进行规定，随文印发的还有《中央广播电视大学现代远程教育公共服务体系学习中心设置标准（试行）》。

58. 2005 年 4 月 19 日，印发《教育部办公厅关于建设中央广播电视大学现代远程教育公共服务体系的通知》（教高厅〔2005〕2 号），明确中央电大公共服务体系的任务是为高等学校现代远程教育提供校外教学支持服务，同时也可为教育行政部门、办学机构提供专项的现代远程教育教学支持服务。中央电大负责中央电大公共服务体系的管理、运行及其学习支持服务中心的审批，各省教育行政部门对中央电大批准设立的现代远程教育公共服务体系学习支持服务中心予以备案。

59. 2005 年 6 月 28 日，教育部办公厅发文推进中央广播电视大学实施"一村一名大学生计划"（教高厅〔2005〕3 号），要求要充分认识实施"一村一"的重要意义，各地教育行政部门要采取切实措施支持"一村一"的实施，为计划的实施提供必要的政策和经费支持；广播电视大学要把为农业、农村、农民服务作为电大发展的重要战略，认真做好"一村一"的组织实施工作，并制订切合农村成人学习特点和适应农村发展需要的人才培养方案，积极探索新的教学模式、管理模式和运作机制，保证教学质量。

60. 2005 年 12 月 24—26 日，全国高校网络教育统考第二次试点在 8 个城市进行。

61. 2006 年 2 月 7 日，印发《教育部办公厅关于进一步加强高校网络教育规范管理的通知》（教高厅〔2006〕1 号）。提出如下要求：试点高校要进一步认识发展网络教育的重要意义，要进一步明确网络教育的发展定位，要切实加强对网络教育的领导和规范管理，要严格执行教育部已出台的网络教育毕业生学历文凭和就业政策，要明确与校外学习中心和公共服务体系的职责关系，共同完善网络教育教学过程管理体系，要全面清理网络教育发展过程中有关问题，要高度重视网络教育的稳定问题；各地教育行政部门和试点高校要从维护稳定的高度，重视研究网络教育中出现的各种问题，要狠抓管理，健全制度。

62. 2006 年 5 月 24 日，教育部办公厅批复同意中国石油大学（北京）独立开展现代远程教育试点工作（教高厅函〔2006〕16 号）。

63. 2006 年 6 月 20 日，高教司启动"数字化学习港与终身学习社会的建设与示范"教改项目（教高司函〔2006〕111 号），该项目主要依托中央广播电视大学现代远程教育公共服务体系开展相关理论与实践研究，并进行数字化学习型乡镇、社区和企业等典型应用示范。

64. 2006 年 7 月 14 日，《教育部关于做好现代远程教育试点高校网络教育部分公共基础课全国统一考试工作的通知》（教高函〔2006〕17 号）提出：进一步建立和完善现代信息技术条件下适合于成人继续教育的统考组织模式。各有关单位要结合中国国情和统考工作的实际情况，进一步加强统考信息化环境、信息管理系统以及标准化考点的建设，要充分利用现代信息技术手段，实现网上交费和网上报名，并逐步过渡到机考、网考和网上预约考试，全面实现统考管理的信息化，'提高统考组织效率和信息化水平。

65. 2006 年 10 月 31 日，印发《教育部办公厅关于中央广播电视大学开展人才培养模式改革和开放教育试点项目总结性评估工作的通知》（教高厅函〔2006〕43 号）。

66. 2007 年 1 月 22 日，教育部财政部联合发文实施高等学校本科教学质量与教学改革工程（教高〔2007〕1 号），包括"课程、教材建设与资源共享"，提出：积极推进网络教育资源开发和共享平台建设，建设面向全国高校的精品课程和立体化教材的数字化资源中心，建成一批具有示范作用和服务功能的数字化学习中心，实现精品课程的教案、大纲、习题、实验、教学文件以及参考资料等教学资源上网开放，为广大教师和学生提供免费享用的优质教育资源，完善服务终身学习的支持服务体系。开发网上考试系统，研究制定相关标准，逐步实现大学英语和网络教育全国统考课程的网上考试，创造安全、便捷、高效的考试平台。

67. 2007 年 2 月 9 日，教育部办公厅发文同意弘成科技发展有限公司在北京、上海、江苏、浙江等省（市）新建 10 个数字化学习示范中心，与中国人民大学、东北财经大学、重庆大学等有关高校联合开展现代远程教育公共服务体系建设试点项目；同意知金教育咨询有限公司在北京、上海、山东、广东等省（市）新建 10 个数字化学习示范中心，与北京理工大学、江南大学、武汉理工大学等有关高校联合开展现代远程教育公共服务体系建设试点项目（教高厅函〔2007〕12、13号）。

68. 2007 年 4 月 4 日，《教育部办公厅关于进一步加强现代远程教育试点高校网络高等学历教育学历证书和学位证书规范管理的通知》（教高厅〔2007〕11 号）规定：2007 年 7 月 1 日以后录取的网络高等学历教育本科学生，毕业时授予学士学位的标准应与授予成人高等教育本科毕业生学士学位的标准完全一致，授予成人高等教育学士学位并相应颁发成人高等教育学士学位证书。

69. 2007 年 4 月 11 日，印发《教育部关于进一步加强部属高等学校成人高等教育和继续教育管理的通知》（教高〔2007〕9 号），提出现代远程教育试点高校要充分利用现代信息技术，逐步将函授教育过渡到现代远程教育。

70. 2007 年 4 月 25 日，高教司组织专家组对中国地质大学（北京）独立开展现代远程教育试点工作进行审批论证。（注：2008 年 1 月 22 日，教育部办公厅批复同意中国地质大学（北京）独立开展现代远程教育试点工作（教高厅函〔2008〕3 号））。

71. 2007 年 5 月 18 日，国务院批转教育部国家教育事业发展"十一五"规划纲要（国发〔2007〕14 号），提到"大力发展现代远程教育，建设覆盖全国城乡的现代远程教育网络"。

72. 2007 年 6 月 28 日，高教司启动 2007 年度网络教育精品课程建设与申报工作（教高司函〔2007〕103 号）；11 月 27 日，教育部财政部批准 2007 年度国家精品课程 660 门，其中网络教育课程 49 门（教高函〔2007〕20 号）。

73. 2007 年 6 月 30 日，人事部、教育部、科学技术部、财政部印发《关于加强专业技术人员继续教育工作的意见》（国人部发〔2007〕96 号），提出积极利用现代信息手段，大力发展现代远程教育，形成开放式的继续教育网络，为专业技术人员知识更新、提高素质和能力提供高质量的继续教育服务。

74. 2007 年 12 月 7 日，教育部办公厅公布"中央广播电视大学人才培养模式改革和开放教育试点"项目总结性评估结论为予以通过（教高厅函〔2007〕58 号）。

"中央广播电视大学人才培养模式改革和开放教育试点"项目经过八年的探索实践，实现了预期目标，形成了中央广播电视大学开放教育人才培养模式的基本框架，以及相应的教学模式、管理模式和运行机制，为广播电视大学的发展奠定了基础，为国家现代远程教育的发展积累了经验。开放教育已经成为推进远程教育和继续教育发展的一种重要形式。

75. 2008 年 1 月 31 日，教育部在北京人民大会堂召开纪念邓小平同志批示创办广播电视大学 30 周年暨推进国家终身教育体系建设座谈会，时任国务委员陈至立在《充分发挥现代远程教育在建设人力资源强国中的重要作用》讲话中用"3个成功实践"分析了邓小平批示创办电大这一创举，用"4 个新"肯定了电大教育为社会所作出的巨大贡献，并强调要充分发挥现代远程教育在构建全民学习、终身学习的社会中的重要作用；要充分发挥现代远程教育在发展继续教育中的重要作用；要充分发挥现代远程教育在缩小教育差距，促进教育公平中的重要作用。

76. 2008 年 2 月 13 日，教育部办公厅转发《中央广播电视大学"十一五"发展规划纲要》（教高厅〔2008〕1 号）。发展总体目标是：电大系统建设成为具有国内一流的远程教育基础设施、一流的远程教学资源、一流的远程学习支持服务、一流的远程教育研究水平、一流的远程教育队伍的现代远程教育教学系统，综合办学实力居于世界远程教育开放大学前列。中央电大作为教育部直属的高等学校，建设成为现代远程教育开放大学和国家远程教育中心；省级电大作为省（自治区、直辖市）属高等学校，按照当地教育发展规划，建设成为当地的远程教育中心；地、县级电大建设成为当地的远程教育基地和社区教育中心。提出实施六项工程：电大系统建设推进工程、课程平台搭建工程、教学质量保证和学习支持服务强化工程、社会化公共服务体系推进工程、队伍素质提升工程、信息化校园建设工程；推展六项计划：证书教育推进计划、特定人群教育发展计划、中等职业教育发展改革计划、对外合作与交流计划、社区教育推展计划、电大文化建设计划。

77. 2008 年 3 月 11 日，教育部财政部批准"网络教育统考网上考试系统与题库建设"项目（教高函〔2008〕6 号）。该项目要求结合中国国情和现代远程教育试点高校网络教育部分公共基础课全国统一考试的实际情况，研制适应大规模全国统考需要的计算机应用基础、大学英语、大学语文和高等数学等四门统考课程的网上考试系统及题库，进一步建立网络教育统考网上考试的组织管理与技术模式，提高统考信息化水平。

78. 2008 年 3 月 11 日，教育部财政部批准"网络教育数字化学习资源中心建设"项目（教高函〔2008〕7 号）。该项目主要建设内容包括研究网络教育数字化学习资源共享机制、标准、技术与平台，整合国家和高等学校等已投入建设的网络教育精品课程及相关学习资源，并使用相关支持工具，建设相关系统和资源公共服务平台，推进优质网络教育资源网上开放与共享。

79. 2008 年 12 月 31 日，中共中央政治局委员、国务委员刘延东同志视察中央广播电视大学及电教小区，她对 30 年来广播电视大学改革发展的成绩给予了充分肯定，指出现代远程教育是一项朝阳事业。

80. 2009 年 3 月 28 日，印发《教育部关于做好 2009 年现代远程教育试点高校网络高等学历教育招生工作的通知》（教高〔2009〕6 号），重申了有关明确招生工作定位、严格招生计划和专业管理、加强宣传工作管理、规范招生录取工作、严格入学资格审查、严格查处违规行为等方面的要求，强调"试点高校要在招生信息发布、准考证和录取通知书发放以及咨询投诉等关键环节上建立直接面向学生服务的机制"，并将在"中国远程与继续教育网"上构架"高校网络教育阳光招生服务平台"，进一步规范网络教育招生服务流程，加强对社会公众的政务服务。

81. 2009 年 11 月 10—12 日，"现代远程教育与终身学习高端论坛"暨"现代远程教育十年成果展"在京举行。

第 4 章

远程教育系统的分析、设计和决策

系统科学和系统工程理论与方法是 20 世纪发展起来的，已在许多领域得到应用，本章用"系统"的理论和方法来讨论远程教育，对远程教育系统的结构和功能进行分析，从而进行远程教育系统的设计和规划。

4.1　远程教育系统分析

在现代系统科学中，"系统"是指由部分组成的整体，即由相互关联、相互制约、相互作用的若干部分组成的具有特定功能的有机整体。本书讨论的远程教育是由院校机构组织实施的远程教育，远程教育院校是一个系统，本节的内容是对远程教育系统进行分析。

4.1.1　远程教育系统一般分析

1. 远程教育院校是一种开放系统

无论是独立设置的远程教育院校、还是传统校园院校或双重模式院校中的函授教育（校外教育）分部或远程教育（网络教育）学院，以及企业界或社会其他机构举办的远程教育项目等，都是一个远程教育系统。远程教育系统是一种社会系统，这些远程教育系统是更大的国家教育系统的一部分，同所在国的社会、政治、经济、科技、文化和教育等环境发生相互作用。远程教育系统的内部由多个具有一定的层次结构和特定功能的子系统和要素组成，这些组成部分相互关联、相互制约、相互作用，共同实现系统的总体功能和目标。

远程教育系统是一种开放的社会系统。"开放系统"是指与外界环境交换各种物质、能量和信息的系统。远程教育系统要同其所在的社会交换人员、资源和信息，所以远程教育系统由"运行子系统"（也称"教与学子系统"）、"后勤子系统"和"管理子系统"构成。"运行子系统"担负着远程教育系统职能，其主要功能是通过有目的、有组织的"运行活动"，将社会环境对系统的投入进行加工、改造和构建，转换成合乎目标的产出回输给社会环境。正是这些运行活动确定了开放社会系统的性质，使该系统区别于其他系统。"后勤子系统"具有后勤（或供应）活动的职能，它们负责远程教育系统所需要的资源（财政的、人员的、物质材料的和能源的等）的采集和更新，包括购置、维修建筑物、基础设施和设备、招聘人员、任命任职、进行培训和思想工作等。"管理子系统"具有行政管理活动职能，它们负责协调远程教育中各种运行活动之间、运行活动与后勤活动之间，以及系统活动与周围环境之间的关系。行政管理活动中包括较高层次的领导决策活动，如政策制定和修改、系统规划、财务预决算及管理、计划控制和评估等。

　　远程教育系统就像所有教育系统一样，这个核心是"运行子系统"即"教与学（教学）子系统"。但是，远程教育系统和传统教育系统与社会环境之间的投入和产出不尽相同，即这两种系统的招生对象和培养目标不尽相同，这两种系统的资源条件和基础设施也不尽相同，于是，这两种系统的教与学子系统的结构和功能也并不完全一样，即它们的教与学的组织结构、运行过程、方式方法和战略策略等都并不完全一样。对远程教育系统的分析主要就是对其运行子系统即教与学子系统的构成要素、结构和功能及其特点的分析。

　　2. 课程子系统和学生子系统

　　根据远程教育系统的特点，通常将远程教育系统的运行（教与学）子系统进一步划分为课程和学生两个子系统。课程子系统处理和课程开发有关的运行活动，主要包括多种媒体课程教学材料的设计、开发、制作、发行和接收。学生子系统处理和学生有关的运行活动，主要包括对学生的各类学习支持服务活动和各种学生学习过程管理。图 4-1 给出了远程教育系统的 4 个主要的子系统（课程、学生、管理和后勤）及其结构和功能的示意图。

4.1.2　远程教育系统特点分析

　　根据远程教育系统体系结构框架，无论是单一模式远程教育还是双重模式远程教育，可以得出远程教育系统及其主要子系统的结构和功能特点。

　　（1）远程教育系统的一般特征

　　① 系统兼备教学、考核和授予证书学位的完整的功能。

　　② 系统是面向校外学生的。这种系统有着发展和提高远程教学方法的强大动力，不受传统面授教学的限制。

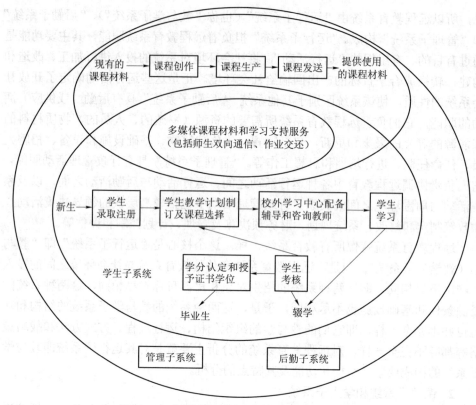

图 4-1　远程教育系统主要子系统的结构和功能

③ 系统在原则上可以十分灵活地为社会上的各类新的教育对象设计新的教育计划，同时在计划中发挥远程教育方法的最大优势。

④ 系统还可以相当灵活地选择教学方法和媒体、课程设置、课程结构、考核程序等。

（2）课程子系统的主要特征

① 系统通过标准单元组件式结构和学分制，使课程设置和课程学习材料的内容和结构具有灵活性。

② 系统为独立学习提供精心和系统化设计的课程学习材料，并将它们同明确的学习要求、自我检查方案、各种学习活动以及学生与学习系统教职员之间的双向反馈机制结合起来。

③ 系统有计划地、因地制宜地利用系统中的各种教育资源和媒体，以适应学生的需求。这些媒体可能包括专门准备的教材、广播和电视、录音带和录像带、

计算机辅助学习、电子远程通信会议、计算机网络、实验箱、当地活动和咨询、学生互助小组、公共图书馆外借服务等。

（3）学生子系统的主要特征

① 系统向社会上各类新的对象"开放"。这些对象在以前由于地理的隔离、缺少正式学历或工作条件的限制等失去了受教育的机会。

② 系统对这些特殊类型的教育对象以及他们的主要特征（比如需求、年龄、分布、可用于学习的当地学习设施等）加以调查核实，这样就能够在可靠的基础上设计适当的课程、学习方法和发送系统。

（4）管理和后勤子系统的主要特征

① 系统在实现各类办学方案、采用各种教学方法和容纳更多的各类学生方面，与传统体制相比，有着较大的灵活性。

② 系统以一种几乎是工业化的方式，进行中央集中的标准化课程学习材料（诸如课本、录音录像带、计算机课件、实验箱等）的大规模生产，这意味着在课程材料创作和生产过程中实行明确的分工。

③ 系统将国家和社会现有的各类信息技术基础设施（比如图书馆、邮政和其他发行系统、印刷厂、出版社、广电机构和互联网等）作为远程教育系统的组成部分而进行调查，并尽量加以利用。

④ 系统与传统教育（必须具备教室和其他校园教学基础设施）相比，远程教育用于每个学生的平均经费有可能明显地降低，每个学生的平均投资也可能低得多。

4.2 远程教育系统设计和规划

前面对远程教育系统作为一种开放的教育系统进行了分析，特别就其课程、学生、管理和后勤四个子系统做了分别考查，并对远程教育的结构和功能特征进行了论述。在这基础上，进行论述远程教育系统的设计和规划。首先，对远程教育系统和传统教育系统进行比较，探讨这两种教育系统在构成因素、结构和功能特征上的主要差异，进而讨论远程教育系统的设计。这里的系统设计是指在对社会环境、市场、教育需求、学生、课程和资源等状况进行调查和分析研究的基础上做出决策，决定采用哪种类型的远程教育系统。最后讨论远程教育的规划，即在对远程教育系统设计和决策的基础上具体规划远程教育系统的各个子系统及其构成成分，并制订系统开发的组织实施方案。

4.2.1 远程教育系统与传统教育系统比较

进行远程教育系统设计和规划之前，首先要明确现有的传统教育系统的状况及其局限性，特别是要明确在面对社会经济发展和人力资源开发的新市场需求压力下，现有的传统教育系统能够做出怎样的反应和对策。

1. 传统教育系统面对新的教育需求表现出的局限性和不适应

传统教育系统面对新的教育需求表现出的局限性和不适应常常发生在以下诸多方面：

（1）国家对传统教育系统的基本建设投资和年度经费拨款的增长同迅速增长的学生数量和教育需求之间不协调；

（2）传统院校提供教室、图书馆、实验室和其他教学设施的能力、尤其是配备足够的合格的教师的能力同迅速增长的学生数量和教育需求之间不协调；

（3）学生数量和教育需求的增长造成的教师工作量及工作强度和压力的增长同教师的社会地位、待遇标准和生活条件提高之间的不协调；

（4）由于成人的职业、家庭和社会职责和义务，及路途、时间、费用等因素，现代社会人口中的大部分或相当一部分成员无法利用现有传统教育系统的各种教育资源和教育设施；

（5）传统教育系统中为成人接受各级各类教育进行业余学习的设施严重不足；或者对于特定的学生对象和教育需求，传统教育系统的教育资源（如课程设置、教学材料）和教育设施（如校园内教学基础设施）不适应或不适当等。

2. 优先采用远程教育系统的准则

现有传统教育系统的局限性和不适应在面对具有如下特点的学生对象和教育需求时就显得特别明显。具有这种特点的学生对象和教育需求可能需要设计和规划新的远程教育系统来予以满足，这些可以作为优先采用远程教育系统的决策准则。

（1）与学生对象新特点相关的准则。

① 数量大（爆发性需求）。

② 分布在广阔的地区（分布不均匀、不规则）。

③ 不整齐（年龄、职业、社会经历、学历基础、经济条件等）。

④ 无法利用传统教育资源和设施（由于多种原因：如就业、家庭职责、路途远、费用高、年龄大、不够入学学历等）。

⑤ 身体残疾或社会处境不利阶层的成员。

⑥ 由于各种社会心理原因不愿意回归校园学习或乐于应用信息技术和教学媒

体进行自主学习等。

⑦ 在学龄期间失去了接受教育的机会。

⑧ 具有一定的独立学习能力，或至少在激励和指导下能够具有一定的自主学习的能力。

（2）与教育需求新特点相关的准则。

① 需要增加的合格教师数量十分庞大。

② 扩充传统院校设施的基本建设投资和支付新增加的教师的酬金的经常费用两项都极其巨大。

③ 需要新开发大量特定领域急需人员的培训课程和知识更新的课程。

④ 为了满足特定对象新的教育需求，需要协调乃至修改传统院校的原有办学定位等。

4.2.2　远程教育系统设计

远程教育系统的设计是指在对社会环境、市场、教育需求、学生、课程和资源等状况进行调查和分析研究的基础上做出决策，决定采用哪种类型的远程教育系统。凯依和鲁姆勃尔曾经提出过一份远程教育系统设计的决策过程流程图（图4-2），很有参考价值。

在远程教育系统设计决策流程图中，右边的 9 个方框代表设计决策的 9 个阶段任务，而左边的 7 个椭圆代表帮助设计决策可供应用的相关分析工具。由远程教育系统设计决策流程图可以看出，整个系统设计过程的起点是"明确主要的教育需求"。这是通过对经济发展、社会需求、教育市场以及潜在的学生对象的调查，再应用教育学原理进行分析来确定的。而整个系统设计过程的终点或者是决定采用或改造现有传统教育系统而取消对远程教育系统的设计，或者是决定采用远程教育系统的某个特定方案并且进行"开始规划特定的远程教育系统"。整个设计决策过程可以划分成前后相继的两个大的组成部分：在传统教育系统和远程教育系统之间做出选择和设计特定的远程教育系统，也即在各类特定的远程教育系统之间再次进行选择。所以，从某种意义上说，设计决策就是一系列的选择和再选择过程。

4.2.3　远程教育系统规划

远程教育系统的规划，是在对远程教育系统设计和决策的基础上具体规划远程教育系统的各个子系统（主要是学生和课程两个运行子系统）及其构成成分，并制定系统开发的组织实施方案。其核心就是远程教育的教学系统开发，将在后续章节进行讨论。

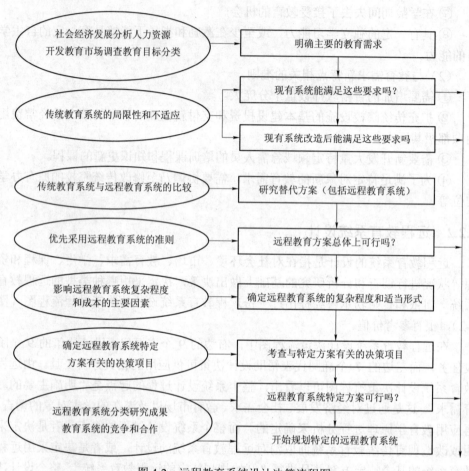

图 4-2　远程教育系统设计决策流程图

4.3　远程教育的教学系统开发和设计的决策

　　教育技术界普遍认为，教学设计和教学系统开发是教育技术中最成熟、对教与学实际贡献最大的领域。在远程教育中情形完全一样，它是一种特定的教育形式。远程教育对教育理论和实践的最大贡献也正是对远程教育课程资源的教学设计和对远程教学和远程学习全过程的教学系统开发。在这里，对远程教育课程资源的教学设计开发包括对远程教育课程设置，多种媒体课程材料的设计、开发和发送，以及教学和学习环境的创设；而对远程教学和远程学习全过程的教学系统开发包括对远程教育的教与学的过程和模式、特别是对远程学生的学习支持服务体系及其实施策略和方法，以及相应的教与学双向通信机制的综合设计和开发。

4.3.1　远程教育教学系统开发的策略

远程教育中教学系统开发和设计的策略是教师在学科教学过程中以问题为载体，创设一种拟态科学研究的情境和途径，引导学生从生活和活动中选择、确定研究专题，主动猎取知识，应用知识解决问题。通过学生主动收集、分析和处理信息来体验知识的产生过程，进而学会学习、养成分析问题和解决问题的能力的教学方式和方针。远程教学系统开发的重点是把学生置于一种动态、开放、主动、多元的学习环境中，为学生提供更多的获取知识的方式和渠道。教学内容集中反映了课程设计的知识结构因素、社会现实因素、学生个人因素。将社会现实问题与学生生活需要、学生自身利益作为教学设计的中心与学习内容开发的基点，使学生通过实践获取经验，养成科学精神和科学态度，掌握基本的科学方法，提高综合运用所学知识解决实际问题的能力。学习价值取向关注学生在活动中产生的丰富多彩的学习体验和个性化的创造表现，其形成性评价标准是多元的。

现代远程教育中网络资源以信息为载体形式，将传统教育的人力、物力资源解析为信息的形式整合在网络中。为学生学习提供优越的教学资源环境，把人类的巨大身心潜能得以开发、外在的社会文化成果得以内化积淀的机制（即素质生成机制）与以计算机及网络为媒介的传播机制完美融合，是探索现代远程教育网络条件下教学系统设计开发方法的有效途径。

远程教育的教学系统是在教学分离的环境中进行的，以学生的自主性、探索性学习为基础，学生需要的是"指导"或"帮助"，不仅仅是"传授"或"教导"。教师的主要职责是创设一种有利于远程学习的情境和途径，而情境和途径的创设是建立在"问题提出"和"问题解决"基础上的。教学中教师授课以问题为中心，强调问题在学习过程的走向、整合、启发作用。整个学习的过程，便是由发现问题（交往需求调查）、分析问题（交往活动分析）、解决问题（方案设计与实施）三个阶段有序展开的过程。问题是远程学习的载体，交互是主客体因素作用的中介。以计算机及网络为媒介的学习活动，是人们认识活动的一个部分，属于人类认识中的交互。任何交互都是在特定的社会环境与情境中展开的。利用计算机技术创设一种拟态科学研究的环境与情境把问题凸显出来，使之与学生的自然结构和精神结构相作用，引导学生通过自己收集、分析和处理信息来实际感受问题解决并体验知识的产生过程是网上教学的前提条件，只有创设好拟态学习环境与情境，才能保证网络教学的行之有效。

网络环境下的教学，以计算机及网络为媒介的传播是传播信息的基本手段。计算机及网络为媒介的传播减少传播中的社会因素和个人因素在交流中的抑制作用，降低了人的影响力从而体现出非人际性，使群体比面对面更专注于任务的解决。杜布罗夫斯基（Duborvsky，1985）曾说"电脑会议通过规定出基本的准则（以任务为主，协调动作，平等参与等）有效地提高了人的理性能力，它慢慢去除了传播中人的情感成分，重点强调交流的实质并且尽量减少社会的影响力，计算机使用者更专注解决任务的特点，无疑有利于制定并提高工作效率。"以探索问题为任务的远程教学，置于非人际性的计算机及网络为媒介的传播中，消除无关信息的干扰使所选定的问题更好地凸显出来，从而提高学习效率。同时计算机及网络为媒介的传播环境下的教学比传统的面对面教学更能体现全员参与性和教学民主性。

问题在一定程度上将组织环境、空间环境、硬件环境和资源环境加以协调、整合，将大家的注意力、兴趣引导到特定的"问题域"。问题的明确提出不仅仅是学习的起点，而且它不断启发大家思考，在一定程度上预示着问题探究与解决的思路。因此，问题是研究性学习的内在驱动力，计算机及网络为媒介传播的非人际性又为学习营造了纯化的信息传播环境。探索在计算机及网络为媒介的传播环境的远程教学策略，必须把远程教学特点与计算机及网络为媒介的传播环境相整合，建立相应的运作机制。

远程教学以课程活动为主要开展形式，强调学生的亲身经历，密切联系学生自身的生活，要求学生积极参与到各项活动中去，在活动中自主选择问题进行探索，体验和感受生活，发展实践能力和创新能力。

学习活动与通过学习获取的信息是学习主客体之间的中介，活动的客体只有以信息的形式进入主体头脑中才能被认知结构加工，形成关于客体的知识。网络虚拟现实与虚拟性的交互为远程教学提供了一个丰富的信息世界。网络虚拟现实又称临境技术，它汇集了计算机图形学、多媒体技术、人工智能以及人体行为学多项关键技术，通过多媒体技术与仿真技术相结合生成视、听、触觉一体化的虚拟环境。教学中把问题融合于具体的虚拟情境中，学生以自然方式与虚拟环境中的客体进行交互，从而给学生以逼真的感受与体验，经过一系列转换而保存的信息与学习者的自然结构、精神结构发生作用形成知识。学生将真实的世界与操作的虚拟环境相结合在真实中感受知识、理解知识。

无论是哪一种虚拟现实和传播形式其目的都是为了使用户可以有一种沉浸和交互的感觉，这是构建研究性学习拟态环境的使命所在。研究性学习实际上是一种多极主体间的交往活动。学习主体在教学交往过程中不断地转换与外在客体的关系，在改造客体世界的同时，也改变主体的思维方式、体验方式和心理结构，同时学习主体在相互间的感应与理解、对话与交流过程中完成心理建构。这种交往转移到计算机及网络中就成了依靠符号来进行的精神交往，正如莫里斯所说"人以他自己所创造的符号来改变自己和世界"。在计算机及网络为媒介的传播中，人们运用电子邮件（E-mail）、远程登录（Telnet）、文件传输（FTP）、讨论组（Usenet）、电子公告板（BBS）及网络会议（Conference）等一系列双向交流工具实现了同步和异步交流，使交流者沉浸在符号与临境技术中改变了自己的思维方式。一方面网上交往具有很大的虚拟性，可以迅速地转换虚拟场景，学生在网络交往环境中可以扮演不同的角色，可以不断地尝试从不同的角色去取得经验，在强烈的扮演意识中培养他们的探索精神和富有个性的创造力。另一方面，网上虚拟性交往消除了面对面交往的人际因素，其"非人际性"消除了学习者的羞怯心理，专注而大胆地表达思想，自由地发表富有独创性的观点。正是这些特点使交往双方可以无视环境的真实而专注交流的实质，共享生活体验。因此，寻求网络环境下研究性学习指导方式，应集中研究以电脑为媒介的传播中人的素质生成机制和完善过程，由此而探索有效的远程教学方式和方针。

　　远程教学的本质是生成性。远程教学的每一个活动都是一个整体，随着活动不断展开，新的目标和主题不断生成，学生的认识和体验不断加深，创造性的意识和能力不断加强，学生不断地在这个过程中实现自身的认识价值，这是远程教学生成性最集中的体现。

　　远程教学的学习内容在教学交往过程中伴随着情境性问题而变化。师生在与情境交互过程中共同构建、完成学习内容的组织和选择，在不断深入的学习交往中使学习内容不断地由共性走向个性。同样，远程教学中学生的学习目标、学习情况因人而异，或许先是概括的，随着学习不断深入而具体化、个别化。网络教学包含着通信和认知两种活动，通信把知识变为信息在网络传播，认知把网络传播的信息变为知识。信息以符号为载体，人们凭着经过数字化处理的语言符号和非语言符号传递信息和表情达意，而且利用网上链接可以极为方便地在各种符号之间跳转从而多样化、多侧面地传播信息。符号超越时空把现实世界知识信息汇集在同一网络中，造就一个新的文化世界。远程教学是利用网络中符号承载的关于研究对象的信息作用于学习者的自然结构和精神结构，在以信息为中介的一系列关系中找出研究对象存在状态与发展变化的规律，形成关于研究对象的知识。

因此，网络学习交往过程就是教学主体间相互传播关于研究对象与存在环境的信息的过程，其学习内容和目标生成于这一传播过程中。

由于不受任何不必要的交流方式束缚以及应付对话中各种交流需求，计算机的交流者可以专注于更好地展示自我并发展人际关系。当交流是非同步时，交流双方可以专注于信息的选择、编辑、协调从而达到超人际效果，这对于协调人际和信息管理的非同步渠道，对于远程教学的学习组织具有深刻的影响。

4.3.2　远程教育教学系统开发的特征

综合考察各国远程教育的实践经验和理论研究成果，在决策远程教育教学系统开发与教学设计过程中注意以下三个主要特征。

（1）教学要素的扩展和重组是远程教育教学系统开发与教学设计的特点。

从传统教育到远程教育，教学要素有了扩展。一种观点是从三要素（教师、学生、内容）变成了四要素（学生、教师、内容、技术）；另一种观点是教学三要素（教师、教材、学生）中的教材变成了资源（以教学内容或学科内容为内核或内涵的技术、媒体、材料和环境的总称），即形成了远程教育的新的教学三要素（学生、教师、资源）。更重要的是，在远程教育中，教与学过程中教学基本要素的地位和功能及其相互关系和交互作用有了新的特点，发生了重组。即从传统教育的教师主导、课堂教学和教材的旧三中心制转变成学生自治、自主学习和系统开发的新三中心制。首先，传统教育通常以教师为中心或教师为主导，远程教育通常则强调以学生为中心、强调学生自治。其次，传统教育以校园课堂教学为主体，而远程教育则以学生自主学习为主体，即传统教育侧重教，以教为主，而远程教育侧重学，以学为主。最后，在传统教育中，通常是教师个人准备教案、编写讲义或由院校指定教科书，而在远程教育中，则是由学科内容专家和教育技术设计人员共同组成创作组设计、开发、发送多种媒体的学习材料和其他教育资源环境。远程教育教学系统开发与教学设计体现在教学要素扩展和重组上的这些特点是与当代教育与心理科学中以认知主体为本、以学生为中心、注重在创设的情境中认知主体的意义建构和协作学习的建构主义学习理论，以及教育技术中对教学系统开发与教学设计中新一代以学为中心的理论模型的探索发展是一致的。

（2）课程资源开发与学习支持服务是远程教育教学系统开发与教学设计的重点。

各国远程教育的实践经验和理论研究都已反复证明，课程资源开发和学习支持服务是保证远程教育质量和成功的基础和关键，也是远程教育教学系统开发与教学设计的重点。这在世界各国各种学派的理论观点中都是共同的。远程教育教学系统开发与教学设计这一重点的定位是与教育技术中对学习资源和学习过程的设计、开发、应用、管理和评价的注重完全一致的。

（3）对远程教与学创新模式的探索是远程教育教学系统开发的难点。

远程教育的教学系统开发与教学设计是在教（师）和学（生）的行为活动处于时空相对分离的情境下进行的，必须走与传统校园教育不同的远程教与学的创新模式。就是说，如何通过课程资源的设计、开发和发送以及学习支持服务系统的设计和开发，特别是师生双向通信交互机制的设计和开发实现远程教育环境条件下的教（师）和学（生）的行为活动的整合和重组。其中，实现学生自治及自主学习与包括双向交互在内的各类学习支持服务的适当均衡是远程教育教学系统开发与教学设计的关键。事实上，远程教育发展历史上的函授教育、广播电视教育、基于现代电子信息通讯技术的计算机多媒体和网络教育等都是对远程教与学模式的探索创新。这既是远程教育教学系统开发与教学设计的难点和突破点，也是热点和亮点。

4.3.3　远程教育教学系统的设计

在远程学习条件下，教学者是以媒体技术作为传播手段与学习者进行交互的，在现代远程教育中更是以网络多媒体计算机作为主要的传输手段，学习者所处学习环境与课堂环境有很大不同，教学设计和开发过程步骤包括：教学设计，系统设计，编写制作脚本，素材采集编辑，编辑，编著，编程，测试，发行。

目前，关于远程教育多媒体教学软件的研究除了上述对教学系统的总体设计与开发过程的模式研究外，还应对多媒体教学软件的教学设计进行研究。作为一种在教学上运用的软件，不同于普通的计算机软件，它是为教学服务的，必须符合教学的规律，应对其进行相关的教学设计，以适应不同教学和学习的要求，因此，教学设计不仅是教学软件设计的第一步，也是很重要的一步。

远程多媒体学习软件教学设计模式是软件制作者进行教学设计的一种标准规范形式。在"以学习为中心"教学设计思想的指导下，在系统分析的基础上，提出一个适合远程学习的多媒体学习软件教学设计模式。模式以一般教学设计过程模式作为设计的基本框架，吸收了多媒体教学软件教学设计的一般要素，模式紧紧围绕"以学习为中心"这一指导思想，同时考虑到现代远程开放学习的特点加入了相关的设计步骤，如图 4-3 所示。

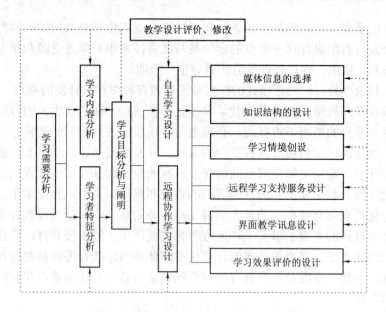

图 4-3 远程多媒体学习软件教学设计模式

远程多媒体学习软件的教学设计模式包括三个阶段：第一阶段是前期分析，包括学习需要分析、学习内容分析、学习者特征分析、学习目标分析与阐明；第二阶段是教学策略的确定，涉及远程协作学习设计、自主学习设计（其中包括教学方法、教学程序的确定）；第三阶段是具体设计环节，包括媒体信息的选择、知识结构设计、学习情景创设、远程学习支持服务设计、界面教学讯息设计、学习效果评价设计。其中，第一阶段与教学设计的一般过程模式相同，第三阶段主要参照建构主义以学习为中心的教学设计模式的设计步骤。

1. 远程协作学习设计

从远程教育理论来看，基更博士在其给出的远程教育定义中特别指出远程教育的师生处于"准永久性分离状态"，这个"准"字，说明了尽管学习者是远程个别学习，但又不能与指导教师、学习集体等产生绝对的分离。因为完整的学习，除了知识的传授之外，还包括情感、道德、个性、风格等在内的影响。因此，必须做到像基更博士所说的"提供双向交流的方式，以便学习者主动对话，并能从对话中收益"。约翰·丹尼尔在其"交互作用和独立学习"理论中也提出"远程学习由学习者独立的学习活动与与他人的交互作用二者之间的平衡来完成全部远程课程"，"增加交互作用的比例，能促进学习者的成绩，但这是要花费代价的。这种费用与学习者参加的人数一般成正比例。独立学习活动的特点是几乎不用考虑其经济性，这有利于平衡整个远程教育的投资"。

具体做法可利用 CD-ROM 学习的静态基础上加入网上教师辅导双向学习的动态部分，充分利用 CD-ROM 容量大、学习时不受时间限制的特点和上网学习实时性、交互性强的特点，实现自主学习和协作学习的有机组合。网上学习包括实时学习和非实时学习两部分，用 BBS 等形式，构建实时信息交互的远程协作学习环境；用网上浏览、E-mail 等形式实现非实时信息交互的远程学习支持。学习者只要用鼠标点击网上学习转换按钮，就能被准确地引导至相关学习网站，进行网上学习、网上讨论，并能发 E-mail 向老师请教。当需要自主学习时可以很方便地返回到 CD-ROM 部分继续学习。既解决了远程学习的交互问题，也节省了学习的花费，提高了学习的效率。

从学习理论角度来看，根据认知学习理论的研究发现，自主学习模式确实有利于发挥认知主体的主动性，但是就其学习效果来说，往往只对涉及较低级认知能力的学习目标比较有效，而对涉及较高级认知能力的学习目标则不如"协作型"学习模式。远程学习时，学习者个体差异较大，每个学习者都在以自己经验背景建构对事物的理解，因此，只能理解到事物的不同方面，教学要使学习者超越自己的认识，看到那些与自己不同的理解，看到事物的另外侧面。通过合作和讨论，可使他们相互了解彼此的见解，看到自己抓住了哪些、漏掉了哪些，从而形成更加丰富的理解，以利于学习的广泛迁移。通过这样的学习环境，学习者群体的思维、智慧就可以被整个群体所共享，共同完成对所学知识意义的构建。

要根据学习目标分析的结果，开展网上协作学习，在 BBS 公告牌上讨论的题目应安排高级学习阶段的学习内容，以提高学习的效率和质量，而对于低级学习阶段的学习内容，设计时尽量安排在 CD-ROM 部分。

2. 自主学习设计

自主学习不等于把学习任务简单地教给学习者，同样的道理，远程教学也不等于简单地把教材交到远程学习者手中，还应该加强有关学习策略研究，培养学习者学习和掌握知识的能力。根据学习目标分析的结果，对于低级阶段的学习，可以采用自主学习的设计方式，学习重要的事实、概念等，其中包括大量的通过练习和反馈而熟练掌握知识的活动过程。自主学习应尽量安排在 CD-ROM 部分，但对于在教学中出现的新问题或不能预先安排在 CD-ROM 的学习内容可以考虑在网络部分安排自主学习。

考虑到远程学习的特殊性，在自主学习设计时应尽可能提供学习者各种学习的方便，如利用超链接建立知识点之间的非线形连接，提供电子笔记本等。"以学习为中心"的构建主义学习环境中常用的自主学习有围绕"支架式"的自主学习、围绕"抛锚式"的自主学习和围绕"随机进入"的自主学习。根据学习目标的不同选择不同的方式，对学习者的自主学习作不同的设计。

3. 远程学习支持服务设计

CD-ROM 学习和网络学习两部分均要进行远程学习支持服务设计。为了克服学习者由于长期传统学校教育经验背景下形成的依赖于集体学习的习惯，以及所带来的对于远程学习方式的不适应，CD-ROM 学习部分要有比较详细的对远程自主学习进行指导的详细指南、课程学习目标；课程学习的重点、难点指导；如何控制学习过程，有效地分配学习资源和时间。通过软件的网上学习部分提供与学习内容相关的远程信息，如在何处注册、主持教师的电话和 E-mail 地址、面授辅导信息等；作为远程教育系统，应根据学习者需要，在网络学习部分要有相应的设计，对学习方法、学习技巧进行指导，以及相关鼓励、支持、咨询、帮助等。

4.4 远程教育教学系统开发平台设计的决策

4.4.1 远程教育教学系统开发平台的设计

1. 远程教学系统开发存在的问题

远程教育教学系统设计的目的是围绕远程教学设计，开发出远程教育多媒体教学软件（即课件）。就目前而言，远程教育的教学系统开发平台，虽然各种开发工具纷纷涌现，在实际工作中也起到了一定的作用，如视频采集、文件格式转换等，但由于种种原因，这些开发工具的功能往往不尽如人意，实际使用效果也远未达到教学的要求，许多院校仍然在进行着大兵团作战，手工工作仍然占有相当大的比例。如果说网络远程教育是一种以高科技为载体的教育，那么，目前的流行做法与理想的开发方式相距甚远，主要原因在于以下几个方面。

（1）网络课件与课程的整体策划相分离。目前流行的课件制作工具中，或着重于教师授课过程的视频和音频采集，或注重于授课内容的展示，而这些素材在一门课的整个教学过程中如何运用，如何对学生学习质量进行影响，如何与辅导和考试相结合，则往往不在考虑的范围内，造成课件是课件，课程是课程，相互关联很少。

（2）制作工具采集的数据没有统一的标准，不能进行有效的大量的资源共享。没有统一标准的数据不易交流。

（3）制作工具采集的素材没有与数据库结合，造成大量资源的闲置和浪费。

这实际上是一个非常致命的问题。未经数据库管理的数据往往是一次性的，其重复使用率非常低，而且需要大量的重复性的工作。不仅大大提高了成本，也使得大量的资源被闲置。这样采集的教学资源不能与学生的学习监控、辅导活动和考试结合起来，也不能与教学教务管理结合起来，大大限制了教学资源所应起到的重大作用，淹没了其潜力。

（4）形式过于单一，普遍意义不大。课程开发工具往往只能一类院校使用，其他类的院校则不适用，推广的意义不大。

（5）采用的硬件设备复杂，要求高。这意味着硬件设备的成本就高，同时意味着对专业人员素质要求的提高。

（6）软件使用不简便。在这种情况下，授课老师很难方便使用这些工具，对教学个性化方面有负面的影响。

2. 远程教学系统开发平台的开发指导思想

为使课件开发高效通用。有必要进行远程教学系统开发平台的开发，我们从综合系统的角度对设计开发平台进行总体设计。定位开发平台不是一个简单的网络课件制作工具，而是网络课程总体的开发，因此必须将网络教育的整体概念融进去。需要考虑到以下几点：

（1）教育的基本规律；

（2）学校文化；

（3）教师的教学风格；

（4）课程的整个教学过程（包括课上学习、课下预习复习、课程辅导、考试、学习质量监控等）；

（5）教学教务管理。

另外，还需要考虑素材采集和使用的结合。这个开发平台既是教学素材的采集入口，同时又是素材使用和管理的出口，是多种功能的综合体。

根据图 4-4 可从下述两个方面来决策远程教学系统开发平台设计。

（1）从教育资源的角度考虑问题。这个开发平台所采集的素材应该是多用途的，必须站在教育资源的高度对素材的采集提出要求。这样，采集下来的素材不仅能用于网络课程，也可以用于课堂教学的辅助性课件，也可以编辑电子书用于出版，也可以进行广泛的交流。总之，通过一次性的采集可以得到多用途的素材和数据内容。

同时，采集的数据必须符合部分标准。符合统一的标准，才能符合教育本身的要求，具有多用性、广泛性、公开性，具有交流意义。还要与大型教育资源数据库紧密结合。通过网络课程的开发，大大积累教育资源数据库的内容，并通过数据库的管理能力将这些网络教育资源与教师的备课、学生的学习、个性化辅导、出试卷、考试、沟通等紧密结合，把现代教育的真正含义体现出来。

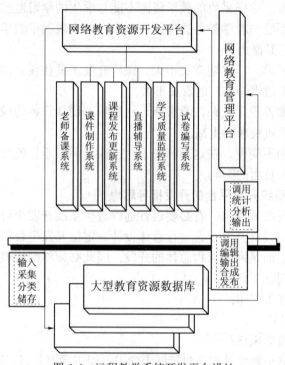

图 4-4　远程教学系统开发平台设计

（2）从简单、易行、适用的角度考虑问题：软件应操作简易而多适用性。开发的平台应该是非专业人员和专业人员都能够使用。非专业人员主要是授课教师。授课教师不必是 IT 行业的专家，也不一定能熟练操作各种软件。因此，非专业人员使用这个平台时，应该能够很容易就会使用，起码经简单的培训后就可以使用。在可能的情况下，授课教师应该可以自己使用这个软件进行素材和数据的采集而不需要他人的帮助。专业人员是专门从事网络教育技术工作的人员。这个平台应该能够为他们提供比较高端的工具，从事专业的工作。

硬件条件要简单，便于准备。如果硬件条件复杂，不仅通用性差，而且制作的成本就会增大，增加负担。

4.4.2　远程教育教学系统开发平台的系统功能

网络教育资源开发平台应由六大系统组成，分别为：教师备课系统、课件制作系统、课程发布更新系统、直播辅导系统、学习质量监控系统和试卷编写系统。

此平台将课程看作一个整体，功能覆盖了教学资源的开发和使用两大方面，其中特别注重了教学资源的多用途和重复使用的问题。上述六大系统的支持体系是大型网络教育资源数据库，其中，所有采集数据的元数据输入均在各个系统的后台并且符合教育部颁发的有关标准，这样可以减少操作人员不必要的大量重复性工作。

1. 教师备课系统

该系统主要用于教育资源的采集，使用者以授课教师为主，目的是给授课教师和相关人员提供一个教育资源采集和制作的工具。该系统主要是教育资源数据库的入口，同时也兼有出口的作用。

（1）考虑因素

简单性。界面清晰，操作简单，简便易学。非专业人员不需要大量的培训就可以独立操作。

使用的技术手段须结合常用软件。采用的技术手段和常用的软件与 Word、PowerPoint 类似，操作过程也相仿，做到能够使用 Word、PowerPoint 软件，就可以使用本软件。

能适合多种素材的采集。采集的素材范围包括文本素材、图片素材和多媒体素材等。

（2）主要功能（如图 4-5 所示）

① 文本输入。该功能是为保证授课教师和相关人员在没有文本素材的情况下使用。它能够进行文字输入，文字可设置字体、字号、斜体、加底线、灰底等；可以输入中文、英文，支持 Windows 系列携带的文字输入软件；与 Office 和 WPS 的使用方式基本类似。

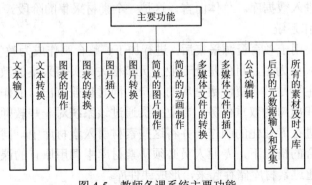

图 4-5 教师备课系统主要功能

② 文本转换。该功能主要用于授课教师已经具有自己的文本素材的情况。可将教师原有的 Word、PowerPoint、txt 等文本转换成系统需要的文本格式，如 html 等。

③ 图表的制作。可调用图表制作软件制作图表。

④ 图表的转换。可对原有的图表文件进行格式转换，转换成系统支持的格式。

⑤ 图片插入。在文件支持的文本中插入图片。

⑥ 图片转换。可将原有的图片转换成为系统支持的格式。

⑦ 简单的图片制作。可制作简单的图片，包括线条、简单形状、色彩、底纹等。

⑧ 简单的动画制作。通过系统内部动画素材的组织和编辑，形成简单的动画效果，达到教学要求。

⑨ 多媒体文件的转换。对原有的多媒体文件进行格式转换，形成系统支持的文件格式，包括音频、视频以及其他多媒体文件等。

⑩ 多媒体文件的插入。具有在文本素材中插入多媒体文件的功能。

⑪ 公式编辑。可进行数学、物理、化学、生物以及乐谱等公式的编辑。

⑫ 后台的元数据输入和采集。通过人机对话的方式，采用后台的方法，记录所有数据的元数据，并将这些数据分类入库。

⑬ 所有的素材及时入库。素材入库可在局域网中进行，随时入库，也可离线操作，一次性入库。这样，教师在不同的工作地点均可以进行备课工作并可随时调用已经准备好的素材完成课件的制作。

教师备课系统的使用对象主要是教师，因此，力求简单易学，同时在技术上尽量为教师提供体现教学风格的条件，对硬件没有过多的要求，只限于标准机型就可以了。目的就是将教师准备好的所有教学素材都通过技术的手段整合成系统支持的格式，进入数据库。总体而言，这是一个素材采集的阶段。

2. 课件制作系统

该系统主要用于教育资源采集后，进行加工、整合制作成为教学服务的课件。使用者以专业人员为主，目的是让专业人员和相关人员将采集的教育资源制作成课件。该系统主要是教育资源数据库的入口，同时也兼有出口的作用。该系统兼有素材库入口和出口的双重任务。专业人员通过该系统对一些教师不能完成或完成不好的素材进行专业化的制作，并将这些素材引入素材库中，同时在对所有课程素材进行整合的情况下，专业人员必须从素材库中调用原有的课程素材，完成课程的整合并通过素材库储存起来，形成课件库。

（1）考虑因素

①　专业化。由于此系统供专业人员使用，因此重点放在素材和课件的专业化制作水平上，简便易学的问题就有所忽略。

②　全面性。在此系统中，应该能够完成目前网络课程所需要的各种要素。

③　工具化。此系统担负着课程视频和音频素材的同步采集，同时对文字素材进行同步整合的工作。

（2）主要功能

①　视频素材的同步采集这是该系统的一个重要功能。网络课程需要具备上课的氛围和环境，需要教师的视频和音频，这就要求一个专业的工具来进行采集。由于每个教师都有自己上课的特点和风格，如何体现教师独有的东西就需要该系统慎重考虑。在该系统中，要求不对教师上课的过程有过多的干预，最大限度采集到教师平时上课的音容笑貌。因此该系统考虑教师通过简单的培训就可以自己进行视频素材的采集。视频采集的技术方式可以是复杂的，也可以是简单的。复杂的方式如模拟摄像头＋视频采集卡，简单的如 USB 口数字摄像头。该系统应该同时支持这两种方式。一般讲，第一种模式效果较好，但要求和成本都相对高一些。第二种方式简便易行，成本非常低，也适合在教师所在的位置进行视频素材采集。

②　音频素材的同步采集。音频素材的采集方式与视频基本相同。

③　视频和音频素材的格式转换。教学过程中，教师可能都有一些已经采集好的视频和音频素材，但素材格式不能应用于该系统。该系统提供格式转换的功能，则可将这些素材进行格式转换。

④　视频素材和音频素材的调用。有些已采集好的视频和音频素材可直接进行调用，进行素材集合。

⑤　与视频和音频采集同时进行的文字同步整合。这是本系统非常重要的一个功能。在视频和音频素材采集的同时，将原已准备好的文本文件的内容直接与视频和音频素材整合，形成素材群。素材群具有教师的授课视频和音频，同时又具有教师授课的文本内容，在采集的过程中，自动记录知识点并将知识点作为超链接排列在素材的某一位置。这样的素材群在远程教育中，可称为课件或课程。文本格式一般为 PPT，也可以为 Word。视频和音频素材在采集的同时进行压缩，直接生成压缩格式，同时根据需要导出一路不同压缩比例的流。

⑥　与视频素材和音频素材调用同时进行的文字同步整合。

其功能与上一项功能类似，只是将视频和音频素材的适时采集变成了调用已有的视频和音频文件。

⑦　整合好的素材群存入素材库。这是今后整合成为课程的重要步骤。

⑧ 有良好的课程界面模板库。系统应具备大量适合于不同专业、不同课程的课程界面模板，供灵活选择。

⑨ 可对界面进行修改、调整。界面库的界面可以修改、调整、增加。

⑩ 可制作专业图片。通过调用专业图片制作软件，对课程中需要的图片进行制作、整理修改和图片的编辑。

⑪ 可制作专业动画。通过调用专业动画制作软件对课程需要的动画进行制作，对原有动画进行修改、编辑。

⑫ 可进行文字编辑。可以实现文字编辑的所有功能。

⑬ 可以进行公式编辑。

⑭ 可在课件素材中插入视频、音频、动画、图片、文字等内容。通过该系统，将准备好的视频、音频、动画、图片、文字等插入到需要的位置并可进行调整。

⑮ 对所有数据进行元数据记录。以上所有的基本数据均以后台的方式作元数据记录并可储存至素材库。

3. 课程发布更新系统

顾名思义，课程发布更新系统是为课程的最终形式和发布设计的。

（1）考虑问题

① 课程组织的灵活性。

② 课程形成的最后两种版本。

③ 课程内容更新和修改的灵活度。

（2）主要功能

① 灵活组建课程。通过大型素材数据库功能，以结构的方式组成课程。需要说明的是，大型素材库应与整个教学管理平台结合，将其统计的数据与素材库中的数据进行全面分析，若结合的好，可根据学生的个性要求，形成个性的课程组合。这个难度要大一些，需进一步研究。

② 发布至服务器。

将课程通过专线发布至托管服务器，实现在网上开课。

③ 制作光盘。

最后的课程载体有两种方式：网上课程和光盘版课程，这主要适合我国现有国情条件。该系统提供制作光盘版课程的功能。

④ 随时更新内容和修改内容。

教育的灵活决定了其更新和调整的内容比较多。本系统调用课件制作系统，及时提供更新和修改的内容。为了有效地更新，需对课程的基本单元作一定义。我们认为，课程的最小单元应该是知识点，而知识点的确定应是授课教师的工作。

一般来讲，知识点的确定不宜过大，如一章确定为一个知识点；也不宜过小，如节下三级问题为一个知识点。最合适的，一节课以下的时间为一个知识点，比如一节课内有两三个知识点。这样，在更新、修改方面，只需要处理知识点即可，不需要整个课程的反复。

4. 直播辅导系统

要形成一门完整的课程，没有及时的辅导是不行的。但在目前师资匮乏的情况下，远程教育的及时辅导似乎成为一种奢望。该系统能够部分地解决问题。远程交互过程中，实时辅导会受到许多外部条件的制约。

（1）考虑问题

① 信息传输的同步问题。

② 信息传输的带宽限制问题。

③ 分散教育与集中教育的问题。

（2）主要功能

① 实时视频。该系统应可实现实时的视频传输（通过宽带或不低于 36.6 kbps 的窄带），适时将视频文件采集、压缩和传输。使学生端能够看到教师授课的情景。如果学生端也具有视频采集压缩系统，则可实现教师端与学生端的交互视频体系。这样的体系，既可解决集中辅导的问题（学生端可以是一个授课站点），也可解决教师与个别学生间的个性化辅导问题（这方面还要考虑教师的职能和教学的组织）。

② 实时音频。带宽比较窄的区域则可以实现音频的实时授课，其他方面与视频相同。

③ 实时白板。辅导需要提供一定的教学内容，显示一些背景资料，对于理工科的课程而言，还需要推导和写写画画，通过网络电子白板，实现实时写写画画，实时推导公式，实时显示图片、网页、动画或者音频文件。

④ 实时制作课件。在进行实时辅导的同时，导出一路视频（或音频），进行采集压缩，与文本文件整合，实现实时的课件合成。

5. 学习质量监控系统

确切地说，该系统并非一个独立的系统，它是渗透在教师备课系统、课件制作系统，试卷编写系统以及教学管理平台系统中的一个系统。该系统的基础是点，由点出发，记录、统计、分析，形成结果进行反馈。

（1）考虑问题

① 多系统结合问题，特别是与教学管理平台的结合问题。

② 记录、统计、分析的功能分配问题。

（2）主要功能

① 记录统计功能。记录学生的学习进度（翻阅课件的位置）、作业完成情况、考试完成情况、在虚拟校园活动情况等，并做出相应统计。记录统计功能分为在线和非在线两个方面。在线的比较好理解，只要在网络上，就可以进行记录和统计。该系统还应能够实现学生非在线条件下学习质量的监控，并及时将监控数据传送到数据库。

② 分析功能。通过数据库对上述学生情况的统计进行分析、比较，提出学生学习质量报告。报告可由任课教师、学生本人、网管人员三方面审阅。报告主要的指标方向有学习进度的快慢（根据教学计划）、学生对知识点的掌握情况、学生考试结果、相关教学活动的参与多寡等。

③ 反馈功能。将统计分析结果直接反馈给学生本人、任课教师。教师对出现学习问题的学生进行个性化的辅导，如指出掌握不好的知识点，通过数据库自动提供相关知识点的练习等。

④ 课件重组功能。根据学生学习质量的监控，可以对现有课件进行个性化的课件重组，使学生集中精力学习新的知识。该功能目前在培育中，应该可以得到广泛的使用。

6. 试卷编写系统

与前五个系统比较，试卷编写系统相对独立，但从学习的程序上考虑则是十分重要的一环，是对学习质量控制的重要措施。

（1）考虑问题

① 简易性。使用此系统的人员多是任课教师，他们能否方便简易地操作是关键性的问题。

② 互动性。试题可以一一进行编写，但试卷的编写需要进行互动、筛选。

③ 重复使用性。

（2）主要功能

① 人机对话方式编写试题。可进行所有类型试题的编写，如选择题可单选也可多选。

② 人机对话方式编写试卷。可在编写的过程中提供各类试题的试题库备选。

③ 根据条件自动生成试卷这是一个非常理想的结果，但还需要努力。

④ 后台记录每个试题的元数据。

⑤ 可选择的试卷模板。

以上介绍的是教学资源开发平台的六大系统，需要说明的是，这六大系统均需与大型教学资源数据库结合，与教学管理平台结合，才能发挥巨大的作用。

思考题

1. 如何理解对远程教育系统结构和功能的分析？
2. 简述远程教育系统的主要子系统及构成要素和主要功能。

第 5 章

远程教育系统的实现

一个功能完善的远程教育系统离不开现代化的通信网络和日新月异的信息处理技术。从技术角度来看，远程教育系统是建立在通信技术、计算机技术、计算机网络技术、多媒体技术和 Internet 等高新技术基础之上的多媒体应用系统。远程教育涉及的关键技术主要有多媒体通信技术和多媒体信息技术两大类。在这一章中我们将对远程教育的系统构成、业务特点、涉及的关键技术以及如何从系统的角度来规划和设计远程教育系统等问题进行说明。

5.1 系 统 构 成

简单地说，远程教育系统主要由三部分组成，即通信网络、终端设备和教学资源。通信网络和终端设备构成了远程教育系统的硬件支撑环境，而教学资源是远程教育的软件系统。通信网络和终端设备都是为学生获取教学资源服务的。

如图 5-1 所示，通信网络位于远程教育系统的中心，它将位于不同地方的终端设备连接起来，使它们之间能进行通信和信息共享。通信网不仅可以将独立的终端设备连接起来，还可以将分散的相对独立的子网连接起来。比如用网络将同一个学校位于不同地点的分校连接起来。这样各个分校不仅可以访问本地校园网上的信息，还可以方便地访问其他分校的信息，实现资源共享。根据远程教育系统规模和覆盖范围的不同，可以将通信网按照网络规模划分为：

局域网 LAN（Local Area Network）；

城域网 MAN（Metropolitan Area Network）；

广域网 WAN（Wide Area Network）。

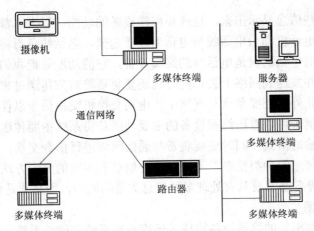

图 5-1　远程教育系统的硬件系统结构

　　不同的网络规模有不同的实现方法。多媒体终端设备可以对教学活动中的视频、图像、音频等信息进行加工处理，然后通过网络传送给别的终端。由于网络终端设备直接与网络相连，不同的网络需要有不同的终端设备与之匹配。教学资源是远程教育系统的核心内容，远程教育系统通过丰富的教学资源向学生传授知识。建立远程教育系统的目的就是要实现教学资源的共享。教学资源中的教学课件通常要经过精心的制作，然后以适当的方式在远程教育系统中发布。比如可以用多媒体信息的形式保存在某些服务器上，网上的任何用户只要有相应的权限均可以访问，也可以以实时音频、视频流（流媒体）的方式在远程教育网上进行广播或供学生点播。

1. 通信网络

　　同任何一个普通的通信系统一样，要建立一个远程教育系统首先必须有网络的支持。网络的主要功能是将信息由本地传送到远端。远程教育使用的网络与普通的网络（比如电话网络）有很大的不同，要开展远程教育，它所使用的网络必须是宽带的多媒体网络。所谓的宽带多媒体网络意味着网络不仅带宽要宽，而且要能够支持多种媒体的应用。这是因为，为了保证教学的质量和效果，学生在学习时不仅希望能看到普通的文字、图形信息，还希望能看到精心设计的动画，听到教师的声音同时看到教师的形象，也就是说在远程教育网中传送的信息的类型不仅有文字、图形，还有动画、声音和图像。传送图像、声音和动画需要很宽的带宽，因此远程教育的网络系统必须要有足够宽的带宽。

2. 终端设备

　　事实上网络本身只是负责将信息传送到远端，信息传送到远端后必须要有相应的设备将这些信息显示出来，这就是终端设备的功能。以大家都很熟悉的电话为例，每一部电话机都由电话线与电话局连接起来，电话线负责将我们说话的声音传送出去，而电话机就是电话网的终端设备，它的功能是把我们的声音信号转换为电信号，并发送到网络上去，同时它还要负责将对方传送过来的电信号转换为声音信号，此外它还要负责与网络中的电话交换机交换信令以保证通信的顺利进行。从这个例子可以看出终端设备的主要功能是将系统中要传送的信息转换为适合于网络传输的格式，同时还要负责与通信网络进行信令交换。因为远程教育系统中传送的信息的种类很多，不同种类的信息有不同的显示方法，所以远程教育系统的终端设备必然要具有处理多种信息类型的能力，即必须是多媒体终端。

3. 教学资源

通信网络和相关的终端设备构成了远程教育系统的硬件系统，为开展远程的教学提供了硬件保障。但要构成一个真正的远程教育系统，还必须有丰富的教学内容，也就是说还需要将教学内容用多媒体技术表现出来，使学员容易接受，这才能实现教学的目的。目前远程教育系统存在的一个普遍问题是：远程教育系统的硬件系统很先进，但却没有实际的内容，造成了资源的浪费。而事实上通信网络和多媒体终端设备仅仅是教学的手段，远程教育应该充分利用这些手段，将枯燥乏味的教学内容用多媒体的手段表现出来，将抽象的概念用生动形象的动画来表现，使学生更容易接受、更容易理解，从而激发起学习的兴趣以提高学习效果。

5.2　业　务　特　点

要建立一套网络系统，必须了解该网络系统的业务特点，这样才能有的放矢，具有较强的针对性。我们知道电话网的主要业务是话音，有线电视网中主要业务是电视节目，而计算机互联网中主要的业务是数据。那么远程教育系统的主要业务是什么呢?很显然，在远程教育系统中的业务包括有语音、视频和数据，也就是说在远程教育系统中不仅要能传送教师授课时的声音、图像，还要传送相关的数据，比如教师在上课时使用的电子教案等。事实上一个网络所需要承载的业务对于网络采用何种传输技术、交换技术有重要的影响。比如说，电话网主要承载话音业务，采用电路交换技术可以使网络的时延很小，满足人们自然交互的要求；而计算机互联网主要承载数据业务，采用分组交换技术可以提高电路的利用率。

在远程教育系统中主要的媒体类型有：文本、图形、图片、动画、实时数据、声音和活动图像。不同媒体具有不同的特性，对网络和终端设备有不同的要求。在所有这些媒体中，传送文本所需要的网络带宽比较窄、实时性也不是很高，活动图像所需的带宽最大，实时性要求也最高。通常情况下，如果在网上进行普通的以文本为主要内容的浏览操作，文本的传输速率通常需要每秒几千比特，如果需要下载数据，显然速度是越快越好。如果我们希望在远程教育系统中传送教师的声音，通常情况下需要 64 kbps 左右的速率；而如果我们在远程教育系统中需要将教师在电子白板上书写的同时将白板上的内容以数据形式发送出去，那么通常要求 100 kbps 以上的传输速率才能达到"随写随传"的效果。至于活动图像，其变化范围非常大，目前最低可以到 22 kbps，最高可以到达 6 Mbps 以上。也就是说在远程教育系统中要传送的信息既有实时性要求高的声音和活动图像，又有实时性要求不高的普通文本，信息的传送速率在每秒几千比特至每秒几兆比特之间变化，这使得远程教育系统中的业务呈现出了自己的特点。总的来说，远程教育的业务特点主要有：

1. 集成性

在远程教育系统中需要传送多种媒体的信息，如视频图像、文本数据、音乐、语音及图形动画等，并且需要具有对这些媒体进行处理、存取和传送的能力。

2. 宽带性

在远程教育系统中既有传输速率相对较低的数据、静止图像，又有传输速率较高的活动图像和音频信息，所以业务的传输速率高而且变化范围大。

3. 交互性

在远程教育系统中的业务需要具有交互性。也就是说通信系统必须能以交互方式进行工作，而不是简单地单向、双向传输或广播。因此它必须能实现点与点之间、点与多点之间多媒体信息的自由传输和交换。如果需要，信息的传输和交换还需要能做到实时进行，多媒体终端用户对通信的全过程要有完整的交互控制能力。

4. 同步性

由于远程教育中的各种信息是通过网络来传输的，信息在网络中传输时存在着时延和时延抖动，不同的媒体又有不同的特点，如何在经过网络传输后保持它们在时间或事件之间的同步关系是多媒体通信中需要解决的问题。比如在传送视频信息时，就需要保证图像和伴音的同步，否则就会出现口型与声音不同步的问题，影响视频传输的质量等。远程教育的业务特点决定了远程教育系统对通信网络和终端系统的要求。

5.3　远程教育系统功能

远程教育系统是建立在现代通信和信息处理技术基础之上的应用系统，也就是说从技术的角度来看远程教育本身并不是一种新的技术，而是直接利用现有的通信与信息处理方面的先进技术来实现最终的教育目标。到目前为止，在通信和信息领域内的新技术几乎都可以在远程教育系统中找到自己的用武之地。比如千兆路由器可以用于建立高速以太网，为远程教学服务，信息处理领域的虚拟现实技术可以用于远程教育系统的网上实验等。至于一个实际的远程教育系统中到底需要使用哪些技术，应根据系统需要具有的功能来确定。

从功能上说，远程教育系统通常是由"运行子系统"（也称"教与学子系统"）、"后勤子系统"和"管理子系统"组成，其核心功能是"运行子系统"即"教与学子系统"。一般说来"教与学子系统"是利用现代通信和信息处理技术来实现远程教育功能的，远程教育的功能即为"教与学子系统"的功能。

"教与学子系统"的功能由多个功能不同的模块或子系统构成的。图 5-2 中给出了"教与学子系统"中常见的子系统。这些不同功能的子系统在远程教育活动中起着不同的作用，通过它们之间的相互配合、相互补充以实现远程教学的目的。总的来说，一个远程教育系统的"教与学子系统"通常应该包括以下几个主要的子系统：教师授课系统，学生自主学习系统，答疑系统，作业与考试系统和教学教务管理系统。

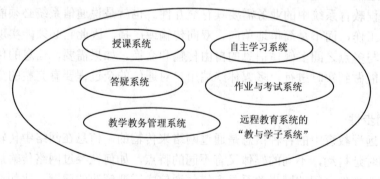

图 5-2　"教与学子系统"的功能模块

1. 教师授课系统

教师授课系统的功能很明显就是通过教师的现场讲授来向学生传授知识。这种教学方式的优点是临场感强，学习效果好。如果有网络支持，学生和教师还可以在授课的同时进行交流，进一步提高教学效果。根据授课系统中教师和学生是否能够进行交互还可以将该系统进一步划分为双向系统和单向系统两类。在双向系统中学生不仅能看见老师的图像，听到老师的声音，而且老师也能看见学生的表情，向学生提出问题并听到学生对问题的回答。由于在教学过程中教师与学生能进行交流，因此教师根据学生的表情可以随时调整自己讲课的速度，而学生也可以随时提出自己的疑问，相当于将传统的面对面地授课方式从教室搬到了网上，符合人们通常的学习习惯，具有很好的学习效果。当然，要建立这样的系统就要求在教师和学生之间要有双向的通信系统来支持。另一种方式是单向广播方式，这种方式类似于电视节目的现场直播，虽然学生能听到教师上课的声音并看到教师的图像，但教师却无法看到学生的图像和声音，也不能与学生进行交互。但这种方式的特点是系统覆盖的范围可以很大，并且由于只需要单向的通信系统，网络建设的费用相对较低。在现有的远程教学系统中，教师授课系统的实现方法主要是视频会议系统和视频广播两种方式。

2. 学生自主学习系统

学生自主学习系统的功能是学生利用远程教育系统中的教育资源进行自主学习，也是远程教育系统区别于普通学校教育的一个重要方面。虽然教师授课系统教学临场感强，学习效果较好，但对学生而言，如果希望听课，必须在指定的时间才能参加听课，还存在时间上的限制，学习方式还不太灵活，并且某些远程教育系统很可能由于经费或是网络环境等方面的原因没有建立教师授课系统，那么为学生提供自主学习的方式就显得非常重要。现在已经开通的远程教育系统几乎都包含了学生自主学习系统。自主学习系统通常是由教师或专业人员将教学内容精心制作为多媒体形式的电子教材，称为课件，然后放在专门的服务器上，学生随时随地可以通过网络来访问这些电子教材，实现自我学习的目的。这种多媒体教材的突出特点是多媒体和交互性，也就是说学生在学习过程中不再是书本上枯燥的文字和图表，而是由精彩的画面、动画以及声音、图像所表现出来的知识内容，使学习过程变得轻松、有趣。比如大学物理中的有关多普勒效应的基本概念，多普勒效应的物理含义是物体发出的声音的频率会随着物体的相对运动速度的不同而不同。用多媒体教材来讲述这个内容时，学生可看到一段飞机从我们头上飞过时的电影片段，当飞机离我们越来越近时我们听到飞机轰鸣的声调会发生很大的变化，这就是因为飞机在相对于我们高速飞行，所以我们听到的频率会发生变化。这样通过很短的一个音频、视频片段就能将一个抽象的物理概念阐述清楚。更重要的是学生在学习过程中并不是被动的看、听，还可以参与实际的操作，与教学内容进行交互。比如在学习大学物理中光的衍射现象时，学生可以用鼠标改变小孔的尺寸，当光照射到小孔上时可以很明显地看到不同小孔尺寸下的衍射现象。目前学生自主学习系统几乎都以 Internet 作为网络平台以方便学生访问。

3. 答疑系统

答疑系统是构成远程教育系统的一个重要部分。它的主要功能是对学生在学习过程中遇到的问题进行解答，同时对学生的学习效果进行跟踪检查。在普通学校的班级授课教学系统中，学生之间的年龄和知识程度很相似，教师和学生也能经常地进行面对面地交流，所以学生在学习过程中如果有疑问，可以随时与同学或教师讨论，而远程教育的一个重要特点是教师与学生是分离的，学生与学生也可能是分离的。这就要求远程教育系统中必须要有相应的答疑系统来解决学生的疑问，实现学生与学生、学生与教师之间的讨论。在现有的远程教育系统中答疑系统通常是利用 Internet 上的 BBS、E-mail 或聊天室来实现的。

4. 作业与考试系统

作业与考试系统的主要功能是负责学生作业的布置、提交和批改以及学习效果的测试。在现有的远程教育系统中，作业与考试系统基本上都是建立在 Internet 基础上的，比如用 E-mail 来完成作业的布置、提交，用 WWW 系统实现网上的在线测试等。

5. 教学教务管理系统

除此之外，远程教育系统通常还有相应的教学教务管理系统。它们的功能是对学生的注册、缴费、课程设置等进行综合管理。在现有的远程教育系统中很多都不是完全开放的，只有注册的学生才能自由使用教育资源，为此系统必须要有相应的功能模块对学生的身份进行认证，并对他的学习活动过程进行跟踪。比如对学生在什么时间学习过什么内容，在线测试的成绩如何等信息进行统计，以便了解学生的学习情况，指导学生更好地学习。

5.4 涉及的关键技术

为了实现这些在远程教育中起不同作用的功能模块，在远程教育系统中使用了大量的现有技术，下面简单地介绍这些关键技术。

1. 音频、视频压缩编码技术（audio-video signal compression technology）

音频、视频压缩编码是一种信息处理技术。是信息论中的通信编码理论与计算机图像处理、声音处理相结合的用于多媒体系统的综合技术。早在 20 世纪 50

年代人们就开始从事音频、视频压缩编码的研究工作。压缩的目的是在网络带宽或存储空间一定的条件下提供最优质的图像和声音，或是在同等图像、声音质量条件下尽可能地减少所需的存储空间或所需的网络带宽。目前人们在音频、视频压缩编码方面已经取得了很多的成果，并有成熟的应用技术和相应的国际标准。

　　音频、视频信号的压缩编码技术在远程教育系统中的应用范围非常广泛。比如在 Web 页面中的 JPEG 格式的图像就是根据图像压缩的 JPEG 标准来进行处理的。处理后的图像文件通常只有原始文件大小的十几分之一，可以大大减少图片下载的时间。目前在很多 WWW 网站上的音乐节目都采用了一种称为 MP3 的格式，它们的声音质量接近普通 CD 质量，而文件大小却小很多，这使得高质量的音乐在网上播放成为可能。这种文件格式之所以被称为 MP3 是因为它使用的音频压缩方法是 MPEG 音频编码第三层中规定的内容。更为重要的应用是活动图像及其伴音的处理与传输，比如在实时授课系统中用于对图像和声音信息进行压缩处理，减少对网络带宽的需求。同时，由于音频、视频信息是远程教育系统中非常重要的媒体，音频、视频压缩编码质量的好坏直接影响着学生的视听感受，对激发学生学习兴趣有很重要的作用。

　　此外，音频、视频压缩编码还与远程教育的网络密切相关。不同的网络有不同的带宽、延迟和交换方法，为了保证音频、视频信息在不同的网络平台中正常传输，必须根据网络的特点采取不同编码方法。

2. 网络技术

　　网络是开展远程教育的基础。虽然现在我国已经建成了以电信网、无线与有线电视网和计算机互联网为代表的三大网络系统，但由于历史的原因，这三大网络都是针对各自业务特点而分别建立的，对于远程教育而言，其各有优势和不足，任何提高现有网络的技术性能和开发新的网络应用将成为网络技术今后研究的方向。

　　电信网是我国目前规模最大，技术最先进的网络。电信网的传统业务是速率为 64 kbps 的话音业务，而目前非话业务的比重在逐渐加大，应用领域不断扩大。目前我国电信网干线带宽已经很宽，覆盖范围非常广泛，足以满足远程教育的带宽要求，但由于电信网涉及的传输技术、交换技术不仅种类繁多、而且层次复杂，各种各样的术语名词常常让人感到眼花缭乱，无所适从，在 5.6 节中我们将对如何利用电信网来建立远程教学系统进行详细的描述。

　　有线电视网的主要业务是电视信号的传送，由于采用同轴电缆作为传输媒介，信道带宽很宽，能满足远程教育的带宽要求，但目前有线电视网在传送电视节目时采用的是广播方式，网络的拓扑结构是树状结构，信息流向是单向的，不具备交互的功能，不能满足远程教育对交互性的要求，如何利用现有的有线电视网来建立远程教育系统，以及如何对现有的网络进行改造使之具有远程教育所要求的交互性将在 5.6 节中进行讨论。对于采用开放广播方式的无线电视系统来说，在小范围内它通过无线广播来实现电视信号的传送，该节目最终也将通过有线电视网络送到用户家庭。而当需要覆盖全国范围时，通常要借助于卫星来实现。

计算机网中主要业务是数据业务，实时性要求不高。由于采用分组交换技术，提高了网络的利用率，但这也使得信息通过网络的时延和时延抖动比较大，这对普通的数据传输可能没什么问题，但对于视频和声音这类实时性要求高的业务来说就不太适合了，必须采用新的协议如 RTP/RSVP 和新的技术手段来保证实时业务的传送。计算机网络还有另外一个特点，那就是它本身是依靠电信的基础网络将分散的 LAN 连接为一个庞大的 WAN，远程教育系统中如何利用电信网络将分散独立的网络连接起来实现资源共享也是我们在 5.6 节中要讨论的内容。

由此可见，对于远程教育而言，每个网络都有自己的优势，同时又有自己的不足，系统方案设计时如何尽可能地扬长避短以满足远程教育系统的需求就显得非常重要。

3. 接入技术

接入技术所关注的问题是普通个人或企业用户如何与远程教育系统连接，以便能获取远程教育系统中的教育资源。由于在远程教育系统中的信息以多媒体信息为主，通常情况下数据量比较大，对于与骨干网直接相连的用户来说获取这些信息可能很容易，而对于绝大部分的普通学生来说，接入带宽的大小直接影响学习的效果。

美国斯坦佛大学曾尝试了一个称为 Global Seminar 的远程教育实验,实验教学的教材包括有文本、图形和音频。虽然有 110 多个国家的 2 000 多名学生登记入学，但最终只有三分之二的学生坚持下来。主要原因是网络的接入速率太低、服务质量不好，使学生无法忍受。

在我国，这方面的问题更加突出，目前我国的家庭用户大多是用 Modem 拨号来接入 Internet，如果只是浏览文字网页，速度似乎还可以忍受，但如果要参与学习，上网速率显然就不够。通常情况下一门课程学习时间会在十几个小时以上，比如 Microsoft Windows NT 操作系统的培训课程时间在 20 小时左右，并且包含有教师的图像和声音，加上我国的上网费用远远高于发达国家，而居民收入又比发达国家低，在现有的上网条件下绝大部分人很难坚持下来。在这种情况下如何提高用户的接入速度，对于远程教育是否取得人们预期的效果有很大的影响。

4. 视频会议技术

视频会议是一种以传送音频、视频为主的通信业务。利用视频会议系统可以在两个或两个以上地点实时传递点对点或一点对多点的活动图像和声音，还可以传送文件、图表、照片等数据信息。利用视频会议系统能将彼此相隔很远的多个会议室连接起来，使各方与会人员不仅可以听到声音、还可以看到图像，可以"面对面"交谈。

由于视频会议的业务能力刚好满足了远程教育系统中教师和学生实时交流的需求，因此在远程教育系统特别是实时授课系统中得到了广泛的应用。应用的一般方法是：在学生相对密集的地点建立多媒体的听课教室，在教师授课地点建立授课教室，然后利用成熟的会议电视系统将这些位于不同的地点的多媒体授课和听课教室连接起来。当教师在授课教室授课时，教师的图像、声音和相关的数据信息以及各个教室内学生的图像和声音都送给一个称为多点控制单元的设备，该设备将教师的图像声音送给各个多媒体教室，这样各个听课教室里的学生就能看到教师的图像并听到声音。当某个教室的学生需要提问时，多点控制单元会将该教室的图像和声音送给教师，这样教师也可以看到学生的图像和声音，并与学生进行面对面地交流。在此过程中，教师还可以控制远端教室内的摄像机的动作比如平摇、俯仰、镜头的推进、聚焦等，以便能看清教室内的每个学生。

当然，远程教育系统中使用的视频会议系统与普通的视频会议电视系统还有一定的区别。最主要的区别表现在数据通信方面。普通的会议电视系统虽然也具有数据功能，但其功能不是很强大。在远程教育中，由于教师在上课时通常要使用课前就已经制作完成的电子教案，比如用 PowerPoint 做的幻灯片，在上课时可能还要使用电子白板（其功能类似于普通的黑板）来进行板书，还要用视频展示台来展示某些照片或实物，这些信息（比如 PowerPoint 幻灯片）如果被当作视频信号来传输，由于视频信号要经过压缩编码，在接收端就会变得模糊而影响效果，所以这些数据通常都要求以数据的形式实时地发送到各个教室，这样就对系统的数据传送能力提出了更高的要求。所以说远程教育中的视频会议系统既基于传统的视频会议系统，又高于普通的视频会议系统。

5. 基于 IP 的信息发布技术

IP 网上的信息发布技术是远程教育系统中应用最为广泛的技术之一，它同视频会议系统相互配合、相互补充，共同完成远程教育系统的教学资源发布。我们知道视频会议偏重于实时的"面对面"交互，但由于学生还必须在指定的时间到指定的地点去听课，因此对学生来说，还缺乏灵活性和自主性，而 IP 网的信息发布技术刚好填补了这方面的不足，并且越来越成为远程教育的发展趋势。

基于 IP 的信息发布技术有很多种，与远程教育密切相关的主要有以下几种。

（1）Web 技术。WWW 是 Internet 的基本功能之一，它以 HTML 格式的 Web 页方式提供信息，用户只要用普通的 IE 或 Netscape 浏览器就可以浏览信息。早期的 Web 页面是静态的页面，用户只能在一个一个的静态链接之间跳转。现在随着浏览器对动态 HTML（DHTML）的支持，Web 页已经改变了过去静止不变的特点，变得丰富多彩。此外 JavaScript 的日益普及也为传统的 Web 页面注入了新的活力，它使得用户不仅可以浏览网页，还可以与网上的内容进行交互，网页上的连接也不再是静态连接，它能根据用户的不同需求进行动态的链接。

现有的远程教育系统无一例外地都使用了 Web 技术。最简单的应用就是利用 Web 技术在远程教育系统内发布与教育活动有关的信息，比如通知、通告之类的信息。更多的应用是发布多媒体的课件，也就是用多种制作手段将教学内容制作成为 Web 方式的页面，学生通过浏览多媒体页面进行学习，这也使得学生在任何时间、任何地点都可以进行学习的愿望得以实现。

（2）广播和组播技术。IP 网上广播和组播技术主要用于在 IP 网上发布以音频视频流为主要内容的信息。由于音频视频流信息的数据量大，带宽比较宽，采用广播和组播方式后，信源只需要提供一个网上所有用户都可以看到的同样的教学节目，这样不仅可以减轻服务器的负担，也可以占用最少的网络资源。广播和组播唯一的差别是组播只有组内用户才可以接收到组播的内容，其他的用户无法接收，而广播的节目网上的所有用户都可以接收到。目前广播和组播技术应用越来越广泛，成为 IP 网上发布信息的新方式。比如春节晚会，中央电视台在向全国电视直播的同时也在 Internet 上进行了现场直播，使很多海外华人通过 Internet 收看到了精彩的节目。

IP 网上的广播和组播技术对于建立在 IP 平台上的远程教育系统是非常有用的。利用这项技术，教师只要在自己的计算机前，面对摄像机就可以进行授课，学生坐在自己的计算机前就可以听教师授课，给学生和教师都带来很大的方便。

（3）流技术（Streaming Technique）。流技术是最近发展起来的一种信息发布技术。它的主要用途也是发布以音频、视频为主的流信息。在流技术出现之前，当 IP 网上要播放音频视频流信息时，人们必须先将这些信息以文件的形式下载到本地计算机上，然后再用相应的播放软件来播放。在流技术出现之后，人们需要播放 IP 网的流信息时不是将其下载到本地计算机后再播放，而是在线播放，也就是边接收边播放，并且用户还可以控制播放的过程，比如暂停、快进等。

利用流技术可以很容易地在远程教育系统实现多媒体点播功能。比如可以将教师上课的过程压缩编码为多媒体流文件，然后放置到相应的服务器上。当学生浏览该服务器上的内容列表后，如果选中了某个感兴趣的课程，那么服务器会将相应的流信息发送给用户。

对远程教育而言，采用流技术还有一个优点就是有利于知识产权的保护。利用流技术，用户可以在 IP 网上点播自己感兴趣的内容，但用户只能在线收看，不可能将内容本身下载到本地计算机上，从而保护了制作者的权益。

6. 数据库技术

远程教育系统使用数据库技术的主要目的是对教务活动和教学资源进行管理。在远程教学系统中使用的数据库主要有两类：关系数据库和多媒体数据库。

关系数据库保存的是对象之间的相互关系。关系数据库中的信息都是格式化信息。所谓格式化信息是指这些信息能够被精确的表示。例如学生的学号、年龄、籍贯等信息。关系数据库利用这些格式化的信息完成库中信息的搜索工作，例如根据学生的学号来查询与学生相关的所有信息。在远程教育系统中，关系数据库主要用于管理方面的工作，包括对学生管理，对教学教务活动的管理等。由于远程教育系统建设的初期投资比较大，教学内容的制作等也需要投入大量的资金，系统的运行和维护也需要资金，因此在通常情况下远程教学系统中的教学资源通常都不是免费的，学员需要通过注册并被授权后才能进入教育系统，使用教学资源。数据库的功能之一就是对学员的身份、账号等信息进行管理。数据库还要对教学教务方面的信息进行管理，例如对开设的课程、课程的安排等相关信息进行管理。

多媒体数据库中保存的对象是多媒体数据，这些多媒体数据既包括格式化数据也包括非格式化的数据。简单地说，非格式化信息如图像、声音和视频信息是指那些很难精确描述的信息，比如人们很难用文字来描述图片的具体内容。同人们常见的关系数据库相比，多媒体数据库具有以下几个特征。

（1）多媒体数据库能够表示多种类型的媒体数据。通常情况下，非格式化数据表示起来比较复杂，需要根据多媒体系统的特点来决定表示方法。如果感兴趣的是它的内部结构，且主要是根据其内部特定成分来检索，则可把它按一定算法映射成为包含它所有子部分的一张结构表，然后用格式化的表结构来表示它。如果感兴趣的是它本身的内容整体，要检索的也是它的整体，则可以用源数据文件来表示它，文件由文件名来标记和检索。

（2）多媒体数据库能够协调处理各种媒体数据，正确识别各种媒体数据在空间或时间上的相互关系。例如，关于乐器的多媒体数据包括乐器特性的描述、乐器的照片、利用该乐器演奏某段音乐的声音等，这些不同媒体数据之间存在着自然的关联，比如表达时必须保证时间上的同步性。

（3）多媒体数据库比传统数据库管理系统更加适合非格式化数据的查询搜索功能。例如，可以对图像等非格式化数据作整体和部分搜索。

（4）多媒体数据库应提供特种事务处理与版本管理能力。在远程教育系统中，多媒体数据库主要用于教学资源的管理。因为在远程教育系统中包含有文本、图形、声音和视频等信息，传统的关系数据库只能保存对象之间的关系，而不能在库中保存多媒体数据本身，所以必须要用多媒体数据库来对这些多媒体的数据信息进行保存。比如说，在传统的关系数据库中，我们可以用关系表示学生的姓名、年龄、性别之类的格式化信息，但如果我们还需要为每个学生保存一张 JPEG 格式的照片，那么传统的关系数据库最多只能在关系数据库的一个字段中保存一个该照片在计算机中存储位置的信息，比如 c：\photo\wang.jpg，它不可能将照片本身作为一个数据保存到数据库中去，在这种情况下就需要使用多媒体数据库。

建立功能强大的多媒体数据库对于远程教育系统的教学内容制作具有非常重要的作用。由于在多媒体教学内容的制作过程中，根据教学内容的需要，教师可能需要使用很多的音频、视频或动画之类的媒体来表现教学的内容，如果有一个海量的多媒体素材库，那么教师就可以很容易地在库中找到自己所需要的内容，反之则需要花很多的时间去寻找自己需要的内容，这样就会分散教师的精力。

7. 多媒体课件制作技术

所谓的多媒体课件是一种程序化的教材。从广义上说，多媒体课件包括用于控制和进行教学活动的计算机程序、数据、文档资料及配合使用的手册。它充分利用了现有的多媒体技术来展现教学的内容，使之更生动、更直观、更容易理解。从某种程度上说，多媒体课件是远程教育系统的核心，它直接关系着远程教育的效益、质量以及能否达到人们预期的效果。

目前多媒体课件主要有两大类：单机课件和网络课件。所谓单机课件，也就是说只能在一台计算机上运行的课件，而网络课件是指基于客户/服务器模型的课件。单机课件通常被制作成为光盘，学生利用该光盘进行学习。大部分早期的课件都是单机课件，比如用 Authorware 制作的教学课件。

随着计算机网络的普及，特别是 Internet 的飞速发展，基于网络的课件由于能够最大限度地利用教育资源而得到了迅速的发展。网络课件主要有两类：在 LAN 上使用的课件和 HTML 格式的课件。LAN 课件主要用于 LAN 上的多媒体教学环境。多媒体教学环境主要包括网络管理中心、多功能教室和教师备课电子教室组成。教师在电子备课教室中利用多媒体创作工具将各种多媒体教学信息加以编排，制作成为具有特色的电子讲稿，这些讲稿通过 LAN 传送到多功能教室，通过多功能教室中的计算机、电子白板、录像机、投影仪等展示出来。目前这种教学形式在高校中被普遍采用。当然这种课件的使用范围比较小，同时各个院校可能会重复开发，资源的共享性比较差。HTML 格式课件则与之完全不同，它将教学内容用 Internet 上通用的 HTML 格式的 Web 页面来表示，课件制作完成后可以放入任何一台 WWW 服务器，学生只要用通用 IE 或 Netscape 浏览器就可以浏览，并与 Web 页面进行交正式的学习。HTML 格式课件通用性和易于发布的特点也使它成为未来课件开发的主流方向。

5.5 系统设计的原则和方法

前面我们对远程教育系统的构成、业务特点和涉及的关键技术做了简单的介绍，那么如何根据自己的需要来建设远程教学系统，并使远程教育系统的建设更科学合理，系统设计的原则和方法有以下几方面。

1. 最优的性能价格比

由于远程教育是建立在通信和信息处理技术上的新的教学方式。有很多技术均可以在远程教育系统中使用，同样的教学功能也可以用不同的技术来实现，具体采用何种技术不能单纯考虑技术的先进性，还必须考虑性能价格比。

2. 系统定位

在建立远程教育系统时首先必须明确系统的服务对象是谁，系统主要从事哪个方面的教育活动。目前人们建立远程教育系统有三个主要方向：中等教育、学历教育、职业培训和继续教育。对于不同的对象，不同的知识层次，不同的学习目的，系统的功能就有不同的要求。如果系统主要开展学历教育，为了保证教学质量，必须要考虑用什么技术手段来对学生的学习效果进行考察或考试。

3. 系统规模

远程教育的系统规模对于系统的总体方案和系统中软件、硬件的性能要求有很大的影响。如果用户的数目很大，分布的区域又很广，显然采用卫星广播的方式就比采用会议电视系统要更合适一些；同样的，如果用户数目很大，但用户相对比较集中，并且集中的点比较少，那么采用视频会议系统进行授课就可能更合适一些。也就是说，系统的规模在某种程度上会影响到系统的总体技术方案。此外系统的规模对于系统软、硬件也有要求。如果系统用户比较少，系统的服务器处理速度、交换机的端口数、骨干网的传输速率均可以比较小，反之则必须使用高速的服务器、具有更多端口的交换机和更高传输速率的骨干网络。

在进行系统设计时通常应首先根据系统定位和系统规模，确定系统应该具备的功能。如果只是为了进行简单的技术培训，那么系统就不需要建立与实时授课、考试、答疑等有关的功能，而只需要实现培训信息的发布功能就能满足用户的需要。

其次是根据每个具体的功能要求来选取不同的具体实现技术。如果要建立一个实时授课系统来实现教师授课的功能，那么就需要根据系统的网络平台来选择相应的实现方法。如果系统有高速的 IP 网络，那么可以考虑用基于 H.323 的视频会议系统；如果系统中有 ISDN 线路，那么可以采用基于 H.320 的视频会议系统或具有 ISDN 接口 H.323 的视频会议系统。

最后是确定具体的设备或产品。在通常情况下，有很多公司的产品都具有相同或类似的功能，同一个公司也会有一系列的具有相同或相似功能的产品，用户必须根据自己的资金和系统的功能要求选择适合于自己的产品，当然也可以自行进行研制开发。

5.6　基于公共电信网的远程教育网络

任何远程教育系统都必须利用网络技术将各种教育资源连接起来，实现资源的共享。建立专用远程教育网络平台耗资巨大，且通信网络属国家重点基础设施，不允许擅自建设跨地区的广域网络，因此，一般均利用现有的网络系统来建立远程教育的网络平台。目前，我国已经建成了以电信公网、有线电视网和计算机互联网为代表的三大网络系统，通过对这些网络进行一定的改造或增加相应的设备就能充分满足远程教育的需要。

5.6.1　公共电信网

公共电信网是由传输、交换、终端设备、信令过程、协议以及相应的运行支撑系统组成的综合系统。

如图 5-3 所示，公共电信网涉及的主要技术包含以下三大类。

（1）传输技术类：光纤传输技术、微波传输技术、卫星通信技术、无线通信技术。

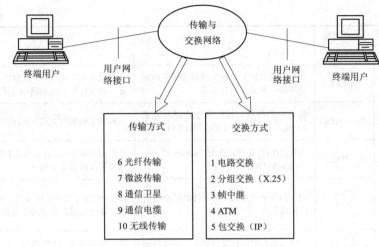

图 5-3　公共电信网的系统组成

（2）交换技术类：电路交换、分组交换、帧中继、ATM 和包交换（IP）等。

（3）信令类：数字信令、模拟信令。

电信网络在概念上可以分为基础网、业务网、支撑网和服务网。表 5-1 给出详细分类和说明。

表 5-1　电信网分类说明表

网络分类	网络说明		定　义	特　点
电信网	基础网	光缆网	光缆网是利用光波作载波，以光纤作为传媒传递信息的通信方式	传输信息量大，经济性好，体积小质量轻，抗干扰强
		卫星网	利用人造地球卫星作为中继站转发无线电波而进行的两个以上地球站之间的通信	通信距离远，不受地理条件限制，机动灵活性大，可传送多种业务
		微波网	使用电磁波进行信息交换的一种通信手段	可用频带宽，通信容量大，传输损耗小，抗干扰能力强
		国际光缆	同光缆网，是我国通信的国际出口	同光缆网
	业务网	电话网	电信网的基本形式和基础，是电信业务量最大，服务面最广的专业网	主要为用户提供话音服务
		数据网	提供数据通信业务的电信网	
		移动网	国家公用移动通信网主体，包括移动电话网和无线寻呼网	为移动终端提供话音、短消息和低速率业务

续表

网络分类	网络说明		定　义	特　点
电信网	业务网	智能网	使原有通信网有效地生成和实现各种新业务的一种附加网络结构	具有模块化功能、分布式智能，兼容性好，业务控制与交换机相分离
		N—ISDN	提供用户间端对端的数字连接及速率 2 Mbit/s 以下业务的窄带 ISDN 网	多种业务终端可共用一条用户线
		B—ISDN	为用户/网络接口提供 155 Mbit/s 以上业务的宽带 ISDN 网	以光纤为媒介，以信元为基本单位进行网络资源的按需分配
	支撑网	七号信令网（No.6）	电话网的神经系统，分为随路信令和公共信道信令	由信令节点、信令转接点和信令链路组成，是传送综合信息的专用数据网
		数字同步网	为电信网内的时钟提供同步控制信号的支撑网，分同步网和准同步网	将从单个基准时钟控制向分布式多个基准时钟控制过渡
		电信管理网	对电信网实行统一综合维护管理的新手段	支持广泛的管理领域，提供网管开发和通信方式框架
	服务网	服务网	面向用户和电信企业生产管理的计算机综合管理系统网络	覆盖面广，功能完善，提供全方位、综合化服务

5.6.2　PSTN 与远程教育

公用交换电话网 PSTN（Public Switched Telephone Network）是电信网络中历史最悠久的向公众提供电话通信服务的一种通信网络。PSTN 是国家公用通信基础设施之一，一般由国家邮电部门统一建设、管理和运营。电话业务是一种点对点的通信业务，当呼叫双方建立连接后，在通信双方之间就建立起了一条速率为 64 kbps 的对向通信电路，这条电路是物理存在的。图 5-4 给出了利用电话网络开展远程教育的示意图。

在这种简单系统中可以开展常见的 Internet 服务，如将教学资源制作成 HTML 格式的课件供学生浏览。另一个应用是桌面可视电话，如用 NetMeeting 之类的应用软件实现远端用户与本地用户之间的双向交流，但图像和音质的效果可能欠佳。

这种方式的优点是简单、方便、投资少。缺点是用户数量受限，接入速率较低。当然，也可以采用服务器托管方式来解决用户数量受限的问题。

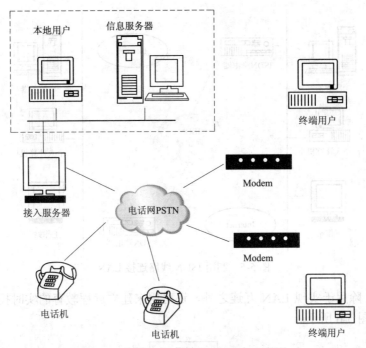

图 5-4 利用 PSTN 开展远程教育示意图

5.6.3 ISDN 与远程教育

ISDN（Integrated Services Digital Network）是以综合数字网 IDN（Integrated Digital Network）为基础发展演变而成的综合业务数字网，能够提供端到端的数字连接以及标准的多用途的用户网络接口，用以支持包括话音在内的多种电信业务。

在远程教育中，ISDN 的应用主要有三种：实现用户接入、实现网络互联以及构成实时授课系统。

利用 ISDN 实现 LAN 互联的方法如图 5-5 所示。

图中有两个分布在不同地点的 LAN，分别有各自不同的功能和应用，为实现资源共享，可以利用 ISDN 线路将两个网络连接起来，使两个网络的用户可以实现资源的自由访问。这种方式的主要特点是联网简单，网络运行费用低。另外，由于 ISDN 是建立在 IDN 网络基础上，采用电路交换技术，所以线路的时间延和时延抖动很小且带宽恒定。这使得两个网络从功能上就像一个 LAN 内一样，从而可构成 WAN 开展对实时性要求较高的业务。

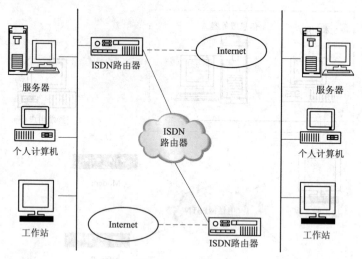

图 5-5　利用 ISDN 线路连接 LAN

ISDN 除用于实现 LAN 互连之外，还可用来建立远程教育的实时授课系统。其结构如图 5-6 所示。

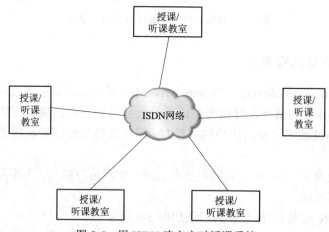

图 5-6　用 ISDN 建立实时授课系统

系统中有若干授课和听课教室，通过 ISDN 与多点控制单元 MCU（Multi-point Control Unit）相连，并将各自的图像和声音信息通过 ISDN 线路送给多点控制单元。多点控制单元根据需要可将某个授课教室内的图像和声音信息流发送给与之相连的其他听课教室，同时也可有选择地反馈听课教室的音频、视频信息，从而完成师生间的实时交互。

5.6.4 DDN 与远程教育

数字数据网 DDN（Dgital Data Network）是随着数据通信业务的发展而发展起来的一种新兴的利用数字信道提供永久或半永久性电路，以传输数据信号为主的数字传输网络。它可为用户建立自己的专用数据网提供条件。

DDN 有以下特点：

（1）DDN 为透明传输网；

（2）DDN 为同步数据网；

（3）DDN 传输速率高；

（4）DDN 可提供灵活的连接方式。

我国的 DDN 始建于 20 世纪 90 年代初，目前已覆盖全国大部分地区，可提供电路、帧中继、语音/C3 传真和虚拟专用网等业务。由于 DDN 具有透明传送多速率数据业务的能力且具有时延早的特点，很适合用于连接 LAN 构成远程教育网络。图 5-7 给出建立远程教育系统的原理框图。

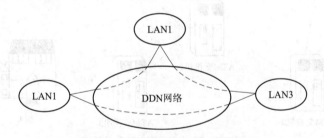

图 5-7 利用 DDN 网实现网络互联

上图中，通过三条 DDN 线路构成了网状连接，实现三个节点的互联互通。从本质上说，DDN 提供的透明数据传输功能就相当于用户拥有自己的专线一样可随时使用。

5.6.5 ATM 与远程教育

ATM（Asynchronous Transfer Mode）意为异步传送模式，是以分组交换为基础并融合电路交换高速化的优点发展而成的一种高速传送与交换技术。ATM 本质上是一种高速分组传送模式，同普通的基于 X.25 的分组交换、帧中继相比，由于 ATM 网络内部需要完成的功能较少，所以能够达到很高的速度。

根据国际电联 ITU-T 的定义，在 ATM 上可以开展的业务分为两大类：交互型业务和分配型业务。其中，交互型业务又包括：会话型业务、信息交互型业务、检索型业务三种。

作为一种先进的网络技术，ATM技术本身的优势毫无疑问地得到人们的普遍认同，但若向终端用户提供纯粹的ATM服务，由于造价过高尚不现实。近期内可借助电路仿真、IP Over ATM、局域网仿真等技术与现有的网络互连互通，支持比较热门的业务不失为一种明智的选择，对ATM的生存和发展也有非常重要的意义。

ATM在远程教育中的应用主要有三个方面：

（1）利用ATM的电路仿真端口建立实时授课系统。利用ATM的电路仿真实现WAN范围内实时音频视频信息的传送，可以方便地建立远程教育的实时授课系统。图5-8给出利用ATM EI电路仿真端口开展远程教学的实例。

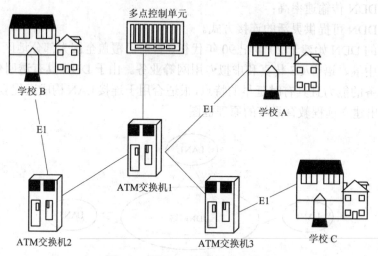

图5-8　利用ATM进行实时教学

图中有三所位于不同地域的学校，各自连接到一台ATM交换机，交换机之间以155 Mbps或更高的速率相连。学校A授课时，其授课现场的音频视频信息经编码后通过ATM交换机送多点控制单元MCU，MCU再将该信息通过交换机发送给学校B和学校C，实现教学信息共享。同时，MCU也可以切换方式将来自ATM交换机的B或C的某一路信息流反馈给A，以实现B或C与A的现场交互。由于ATM网络的干线传输速率很高，通常情况下可以在一个方向上提供多条仿真电路，满足多个用户的需要。

（2）利用ATM建立基于IP教育网络。由于ATM骨干网速度很快，所以，很多大学和远程教育机构采用了在ATM上建立基于IP的教育网络方案。这一方案有两种模式：叠加模式和集成模式，各有所长。

（3）利用ATM建立视频点播系统。视频点播VOD（Video on Demand）并没有一个严格的定义，泛指在用户需要时随时提供交互式视频服务的业务，即"想看什么就看什么，想何时看就何时看"如图 5-9 所示。VOD 具有提供给单个用户对视频节目、信息以及其他服务进行几乎同时访问的业务，用户和被访问的资料之间高度的交互性是它区别于传统的视频节目的接收方式。VOD 按其交互程度又可分为真视频点播（TVOD）和准视频点播（NVOD）。

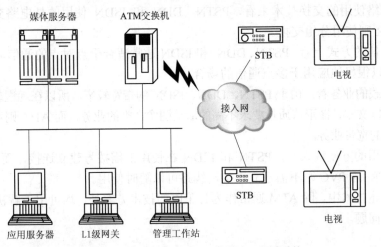

图 5-9　是一个基于 ATM 的 VOD 点播系统

5.6.6　FR 与远程教育

帧中继 FR（Frame Relay）是在 OSI 网络体系结构中数据链路层实现网络资源统计复用的一种快速分组交换技术。这里的网络资源指的是通信网络资源，包括线路的传输能力和交换机的交换能力，而统计复用实质上就是按需分配的意思。帧中继的出现，一方面反映了用户应用要求的提高，即要求通信网能提供高的传输速率、快速响应时间和突发的信息传输等。另一方面，由于光纤的普及，通信线路传输速率和质量的提高，有可能简化交换网的通信协议以提高通信效率。帧中继技术就是在这种背景下应运而生的。帧中继是对 X.25 分组交换技术的一种改进，只有物理层和数据链路层两层协议。能充分利用网络资源，使帧中继具有吞吐量大，时延小，适合突发性业务等特点。

帧中继技术的典型应用主要有以下几方面。

（1）当带宽要求在 64 kbps～2 Mbps 之间，且参与通信的点超过两个以上时，使用帧中继是一种较好的解决方案。

（2）通信距离较远时，应优选帧中继。这样，可使用户享有较好的经济性。

（3）当数据业务量为突发性时，由于帧中继具有动态分配带宽的功能，选用帧中继可以有效地处理突发数据。

本节介绍了建立远程教育网络时可供采用的五种主要技术 PSTN、ISDN、DDN、ATM 和 FR，这些技术特点各异均有远程教育应用实例。它们之间存在区别的同时互相联系。

从网络使用的交换技术来看，PSTN、DDN 和 ISDN 使用的是电路交换，而 ATM、FR 则使用分组交换。

从通信的方式上看，PSTN、DDN 和 ISDN 通常适合于点对点的通信，而 ATM 和 FR 可以很好地应用于多点通信的场合。

从承载的业务看，由于 PSTN、DDN、ISDN 的带宽较窄，所以在远程教育中可用于传送以文本、图形或质量要求不高的活动图像之类的业务，而 ATM 则可承载各种高质量的宽带业务。

从使用的方便性来看，PSTN 和 ISDN 在使用前需拨号建立连接，而 DDN、ATM 和 FR 的 PVC 则不需建立连接，线路可以随时使用。

在上述技术中，除 ATM 通常作为骨干网的技术方案外，均可用于解决远程教育的接入问题。

5.7 计算机网络与远程教育

5.7.1 计算机网络简介

计算机网络是指具有独立功能的计算机、终端及其他设备通过通信线路联接起来，按一定的方式进行通信并实现资源共享的系统。

计算机网络根据其覆盖的范围可分为广域网（WAN）、城域网（MAN）和局域网（LAN），但这种划分也是相对的概念，不可能绝对化。

从技术上说，计算机网络与电信网有很大的不同。电信网中的交换技术是电路交换，以满足对时延和时延抖动小的要求；而计算机网络中考虑到数据具有突发性强，对时延和时延抖动不敏感的特点，主要关心如何高效离地实现数据的传输和共享，采用的是分组交换技术，这是两者的根本区别。

5.7.2 计算机网络的教育应用

关于计算机网络的硬件技术，包括体系结构与协议、传输介质与互联设备等内容在许多书中均有详细介绍，这里重点讨论计算机网络的教育应用。

1. 基于互联网的个别化学习远程教学

（1）利用 WWW 服务的远程教学。教师将教学信息编制成超文本标记语言（HTML）或 Java 语言文件，存放在教学信息资源中心的 Web 服务器上，学习者根据自己的时间安排和需要，通过 WWW 浏览的方式访问远程服务器，选择所需内容进行学习。

（2）利用电子邮件（E-mail）的远程教学。教师通过 E-mail 或 BBS 解答学习者的问题、布置作业和发布信息，学习者利用 E-mail 向教师提出问题和提交作业，在网上进行探索和讨论。

（3）利用文件传送（FTP）的远程教学。教师将教学内容以 CAI 软件形式存放在 Web 服务器上，学习者利用互联网的 FTP 服务，将 CAI 软件下载到本地计算机上进行个别化学习。

（4）远程登录（TELNET）。通过互联网的 TELNET 服务，学习者可以在网络型 CAI 教室远程登录，获得良好的学习情景。也可以登录到各大图书馆和教学资源中心，检索和阅读学习资料。

2. 基于互联网的实时交互式远程教学

应用互联网进行实时交互式教学的一种方式是：教师将教学内容编制成网络并且可跨越平台运行的 CAI 教学软件，学习者根据自己的需要，在网上进行交互式学习。这种教学方式，需在高速网上进行。在高速互联网上也可以进行视频点播和视频会议远程教学。

3. 基于互联网的非实时交互式远程教学

由于非实时交互式远程教学对网络的传输率要求不高，互联网上丰富的教学资源适于多种方式的非实时交互式教学，例如，WWW 服务、E-mail、BBS、FTP、TELNET 等。

4. 基于互联网的非实时协作、讨论式远程教学

协作学习环境是基于计算机支持的协同工作 CSCW（Computer Supported Cooperative Work）技术实现的。该技术为基于互联网协作学习模式提供了便利条件，它具有群体用户多点之间的对称交互方式，实现远程互动，使异地学习者克服空间的和时间上的障碍，共同进行协作学习。

5. 基于互联网的讲授式远程教学

基于互联网的讲授式远程教学模式是传统讲授教学模式在时间和空间上的延伸，系单向传输为主的教学形式。其意义在于超出课堂，为更多的求学者提供学习机会，使学习社会化。与传统讲授相比，这一形式可以多媒体方式呈现教学内容，使之更形象、更生动、更逼真。

讲授式远程教学在高速网上，如 FDDI、ATM 和高速以太网等可以收到很好的效果，而利用互联网欲实现实时同步讲授式远程教学，由于网络带宽受限等原因，在技术上还存在较多的困难。目前虽开发了一些在互联网上进行讲授式广播教学的软件和系统，但点数尚不够多，视频图像很少且质量也不佳，不适于对众多学习者的单向广播远程教育。

5.8　有线电视网与远程教育

5.8.1　有线电视网的特点

有线电视系统 CATN（Community Antenna TV）综合运用了广播电视、通信、计算机等多个领域的技术成果，扩大了系统的服务功能，逐渐发展成为综合性的传输网络系统。有线电视电缆线已成为继电力线、电话线之后第三条进入普通家庭用户的线路。

有线电视系统主要有两大特点：一是网络带宽很宽。有线电视系统能够直接把 650 MHZ 甚至 1 GHZ 的带宽进入用户家中，提供了开展多种业务的频道资源，成为目前接入速率最高的网络之一。二是服务范围广。除可利用有线电视系统高带宽的特点传送更多的高质量模拟电视节目外，还可提供诸如 VOD、远程教育、高速互联网接入和电视会议等多种类型的宽带多媒体业务。其中高速互联网接入、远程教育、数据广播等业务已经到了大规模商用阶段。

由于有线电视系统具有庞大的用户群体和很高的接入带宽，能够传送高质量的图像和声音信息，采用其他技术后还可以传送数据并进行双向交互，因此利用有线电视系统开展远程教育有其独特的优势。

另一方面，由于现有的有线电视网通常是星树型的单向网络，这种结构的缺点是漏斗噪声较大，系统可靠性较差，从前端接出的光纤芯数较多，造成光纤的浪费。因此必须对有线电视系统进行某些改造，包括传输系统的升级改造、网络拓扑结构和由单向传输到双向传输的改造等，以便能充分利用其带宽资源开展远程教育。

5.8.2　有线电视网的远程教育应用

基于有线电视网进行远程教育的模式有如下几种。

（1）单向广播讲授模式。这是与无线电视播放教育节目相同的传统教学模式。由于有线电视广播是宽带传输，所以图像质量好。

（2）单向数据广播模式

通过数据广播频道，或利用电视广播的消隐期进行数据广播，为学习者提供文本、图形、图像、声音、动画等多媒体信息。包括教学信息、多媒体 CAI 课件及其他学习资料。

（3）视频点播（VOD）

学习者通过多媒体计算机终端和 CATV 网络将要求播放的信息传送到电视播放中心，选择所需的电视节目。学习者能够根据自己的时间安排和学习需要主动地选择学习内容，体现了一定的交互性。由于视频点播下行数据量大，上行信息量小，采用非对称信道点播方式也可以收到相同的效果，所以准视频点播 NVOD（Near Video On Demand）更适合我国国情。

（4）个别化交互式学习

学习者通过数据广播或点到点通信服务，下载教学内容和多媒体课件，进行图文检索，收录活动图像，以供学习使用。

5.9 基于卫星、VSAT 的远程教育

5.9.1 关于卫星通信和 VSAT

卫星通信是地球上的无线电通信站之间利用人造卫星作为中继站而进行的通信。目前，几乎所有的通信卫星都是有源卫星，能对接收到的来自地球的信号进行放大、频率变换等处理后再发回地球，因此，卫星的中继是一种有增益的可以部分补偿传播损耗的中继。卫星通信的工作频率均在微波频段之内，C 频段其频率为 3.6～4.2 GHz，KU 频段的频率范围为 11.6～12.2 GHz。卫星通信系统主要由地球站、卫星、跟踪遥测指令系统和监控管理系统四大部分组成，见图 5-10

与普通的地面通信相比，卫星通信具有如下特点。

（1）通信距离远，建站成本与通信距离无关。

（2）以广播方式工作，便于实现多址联接。同时实现多方向、多地点通信的能力称为"多址联结"，这一特点为通信网络的组成提供了高效率和灵活性。

（3）通信容量大，可传送多种类型业务。

（4）可以自发收进行监测。

（5）电路开通迅速，可靠性高，不易受陆地灾害的影响。

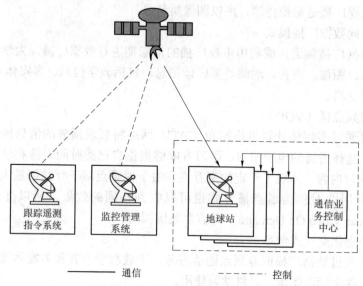

图 5-10　卫星通信系统的基本组成

VSAT（Very Small Aperture Terminal）意为甚小口径终端，主要是指具有甚小口径天线、价格低廉、安装简便的智能化小型或微型地球站，其基本功能与其他常用地球站别无二致。由于租用转发器费用较高，所以大部分 VSAT 站通常只有接收功能而不能发送。

VSAT 除具有普通卫星通信的特点之外，还有自己独特的优越性：

（1）面向用户而不是面向网络

（2）天线口径小，安装方便，发射功率较低。

（3）智能化功能强，可无人操作。

（4）一般用作专用网。

5.9.2　卫星通信和 VSAT 在远程教育中的应用

卫星通信特别是 VSAT 具有覆盖面广的独特优势，在开展远程教育方面有极大的应用空间。这种应用主要有两大方面：一是利用卫星的宽带广播功能开展以图像和声音为主的单向教学活动。这主要是因为卫星通信系统时延较大，不适于交互式教学活动，故以点对多点的广播方式为主，网络拓扑以星形结构为主。二是利用卫星电路实现数据的交互，例如，通过卫星电路实现 LAN 上的互联。若卫星信道上行与下行基于 TCP/IP 协议，与互联网透明无缝连接，可直接利用宽带传输高速访问互联网，扩大卫星电视网的功能。

 思考题

1. 远程教育系统有哪几个部分组成？远程教育系统的业务特点是什么？
2. 在建立远程教育系统时所涉及的关键技术有哪些？

第 6 章

远程教育中的现代教育技术

本章介绍教育技术的基本概念及其在远程教育中的应用。从宏观上论述教育技术的发展将推动人类社会的进步，推动人类教育方式的改革。从微观上论述教育技术的应用将加快远程教育的发展，引发教育领域的革命。

6.1　教育技术及其在远程教育中的应用

教育技术是 20 世纪国际教育界的新兴学科之一，更是近百年来各国教育改革和创新的重要实践领域。从电化教育到现代教育技术，我国基本上与世界同步，引进并发展了有中国特色的教育技术理论和实践。本节将对教育技术的基本概念及其在远程教育中的应用进行探讨。

6.1.1　从电化教育到现代教育技术

纵观人类教育的发展历史，生产和科学技术的发展，始终是影响教育变革和发展的重要因素。现代科学技术的发展，已经成为现代教育发展的重要动力。

19 世纪末 20 世纪初，以电为代表的技术革命促进了声光技术的迅速发展，人类社会进入了电子时代。科学技术的迅速发展和科技成果引入教育领域，对教育技术的发展产生了深刻的影响，照相、幻灯及无声电影等新媒体在教育教学中的应用，向学生提供了生动的视觉形象，使教学获得了不同以往的巨大效果，视觉教育运动随之兴起。20 世纪 20 年代，无线电广播、有声电影开始在教育中推广应用。此时已是"视觉教育"加上"视听教育"了。20 世纪 50 年代兴起了"程序教学"即个别化教学，它是教育技术发展中的重要领域。20 世纪 60 年代继幻灯、无线电广播、电影和程序教学之后，语言实验室、电视、通信卫星和电子计算机等现代媒体陆续进入教育领域，使教育技术上升到了一个新的阶段—媒体技术阶段。正是媒体技术把教育技术从一般教学论中分离出来，形成独立的研究领域。

随着印刷技术、视听技术以及电子信息通信技术的发展及其在教育领域的广泛应用，教育技术学作为一门独立的学科在 20 世纪下半叶崛起，成为教育科学的一个重要的分支。教育技术学在长期的教育实践基础上，不断吸取教育学、心理学、传播学和系统科学等学科的理论研究成果，逐步完善、走向成熟。而教育技术及其学科的诞生和发展同时对教育的各个领域产生了重大的影响，促进了传统教育观念、理论、内容、模式、手段、管理和体制的变革。

我国教育界长期以来使用电化教育的术语来概括教育技术和教学媒体及其在教育中的应用。我国教育界影响最广的电化教育定义是由我国学者南国农给出的："运用现代教学媒体，并与传统媒体恰当结合，传递教育信息，以实现教育最优化就是电化教育"。就"我们对电化教育知道多少？"提出了"本质论"、"功能论"、"发展论"、"媒体论"、"过程论"、"方法论"和"管理论"七论的观点，试图对我国电化教育的理论和实践进行概括和总结。又提出我国电化教育界应加强"四件"建设：硬件、软件、课件和潜件，其中潜件是指能够有效地指导电化教育实践的理论基础和方法论。

然而，到 20 世纪末，自 20 世纪 30 年代起启用的电化教育概念和术语已经不能充分反映当今世界和我国该领域的教育实践和学科理论发展，应该尽快改用教育技术。显然，这种意见已经被越来越多的教育工作者接受，也已经得到政府和教育主管部门的认可。

6.1.2　教育技术的新定义

美国是教育技术产生最早、发展最快的国家。广大的美国教育技术工作者通过他们的丰富实践，不断科学地总结教育技术领域涉及的概念和理论，使其反映这一领域的变革和更新。从 20 世纪 60 年代到 90 年代，四十年的集思广益和不断反思、检验、探究和深化，终于逐步实现了对教育技术的专业化描述。1994 年美国教育传播与技术协会（AECT：Association for Education Communications and Technology）从 1989 年开始，花了五年的时间，组织了上百名教育技术领域的著名专家进行调研，先后召开了 12 次教育技术会议，特别是教学设计领域的专家教授参加的高级研讨会，对教育技术的定义及其研究领域、研究内容进行了深入的、专门研讨。在此基础上，由西尔斯（Seels）和里奇（Richey）将讨论中达成的共识加以总结、整理、提高，并写成专著《教育技术的定义和研究范围》。该书由 AECT 审定通过后，于 1998 年以 AECT 的名义对教育技术作出了最简洁、最全面地表述，提出了有关教育技术的新定义。翻译出版的《教学技术：领域的定义和范畴》(Seels，B.B.and Richey，R.C.1994 Instructional technology：The definition and domains of the field AECT)一书为我们提供了从整体观念上认识美国教育技术的难得机会。从此书中我们可以看到 1994 年 AECT 新定义的原文：Instructional technology is the theory and practice of design，development，utilization，management，and evaluation of processes and resources for learning. 翻译过来就是"教育技术是关于学习过程与学习资源的设计、开发、利用、管理和评价的理论实践。"或者："教学技术是为了促进学习，对有关的过程和资源进行设计、开发、利用、管理和评价的理论和实践。"

这个定义有如下特点：明确提出了教育技术的研究对象是"学习过程"和"学习资源"的"设计"、"开发"、"利用"、"管理"和"评价"；强调教育技术的研究要同时注重"理论"和"实践"的研究。该定义不仅反映了美国教育技术界，而且在相当程度上也反映了当前国际教育技术界对教育技术的新概念。20 世纪 90年代根据我国的实际情况对教育技术的定义也有许多种。

（1）运用现代教学媒体，并与传统教学媒体结合，传递教育信息，以实现教育的最优化。

（2）电化教育就是在现代教育思想、理论的指导下，运用现代教育技术进行教育活动，以实现教育过程的最优化。

（3）教育技术就是运用现代教育理论和现代信息技术，通过对教与学过程和教与学资源的设计、开发、利用和评价，以实现教学优化的理论和实践。这是我国教育技术界的著名学者李克东教授提出的。它强调了教育思想和教育观念的转变、强调了信息技术的应用、强调了教师的主导作用及学生的主体地位，对我国教育技术的发展起到了积极的作用。

教育技术的定义很宽，泛指人类在教育活动中所采用的一切技术手段的总和。教育技术从表现形式上可分为智能形态技术和物化形态技术。智能形态技术指以抽象形式表现出来，以功能形式作用于教育实践的科学知识，又称为软技术；而物化形态技术指的是凝固和体现在有形物体中的科学知识，通常又称硬技术，也指硬件设备。

6.1.3　教育技术研究领域

1994 年美国教育传播与技术协会定义的教育技术有 4 个组成部分：理论与实践；关于设计、开发、利用、管理和评价；过程和资源；为了促进学习（有关学习的）。

1. 理论和实践

1994 年定义扬弃了原来定义中对教育技术是一个过程的提法，转而强调理论和实践的观点。这表明教育技术不仅是技术在教育领域里的应用，而且是一门独立的教育学科和专业。

2. 关于设计、开发、利用、管理和评价

这是教育技术领域的五个基本范畴，它涵盖了教育技术专业人员的主要专业知识技能和职能，体现了教育技术的深刻内涵。每一个范畴有自己独特的功能和范围，并且已经发展成为各个独立的研究领域。教育技术对整个教育科学领域最大的理论贡献来自其设计范畴，主要针对教学系统中不同层次的教学设计，包括设计学习过程、教学软件、教学环境和教学模式。为达到预定的教学目标，在设计之前，需要分析学习者的水平和特点，制定教学策略，优化教学信息和过程，然后再对教学系统与教学信息进行设计。开发范畴也比较成熟，它代表了对实践的最大贡献，是指将相关的理论和技术，尤其是新兴的信息科学和技术加以整合和集成，用于教学系统和其他相关系统的开发研究，包括开发教学软件、硬件、课程和教学模式。利用范畴在理论和实践上发展得还不够成熟，是指对各种信息的利用，不断更新教育技术手段，并将其运用到教育教学过程中，尤其是对新兴技术（包括新型媒体和各种最新的信息技术手段）的利用，如多功能教室、远程教育及计算机网络等。虽然在教学媒体的使用方面做了大量的工作，但利用这个范畴的其他方面还没有受到足够的重视。管理范畴是指对所有学习资源和学习过程进行计划、组织、指挥、协调和控制，主要包括教学系统管理、教学资源管理和教学研究项目管理等，过程和资源、各项功能的实现都必须得到组织和管理。评价范畴是指对相关系统制定科学的评价标准并进行测量，给出定量和定性的判断并及时反馈，以使相关系统达到最优化，该范畴本身的主要贡献是形成性评价。

3. 过程和资源

这是教育技术定义中两个传统组成部分。过程是为达到特定结果的一系列操作或活动，在教育技术中包括设计和传播过程，过程是一个包括输入、转化和输出的序列，对教学策略及其与各种学习类型和媒体之间关系的研究是过程研究的例子；资源是指支持学习的资源，包括支持系统和教学材料与环境。新定义在教与学的过程与资源中更强调学习过程与学习资源。

4. 为了促进学习

教育技术的目的是影响并促进学习。新定义强调学习结果，阐明学习是目的，而教是促进学的一种手段，学是评价教的标准，它表现为知识、技能或态度的改变。新定义中的学习是指"由经验引起的个人知识或行为相对持久的改变"。

6.1.4　教育技术给教学带来的变化

1. 教材的形态、概念的变化

传统教学只有文字教材。电化教育起步以后，出现了与文字教材相配套的音像教材（也叫电教教材，包括投影教材、幻灯教材、录音教材及电视教材等）。计算机兴起之后又出现了计算机教学课件（或叫电子教材）。正式出版的音像教材和电子教材，统称为非书出版物。文字教材、音像教材和计算机教学课件三者构成了立体化教材。

根据教学大纲和教学目的的要求，按照认知规律而编制的印刷型知识载体，称之为文字教材。

根据教学大纲和教学目的的要求，按照教学法原则，运用音像技术编制的知识载体，并应用于教学过程之中，称之为多媒体教材（简称为多媒体课件）。

由上述说明可以看出，教育技术已经使教材的形态和概念发生了变化。

2. 教学环境的变化

传统的教学环境，基本上是粉笔加黑板，有的再增加一些挂图和教学模型。教育技术进入课堂之后，教学环境焕然一新。新的教学环境有如下类型：

（1）以多媒体计算机为核心的多媒体组合教学环境；

（2）网上通信、卫星远程通信等教学环境。

在新的教学环境中，教学手段更加多样化和现代化。

3. 教学方式方法的变化

过去，由于对教师的主导作用在理解上有误区，渐渐演变成"以教师为中心"，教师成了"主讲者"，而学生成了接受灌输的被动群体。现代教育技术进入教学领域后，教师要从"主讲专者"转变成为学生学习活动的设计者、指导者。教学媒体由作为教师的讲解工具转变成为学生的认知工具。学生从接受灌输的被动地位，转变为参与教学、参与操作、发现知识、理解知识、掌握知识的主动地位。教师把以教为主转变为以学为主。学生把以被动学习转变为以主动学习为主，把"要我学"转变成"我要学"。

4. 教学体制、教学管理的变化

教育技术已经使教学超出了学校的范围，形成了"大教育"的概念，这样就使得原有的教学体制、教学管理发生变化。如：

（1）"计算机网络"，突破了传统观念中的教室、校园乃至国界的束缚；

（2）"网上通信"，可以排除时空及人为因素的限制，使教师和学生能在全球范围内检索信息、开展教学活动和学术交流；

（3）"远程教育"，正在改变着传统的、单向的远程教育模式，成为双向的、交互式的，通过卫星广播电视和计算机网络形成一个系统的教育模式。

总之，随着教育技术的应用，原有的教学模式、教学环境、教材形态、教学方式方法、教学体制以及教学管理都将发生一系列变革。

6.2 教育技术对远程教育的作用意义

6.2.1 从宏观上看教育技术的发展将推动人类社会的进步，推动人类教育方式的改革

由于教育本身对社会的存在和发展具有功用和效能，而社会的存在和发展又取决社会个体的存在与发展，教育的社会发展功能是建立在受教育人的发展功能的基础之上的。任何社会都要求教育具有良好的社会功能，因此，首先就要着眼并致力于发挥教育对人的发展这一根本功能，而教育技术恰恰表现出对教育的社会功能的全面开发和支持，对远程教育中提高社会成员素质，促进社会进步，建立学习化社会发挥了以下的积极作用。

1. 教育在对象上的突破——全民教育

教育技术的应用有利于扩大教育规模，为弱势群体提供全方位的受教育的机会，教育向所有社会成员开发，体现了教育的公平性，以实现高等教育大众化。

2. 教育在时间上的突破——终身教育

教育技术为实施继续教育提供了强有力的支持，为建立终身学习体系提供了帮助和前提条件。

3. 教育在空间上的突破——教育社会化

教育技术促进了教育的国际交流，使教育成为全社会乃至全世界共同关心的事业，家庭教育、社会教育和学校教育将趋向一体化，教育资源优化也将成为全球性的行动。

6.2.2 从微观上看教育技术的应用将加快远程教育发展，引发教育领域的革命

教育技术对远程教育有相当大的针对性和在理论与实践上的指导意义。教育技术中对学习资源和学习过程的重点关注在远程教育中有极强的适用性。远程教

育就是一种院校组织的基于资源的教与学的过程。学习资源的重要性在远程教育中比在传统校园教育中更突出。远程教育十分重视对学生远程学习全过程的教学系统设计、学习支持服务和全面质量监控。对资源和过程的重视正与远程教育微观理论中对远程教与学的两个基本功能要素的注重不谋而合。对学习资源和学习过程的设计、开发、利用、管理和评价正是确保远程教育的质量和效益的根本保证。远程教育的理论研究和实践探索也正是集中在这些领域。对以学生为中心、以学习为主的理论倾向也是和远程教育理论和实践的研究结果和发展趋向相一致的。这将带来教育领域的自身革命。

（1）促进教育结构的变革。包括教育的组织结构、教育的目标和内容结构、教育的规划结构、教育的投入结构、教材的结构、教育的科研结构、教育方式结构等。

（2）优化教育环境。包括创造教与学的愉悦环境，激发学习兴趣；运用多种表现手法，形象展示教育信息，增进学习者的理解力；发挥多媒体功用，形成多种感官刺激，提高学习效率；知识的发展和建构，培养探究性学习的能力，实施素质教育；教育资源的优化配置，实现交流与共享等。

（3）提高教育质量和降低教育成本。

6.3 教育技术在远程教育中的应用

教育技术的兴起引起了国际教育界的革命性变革，依托现代电子信息技术为基础的远程教育以革新教育的姿态推动着教育的发展和演变。以无线电技术、微电子学和计算机为核心的现代信息技术，正在将教育从固定的时间、空间的束缚中解放出来，最终将整个改变传统教学方式和教育制度。以往，从大学校园里的发明创造及发展起来的科学技术极大地改变了整个世界的经济和社会面貌，但是大学校园本身却很少受到科学技术进步的影响，几百年来习惯于校园面授讲授的教授和学者们还是传统教育模式的个体劳动。而今，现代电子信息通信技术崛起对教育界、大学校园、学术活动、教与学产生了极大的冲击，教育同社会经济生活的其他领域一样也开始了深刻而广泛的变革。

世界各国对教育的发展和信息技术在教育中的应用都给予了前所未有的关注，我国也抓住时机决策，将现代教育技术当作整个教育改革和发展的制高点和突破口，深刻认识现代教育技术在教育教学中的重要地位及其应用的必要性和紧迫性，充分认识应用现代教育技术是当代科学技术和社会发展对教育的要求，是教育改革和发展的需要。学校的教师要紧跟科学技术发展的步伐，努力掌握和应用现代教育技术，提高自身素质，适应现代教育的要求。

　　教育技术在远程教育中的应用是指各类教育技术和教学媒体被应用来为远程学习者发送教育和培训，学习者可以在校园外利用远程教育院校设计开发的教育资源和环境进行学习。远程学习者可以利用的教育资源和环境主要是多种媒体的课程学习材料（从印刷材料、视听材料到计算机课件），也可以是双向交互的远程课堂教学，包括视频会议在内的各类远程电子会议系统、计算机会议和计算机网络教学环境等。由于远程学习者分散在校园外，即使有或多或少的集体面授辅导和师生当面交流的机会，在整个教与学的过程中并不起主导的地位。教育技术和教学媒体在远程教育中起着基本支柱的作用，即担当了连接、沟通和实现教与学的重组和整合的功能。在远程教育中应用的教育技术按功能分类主要有三种：应用于课程开发的教育技术、应用于对学生学习支持服务的教育技术和应用于教育管理的教育技术。

6.3.1　教育技术在远程教育课程开发中的应用

　　这是指教育院校及其教师与其他教学辅导和技术人员用来设计、开发和发送远程教育课程的各类教育技术。印刷厂和出版社、视听材料制作中心和音像出版社、卫星电视发射、转播和接收系统、计算机课件设计开发的软硬件环境、计算机网络及相应的教学平台等是课程开发和发送必备的教育技术基础设施。各学科的教学人员和教学辅助人员要经过适当的培训，掌握必要的教育技术（这里主要指业务类教学媒体的使用技能、相应的课程材料的教学设计的专业理论方法和知识技能）并与教育技术专业人员、教学设计专业人员一起完成远程教育课程的设计、开发和发送任务。

6.3.2　教育技术在远程教育学习支持服务中的应用

　　这是指教育院校及其教师与其他教学辅导和咨询人员用来同远程学习者进行双向通信交流、为学生提供各类学习支持服务的教育技术。在远程教育中，以学生利用教育资源自主学习为主，教师辅导助学和同学协作学习为辅。在远程学习者利用多种媒体的课程学习材料等教育资源进行学习的全过程中，教育院校要组织教师与其他教学辅导和咨询人员为学生提供多种形式的学习支持服务，这就需要各种可以实现双向通信的教育技术和教学媒体。除了最常用的在学习中心的定期或不定期的面授辅导、通过电话辅导和咨询，还可以通过各种电子信息通信技术，包括各类音频和视频的远程会议系统，计算机媒介的通信手段，电子邮件、专题讨论组和计算机会议等来建立师生间或学生同伴间的双向通信和交流。

6.3.3 教育技术在远程教育管理中的应用

这是指远程教育院校在教学管理、学生管理及其他各种管理中使用的各种教育技术。就教学管理而言，远程教育是一种大规模的工业化形态的教育方式，从教学计划制订到课程设置、资源分配，再到每门课程多种媒体学习材料的设计、开发和发送都有大量的组织和管理任务，只有借助包括计算机和网络在内的教育技术的帮助才能实现高效的管理。对学生管理来说更是如此。大量分散的远程学习者的注册登记和课程选择；作业的收集、批改、登记和返还；平时检查和考试；学籍管理、学分认定和证书发放等都要求应用相应的教育技术。

6.4 教育资源、教学媒体的本质和分类

通过资源、环境和材料，以及媒介和媒体、技术和媒体等基本概念的讨论进而论述教学媒体的作用性质、分类和本质。

6.4.1 远程教育中的教育资源

1. 资源、材料和环境

在教育技术的新定义中，资源（Resources）包括了材料（Materials）和环境（Environment），即除了各种各样用于教与学的实物设施、设备和材料之外，有利于教与学的社会活动、环境和情境也是教育资源或学习资源的组成部分。

2. 媒介与媒体

媒体这一术语来源于拉丁语"medium"，英文是"Media"，原意是介于中间的意思。因此，中文有时也译成媒介物、媒质、传导体，也可译成工具、手段。

用媒体表示所有应用于教与学过程的实物资源，主要包括设施、设备和材料；用环境表示所有应用于教与学的环境资源，即各类社会实践活动、人际交流、环境和情境。资源即为可被教与学利用的实物媒体和活动环境的总称。

3. 技术与媒体

在教育技术和远程教育中，人们还经常提及技术（Technology）和媒体（Media），如印刷技术和印刷媒体、视听技术和视听媒体、电子技术和电子媒体等。技术是相对于科学而言的，是在科学的基础上发明和创造的人类知识和技能的体系，其宗旨在为人类生活的某个领域提供产品和服务。所以，成熟的技术是由特定的专

业知识和技能组成构成人类社会的一种专业（行业）的活动。这些专业知识和技能体系有时也称为工程、工学、工艺、技巧、技艺等。信息技术中的印刷技术、视听技术、电子通讯技术、计算机技术都是如此，计算机技术中的多媒体技术和网络技术也是如此，即技术的领域是分层次的。媒体是指在相应技术基础上开发的产品与服务。印刷媒体就是与印刷技术对应的印刷媒体，一般指印刷产品（书籍报刊等）及其出版发行。视听媒体就是与视听技术对应的视听媒体（或音像媒体），是指视听产品（或音像制品）及其发行、放映和广播。电子媒体就是与电子技术对应的电子媒体，是指电子产品及其使用。

4. 硬件、软件和课程材料

从信息论、传播学和教育学的观点来看，教学媒体是一个复合体，它包括信息、设计构思、编辑技巧、材料、设备和环境。而其中对于教育起作用的，更重要的是信息、设计构思及编制技巧。教学媒体通常进一步划分为硬件和软件两大类。硬件是指记录、存储、处理、加工、传输、接收、调节、呈现教与学信息的设备和设施（如摄像机、编辑机、放像机、计算机、卫星地面接收站等）。而软件则指记录存储有教与学信息的实物载体即实物材料（如印刷品、录音录像带、计算机分组教学课件等）。在软件中，有通用软件和专业软件。在教学软件中，那些为特定课程、特定学生对象制作的软件通常称之为课程材料（Course Materials）、教学材料或教材（1nstructional Materials/Teaching Materials）、学习材料（Learning Materials）。在远程教育中，由统一设计、开发、制作、发送的特定包装的多种媒体课程材料称之为 "教学包（Instructional Package/Teaching Package）" 或 "学习包（Learning Package）"。而在计算机教学中，为特定课程设计开发的计算机辅助教学和多媒体教学软件称之为课件（Courseware）。

所以说教学媒体在它的两端都是与人有关系的。在教育传播中，它是介于人—教师和学生之间的存在物。

6.4.2　教学媒体的作用、性质和分类

1. 教学媒体的作用、性质

在论述教学媒体的分类之前，有必要考察学习中教学信息的获取和加工过程。哲学认为学习是一个实践—认识—再实践的过程。教学的直观原则是 "知识往往始于感官"。心理学认为，学习就是人体通过五官（眼、耳、鼻、舌、身）获取外界信息，将它们传输到大脑中枢，经过感觉、知觉、理性诸阶段，进行归纳和演绎、分析和综合等加工过程实现的认知建构。心理学科学实验的研究结果表明：各种感官对人体获取信息、建构知识所做贡献的相对比率是不同的。其中，视觉

约占 83%，听觉约占 11%，嗅觉约占 3.5%，触觉约占 1.5%，而味觉约占 1%。心理学对记忆效率的研究结果表明，单靠视觉获得的知识，平均 3 小时后约能记住 70%。3 天后约能记住 40%。仅靠听觉获取的知识的记忆率较低，而视听觉同时并用获取的知识，平均 3 小时后约能记住 90%，3 天后约能记住 75%。上述实验数据是一种简化的平均的统计结果，对它的理解不可太绝对，但这些数据确实为多种媒体教学提供了有力的支持。这些心理学研究成果与人体解剖学事实也是基本一致的，人眼有 400 多万条视觉神经、而耳朵则有 6 万多条听觉神经通向大脑，眼视耳听是五官中功能最强、最灵敏的。教学媒体是传递和呈现教学信息的载体，它们最终都要作用在人体的五官上，引起感觉、产生知觉、激发认知。教育技术界认为，在某种意义上，教学媒体是人体感官和大脑的扩展、延伸和加强。其中，主要是引起视觉和听觉的视听媒体和模拟人脑功能的计算机媒体和其他知识媒体或智能媒体。

2. 教学媒体的分类

有了人类的交流，就有了媒体。从最古老的媒体发展到今天的数字化、网络化的多媒体，经历了漫长的道路。随着科学技术的不断发展，媒体发展的速度也越来越快，媒体的种类也越来越多。同时，各种媒体随着科学技术的发展还在不断地发展，并逐渐形成具有自己特点的群类。

对于教学媒体而言，可以有多种分类准则和分类体系。

（1）按印刷与否分类。按印刷与否分类，媒体可分为两大类，即印刷和非印刷媒体。印刷媒体指各种印刷出版物，教材、报刊、杂志、印刷挂图、各种印刷的文选资料等。非印刷媒体泛指各类非印刷的媒体，如幻灯片、录像带、电影、录像、多媒体课件、实物模型等。在非印刷媒体中，又可分成几个亚类，分别是听觉类媒体，如广播、录像等；视觉类媒体，如幻灯、投影等；视听类媒体，如电影、电视、多媒体课件等。

（2）按传播范围分类。按传播范围分类，可分为宏媒体和微媒体，或者说是大众传播媒体和人际交流媒体。宏媒体指那些接触面广泛，可同时对众人传递信息的媒体，如互联网、卫星电视、广播电视、报刊、杂志、书籍等。微媒体指在同一时间只可能和有限使用者接触的媒体，如电话、录音/录像机、光盘机、计算机等。

（3）按媒体作用于人的不同感官分类。视觉媒体指只需运用视觉的媒体，如教材、报刊杂志、幻灯、投影、实物模型等。

听觉媒体指只需运用听觉的媒体，如广播、录音、CD 等。

视听觉媒体指同时运用视觉和听觉的媒体，如电影电视、录像、多媒体课件等。

综合类媒体指使用多种感官和多种信息流向的媒体，也就是几种单一媒体的组合运用，如语音实验室视听中心等。

（4）按媒体的物理性能分类可分为电子媒体与非电子媒体。非电子媒体指不需要用电磁波传递信息的媒体，如书本、黑板、挂图、模型、幻灯、电影等，以及通过光学原理把图片、标本或实物投射到银幕上呈现的媒体群，如幻灯、投影仪、电影之类。

电子类媒体指利用光电和电磁转换器件作信号记录、储存并呈现于屏幕上的媒体群，如电视、录像、录音、光盘、广播、计算机、CD-ROM、DVD 等。

（5）按信息传播过程中信息流动的互动性分类。单向媒体指这类媒体的信息流向都是单向的，不具有交互性，无法去影响或改变信息的传播方向。如电视、电影、录像、广播、书本等。双向媒体指信息可双向传播的媒体，也就是具有交互作用的媒体，如电话、多媒体交互网络系统等。

（6）按媒体的结构复杂程度和制作成本高低分类。大媒体：结构比较复杂、成本也较高的媒体，如电影电视、卫星电视交互网络等。小媒体：结构比较简单、成本也较低的媒体，如幻灯、投影、电子教材等。

（7）按媒体的发展来分类。

① 传统媒体：

● 教师（人体及其发音、表情、运动器官和组织，传递语言、表情、手势和姿势等信息）（关于是否应该将教师归入媒体及其分类体系是有争论的）；

● 印刷媒体（书籍报刊、图表图形图画、地图照片等）；

● 目视媒体（除印刷媒体外其他非投影目视媒体，如黑板加粉笔、其他各种功能的显示板、模型教具等）。

② 视听媒体（有时称为电教媒体，即通常需要以电力作为能源和动力，大多数是电子学革命后的产物，少数早期视听媒体在电子学革命后也大多有了技术上的革新和发展）：

● 光学媒体（幻灯、投影等）；

● 音响媒体（电话、无线移动电话、广播、录音、组合音响等）；

● 文字图像媒体（电报、传真、电传、文字处理机等）；

● 音像媒体（电影、电视、录像、音频图像、传真电话等）。

③ 电子媒体（电子信息通讯技术的产物）：

● 计算机媒体（计算机辅助教学、计算机辅助学习、基于计算机的培训、多媒体等）；

● 网络媒体（各种介质各种类型的电子通讯、数据传输、各种类型的计算机网络等，包括卫星数字通信网、光缆有线电视网、双向视频会议系统、校园网、城域网、广域网、互联网、移动通信网等）；

● 虚拟现实（虚拟校园、虚拟教室、虚拟实验室、虚拟图书馆、虚拟现实教学系统、虚拟现实培训系统等）。

上述第三类电子媒体有时也称为知识媒体或智能媒体，因为其中包含了人工智能技术。而且事实上，第三类媒体基本上是建立在各种技术汇合基础上的综合媒体。例如，计算机多媒体显然已经将印刷媒体和各类视听媒体的功能包容在其中了。至于网络媒体和虚拟现实更是建立在高度智能化和高度综合的技术基础上的系统媒体。

前面说过，教学媒体是人体感官和大脑的扩展、延伸和加强。由上述分类可见，印刷媒体、目视媒体、光学媒体和文字图像媒体都是传递视觉信息，可看做是人眼的延伸和强化。音响媒体传递听觉信息，可看做是人耳的延伸和强化。音像媒体则同时是眼耳的延伸和强化。而计算机、网络和虚拟现实这些知识媒体或智能媒体则不仅是感官而且是人脑的延伸和强化。

6.5　远程教学媒体

远程教育是教育的一种特殊形式，它和一般教育一样是一个信息传播系统。在这个系统中，传者与受者不是直接面对面地进行信息的交流，而是主要通过媒体将两者联系起来。因此，媒体在远程教育中起着十分重要的桥梁作用。远程教育的模式、规模及其发展与媒体技术的发展紧密相联。实践告诉我们，离开媒体，远程教育是不可能存在的。没有媒体技术的发展，也就没有远程教育的发展。

在远程教育中，由于不同的学习环境需要，产生了多种教育信息传播的媒体和设备。除了最常用的印刷媒体之外，还有如广播电视、教学电视定点服务系统、有线电视、卫星电视、电话会议系统、图文电视、视频会议系统、光盘、基于网络的多媒体等媒体。

6.5.1　广播电视

广播电视相当于开路电视，它通常用甚高频和超高频的图像信号与伴音信号，通过天线以电磁波形式向外传播电视节目。在电磁波的覆盖范围内的任何地方，只要有电视接收机，任何人都可以收看。最早的教育电视台是 KUHI—TV，于 1953 年在美国休斯顿开始播出教育节目。教育电视是早期电视广播的一个重要组成部分，它可以解决师资短缺、教育资源分配不平衡等一些困难，同时能够使较多的学生分享到优秀教师授课的机会，而且教育电视费用低廉，可降低教育成本。

6.5.2 录像教学

录像机的普及，使教师更能方便地控制教学进程。一是教师可不受电视广播在播出时间上的限制来安排教学进度，可以将事先准备好的录像资料在需要的时候，随时播放，提高了教学的灵活性。二是增加了学习的机会。录像资料，可以使那些由于各种原因不能收看电视的学习者能够再次得到获取信息的机会，不懂或不明白之处，可反复观看。三是降低教育成本。通过建立有效的录像制作、储存和流通机制，相对于广播电视，可更降低成本。

6.5.3 教学电视定点服务系统

ITFS 系统即教学电视定点服务系统，是无线电广播系统，其工作频率比普通电视广播频率高，需要一种特殊的装置才能在普通电视上收看，因此具有一定的保密性。ITFS 系统的信息传播范围较小，但设备较便宜，较适合用于人口密度较高的区域。ITFS 系统在美国一些高校中被用于传送继续教育节目和学分课程。此系统通过一路视频和二路音频信号，将参加这系统的单位和部门连接成网，通过此网，学习者可接受学习。ITFS 具有声音反馈功能，学习者可通过电话联络系统进行询问。该系统还具有日常通信服务系统，它可为师生间提供信息、考试及布置家庭作业，还可连接书店、学校的注册部门及学校的其他部门。家庭只要通过频率转换器，就可接收 ITFS 系统发射的高频信号，从而使学习者在家学习。

6.5.4 有线电视

有线电视是通过电缆传送电视信号的技术，它的出现改变了电视信号接收不理想的状况。因为电视信号在空中会受多种因素的影响而使信号损失，影响接收效果。有线电视的普及使其用于远程教育成为可能。有线电缆具有丰富的信带宽，可以进行多频传送，它还可传送电话、数据等多种信号。

6.5.5 卫星电视通信系统

卫星通信系统简单地说是由地面发射站，装有信号转发器的卫星以及地面接收站组成。由于卫星在距地球 22 000 英里的高空与地球同步，由它发射的信号远比地面转发站发射的信号覆盖面广。因此，卫星通信系统是由地面发射站发射的上行电视信号，然后由卫星上的转发器再发回地球上指定的区域，地面接收天线收到信号后，再通过微波线路、电话线路、电缆传送到用户。这样就可减少地面中继站的建设，且减少信号损失。卫星通信系统的出现，改变了以往需通过复制教学节目成录像带，然后送各电视台播放的方式，使不同地区的实时直播成为可能。卫星通信系统用于远程教育，大大提高了远程教育的效率，促进了远程教育的发展，使远程教育方式更加灵活多样。比如不同地区的用户可以同时收看到同一教学节目，同时地面站也可将卫星传输的教学节目录制下来，随时供需要时播放。不仅如此，由于技术的发展，卫星还可传送计算机数据，促使互联网与卫星通信的结合。

6.5.6　电话会议系统

电话会议系统是指位于不同地方的人或团体之间进行的电子通讯。这种系统有不同的类型，如单一的声音电话会议系统，或复合的可视电话会议系统。单一的声音电话会议系统，允许几个处于不同地方的人，通过声音放大送话器进行交谈；可视电话会议系统是点对点、点对多点的传播，通过音频和视频信号进行信息交流，它既可是单向的，也可是双向的。电话会议系统用于教育方面，可以使不同的教育机构之间进行交流，共同参与决策，共享资源，且由于具有双向交互作用，减少了交流的误解。电话会议系统还可将会议情况进行录像，作永久性保留。

6.5.7　光纤通信系统

光纤通讯是一项全新的技术，它使用一条比人的头发丝还细的玻璃纤维传导载有通信信号的激光。由于它是通过光反射进行传播的，因此减少了信号的损失，还可实现宽带传输，具有信息传输快、传输信号多的优点。一条光纤能够同时传输100个频道的电视信号或10万路电话。因此，由多条光纤组成的光缆能同时传送电视、电话、无线广播等多路信号。光纤通信目前用于远程教育的例子已很多。比如将制作好的教育节目或演播实况通过光缆传送给卫星发射台等。

6.5.8　图文电视

图文电视系统是计算机和视频技术结合的产物。它能集电视、电子文本和数据通信于一体。数字信号经过连接在普通电视机上的译码器解码后，转换成电视机能播放的模拟信号。该系统具有双向传输的功能，通过同轴电缆和电话线，用户可在观看视频节目时发出询问信息，经系统中心的计算机处理后，可将处理后的信息反馈给用户。图文电视系统使用方便，无需专门的培训，既可用于一般的公众服务，如信息检索等，也可用于特定的应用服务，如远程学习。

6.5.9　视频会议系统

视频会议系统可以由插入计算机的视频捕捉卡、摄像机、微型电话、扬声器和一套编解码的装置，通过电话线组成一个视频会议网络，也可以是由摄像机、电视机、卫星线路或专用电话线连接起来的系统。视频会议打破了空间的隔阂将距离遥远的人们连接在一起，仿佛置身在同一会议室内。它还能够显示图表和其他会议辅助工具。

视频会议系统用于教育，可以使异地的学习者如同在一个教室中学习，扩大了传统教室的空间，可以使更多的人共享学习资源。

6.5.10　光盘

光盘是激光视盘的简称，它是用激光束技术记录和提取视频信号。一张记录了图像信号的光盘，经光盘读取机提取信号后，可在监视器上再现图像。光盘的信息储存量高于磁带或磁盘十至一百倍。一张 12 英寸的光盘，每一面能存储 54 000 帧单独图像。

6.5.11　计算机多媒体与交互网络系统

多媒体计算机能够综合处理文本、图像、图形与声音信息，并具有交互性。互联网是世界上许多不同类型、不同规模的计算机网络组成的、在统一的 TCP/IP 协议支持下运行的全球性计算机网络。利用计算机网络开展远程教育，可以形成一个远程教育系统。由于计算机多媒体与网络系统良好的交互性，可使远程教育系统构建很好的双向交互的学习环境。在这系统中，可以进行实时和非实时的交互。学习者可以不受时空的限制，按自己的需要，充分利用网上丰富的多媒体资源进行自主学习，并能方便地进行相互交流评价，学习形式多样。

6.6　远程教学媒体教学功能分析及选择与组合

本节在前面几节讨论的基础上首先集中探讨和分析媒体的教学功能，并进而论述媒体的选择和组合，这些构成了远程教育中教学媒体理论的核心部分。

6.6.1　媒体教学功能分析

远程教育中教学媒体的 8 个功能：表现力；认知目标；控制交互；参与性；

受众面；成本结构；使用技能；设计要求。

1. 表现力

媒体的表现力是指媒体呈现教学信息的特征，是媒体教学功能的主要因素。媒体的表现力通常可以从以下三方面进行考查。

（1）媒体呈现的信息作用于何种感官。

（2）媒体对空间、时间、运动、色彩等的表现力。

（3）媒体使用何种符码呈现进行信息。

媒体呈现的信息对感官的作用前面已经有了相关的讨论，不再重复。不同的媒体对事物的空间、时间、运动和色彩等的表现力及其特征差异很大。在这方面，音像媒体（如电影、电视）的表现力较强。利用视听技术和各种特技，不仅可以表现事物的实际运动变化过程，而且可以进行各种时空处理，比如慢镜头、快动作等，让人们观察到平时不易观察到的事物，不仅可以展示人体及其特定部位、肢体、组织的动作瞬间或细微变化过程，还对某些临床医学、艺术、体育或其他劳动、操作类技能训练有益。音像媒体还可以通过空间扩缩呈现大到宇宙星系的结构演化、小到细胞和物质的原子分子结构及其运动变化，揭示某些机械与电子装置的内部结构并演示其工作原理，展示各类工业生产复杂的工艺流程和产品的成型过程。通过时间浓缩来演示动植物的生长发育过程、重大社会历史事件的发生和发展过程如战争进程等，通过时间放大展示瞬息万变的事物如碰撞、爆炸和社会突发事件等。特别是利用音像媒体，人们可以观察到那些实地考察有危险或者无法企及的事物，如地震、海啸和火山爆发、海底、极地、月球、火星和太阳表面、洪水、瘟疫、战争和社会动乱、历史事件的记录等。

现在来讨论教学信息的符码问题。教学信息的内容尽管千变万化，但所使用的符码—符号系统只有四个种类。

（1）数序符码：也称语言符码，指语言、文字、公式、代号等。

（2）图形符码：指各种图形、图表、地图等，包括图画、相片等。

（3）模拟符码：指实际事物视、听形象的再现。教育部分为听觉模拟符码（如电唱、录音、播音，电影和电视中的音乐、现场的背景声等）和视觉模拟符码（如电影、电视、录像中的活动画面等）。

（4）数字符码：专指数字电子信息通信技术中使用的符码。在数学上这是一种二进制数字系统，在电子学上对应的是"开—关"电路集成。信息技术的数字化就是指依据数字符码统一信息的变换、存储、加工处理、传输、发射、接收和转化等。

每种教学媒体可能是上述前三类符码系统的某种混合，不同的符码系统有不同的教学功能。数序符码呈现教学信息最准确、最深刻、也最经济；图形符码容易引起人们的兴趣，由图形符码呈现的信息较易存储和记忆；模拟符码呈现的信息生动形象，容易对人的感情和行为产生影响，模拟符码与其他符码结合进行的视听教学常常十分有效，而且成为特定技能训练的理想手段；数字符码的出现最晚，而且它并不能由媒体直接呈现给人体感官接受，但是，数字符码系统及数字技术的诞生导致了信息技术的重大革命，它实现了前三种符码系统与数字符码系统之间的双向转换，从而实现了对各类信息的统一的数字化存储、处理加工和传输，而且具有大容量、超高速、高保真（不失真、免干扰）的优点。经过数字符码系统和数字技术的处理后，数字符码再转换成前三种符码（数序、图形、模拟）系统由各种教学媒体呈现给人体感官接受。

2. 认知目标

不同的教学媒体在传播知识、培养技能、开发智力和改变态度等诸方面的功能上是有差异的，即不同的教学媒体在实现各种不同的认知目标上是有功能差异的。媒体功能表现出差异的认知目标主要包括以下几方面。

（1）知识与理解：接受事实，了解背景、关系和规律，改善认知结构。主要涉及事实、要例、关系、概念、原理、法则、理论体系、方法等。

（2）应用与技能：培养各种实践活动技能和应用理论解决实际问题的技术技巧。主要包括阅读、计算、观察、操作、实验、社会调查、表演等。

（3）智力和能力：开发智力、增长各种能力。主要包括分析、综合、归纳、演绎、抽象、发现、创造、开拓、自学等。

（4）评价与态度：培养兴趣和爱好，发展判断力和价值观，转变态度和行为习性。主要包括美学鉴赏、社会伦理、人生价值、职业道德、理想、世界观等。

显然，某些媒体（如印刷品和面授讲课）对传授知识、加深理解功能较强，而另一些媒体（如视听媒体）对转变观念和态度、培养鉴赏和评价的能力功能较强。

训练某种独特的技能技巧也许需要利用有特定教学功能的媒体（如录音媒体对于语言教学，录像对新闻采访和野外调查等）。而某些认知目标的培养和提高则需要综合使用有不同功能特长的多种媒体（如培养分析、综合、抽象和发现等能力）。

3. 控制交互

媒体的控制特性主要包括以下几点。

（1）操作使用是否方便、用户接口和界面是否友好，是否需要专业知识或专门技能。

（2）是否轻便、便于携带，便于随时随地使用。

（3）时间控制特性，即教师和学习者对媒体的时间控制功能特征。

对前两点特性比较容易理解，依据时间控制特性的差异可以将教学媒体分成两大类：即时媒体和永久媒体。

（1）即时媒体：指播音、广播电视、卫星电视等通过电磁波在空中传播的广播（也称为播送、空中、以太）媒体；由电缆、光纤等联结的有线网络传播信息的媒体；以及有众多学生或受众的讲演、讨论和会议等。

（2）永久媒体：指印刷媒体；盒式录音录像、各类光盘等录制的非广播媒体，个人计算机（微机或终端）等个人媒体。

即时媒体和永久媒体的时间控制特性很不相同，这对媒体的教学功能和教学效果可能产生重大影响。而且，由教师还是学习者控制媒体，其教学功能和教学效果也会表现出差异，媒体的交互特性主要指教学信息的传播方向和教与学双方的相互作用功能特征，可以分为单向传播媒体和双向交互媒体两类。单向传播媒体只能实现教学信息由教的一端（信源）向学的一端（信宿）的单向传播，无法进行信息反馈和教与学的相互作用。双向交互媒体可以实现教学信息在教与学两方之间的双向传播从而促进教与学的交流和交互作用。媒体的交互特性和控制特性一起是教学媒体的重要功能，对教与学的效果影响极大。

4. 参与性

教学媒体的参与性是指学习者在利用媒体进行学习时的行为参与和感情参与，不同的媒体在激励和调动学习者积极主动参与学习、做出行为反应和情感投入交流方面的功能差异也是明显的。媒体对学习行为反应的控制，实际上是教师和教学媒体设计者所期待的。他们通过媒体拥有的功能进行设计，从而实现对学生学习行为的有效调节和制约。这种调节和控制通过特殊的教学设计、由各类媒体指示学习者积极主动地完成各种学习反应活动。比如，印刷媒体可以通过插入课文的思考题、自测题，课文单元结束处的作业题（通常分为计算机批改的作业和辅导教师批改的作业两类）及要求学生动手操作、测量或进行文献调查、社会调查、现场活动的实践课题。视听媒体可以要求学习者在教学节目收听收看前进行必要的预习活动，收听收看中做必要的记录、观察、比较、测量等活动，或者中断再继续、多次反复等方式并与其他媒体结合使用，收听收看后完成有关的作业、评论或报告等，这些都是利用视听媒体常见的行为参与反应活动类型。媒体的优化设计应该给学习反应活动以反馈信息，用以调节并强化学习反应的行为及其效果。对教学媒体设计行为参与反应活动的主要目的是：

（1）变被动的接受信息为主动积极地学习，增强学习效果；

（2）保证教学目标的实现，促进各种相应学习反应活动的发生和配合；

（3）反应活动使学生得到对自己学习状况和进度的正确的自我评价，诊断自己学习中存在的困难和问题，并设法予以解决；

（4）反应活动使学生树立自信，有利强化学习动机、增强学习动力。

显然，不同的教学媒体，具有不同控制特性和调节功能，可以设计和实现不同的学生学习反应活动类型，可以为学生提供不同类型的反馈信息。与控制与反应特征密切相关、且有重大意义的课题还有：媒体是否适合于学生自学，或者更确切地说，媒体设计能否实现对学生自学的有效指导。

远程教育中的媒体教学同传统面授教学相比，缺少师生间和同学间的人际交流（包括感情交流）。因此，媒体功能中的感情参与更不应忽视。凡容易表现出趣味性、吸引力、人情味、生动情景与真实感情；容易激发学生学习动力，强化学习动机；容易引起学生产生归属感、集体感、可靠感、有助感和感情参与和交流的媒体，其教学功能就较为优越。总之，媒体与学生不仅在学习反应活动上，而且在感情交流上，都应尽可能地利用双向反馈功能实现交互作用。当然，应该承认，不同媒体在感情参与功能方面也确实是有差异的。

5. 受众面

媒体的受众面也称接触面或易获得性，是指媒体的受众多少以及获得该种媒体的难易程度。向社会和市场上公开发行的印刷教材是人人随时随地可以购得的，而由院校系统内部预定发行的印刷教材和讲义或辅导材料则通常只供应本系统学生，并非社会上人人可得。由电视台、微波网传播的电视节目，在覆盖面内各家各户的电视机都能接收到；卫星传输的电视节目则需要有地面接收站接收信号，再通过转发站、有线网或录像等方式，才能被学生接收；有线电视必须在联网的接收点才能接收到电视节目。只有在电视机普及到家庭、卫星电视网和有线网基础设施齐备的地区才可以说电视是一种大众媒体。录音录像和各类光盘的易获得性一则取决于复制能力和发行渠道，二则依赖相应放录设备的普及程度。媒体受众面或接触面的另一层含义是媒体的使用方式：是个体使用、还是集体（班组）使用。这与学习方式和教学组织形式有关。不少媒体既可个体使用、也可集体使用，如播音、电视、录音、录像、光盘等。个体使用时控制性能好，但成本、资源条件要求高。集体使用时则相反。确切地说，电视、集体收看录像和个体收看录像，在教学功能方面可以有较大的差异，故而在教学设计时也应有所区别。而录音，与印刷材料一样，主要是供个体使用的。

6. 成本结构

不同媒体的成本不同，这是显然的。同一媒体，当学生数变动时，单位成本也会发生变化，这个结果也是重要的。媒体成本分析的基本问题是：应该了解不同媒体的成本结构及其变化规律：

（1）不同的媒体，其设计（创作）成本、开发（制作和大规模生产）成本和发送（播送、发行）成本的相对比例是不同的；

（2）不同的媒体，其固定成本和可变成本的构成比也是不同的；

（3）不同的媒体，其各种成本要素的变化规律是不同的。

媒体以上各种成本要素及其变化规律最终会产生不同的成本效益。这是考查媒体教学功能时不可忽视的一个重要方面。

媒体成本效益相关的另一个问题是，比较利用现有媒体资源的成本效益和开发新兴媒体资源的成本效益。

7. 使用技能

媒体的教学功能要能充分发挥作用，要求媒体的使用者掌握一定的使用技能。学生必须具备相当的阅读能力才能使印刷媒体的教学功能及其教学设计目标得以实现。在某种意义上，视听媒体、电子通信媒体和计算机及网络媒体的教学功能的发挥对学习者的使用技能的要求更高。学生应该学会基于资源的学习、学会利用各种媒体进行学习、学会自学；学会利用技术和媒体与教师、同学、他人交流，实现协作学习；学会主动地获取信息、加工处理信息、发布和传播信息。学习者使用技能的培养因媒体的不同而不同、因媒体功能的不同而不同。

8. 设计要求

媒体的教学功能要能充分发挥作用，还要求媒体的设计者掌握一定的专业知识和设计技巧。传统学校的教师可能习惯于编写传统的课程教案、讲义和教科书。但是，要使印刷材料成为远程教育中适合自学、指导自学的基础媒体，要充分发挥印刷材料在远程教育多种媒体教学中基础媒体的功能，教师有必要接受远程教育印刷教材教学设计的培训。对于视听媒体、电子通信媒体、计算机和网络媒体，教师要学会利用它们发送课程，要学会创作设计各种类型的音像材料和计算机课件（包括多媒体课件和网络课件），更需要学习和培训，并在实践中积累经验，不断掌握新知识、新技术、新技能、新方法。有些教学媒体的设计、媒体功能的充分发挥，需要教师和其他技术人员和设计人员的通力合作，通过集体创作才能完成。

6.6.2　远程教学媒体的选择与组合

教学媒体的选择和组合在整个远程教育的教学设计和教学系统开发中占有重要的地位，对实现教与学的优化起着保证的作用。关于教学媒体选择和组合的实践经验和理论研究都已经产生了丰富的成果。在确定了远程教育的教学内容目标、安排好了教学主题之后就可以准备实施教学了。要进行教学，采用什么信息传递方式，即选择哪一种或哪几种媒体的组合才最合适、最有效的，这就是媒体的选择与组合问题。由于各媒体功能和特性不同，对实现远程教育的目标和和任务起的作用也不同。因此，为了达到优化教学效果，选择适当的远程教育媒体进行优化组合，就显得尤为重要。

1. 媒体选择的原则和方法

（1）原则。

媒体选择的一个基本原则，就是要根据媒体对促进教学目标和教学目的的完成所具有的潜在能力来进行选择。这个潜在能力就是指媒体本身的特性和教学功能。其具体指导原则有以下几点。

① 易获得性原则。

所谓易获得性原则，是指在远程教学媒体中，学习者容易取得这种媒体。在众多的可用于远程教育的媒体中，首先我们要考虑的是学习者能接触到哪些媒体或者说我们可能为学生提供哪些媒体。不同国家、不同地区、不同家庭，各种媒体的普及程度是不一样的。比如在国外发达国家，电话系统用于辅导和咨询的教学媒体。而我国，发达地区电话普及率还好，但欠发达地区电话普及率不高，因此电话系统辅导和咨询教学媒体至今还很少运用。

② 经济性原则。

不同的媒体其制作成本相差悬殊，且得到的效益也不相同。在选择媒体时，我们要考虑使用媒体可能得到的效益和使用媒体需要付出的代价（时间、人员劳动、费用）的比值，即效价比（效价比=效益代价）。一般说来，应该选择效价比高的媒体，教学效果相同的媒体，选择费用低的。在远程教育中，如果学生数量多且分布面广的课程，一般选择广播电视，而学生数量少的且分布较集中的，宜采用非播送媒体。

③ 方便学习者的原则。

媒体的选择应尽可能地方便学生，这主要取决于媒体的控制特征。一是媒体是否容易接近，是在学习者家庭用，还是在学习中心等集体学习场合用，是个人使用还是集体使用，是固定的，还是可移动便于携带的。二是要考虑需要何种特殊操作技能等。三是要考虑媒体的时间控制特性，即是即时媒体还是永久媒体。

④ 方便教师的原则。

媒体的选择应尽可能地方便教师，这主要是指媒体软件的设计与制作工作要方便于教师。应根据教师现有知识结构、技能技巧、教学经验，选择教师熟悉其特性，能进行优化或只需对教师稍加培训就能使教师胜任设计的那些媒体。更应考虑教师对这种媒体的可获取性。

（2）方法。

按照媒体的选择原则选择媒体，更多的是依赖于人的主观判断。在选择媒体时，为了使作出的主观判断更为客观、准确，在大量的媒体应用实践中，逐步形成了一些媒体的选择方法。

2. 远程教育多种媒体组合

对于远程教育，国外有些学者也称其为媒体教育。这是因为远程教育的信息传播更主要的是依赖于媒体作为学习者获取信息的源泉。各种媒体不仅各有其特性，而且不同媒体可适用于不同的教学内容、教学目标的需要。我们在前面谈到媒体的概念时已谈到，媒体是一个复合的概念，因此，各种媒体自身又是一个硬件、软件、潜件的复合系统。再先进的硬件，还必须与优良软件相匹配。所谓优良的软件是对能建立良好教育机制和功能而言的，这里包含了人的设计构想。另外，没有正确运用软件的方法和指导思想，再好的媒体也不能充分发挥效益。而设计思想、使用方法等，国处有些学者则称其为潜件。所以一种优秀的媒体本身就是一个硬件、软件、潜件优良组合的系统。在远程教育发展中，因为运用媒体的失误而造成损失的例子是很多的。印度第一次发展卫星电视教育的失败，究其原因就在于此。

从印刷教材到广播电视，媒体在远程教育中的应用都有历史教训。就拿电视来说吧，我国发展卫星电视教学是世界上的比较早的几个国家之一。但是因为硬件不配套，有了信源没有接受终端；软件照搬传统教学的一套，把传统院校的一套教学方法搬到银幕上，形成广播电视满堂灌、填鸭式等。不仅反映了硬件、软件和潜件的组合问题，也反映了三件自身的优化问题。它所造成的结果是常人皆知的。所以媒体组合是一个系统工程，要保证良好的硬件、软件、潜件的互补性，就要求媒体的组合符合正确的规律，要有基本的组合的原则。

（1）媒体组合系统化。系统论告诉我们，系统内部各要素绝不是数量上的复合与叠加，而在要由最优化的各要素形成彼此之间的最优化关系。因此，在教学媒体的组合运用中，当确定一个主体性媒体以后，便要选择辅助性媒体，以构成优化的媒体教学系统。

（2）媒体组合的简化。在媒体组合的系统观确立之后，媒体系统越简化越好，当然，这种简化是建立在最优化的基础之上的。这是因为在同一媒体系统中，选择的媒体数量越多，在设计编制方面就要复杂。所以一般来说，简化利于优化。

（3）媒体组合的统一观。媒体的组合要从教学总目标出发，各个媒体要根据不同的分工完成各自的任务，决不能强调自成系统，这样才能使各媒体之间组成既相互联系又相互补充的多层次的信息结构。

思考题

1. 什么是教育技术？教育技术对远程教育有何作用？
2. 如何将教育技术应用在远程教育中？
3. 什么是远程教育中的教育资源？远程教育中教学媒体有哪些功能？

第 7 章

远程教育教学设计及资源建设

本章通过对远程教育教学设计及资源建设的论述，阐述远程教学的基本功能之一是课程资源的开发，其核心是以多种媒体课程材料为主组成的教育资源的教学设计。

7.1 教学设计理论和远程教学系统开发

7.1.1 教学设计的定义

教学设计（ID：Instructional Design）是 20 世纪 60 年代以来逐渐形成和发展起来的一门实践性很强的应用科学，是教育技术学科的一个重要分支。教学设计的理论基础是传播理论及其分支教育传播学、教育心理学及其核心部分教学理论和学习理论、系统科学。教学设计是以教学过程为研究对象，运用系统方法来分析教学需要，设计解决教学问题的方案和步骤并对教学效果做出价值判断的计划过程和操作程序。由此可见，教学设计是教学活动的计划形式，通过教师的智能活动，可将教学意图理想化，教学方式定型化，教学时空结构化，形成施教前的蓝图，既依赖理论的指导，又针对教学实践，既要遵循教学的一般规律，又要发挥教师的个性和创造性，这一切决定教学设计原理依据的复杂性。教育设计的目的是以系统的分析方法来解决教学中的一系列复杂问题，寻找最佳解决方案的过程，实现教学产出的价值和教学效果最优化提高教学系统的效率。

教育技术发展的一个重大进展就在于教学设计的思想、理论和实践突破了原来的教材设计的局限，发展为课程设计，并进一步发展为教学系统设计。就是说，教育革新的方向，包括远程教育，不再是以老师和教材为中心，而要以教与学的全过程、整个教与学的系统为对象，以学习资源和学习过程为核心，进行系统的设计和开发。要将课程和教材（课程学习材料）的教学设计和开发放在整个教学系统的整体设计和开发之中。

在远程教育中，学生和教师处于时空相对分离的状态，基于信息技术的媒体教学代替教师课堂连续面授成为远程教与学的主体。于是，远程教育的教学系统开发与教学设计具有不同于传统教育的许多创新和特点。

远程教学系统也即远程教育系统中的运行系统，主要包括课程和学生两个子系统。远程教学系统开发是在远程教育系统整体规划设计基础上进行的，取决于远程教育院校对教育对象和教育目标的定位，涉及远程教育的课程和学生两个运行子系统的方方面面，关系远程教与学的全过程，即从教育计划和课程设置开始，经过远程教与学的各个环节，主要是课程的设计、制作和发送以及开展各种学习支持服务，包括各类实践性教学环节和各种人际双向交互活动，直到课程考试、毕业考核以及对远程教与学成果的其他检测和评估，远程教学系统开发是各门课程开发和教学设计的基础，它贯穿从教学目标的制定、策略的实施到教学效果评价的全过程，极大地促进了教学过程的优化。

7.1.2　教学系统开发的基本概念和理论

在教育技术学科中，教学设计已经发展成为教学系统开发（ISD：Instructional System Development）。教学设计绝不仅仅是教材设计，而是整个教学系统、各类教育资源和教与学全过程的总体设计和开发，即教学系统开发。

1. 教学系统开发与教学设计的基本概念

教学系统可以分解成不同层次的子系统和构成要素，教学系统开发与教学设计也就可以相应地分成不同的层次。从总体上可以分为三个层次：以特定教育对象和教育目标为核心的教学计划和课程设置的开发（可以简称课程设置）；以特定课程教学内容为核心的教学资源（材料与环境）的开发（可以简称课程开发）；和以学生、教师和资源诸要素的相互作用关系为核心的教与学的全过程的开发（可以简称过程开发）。课程设置的出发点是教育市场中的特定教育对象，其开发成果是课程设置既定的教学计划。课程开发的出发点是教学计划，其开发成果是特定课程的教学资源，通常由课程教学大纲、多种媒体课程材料（学习材料和教学参考资料）和特定设计的教学环境组成。过程开发的出发点是教学计划和特定课程的教学资源，其开发成果是教与学全过程各个环节的组织实施方案和策略方法细则，包括组织课程作业、检测、考试和评估的指导大纲和操作规程。

在传统教育中，过程开发最重要的内容是课堂教学设计开发，因为传统校园教育教学的核心环节是课堂面授教学。而在远程教育中，远程教与学过程的基础是远程学习，即以学生自主学习为主。为了保证远程学习的有效发生和进行，远程教育院校应该设计开发好课程资源的发送和学生学习支持服务。课程资源的发送是将远程教育院校教学系统开发与教学设计的成果和产物用多种途径（物理的、广播的、网络的等形式）传输发送给远程学习者，这是远程学习得以进行的物质资源基础。包括师生或同学之间各类双向通信交流机制在内的学生学习支持服务是远程学生自主学习得以成功的人际交互作用保证。

2. 教学设计的理论基础

教学设计是一个应用的和决策定向的领域，它需要基础理论作为制定决策的依据，学习理论、传播理论、教学理论和系统理论，这四个方面的理论对教学设计产生重大的影响。

（1）学习理论对教学设计的指导。

学习理论是研究人类学习的本质及其形成机制的心理学理论，其中对教学设计具有指导意义的是现代认知学习理论和建构主义学习理论。

行为主义注重外显行为的研究，认为学习的本质是刺激与反应的联结。教学设计理论中的行为注意强调对外部环境的控制，目标设计中要拟定行为目标，以学生掌握知识、技能为目的，注重学生行为的变化和强化，媒体设计中强调呈现丰富的感性材料等。

现代认知理论着眼于认知结构及过程，探究个体内在的心理活动，强调对学习者内在心理操作方式的指导。教学设计的理论也由行为主义的重视外部环境及行为的控制研究转向重视学习者内在的变化，学科内容上更多考虑如何规划、组织教学内容，使之形成"结构"，让其呈现方式与学生内在心理加工方式相对应。重视学习者的特征分析，媒体设计中强调要能启发学生的思维等。

因此，在教学设计过程中要特别重视学习者的特征分析，学习内容的分析，以确保学科结构与学习者认知结构的协调性。

建构主义学习理论强调以学生为中心，认为学生是认知的主体，是知识意义的主动建构者，教师对学生只起到帮助和促进的主导作用，并不要求教师直接向学生传授和灌输知识。在这种建构主义的学习环境下，与传统教学相比，教师和学生的地位发生了巨大变化。

（2）教学理论对教学设计的指导。

教学理论是对教学规律的客观总结和反映，也是为解决教学问题而研究教学一般规律的科学。教学理论强调教学是一个内在结构的整体系统，从结构和功能关系分析、研究教学过程。教学理论研究的范围涉及教学基本原理，教学内容和教学方法。

　　教学与学习虽然联系紧密，但却是两个完全不同的研究对象。学习理论虽然为教学设计提供了许多有益的启示，但它本身并不研究教学，研究教学本质和规律的是教学理论。教学设计离不开教学理论的指导，同时教学设计的产生也是教学理论发展的需要。教学理论的指导使教学设计由经验层次上升到理性、科学的层次，教学设计加强了教育理论的可操作性，双方之间互相影响、互相作用及共同发展。

　　（3）传播理论对教学设计的指导。

　　在教学过程中，学生所接受到的教学信息并不完全取决于教师所传授的信息输出量，还有其他的途径。也就是说教学信息在传输与转换过程中会受到诸多因素的影响。

　　传播理论研究的是自然界一切信息传播活动的共同规律，通过对传播模式、传播者和受播者、传播的信息、传播的符号、传播的媒介、传播效果的研究，使人们认识到教学过程也是信息传播过程，而且是信息的双向传播过程，包括信息从教师或媒体传播到学生的过程和信息从学生传播到教师两个过程。

　　由于教学过程遵从传播学的规律，所以我们可以利用传播理论来解释教学现象，找出其中的教学规律。

　　（4）系统理论对教学设计的指导。

　　系统方法定义为一种从逻辑上解决问题的过程，可以用来鉴别和解决教学中的重要问题，其模式为确定问题和解决问题：确定需要，选择问题；确定解决问题的必要条件；从备选方案中选择解决问题的途径，获取解决问题的方法和手段；实行并加以评价结果；对系统的整体或部分作必要的修正。

　　系统方法就是系统地去协调问题的各个方面，使其实现各个具体目标的方法。在教学中，就意味着要有组织、有计划地使用所有的学习资源，包括视听媒体，以便通过尽可能有效的手段来达到学习目标。系统方法首先强调的是学生和学生应有的行为表示，其次才是在课程内容、学习程序和最有效的教学方法和媒体上作出抉择。这种系统本身就包含着提供持续的自我修正和改进的能力。它也很重视包括媒体在内的所有教学因素。它的目的是确保有机整体的各个要素能在适当的时间，以适当的方式作用于整个系统以达到其目标。

　　简言之，应用于教育教学的系统方法包括下述几个互相联系的阶段：明确表述教学目的，包括依次取得的行为目标和事后的测验；有计划地输入和使用各种学习材料和方法，使之适合于特定学生群体的需要；监控输出，并用它来修订、改进和评价教学系统，向学生和教师提供反馈；要有一定程度的内在灵活性，以针对具体情况而作出调整。

系统方法同时适用于教学设计的宏观探讨和微观探讨。前者是从整体协调的观点出发，探讨教学与经济、政治、文化和科技结构的基本关系，据此确定改革和发展的方向，完善教学组织体制；后者则偏重于在具体教学情景中教学过程和师生关系的分析，着眼于如何使教学活动更为有效，如何引发学习动机和改变学习行为，如何评价教学成果等。

3. 教学系统开发与教学设计的基本要素和一般模式

在历史上，教学系统开发与教学设计思想的形成和发展经历了"艺术过程"、"科学过程"、"系统工程方法"、"问题解决方法"和"注重人的因素"等多种概念的交互作用和影响。模式是一种模拟实际的、理论的概括形式或简约形式。教学设计的模式是运用系统方法，进行教学开发、设计的概括形式，在理论研究和实践活动中，提炼总结、逐步形成的。它具备三个特点：理论性、简约性和整合性。在世界各国的教学系统开发与教学设计实践和理论研究中出现了各种模式、理论和学派。对这些模式和学派的分类和评价也有不同的观点。下面主要是介绍在我国教育技术界较有影响、对远程教育的教学系统开发与教学设计有较多借鉴价值的研究成果。

我国学者乌美娜在《教学设计》一书中探讨各种教学设计模式后总结得出教学系统开发与教学设计系统有下述七个子系统：

（1）学习需要分析；

（2）学习内容分析；

（3）学习目标阐明；

（4）学习者分析；

（5）教学策略制定；

（6）教学媒体选择和应用；

（7）教学设计成果评价。

这七个要素有机整合构成教学设计系统，图 7-1 显示了构成教学系统设计开发与教学设计的一般模式，教学设计一般模式的框图直观地显示了教学设计的理论结构和系统过程。

上图表明，学习者、学习目标、教学策略和评价是构成教学系统开发与教学设计的四大基本要素。

教学系统是一个开放系统，教学过程是一个动态过程。学生情况决定了教学对象的情况，教学目标明确了教学的任务，策略是教学方案、措施、过程、教学媒体等的规划、综合或整合。评价是对教学设计成果，即教学效果的检验，发现问题，提供反馈修正的依据，促进教学的进一步优化。教师和教学设计工作者应该在学习借鉴他人模式的同时，具体分析所面对的教学系统特定的四大基本要素，创造性地开发自己的教学设计模式，灵活地开展教学设计工作。

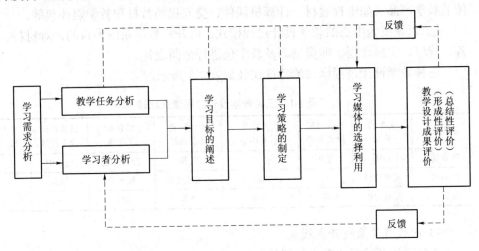

图 7-1　教学设计一般模式框图

4. 教学设计理论的历史发展

1）教学系统开发模式

教学系统开发模式（Models of instructional design）是运用系统方法对不同的教学系统进行教学开发和设计的各种标准化形式。由于设计中涉及教学背景、参加设计的成员（如课堂教学、一门课、整个课程等）以及人们对教学设计者在实践中针对性不同，在教学设计中产生不同的模式和分类方法：

① 整体型模式。

从一般系统理论演变而来，内部包括相互联系和相互作用的因素，强调信息反馈，一系统内某一部分为基础探讨另一部分的行为。

② 任务定向模式。

强调对教学所必须完成和发展的构成和具体步骤的设计。

③ 处方型模式。

提供一套 IF-THEN 语句，给出解决的方法，例如学习内容是 X 类，学生是 Y 类，那么应该设计 XY 类型的学习。

2）三种教学设计过程模式

① 以课堂为中心的教学设计过程模式。已具备教师、学生、课程、设备、具体课堂环境，设计范围是课堂教学，重点是如何选择和采用已有的教学材料而不

是开发新材料。

② 以产品为中心的教学设计过程模式。根据预定的目标，开发一个或几个具体的教学产品（如电视教材、计算机课件、交互视频教材和教学媒体包等。）

③ 以系统为中心的教学设计过程模式。以开发教学系统为目的，对材料、设备、管理、实施计划、师资培训及教学包进行全面设计。

三种教学设计过程模式的特征比较如表 7-1 所示。

表 7-1　三种教学设计过程模式比较

模式分类	典型的输出	设计过程所需资源	个人还是小组开发	自主开发还是选择	前端分析的工作量	试验和修改工作量	普及推广
课堂教学	面授	很低	个人	选择	没有—低	低—中	无
产品教学	课程材料	高	个人或小组	开发或选择	低—中	很高	高
系统教学	院校课程	高	小组	开发	很高	中—高	中—高

3）四代教学系统开发模式

教学系统开发模式有六种属性：

① 系统设计；

② 方案评价；

③ 学习理论；

④ 教学设计过程；

⑤ 教学设计创作者；

⑥ 从创作活动去分析各种模式的发展演变过程。

第一代模式主要由学科专家用来完成以课堂为中心的教学设计过程。第二代模式主要用来完成以产品为中心的教学设计过程。第三代模式主要用来完成以系统为中心的教学设计过程。第四代模式最复杂，以系统为中心的教学设计依赖相应的电子创作支持系统的开发。

四代教学系统开发模式的比较结果如表 7-2 所示：

表 7-2　四代教学系统开发模式比较

属　性	第一代 ISD	第二代 ISD	第三代 ISD	第四代 ISD
系统设计	线性循环	流程图	阶段内循环 阶段外线性	动态交互网络
方案平价	形成性	形成性 总结性	可行性、形成性 总结性、维护性	情景性、可行性、形成性、总结性、维护性

属　性	第一代 ISD	第二代 ISD	第三代 ISD	第四代 ISD
学习理论	行为主义	行为主义	行为主义（认知主义）	认知主义/建构主义（行为主义）
教学设计过程	步骤到步骤	步骤到步骤	阶段到阶段（简单）	知识库（整合的）
教学设计创造者	学科内容专家（系统方面新手）	技术人员（系统方面新手）	教学系统开发专家（系统方面新手）	内容/系统（工具）的专家
创造活动	概念尚无准确意义	操作性定义	专家定义	清晰的规则

第一代教学系统开发模式仅仅是由四项主要创作活动加上形成性评价组成的简单系统，以后教学系统开发模式逐步发展成具有高度交互作用的复杂的动态系统。不仅教学设计过程发生了变化，教学设计的学习理论基础也在革新，所使用的电子创作工具系统也在变得越来越多、越来越复杂。如今，四代模式在不同场合都在继续发挥作用。

4）从以教为中心到以学为中心的教学设计

教学系统开发与教学设计的研究对象是关于学习资源与学习过程的设计、开发和评价的理论和实践，已经形成一门独立学科。教学设计是教育技术学的核心内容，同时又是连接学习理论、教学理论与教学实践的桥梁。考查国外 20 多年来特别是 90 年代以来教学设计理论和方法研究可以概括为三种理论和方法：

① 以"教"为中心的教学设计理论和方法；

② 以"学"为中心的教学设计理论和方法；

③ 教学设计的自动化理论和方法。

在构成教学设计的理论基础的四个组成部分中，系统理论、传播理论和教学理论的研究内容和理论体系在近 30 年来的发展相对稳定、因而对教学设计理论和方法的发展的影响也比较稳定。唯有学习理论，其本身发展革新较快，对教学设计理论和方法的发展产生了重大的影响。正是由于学习理论对教学设计理论和方法的发展有着至关重要的影响，成为教学设计最重要的理论基础，不同的教学设计理论模型体现出不同的学习理论的显著差异。所以，以学习理论作为教学设计理论模型从"以教为中心"到"以学为中心"的教学设计理论分类。

（1）以教为中心的教学设计理论。有利于教师主导作用的发挥，有利于按教学目标的要求来组织教学，因而在传统校园教学领域中有很大影响。

第一代教学设计理论模型：以教为中心、以行为主义的联结学习（即刺激—反应）为其学习理论基础，代表性模型是"肯普模型"（四个基本要素：教学目标、学习者特征、教学资源和教学评价。注重解决三大问题：确定教学目标；依据教学目标的分析确定教学内容和教学资源，依据学习者特征分析确定教学策略和教学方法；教学评价）。

第二代教学设计理论模型：以教为中心、以加涅的行为主义和认知主义结合的"联结—认知"学说为其学习理论基础，代表性模型是"史密斯—雷根模型"（由第一代教学设计中有相当影响的"迪克—柯瑞模型"发展而来。吸收了瑞奇鲁斯（Reigeluth）的四种教学策略分类思想，明确提出设计三类教学策略：教学组织策略，教学内容传递策略和教学资源管理策略。并将重点进一步放在设计教学组织的宏策略和微策略上）。

教学组织的宏策略—细化理论。为教学内容的组织提供符合认知学习理论的宏策略：一个目标，两个过程，四个环节和七种策略。

教学组织的微策略—成分显示理论。为具体知识点的教学提供行之有效的、可操作的微策略：梅瑞尔的"目标—内容"二维模型。

（2）以学为中心的教学设计理论。彻底摒弃以教师为中心、强调知识传授、把学生当作外部刺激的被动接受者和知识灌输对象的传统教学模式；学生应成为信息加工的主体、知识意义的主动建构者；教师由知识的传授者、灌输者转变为学生建构意义的帮助者、促进者。

第三代教学设计理论模型：正在探索发展之中。以"学"为中心、以建构主义学习理论和系统理论为理论基础。

第三代以学为中心的教学设计理论模型的教学设计原则：

① 强调以学生为中心；

② 强调"情境"对意义建构的重要作用；

③ 强调"协作学习"对意义建构的关键作用；

④ 强调对学习环境（而非教学环境）的设计；

⑤ 强调利用各种信息资源来支持"学"（而非支持"教"）；

⑥ 强调学习过程的最终目的是完成意义建构（而非完成教学目标）。

第三代以学为中心的教学设计理论模型的教学设计方法：

① 教学目标分析；

② 情境创设；

③ 信息资源设计；

④ 自主学习设计（支架式教学；抛锚式教学；随机进入教学）；

⑤ 协作学习环境设计；

⑥ 学习效果评价设计；

⑦ 强化练习设计。

在教学设计领域和相关学科领域新进展的推动下，教学系统开发和教学设计模式还会进一步演化和发展，如教学设计的自动化理论和方法。

无论是关于教学系统开发与教学设计的基础概念、基本要素和一般模式的探讨，还是有关各类教学系统开发与教学设计理论模型的分析研究，都对远程教育的教学系统开发和教学设计有着重要的借鉴意义。鉴于远程教育是建立在信息技术资源环境基础上的教与学、并且以学生为中心和以学生自主学习为主，所以，建立在建构主义学习理论基础上的、以学为中心的教学系统开发与教学设计理论和方法以及正在探索发展中的各种理论、学派和模型有更大的参考和应用价值。

7.2　远程教育的课程开发与设计

7.2.1　远程教育的课程资源设置

1. 远程教育的课程资源设置的两种类型

远程教育教学系统开发的首要任务是确定课程设置。即通过对教育市场的调查研究，发现并定位特定的教育对象。再通过对教育对象及其教育需求的进一步调查研究，确定教育目标，进行课程设置的设计开发。远程教育的课程设置与传统校园教育有不同的特点。远程教育院校在课程设置上具有创新和灵活性。

在举办远程教育的传统院校。开展远程教育可以充分发挥传统院校原有的教育资源优势，特别是其在院校品牌和特色学科专业品牌、高质量的有丰富教学经验的师资、长期积累的教材和图书资料以及实验设备设施等方面的优势。其中，传统院校在学科专业和课程设置方面的优势是举办远程教育的一大特色。所以，通常注重发挥原有教育资源的优势而不是去开发原先没有的全新的教育类型、学科专业和课程。

在实践中，在教学计划和课程设置上主要有两种类型：分离模式和综合一体化模式。分离模式即对同一层次同一学科专业，校园面授教育和远程教育制订和实施不同的教学计划和课程设置，使用不同的课程材料（校内学生使用传统标准教材，远程学生使用特别设计的函授教材），两类学生的教师不同，考试不同，其学分与授予的学位和学历证书也各不相同、不可互通。综合一体化模式即对同一层次同一学科专业，校园面授教育和远程教育制订和实施相同的教学计划和课程设置，使用相同的课程材料，两类学生的教师相同，考试也相同，其学分与授予的学位和学历证书也都相同、可以互通。综合一体化的课程设置模式，对于就业和教育转换日益频繁、边工作边学习的学生，对于终身教育体制和学习化社会的形成，都是一种方向。

2. 课程资源设置的灵活性

远程教学系统在学科专业课程设置上通常表现出比传统教育更多的开放性和灵活性。这主要体现在以下几个方面。

（1）教育对象和教育目标的多样化。依据不同的教育对象确定不同的教育目标，远程教育院校通常提供不同层次类型、不同学科专业的课程设置，同时举办学历和非学历教育。

（2）个别化、个性化的教学计划。远程教育院校通常努力实现个别化、个性化的教学计划，即根据学生个人的实际需要和现有基础，制订适应个别化学习的个性化专业教学计划。

（3）富有弹性的课程设置。远程教育院校的课程设置有更多的弹性和替代方案，能够适应不同对象的不同需要。

（4）灵活的选课制。远程教育的课程设置通常采用较灵活的选课制，选课范围和比例都较大，比如，可以跨学科、跨学院选课。学生可以在学校和教师的指导下，通过基于某些准则的选课，制订学生个人的专业学习计划，并且根据需要的变化和学习进度进行修改和调整。

（5）完全的学分制。远程教育通常实行完全的学分制，而不是传统教育的固定学年制。学分通常保持多年有效，以便学生不影响就业、家庭生活和社会职责，同时能自主设定和控制学习进度、完成学业。

（6）灵活的学分转移。远程教育院校通常承认并实行灵活的学分转移，建立了类似学分银行等体制，以便远程学习的学生能够在社会经济生活变动和全球化趋势日益加快的环境中坚持终身学习。

以上诸项以及其他开放灵活的特征在世界各地的远程教育院校的课程设置中均有不同程度的体现。

7.2.2 远程教育的课程资源设计

远程教育的系统分析表明，课程是远程教育的一个重要的运行子系统。远程教育的两个基本的功能要素之一就是以事先准备好的课程为远程学习提供学习资源。课程开发包括课程材料的设计开发和课程教学全过程的各个环节及其学习环境的设计开发。其中，多种媒体课程材料的设计、制作、发送、评估和更新是课程开发的核心内容，这也正是远程教育的教学设计理论的主要研究对象。

在传统教育中，一门课程的开发与教学通常是由主讲教师依据自己的经验来组织实施的。在远程教育中，情况就要复杂得多。首先，各门课程的多种媒体教学方案涉及整个系统教育资源的配置，要由学校而不是教师个人来规划和决策。随后，课程的主持教师要与学科专家、教育技术专家、印刷教材编辑、视听技术和计算机技术人员一起合作进行多种媒体课程材料的创作和设计。最后，还要经过各类课程材料的生产制作和发送，其他实践教学环节、人际交流活动、检查和考试，以及各种类型的学习支持服务的组织实施来完成教与学的全过程。我们首先讨论课程开发的创作模式和组织模式，然后，论述远程教育多种媒体课程材料的教学设计。最后，探讨远程教育课程的制作、发送、评估和更新。

1. 远程教育课程开发模式

（1）迈森和古登纳芙的课程开发模式。

约翰·迈森（JohnMason）和史蒂芬尼·古登纳芙（StephanieGoodenouyh）在总结各国开放大学经验的基础上提出了课程创作的五种组织模式，如图 7-2 所示。

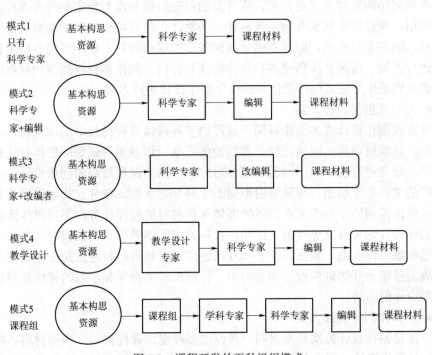

图 7-2 课程开发的五种组织模式

上述迈森和古登纳芙的五种模式明显以印刷教材的设计创作和开发为主，给予编辑以特殊的地位，没有出现视听节目编导和计算机课件或网络课程设计人员等。自 80 年代初期以来，各国开放与远程教育的实践又有了巨大的进步。课程开发的创作模式和组织模式也有了许多创新和变革。课程开发的组织模式显然与多种媒体课程材料的创作模式有关，因此，有必要首先讨论课程开发的创作模式。

（2）课程开发的创作模式。

课程开发的创作模式随课程材料的原始资源状况不同而不同，大致可以分为改造、新建和革新三种类型。

① 改造模式。

改造模式也可称为借用模式，是指在课程开发的最初阶段可以从系统（院校）外的现有课程资源中借用到某些基本合用的特定课程材料，同时需要进行必要的转化、增补和加工、改造。改造模式课程开发的创作主要由两个阶段组成：选择和改造。

② 新建模式。

课程创作的新建模式是指在课程开发的最初阶段并没有特定的现有课程资源可供利用，所以需要从头开始创作设计。当然，仍然有可供借鉴的教育资源和课程材料，但并非特定的，即既不借用任何特定的课程材料，也不对现有特定课程材料进行改编，而是从头创建多种媒体的课程材料。创作多种媒体课程材料的新建模式可以采用分立式创作设计和一体化创作设计两种方案。

● 分立式创作设计方案。

分立式创作设计方案是指对同一课程的多种媒体课程材料中的印刷材料、视听材料、计算机课件、网络课件、实践教学环节、作业和考试等的创作设计是相互独立、分立进行的。与不同教学媒体对应的不同的课程材料的创作设计，可能由相同的学科专家承担，也可能由不同的学科专家承担。在分立式创作设计方案中，即使由相同的学科专家承担多种媒体课程材料的创作任务，不同媒体课程材料的创作设计也是分立进行的。比如，首先完成印刷教材正文的撰写，然后再配上例题和练习作业题，最后，才去开发试题库等。视听教材通常是在印刷教材已经完成的基础上开始创作设计和录制的，计算机辅助教学和学习的课件和网页更是后期设计创作的。

● 一体化创作设计方案。

一体化创作设计方案是指对同一课程的多种媒体课程材料（印刷材料、视听材料、计算机课件、网络课页、实践教学环节、作业和考试等），由同一组学科专家和课程开发人员实行同期创作和综合一体化设计。一体化设计既可以避免同一课程多种媒体教材之间的脱节、重复或矛盾，也可能避免同一课程的多种媒体教材各自自成体系、独立完整、主次不分，更重要的是，一体化创作设计方案利于充分发挥不同教学媒体的功能特长从而实现扬长避短、优势互补、整体优化。

③ 更新模式。

一所远程教育院校在运行多年后，在进行新一轮课程开发时，首先面临的是院校自身已经拥有的教育资源和课程材料库。更新模式是指在利用院校自身原有的课程材料基础上进行的课程开发。这一模式涉及对已经开设过的课程材料及其使用效果的评估，以及在评估基础上对原有课程进行维持和再创作。因此，革新模式也可以称为维持模式。

2. 课程开发的组织模式

远程教育课程开发的组织模式主要有学科专家主导的分工负责模式、教学设计人员主导的协作模式和集体创作的课程组模式三种。

（1）学科专家主导的分工负责模式。

学科专家主导的分工负责模式是指在课程创作的各个主要阶段以及多种媒体课程材料的创作设计中，学科专家起主导作用，实行创作设计项目任务分工负责制。比如，印刷教材实行主编负责制，视听教材实行主讲负责制等。印刷教材编辑、视听教材编导、教育技术专家和教学设计人员、计算机课件设计人员和网络专家、美工人员等都只是在课程创作设计的相应部分发挥辅助的作用。

（2）教学设计人员主导的协作模式。

教学设计人员主导的协作模式是指在由教学设计人员、通晓课程教学目标和教学内容的教学人员、教育技术和媒体专家、教学评估专家组成的教学设计小组与学科专家之间进行协作，由教学设计小组负责课程的教学设计，而由学科专家负责课程的教学内容和学术水平。协作模式的操作方式通常是由教学设计小组的成员协同对课程进行整体教学设计，然后将确定的教学设计方案向课程学科专家做详细交代，待学科专家遵照教学设计方案规定的格式要求撰写出印刷教材、视听教材或计算机课件或网络教学的教学内容初稿、并提供相关的教学辅助资料（如图表、插画、相片、音视频素材等）后，由教学设计小组依据原教学设计方案和学科专家的创意，补充搜集和现场摄录必要的课程资料素材，并转化成多种媒体的课程材料。最终，由学科专家对课程材料的学术内容作终审。

（3）集体创作的课程组模式。

集体创作的课程组模式是指由组长（主持教师）、学科专家（主讲主编）、教学设计人员、教育技术和媒体专家、计算机课件和网络教学设计专家、编辑、编导、美工、教学评估专家、辅导教师代表和协调员等组成课程组，以集体创作的方式设计创作多种媒体课程材料的原型。课程组模式最初是在英国开放大学的课程开发实践中发展起来的。课程组模式的优势是：

① 能够充分发挥各类人员的专业技术特长；

② 能够实现教学人员、技术人员和教学设计人员之间的合作；

③ 能够充分发挥学术民主和创作自由；

④ 能够实现多种媒体的优化选择和组合以及教学设计的一体化和最佳化。

很显然，课程开发的组织模式与创作模式有很密切的关系。通常，实行一体化创作设计方案的课程开发和新建比较适合采用集体创作的课程组模式，而以分立式创作设计方案进行课程新建比较容易采用学科专家主导的分工负责模式。教学设计人员主导的协作模式可以应用于课程新建和开发的两种方案。对原有课程的维持和更新通常倾向于采用学科专家主导的分工负责模式，而对外来教育资源和借用课程材料的加工改造则可能采用教学设计人员主导的协作模式或学科专家主导的分工负责模式。当然，这些模式不是完全对立的和僵死不变的。上述历史上各国远程教育院校采用过的不同模式提供的只是一种启迪和借鉴，需要远程教育工作者在今后的实践中不断地探索和创新。

7.2.3 多种媒体课程材料教学设计的指导原理

1. 多种媒体课程材料的总体教学设计原理

远程教育多种媒体教学通常以印刷媒体为基础（即用印刷教材传递课程的基本教学信息），以视听媒体、电子通信媒体、计算机网络和面授辅导等为辅助。要充分重视和尽量发掘印刷媒体的教学功能特长，凡印刷媒体能解决的教学目标，尽可能不用其他媒体。在大媒体（指利用较新兴技术和成本较高的媒体）与小媒体（指利用较成熟技术和成本较低的媒体）的关系上，应鼓励使用和发挥小媒体（如录音教学）的功能。

在宏媒体（指受众面较广的媒体，如广播电视）与微媒体（指受众面较窄的媒体，如录音录像和面授辅导）的关系上，当学生数量大、分布广时，应优先考虑宏媒体；反之，若学生数量不大，又比较集中，则应考虑用微媒体。

应多选择学生可以自控、学生与媒体有更多交互作用，学生能获得较多反馈信息的教学媒体。

应适当选择多种媒体进行教学而不是只用单一媒体，并注意扬长避短、相互配合，一体化设计。

2. 各种媒体课程材料的具体教学设计原理

依据各国远程教育的实践，可以总结得出以下各类媒体课程材料教学设计的具体指导原理。

（1）印刷教材。

在印刷教材中，应在显著位置明确教学目的和要求，且目的要求应是教学大纲中教学目标的具体化和细化，要符合可操作和可测量的要求。因此，教材中的课程教学的目的要求实际上就是考试大纲和复习提纲。在目的要求中，不仅应明确要求学生掌握的教学内容，还应明确标明要求学生掌握的程度和方法。总之，要写得非常具体、明确和规范化。目的要求既是学生学习的指南，也是引导各地辅导教师进行教学辅导的方向、依据和参考。

印刷教材的创作还应十分重视版面设计，因为印刷教材是一种永久媒体，一种个体化学习媒体。学生可根据自己的特点和学习需要自定进度、自定阅读方式、进行自我控制地学习。对学生自学方法的指导，对多种媒体教材分工和联结方式的说明，大多数都体现在印刷教材的设计中。因而，版面设计很重要，它是好的教材内容和设计思想的必要外在形式。

（2）广播（录音）教材。

照本宣科的录音教材是没有生命力的，它事实上只使用了数序符码一种符号系统，埋没了音响媒体可以呈现模拟符码（生动的语言和流动的音响）的特点。录音教材应该设计成一种十分灵活方便，与学生有广泛相互作用（包括行为、感情参与），对学生学习随时进行反馈和强化的、可控的永久媒体。

（3）电视（录像）教材。

单向传输的黑板搬家和人头宣讲式的电视讲课，且讲课学时与传统面授教学课时一样多，这是特定历史条件下的产物。电视媒体的特长在于其多方面的特殊表现力和激发情感参与的功能。应该着重发挥电视媒体的教学功能特长，精心设计创作那些特别需要电视手段表现的课程内容专题。广播电视的单向性、信息量高度密集和线性呈现以及作为一种即时媒体而无法控制的特征，在设计时应予以充分注意。录像媒体在可控性上有较大改进，课堂录像可以增加集体面授教学的场景和氛围，与演播室录制相比有各自的特点和优势。课堂直播电视或视频会议系统不仅具有师生间双向交互的功能优势，而且可以将与课程有关的最新进展和专题及时播出或提供给学生，还可以实现有组织的讨论。

（4）计算机辅助教学课件和网络课程。

计算机辅助教学和网络教学是最新发展起来的技术和媒体，具有许多教学功能优势，尤其在提供丰富的教育资源以深化学生与教学材料的交互作用，实现建构主义教学和个体化学习，促进自主学习、发现式学习、问题解决型学习等创新学习模式，以及在加强师生交流、同学讨论和协作学习等方面有巨大的潜力。在教学设计时要注意单机应用的计算机多媒体教学软件与计算机网络在线教学的差异，还应注意基于计算机网络的各类通信技术，即信息单向发布技术、异步通信技术和同步实时通信技术的功能差异及其对教学应用和教学设计的影响。网络课程和网络课件应该在保持多媒体课件原有的教学功能基础上，注重发挥网络教学的特长和优势，这些特长和优势主要有以下几方面。

① 开放性和灵活性：扩大规模、随时随地自主学习。

② 资源开拓与共享：开拓和链接全球优质资源，让自己拥有知识产权的资源全球共享。

③ 参与性和交互性（参与、交互和协作）：提供和实现多种丰富而有效的行为参与、情感参与和交互作用，包括预置的，异步（非实时）的和同步（实时）的。

④ 经常和及时更新。

⑤ 新的环境和时空：创设虚拟校园、虚拟课堂、虚拟实验室、虚拟图书馆和其他虚拟现实学习环境和赛伯空间；创设以人为本、以学生为中心的学习环境；创设个别化学习和建构主义学习环境；实现学习环境和空间的人性化、人格化、个性化。以有利于发现学习问题、解决学习等，促进开展素质教育、创新教育、实践教育。

⑥ 系统集成：将教学（学习）资源、教学（学习）过程及各个环节和教学与学生管理集成（教学、学习、信息传输与查询、实践性教学环节、作业练习与反馈、考试评价、教学管理、从注册到学习档案、学分认定等学生管理）。

综合起来，形成网络教与学的创新模式，这是网络课程和网络课件教学设计的根本目标。

7.2.4 远程教育课程制作、发送、评估和更新

1. 远程教育课程资源开发全过程

远程教育以多种媒体课程材料为核心的课程资源的开发全过程大致由创作（设计创作和试用评估）、制作（生产制作）、发送（传输发送）和更新（课程评估和更新）四个阶段组成，如图 7-3 所示。

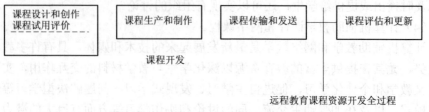

图 7-3 远程教育课程资源开发全过程

试用评估是指在设计创作阶段对印刷教材样章、视听教材样片、计算机课件样品或网络教学资源样本进行形成性评估。课程资源的生产制作是指在通过专家评审和试用评估、反馈修改后，多种媒体课程材料的创作原型（原稿、母带、母盘等）最后通过终审，依据教育市场需求进人批量生产和制作。课程评估和更新是整个远程教育课程资源开发的重要环节，也是远程教育课程设置得以维持和革新的依据。在这里，课程评估应包括形成性评估和总结性评估两类。形成性评估是指在课程教学和学习进行过程中由院校、教师和学生共同实现的对多种媒体课程材料的质量和适用性，以及应用课程材料进行远程教与学的效果、存在的问题及其解决方案的单项的或多维的评估。总结性评估则是在课程资源应用一个周期结束后，对多种媒体课程材料及其教学效果的比较全面的评估。

2. 远程教育课程资源的发送

　　远程教育与传统教育在教育资源开发中的另一个重要差异是：教育资源的发送机制不同。传统教育的教育资源几乎全部集中在校园围墙之内，主要在教室、图书馆和实验室中，如今又增加了计算机校园网和互联网。所以，传统教育的教育资源传输和发送通常是通过人际面授交流直接实现的，如在阶梯教室的讲课，在课堂里的班组辅导或个别答疑，在实验室的演示或操作指导等；有的是通过校园内的教育资源基础设施直接获得的，如在图书馆阅览室，或者通过计算机中心和上网获取所需的教育资源。远程教育课程资源的传输和发送要比传统教育复杂得多，这是因为远程教育的教育资源开发基地与远程学生的学习基地在时空上是分离的，而且，远程教育系统的规模巨大、学生数量众多且又分散。再者，远程教育通常要设法利用社会上各种现有的教育资源，而这些资源也常常是多样的和分散的。

　　远程教育院校或系统解决教育资源的传输发送主要有两种方式：院校或系统内部发送的方式和依靠社会公共发送系统的方式。远程教育的教育资源的传输发送应该同教育资源的接收同时予以关注。仅仅考虑了发送，不考虑接收，教育资源仍然不可能到达学习者，不能构成学习资源环境，也无法实现有效的远程教学和远程学习。因为从学习组织模式看，远程教育有个别化学习和学习中心集体化两种模式。这两种学习模式在本质上同教育资源的传输和发送模式有关。进入计算机网络教育时代以来，世界各地依然有两种网络教育资源的发送和接收模式：个别化的和集体的。

　　最后也是最重要的，远程教育的教育资源传输和发送不仅与远程学习组织模式密切相关，而且直接影响教育资源的教学设计。因为教育资源的传输发送和接收使用模式不同，其教学功能特征就不同，比如表现力、控制性能、参与性能和交互性能都可能很不相同。由于存在不同的学习者、不同的学科内容、不同的认知目标等，教育资源的发送与接收模式不同，其教学设计要求也就不尽相同。此外，开发成本和发送成本也可能很不相同。总之，在进行远程教育的教学系统开发和教学设计时，必须充分考虑教育资源的发送和接收。

远程教育教学设计是以学生、教师、资源诸要素为核心的教与学过程的开发与设计。根据本章第一节对教学模式的讨论，可归纳出教学设计的基本组成，如表 7-3 所示：

表 7-3　教学设计的基本组成

序号	模式的特征要素	要素的表达
1	学习需要分析	问题分析，确定问题，分析、确定目的
2	学习内容分析	内容的详细说明，教学分析，任务分析
3	学习者分析	教学对象分析、预测，学习者初始能力评定
4	阐明学习目标	目标说明，陈述目标，缩写行为目标
5	制定教学策略	安排教学活动，说明方法，策略的确定
6	选择教学媒体	教学资源选择，媒体决策，教学材料开发
7	教学设计成果评价	实验原型，分析结果，形成性评价，总结性评价，行为评价，反馈分析

7.2.5　远程教学过程的前期分析

前期分析是远程教育教学设计首要步骤，也是教学设计过程的基础和成功的关键环节。它包括学习需要分析、教学任务分析、学习者分析三部分内容。

1. 学习需要分析

"需要"一词被表述为事物的目前状态与所希望达到的状态之间的差距。而学习需要则在教学设计中是一个特定概念，是指学习者学习方面目前的状况与所期望达到的状况之间的差距，也就是学习者目前水平与期望学习者达到的水平之间的差距。学习需要分析属于前端分析。前端分析是美国学者哈里斯（L.Harkss）1968年提出的一项技术，即在教学设计过程的开端对存在的问题进行分析，以使设计工作有的放矢，有效地利用人力、物力。学习需要分析的结果是提供"差距"的有效资料和数据，从而帮助形成教学设计项目的总体教学目标。

对于远程教育来说，主要是以确定的教学目标与学生的当前实际状况作比较，找出两者之间存在的差距，以及学习者对选择课程所抱的期望等的分析，从而鉴别学习需要。期望主要是指社会及其发展变化对学生能力素质的要求以及学习者自身发展的要求，目前的状况是指学生群体和个体在能力素质方面已达到的水平。期望的状况和目前的状况之间的差距指出了学生在能力素质上的不足，以及实际存在和需要解决的问题，同时规定了教学目标和教学任务。系统大小不同，学习需要分析也有不同的层次，大到对整个教育系统，小至对一节课。只有认清学生的当前学习状况，才能找出学生相对于学习目标的差距即学习需要，从而使设计的教学具有针对性。

2. 教学任务分析

任务分析也称作业分析，指在开始教学活动之前，预先对教学目标中规定需要学生形成的能力（或品格），及其能力的构成层次进行深入细致的分析，并依据分析确定有效地学习这些能力（或品格）的教学条件。教学目标的陈述只规定完成一定的教学活动之后，学生通过学习得到的终点能力或行为倾向及其类型，并没有说明这些能力或行为倾向是怎样得来的。任务分析则要进一步揭示终点目标得以实现的条件。其任务包括：确定起点行为，分析使能目标，分析支持性条件，安排学习内容。

（1）确定学生的起点行为或倾向。起点行为或倾向，指学生在接受新的学习任务之前的原有基础，如原有知识技能、学习经验、学习方法和学习态度等。理论研究和教学经验都表明，学生的原有基础是新学习的内部前提条件，在很大程度上决定着新学习的成败。对于远程教育的学习者来说，学习并非从零开始的"启蒙"，而是在已有的知识经验的基础上的再学习，再接受教育，学习是他们原有的学校教育的延续和发展。同时，这些学习者大都是社会从业人员，他们的学习总是同个人的社会职业相联，与社会对人才的需求情况相关。他们每个人的学习、生活、工作及事业等都是社会事业的组成部分。他们对科学技术、文化知识的需要，实质上是社会需要的一部分。

确定学生起点行为其目的是确定学生在接受新知识前已具备适当的能力和水平。

（2）分析使能目标及其类型。起点状态确定以后，任务分析的另一项任务就是鉴定从起点到终点之间，所必须掌握的先决条件。先决条件包括必要条件和支持性条件两类。必要条件是指决定下一步学习必不可少的条件，也称使能目标。从起点到终点之间所需要学习的知识、技能越多，则使能目标也越多。在实际教学过程中，一般是从终点目标出发，来一步一步揭示其使能目标的，如反复提出这样的问题"学生要完成这一目标，他必须预先具备什么能力或倾向？"一直追问到学生的起点状态为止。然后把学生需要掌握的学习目标分层次一一排列出来，为教学的步骤和方法的确定提供科学依据。

（3）分析学习的支持性条件。使能目标是保证终点目标达到的必要的先决条件。有效的学习除了必要条件之外，还要有一定的支持性的条件。支持性条件像化学中的"催化剂"，有助于加速或减缓新的学习的进行。例如，对于某一原理的学习，这一原理所包含的基本概念是它的必要条件，而认知策略、学习动机与态度等则是其支持性条件。

（4）安排学习内容。学习内容就是指为实现教学目标，要求学习者系统学习的知识、技能和行为经验的总和。分析学习内容的工作以总的教学目标为基础，旨在规定学习内容的范围、深度和揭示学习内容各组成部分的联系，以保证达到教学最优化的内容效度。学习内容的范围指学习者必须达到的知识和能力的广度，深度规定了学习者必须达到的知识深浅程度和能力的质量水平。明确学习内容各组成部分的联系，也为教学顺序的安排奠定基础（所谓教学顺序，是指把这些规定了广度和深度的知识与技能，用学习者所理解和能接受的展开形式加以序列化）。

（5）学习者分析。教学设计的一切活动都是为了促进学习者的学习，教学目标是否实现，要通过学习者的学习活动和学习效果体现出来。而学习者作为学习活动的主体，在学习过程中通常和自己的学习特点联系在一起。因此，要取得教学设计的成功，必须重视对学习者的分析。学习者分析的目的在于了解学习者的学习准备情况及其学习风格，为学习内容的选择和组织、学习目标的阐明、教学策略与媒体的选用等提供依据，从而使设计的"教与学"更符合客观实际和有效。学习者分析包括：学习准备、学习风格、年龄特征等内容。

① 学习准备。

学习准备是教育心理学中的一个概念，指学习者在从事新的学习时，其原有的知识水平或原有的心理发展水平对新的学习的适合性。学习可以分为认知的、动作技能的和情感的学习，学习准备也相应地有认知、动作技能和情感三个方面。学习者原有的学习准备状态就是新的学习的出发点。根据学习者原有的准备状态进行新的教学，称为教学的准备性原则，我国又称之为"量力性原则"或"可接受性原则"。

② 学习风格。

学习风格是学习者持续一贯的带有个性特征的学习方式，也是学习策略和学习倾向的总和。这里的学习策略指学习方法，而学习倾向指学习者的学习情绪、态度、动机、坚持性以及学习环境、学习内容等方面的偏爱。学习风格的构成有生理、心理和社会三个层面。

③ 远程教育学习者。

据英国开放大学出版的《远距离高等教育》，世界远程教育学习者的年龄范围一般在 20～40 岁之间，这与我国的相关调查统计在数字上是基本吻合的。这一情况说明，远程教育学习者是一支以成人为基本队伍的学习大军。他们的学习与成人学习的内涵、外延是一致的。因此，可以认为对远程教育学习者的一般情况分析，即是对成人学习者的分析。

成人指生理上脱离青少年时期以后的人，是人生最长的一个年龄段，也是人的一生中学习、工作、发展和为社会作贡献的主要阶段，成人标志着智力生理方面已经成熟，首先是神经系统、大脑、智慧的成熟，人的大脑皮层的结构和机能已达到完善，多种条件反射系统相对稳定；其二是各部分身体器官的成熟（即人体全部的成熟），处于相对稳定状态。根据较新的研究理论，成人的智力中流体智力呈缓慢下降，而晶体智力呈继续上升的趋势。晶体智力指通过掌握社会文化、经验而获得的智力，流体智力是以神经生理为基础，相对地不受教育与文化的影响，如知觉速度、机械记忆等。两者合成的成人一般智力水平并没有下降，而是有一定的上升。

据迈尔斯对个体不同智力成分的发展变化的研究表明：观察力发展的顶峰年龄约在 10 至 17 岁，记忆力发展的顶峰年龄为 18～29 岁，比较和判断力发展顶峰年龄则在 30 至 49 岁之间。从总体上说，成人在观察方面具有主动性、多维性及持久性的特点，既能把握对象或现象的全貌，又能深入细致地观察对象或现象的某一方面，而且在观察中，观察的目的性、自觉性、持久性进一步增强，精确性和概括性也明显地提高。成人在记忆方面，虽然机械记忆能力有所下降，但成年初期是人生中逻辑记忆能力发展的高峰期，而且有意义记忆、理解记忆开始占据主导地位。成人在想象力方面（包括想象中的合理成分及创造性成分）明显增强，克服了前几个阶段（婴儿、幼儿、少年）中表现出来的、想象的过于虚幻性，使想象更具实际功用。综合上述，一般情况下的，远程教育学习者具有更适合于自学的智力生理上的基础。同时记忆将是影响远程教育学习者的一个重要问题。

7.2.6　阐述学习目标

教学的一般目的或称教学的总目标是统贯教学活动全局的一种指导思想，是为实现教育目的而提出的一种概括性的总体要求。但是，教学总目标毕竟只是对教学活动的一种原则性规定，对于复杂的教学活动，只有一个原则性的规定是不够的。在远程教育中，要使总的要求落实到整个教学活动体系的各个部分中去，就必须对实际的教学活动水平做出具体的规定，正确的阐述学习目标，以便贯彻和检验。阐明学习目标包括两个方面：把学习目标组织成一个体系和编写学习目标。编写具体的学习目标又离不开具体的内容分析，内容分析以课程和单元目标为基础。在阐明学习目标的过程中，还应该依据对学习者的分析结果。

1. 学习目标的阐述方式

教学中学习目标要实现其自身的功能，除了要进行适当的分类以外，还必须进行适当的描述。传统的教学目标一般用描述内部心理状态的词语来描述，而现在一般采用三种理论和技术方法。

（1）行为目标。行为目标是用预期学生学习之后将产生的行为变化来陈述的目标，也就是用可观察和可测量的行为来陈述的目标。行为目标应符合三个条件：一是要说明通过教学后，学生能做什么（或会说什么）；二是要规定学生的行为产生的条件；三是规定符合要求的作业的标准。但是，行为目标也有其本身的缺点，它只强调了行为的结果而未注意内在的心理过程，只注意学生表面的行为变化（外在表现），而忽视学生内在的能力与态度品德方面的变化（内在实质），从一定意义上讲不够完备。

（2）内部心理与外显行为相结合的目标。行为目标是以行为主义的刺激—反应模式为基础的，它要求陈述提供什么条件（刺激）和学生能作什么（反应）。只有将刺激和反应规定得具体了，则陈述的目标也就具体了。但坚持学习的认知观的心理学家认为，学习的实质在于学习者的内部信息加工或建构过程，因此教育的目标不是具体的行为变化，而是内在的能力或情感态度的变化。按照内部心理与外显行为相结合的方法来陈述教学目标，首先应明确陈述如记忆、理解、创造、欣赏、热爱、尊重等内在的心理变化，这样阐述的目标避免行为目标只顾及具体行为变化而忽视内在心理变化的缺点，也克服了用传统方法陈述目标的含糊性。

（3）表现性目标。许多高级的教学目标并不是参加一两次教育活动就能达到的，教师也很难预期一定的教育活动后学生的内在心理将会发生什么变化，如高级认知策略和智力技能的提高，爱国主义情感和健康自我意识的培养，都不是通过一两次的教育活动就能立竿见影的。表现性目标只要求明确规定必须参加的活动，而不必精确规定每个学生应从这些活动中习得什么。总之，好的目标阐述应该符合三个基本要求：

● 通过一定的学习活动后，学生的内在心理状态的变化，如能力提高、态度改善、正确自我观建立等，而不应陈述教师的行为。

● 反映学习的类型，如言语信息、认知策略、智力技能等，即使在同一学习类型中，也还应反映学生掌握的水平层次，如智力技能学习的教学目标应反映辨别、概念、规则、高级规则、问题解决五个层次。

● 应力求明确、具体，并可以观察和测量，尽量避免用含糊的和不切实际的语言阐述目标。

2. 学习目标分类的理论框架

（1）言语信息。言语信息指系统的、有意义的、命题构成的、能够陈述的知识，或者表示为可用词语表达的信息，也被称为陈述性的知识。与言语信息相联系的动词是"陈述"。言语信息的学习或教学都是通过语言表述或印刷材料以文字形式进行的。言语信息的题目不测试学生应用这些知识的能力，而是要测试学生记忆这些信息的能力。

这种目标可以采用回忆性题目的形式，例如填空或简答。对于填空形式的题目，问题的主干部分可以是逐字逐句照搬教材中的内容，也可以释意教材并与教材意思相同。逐字逐句地回答只能确定学生是否记住了答案，而释意可以考查学生对信息的理解能力。

（2）辨别。辨别指能够看出、听出或是感觉出刺激的异同，辨别学习的目标是对各种客观的情境或者物理特征进行辨别。这种辨别涉及听觉、视觉、嗅觉等所有感觉方面。但是它不是对环境的全面描述。大多数辨别类评定都采用识别性题目，一般，对鉴别的评定不用回忆性题目。

（3）具体概念。具体概念学习的目标要求学生能确定某类事物中（或项目）的一个或多个例子。目标的评定是看学生是否能识别给定概念的例子，或能否自己举出给定概念的例子。

（4）定义性概念。定义性概念是用于将许多物体或事件分类的规划。这里的规划表示概念属性及其功能之间关系的定义。定义性概念学习的目标是要求学生能够通过一定的规则将事物或事件进行分类。该规则表达了概念的本质和功能之间的关系。与定义性概念有关的习得性能的动词是"分类"。学生必须要做的是按照某事物的属性和功能的言语描述将该事物归入一类或更多的类别中，或者学生要学会适当运用概念将一个事物归类。

（5）规则。规则是某类情境中，两个或两个以上概念之间相互（或一定）关系的陈述。规则是支配人的行为并使人能在一组情境中演示概念关系的一种内部性能。规则学习的目标是要求学习者能够描述和转换情境中的概念和命题。这种性能是对有既定关系的一组刺激情境做出适当反应的能力。应用规则（或原理），首先要对应该在特定的情形中使用哪一条规则做出选择或确认，之后要正确地运用选定的规则。这两方面可以分开使用识别性题目，或结构化回答题目测试，也可以同时使用它们进行测试。

（6）问题解决（高级规则）。将问题解决定义为：学生在一个新的情境中选择和运用规则以寻求解决的过程。在问题解决过程中，学生获得了一个新的高级规则，新规则综合了其他规则和概念。问题解决学习的目标是要求学习者在新的情境中运用规范和概念去解决问题。

（7）态度。态度是习得的、影响个人对特定对象做出行为选择的有组织的内部准备状态。特定的对象包括事物、人和活动。用于态度目标归类的习得的动词是"选择"。但态度作为预期的学习目标时，所指的是预期学生表现出来的个人行为选择。用于评定情感领域目标的方法有三类：直接的自我报告、间接的自我报告以及观察。前两种方法类似于识别性题目，后一种类似于结构化回答题目。

（8）动作技能。动作技能学习的目标强调肌肉运动的协调和精确。它要求学习者在完成操作和动作时达到一种熟练的状态。动作技能中的动作成分可以通过让学生演示或完成动作来评定，用检查表或等级量表的形式评定学生的行为。

（9）认知策略。认知策略是学习者内部的执行控制过程，它调节和约束其他学习的学习过程。认知策略学习的目标是要求学习者能够有效的控制和调节自己的认知过程。这个目标评定的难度较大，因为认知策略学习是一种对内调控的技能，活动发生在人的内部，无法从外部观察到。通常，认知策略学习的目标与概念学习和规则学习等的目标联系在一起阐述。

7.2.7　远程教育的教学设计

发展远程教育的教学策略的设计依据，主要是远程教育的特征和远程教育的基本方式方法。远程教育在自己发展的一个多世纪的历史长卷中，不仅构成了自己的特征，而且逐步形成了适合于不同教育需求和不同学习风格的远程教育教学形式。

1. 远程教育的教学特征

远程教育教学的特征是设计教学策略重要依据。其特征通常被描述为：在整个教学过程中，教师与学习者之间准永久性分离，准永久性不设学习集体；教学机构在计划和制作教材以及提供与学习者支持服务方面，发挥重要作用；应用技术媒体，采用文字、视听、计算机网络形式传授课程内容，并使教师与学习者联系在一起，以及提供双向交流机会；采用个别化学习形式，大部分学习时间是学习者在自学。

2. 远程教育的教学形式

（1）阅读印刷教材。

阅读印刷教材作为远程教学的主干，很可能在相当一段时期内都不会改变。近期，教科书的编制开始包含旨在促进教学效果的特色，显示出新的特征。如应用基本原理的课内练习；对采用不同词语、符号、图解表示的难以理解的概念的解释；采用录音录像带、课件和教材相结合的方式（即视听）；目标的陈述（即教师的一般意图）；行为目标（对学生要求的特定行为）；在每个章节后的总结；有关题目的提示和脚注；具有完整文字说明的图表与图画等。

（2）短期面授。

短期面授指定期或不定期的、区别于传统教学达到形式，作为远程教学的一部分发挥着重要的作用。它们可以讲解重点难点或展示各种重要的技能，进行学校式的情感交流，并提供一种"属于"某一课程的归属感，深受学习者的欢迎。

（3）小组学习。

在远程教学课程中，小组学习与讲授一样，通常比例不大，然而由于它们十分有效，充分地运用它们是很重要的。阿伯克龙比（Abercrombiel979）将小组活动划分为三种类别。

① 补习性质的。集中学生的问题，专门进行解决，纠正他们学习中出现的普遍性的错误或误解。

② 辅导教师指导为主。由教师讲授、解释，学生提问题，帮助个别学生解决困难。

③ 论坛性质的。学生对提出的问题发表个人见解，进行学习交流，比较他们自身的理解。

（4）电视、录像和计算机课件的应用。

制作良好的教育电视节目有益于宣传，而且对提供实况信息和展示技能也有不错的效果。但是，对于支持深层次学习，尽管教育电视制作者理想的目标是提供学生能够"观察实据，进行分析，从中产生论点，并得出结论。"的条件，然而其效果并不明显。从教育意义上讲，录像带要比电视播放好得多，其原因在于它们可随时停下来，再重新播放，提供思维和记笔记的时间。然而，它们也经历这样一个简单的事实：即抽象概念不能用图像来表示。计算机课件比电视、录像更具有优越性在于通过先进的网络技术，实时播放教师的教学，异地的学生也能身临其境感觉教师上课的氛围，并且可以将课件制成光盘，让学生随时可看，按任意章节复习，抽象概念的教学通过讲解、类推和动画解释、图像的说明使学生易于理解。由于以深层次学习为教学目的时，除了口头的讲解更需要教师讲课的动态图像，讲述内容与文字图表、图片、表格、动画以达到学生视觉的集中点，调动学生注意力，课件，除具有这些优势外，还具有存储在光盘上价格便宜，使用方便的优点。所以通常是声音、图像相结合的视听课件的授课方式更为成功。

（5）实践或操作学习。

在远程教育中，像普通学校那样组织实习活动是很困难的。实践或操作学习可以用于以下教育目标的内容：

① 练习实际技能；

② 证实讲授中的信息与理论；

③ "发现"事实或行为规则；

④ 帮助学生设计实验、选择适当器具；

⑤ 使学生能够处理项目，特别是设计项目；

⑥ 帮助学生掌握难以理解的概念等。

（6）计算机的使用。

从学习的角度看，计算机具有极大的潜力。对"练习与实践"的学习活动，可以运用得很成功。如用于某些技能性教学、用作反复计算的纸张、作为培养交流技能的文字处理机和支持设计活动的数据库，以及计算机辅助教学。在技能培训中，交互式音像教学软件特别富有成效。计算机人工智能化的发展，特别是依照学习心理的理论设计教学软件（或称课件），加上计算机虚拟环境、交互功能等方面的技术进步，可在学生与计算机之间提供一种形式多样的交流，由此促进深层次的学习。如利用模拟方式可以使学生尝试不同的设计和解决问题的方法，计算机可对每一种解答做出分析。假如学生只想通过错误尝试法探寻所有可能，以得到较好答案的话，那么，他们的理解力不会得到多大提高。但是如果他们接受挑战，力求通过对掌握的新规则的组合应用，来迅速获得最佳答案的话，他们的能力和认知策略会大大提高。

（7）作业。

作业作为远程教育的传统内容，从函授教育开始至今仍然作为一项不可或缺的教学活动，保持着其特殊的重要地位。书面作业曾经一度成为最主要的师生之间的信息反馈交流活动，给远程教育的学生带来一种归属感。现在这项教学活动增加了 Internet 网上传递作业和计算机软件形式的带有简单交互功能的"计算机评分作业"。"计算机评分作业"包含多种选择题，通常被认为与高层次学习关系甚少，它们的作用是以一种简捷有效的方式测定某些类别的知识与技能。然而，计算机评分作业这种方式的潜力是很大的，可以发展为有助于概念学习，以及在对学生的作业进行评注时，几乎完全能够如同好的辅导教师所做的一样。

3. 教学媒体的选择

教学媒体的选择并不存在刻板的一一对应的关系。教学设计中决定教学媒体选择的因素有以下几个方面。

（1）教学任务方面的因素。

教学任务方面的因素如教学目标、教学内容、教学方式等，对选择什么样的教学媒体来传递学习经验具有重大影响。有些媒体可能容易激发学生对所学知识的记忆，有些媒体可能适合用来演示需要学生掌握的技能，也就是说有些媒体比其他媒体更适合于某种学习类型。其次，要考虑教学内容的特点，即所要传递的经验本身的性质。如果所要传递的是一种感性的具体经验，则必须在非言语系统中选择适用的媒体。如果所要传递的是一种理性的抽象经验，则除了要有必要的非言语系统的媒体相配合外，必须选择用言语系统的媒体，否则就难以完成传递任务。教学方式不同，可供选用的媒体也往往不同，如采用直接交往方式来传递经验时，可用口语系统的媒体，采用间接交往方式来传递经验时，一般用书面语言系统。

（2）学习者方面的因素。

教学媒体对经验的传递作用，取决于经验接受者的信号接收及加工能力，如感知、接受能力、知识状况、智力水平、认知风格、先前的经验、兴趣爱好及年龄等。学生年龄不同，经验发展水平不同，对教学媒体的接受能力不同，采用的教学媒体也应有差别。

（3）教学管理方面的因素。

指对学生注册管理、技术服务系统、学习资源的开发，以及教学的时间、地点和空间，是否分组或分组的大小，获取和控制教学媒体资源的程序等的综合分析与研究。

（4）技术方面的因素。

如硬件的费用，软件开发费用，媒体维修的费用，教辅人员的培训、费用等。此外，还要考虑媒体的质量，操作媒体的难易程度，媒体对使用条件环境的要求和耐久性等。

4. 远程教学设计的重要意义

（1）教学设计适应了远程教育发展的客观要求。

教学设计的根本指导思想就是要提高教学效率，改善教学效果，促进学生的自身发展，妥善地处理知识增长的无限性和学生学习时间有限性矛盾。教学设计作为应用科学植根于教学设计的实践领域，能充分发挥和应用先进的教学媒体为远程教育的发展服务，对传统的教学方法形成了很大的冲击，已成为远程教育工作者的必修课。

（2）教育设计促进教学过程的优化。

教学设计是以解决教学问题为宗旨的一门新兴的技术科学，它的出发点和最终归宿是实现教学的最优化。教学设计从教学的科学规律出发，对教学问题的确定、分析，对解决问题方案的设计、试行乃至评价和修改等一系列教学设计的内容和程序都建立在系统方法的科学基础上。同时，教学设计贯穿了从教学目标的制定、策略的实施到教学效果评价的全过程，极大地促进了教学过程的优化。

（3）教学设计有利于提高教学质量，扩大人才培养规模以及师生间情感与知识的交互融合。

运用教学设计理论指导教学实践，不仅体现了教育观念的现代化和现代远程教学的新模式，更重要的是在教学过程中有了科学的理论依据和操作方法，从而提高了教学质量，加快了人才培养速度。教学设计强调以学生为主，以分析学生的学习需要来确定教学的出发点，教学策略的制定和教学评价也都紧紧围绕着学生的需求进行，这样，师生间就有一种情感和知识的交流，加之多媒体技术的应用，使师生间的交互更为直接和现实，"认知、情感、技能"三种心理活动在教与学的过程中得到有机得统一。可以说，教学设计的应用过程就是融合师生情感和知识交互的过程。

思考题

1. 什么是教育设计？远程教育系统是如何进行教育设计的？
2. 试述远程教育的课程资源的开发与设计。

第 8 章

远程教育的学习和学习支持服务

本章从远程学习和学习支持服务着手论述远程学习是远程教育的核心，学习支持服务中双向通信是远程教育的关键。通过远程学习支持服务系统的建立使远程学习组织模式有相应的学习支持服务体系保证。

8.1 远程学习与学生自治

8.1.1 远程教育的核心

1. 远程学习是远程教育的核心

远程教学（教与学）系统是远程教育的运行子系统。而在远程教学（教与学）系统中，即在远程教与学中，远程学习是核心，远程教学则为远程学习提供资源和服务。教育，归根结底要通过被教育者即学习者自身的学习行为，学习者自身的认知过程即认知目标的意义建构过程来实现。在远程教育中，由于师生在时空上的相对分离，学习者在认知建构上的自主性和独立性在远程学习中表现得很简明、很充分。学习者在远程教育院校、远程教育教师提供的学习资源和学习支持服务的条件下和情境中，进行自主学习。

2. 远程学习的三种相互作用

远程学习过程中的三种基本的相互作用：课程资源发送与接收表示学生与教育资源、学科内容的相互作用；师生双向交互、教师（院校）对学生的学习支持服务表示学生与教师的相互作用；学生间的交互、协作学习和班级学习表示学生与学生的相互作用。

由教师到"课程资源设计创作"，再到课程资源发送与接收，表示远程学习中学生自主学习所应用的资源（技术、媒体、材料、环境）归根结底是教师设计创作的。广义地讲，远程学习就是基于资源的学习。在远程学习中，资源占据了前台的位置，而教师退到了幕后。但建立在信息技术基础上的以多种媒体课程材料为核心的教育资源是教师与教育技术和教学设计人员创作设计出来的。在教育资源的设计创作中，教师可以预先设置模拟的师生教学互动、学生协作学习以及学生与课程材料内容的交互，学生的行为和情感参与等。

8.1.2　远程教育中的远程学习

1. 以学生为中心

在传统教育的实践和理论中，最初是以教师为中心的一统天下。有时，人们也将传统教育归结为教师、学科和学校三中心体制，或者归结为教师、教材、课堂三中心体制。教师、学科和学校三中心体制的本意是：在教师和学生的教与学交互作用关系中以教师为中心，在学科逻辑结构体系与学习内容实际需要的课程设置取舍关系中以学科为中心，在学校办学目标方向与社会教育培训需要的教育供求关系中以学校为中心。教师、教材、课堂三中心体制的本意则是：在教师和学生的教与学交互作用关系中以教师为中心（同上），在学校和教师统一指定的教科书与学生主动应用各类学习资源的教育资源开发应用关系上以教材为中心，在教师课堂集体面授与学生个别自主学习的教与学全过程诸环节中以课堂为中心。我们将以上诸特征统称为"以教师为中心"的传统教育思想或体制。因为，以学校和学科为中心，以课堂和教材为中心，其根本和核心还在于"以教师为中心"。在这种教育思想和体制下，整个教学系统和教学全过程诸环节的设计开发和组织实施是教师的职责，学生学习的主要任务是接受教师在课堂上讲授的学科系统理论知识。这种教育思想和体制对于某些特定教学对象完成某些特定教学任务、实现某些特定教学目标是可能取得成功的、甚至可能是高效的。但是，总体而言，在这种教育思想和体制下，学生很少在教师课堂面授和学校指定教材之外开拓和探索扩展的学习资源和未知的知识领域。教师传授的学科逻辑结构体系可能相当完整和严谨，且常常倾向于表现为定型的、完善的和不可变更的，并非超出了大多数学生的实际需要。反之，学生实际需要的学习内容往往被忽略了或没能及时更新。学校的专业课程设置偏重学科逻辑结构而偏离教育市场和社会需求，而且往往相对陈旧、更新缓慢，与社会经济发展不适应。这种教育思想和体制对培养具有开拓创新的高素质人才尤其不适应。

西方教育界的以学生为中心的思潮反映了现代教育思想和体制的进步。西方教育界的以学生为中心的教育思想和体制的基本内涵是：随着信息技术革命和知识经济社会的到来，教育思想和体制应该实现以下三个根本转变，即从以教师为中心的学校教育到以学生为中心的终身学习的转变；从教师的课堂集体面对面教授为主到学生在教师的指导和帮助下自主学习和协作学习为主的转变；从教师传授指定教材的既定学科内容为主到学生主动开拓应用教师设计的和可获得的学习资源和学习环境的转变。简言之，以学生为中心也就是以学为主而不是以教为主，因为无论是教与学，还是教育培训，归根结底取决于学生的学习，教师的教要通过学生的学才能发生现实作用和实际效果。这一取向反映在国际教育界，人们越来越多谈论的是终身学习、远程学习和学习化社会。教育资源、课程材料不再主要是教案、讲义和教材，而是学习资源和学习材料。而教育心理学中的最新发展和突破集中在学习理论而不是教学理论。西方教育界的以学生为中心、以学为主的教育思想和体制的产生和发展不仅有其社会经济发展需求的历史基础、电子信息通信技术的科学技术物质基础，而且有其相应的现代思想渊源。首先是人本主义的哲学思想及其在教育学中的影响，整个社会经济发展要以人为本，教育当然也要以学生为本。其次，是教育产业和教育市场的思想理念，教育既然是第三产业、服务业、知识产业，学习者就是教育产业的服务对象、教育市场的消费主体。学校是教育市场的提供方，而学生是教育市场的消费者。现代产业经济理论和市场营销理论都以为消费者提供更好的产品和服务为核心思想。此外，代表当代心理学最新发展成果的建构主义学习理论更加强了以学生为中心的教育思想的传播。

2. 远程教育与以学生为中心

如果说，在以校园内面授为基础的传统教育领域，是以教师为中心，还是以学生为中心，或者以教师为主导、以学生为主体，依然在教育实践到理论探讨中存在着广泛的争论，那么，在国际远程教育界，则几乎是以学生为中心的一统天下。各国远程教育工作者绝大多数都在理论上认同以学生为中心的教育思想和体制，并在实践中努力探索结合本国国情实施以学生为中心的远程教育，赋予以学生为中心许多新的内涵。

综合考察各国远程教育的实践以及国际远程教育文献，以学生为中心的思想和体制在远程教育中有着丰富的内涵，其核心思想主要可归纳为：远程教育和远程教学系统的设计和运行以学生为本；远程教与学全过程以学生自主学习为主；远程学习的组织规划控制逐步实现学生自治；远程教育院校和教师为远程学生提供包括双向通信人际交流在内的各类学习支持服务。下面对以学生为本、学生自主学习、学生自治和学生学习支持服务这四项远程教育中以学生为中心的思想核心做进一步的讨论。

以学生为本是以学生为中心的思想和体制的根基。在学生对学校、教师和学科的关系上，应该以学生为本。即要求学校的发展和建设、教师的教学和工作、学科的结构和内容，应该以服务学生在社会现实生活中的需要为宗旨，而不是要求学生去适应学校的既定规章、教师的权威说教以及学科的完美逻辑。在远程教育中，这种以学生为本的思想集中体现在远程教育和远程教学系统的设计和运行中。整个远程教育系统及其运行子系统—远程教学系统的设计和运行应该将学生放在核心地位，围绕着学生的需要、学生的特点、学生的学习进行教育资源的配置和教学要素的重组。学校及其各项制度和管理，教师及其教学活动都应该围绕着学生的需求，而不是学生围着学校和教师。其中，课程资源的创作设计和发送以及学生学习支持服务，是远程教育和远程教学系统实现以学生为中心即以学生为本的思想和体制的两大功能要素，这在本书相关部分已有了充分的论述。

3. 学生自治

学生自主学习是以学生为中心的思想和体制的核心。在国际远程教育界，学生自主学习的实践形态及其理论概括各有特征和差异，在远程教育文献中使用的术语也不尽相同，如学生自主学习（Self-Directed Study）、独立学习（Independent Study）、自我教学（Self-Instruction）和自学（Self-Study）等，但其基本内涵是一致的，即在没有教师的直接连续指导下由学生自身规划并进行有目的的系统学习。

远程教育中，在教师和学生时空分离的条件下，远程教与学的全过程相应地分离成两个阶段：教师创作开发以课程材料为核心的教育资源的教的行为发生的阶段；学生在学校和网络提供的以课程材料为核心的教育资源的基础上、在学校和教师提供的学习支持服务和与学生间的协作学习中完成远程学习的学的行为的阶段。很显然，第一阶段教的行为为第二阶段学的行为的顺利发生和有效达标准备和创造前提条件，而远程教与学全过程的关键环节、远程教与学的真正重组和整合发生在第二阶段即学生自主学习阶段。上述讨论同时表明：在学生自主学习中，并不一概排斥教师或其他助学者的指导、辅导和帮助。

学生自治（Student Autonomy）是以学生为中心的思想和体制的目标。在远程教育实践和理论研究中，学生自治的本意是指学习者对其自身学习的课程设置、课程学习媒体材料及其发送和接收方式、学习方法、学习进度，以及检查考试方案等应该有尽可能多的知情权、选择权和控制权。这就要求学习者了解自己、了解自己的现有认知结构、认知能力和认知习惯，了解自己面临的发展任务和学习需要，了解自己所处的社会结构和环境条件等。总之，这意味着要求学生是一个成熟的独立学习者，一个成熟的自学者。这是实现学生自主学习、实现学生自治的最佳主观条件。但是远程教育系统的学生并不都是成熟的独立学习者，而且通常是不够成熟的。许多远程教育的学生原本只在以教师为中心的传统教育系统中接受教育，较少独立自主学习和自治的经验。大多数远程学生需要通过远程学习来学会自主学习和独立学习。因此，学生自治不是远程学习的起点，而是远程教育和远程学习努力追求的目标。这就是说，远程学习的组织规划控制要努力争取、逐步实现学生自治。远程学生要努力争取逐步成为一个成熟的独立学习者，学会自学。

4. 独立学习

独立学习的结构可以分为两个层次的内容：远程学习者独立学习活动的六个环节和与其密切相关的六个支持性条件。

（1）独立学习活动的六个环节。远程学习者独立学习活动的完整过程通常包括：准备、习得、记忆、作业、评价和总结六个学习环节。

① 准备学习环节。它包括远程教育学习者从事新的学习所需要的自我准备，涉及知识、技能、动机、学习目标和相应的物质条件诸方面的准备内容。例如，由于断续的学习引起的对原有学习知识、技能的"遗忘"，以及远程教育新的学习方式等情况，都对学习准备提出了一定的要求。准备学习环节不是要求学习者消极地去迁就或符合个体"已有"的发展水平，而是充分发挥学习者的主观能动作用，去改造"旧我"，创造"新我"来迎接学习的"新任务"，为有效地学习和学习成功，进行有关的学习活动。

② 习得学习环节。它是对组成知识结构的符号、概念、命题（规则、定义、定理等）的学习活动，是对知识的感知理解过程。符号学习指辨别一系列相关的学习内容，并对这些不同内容做出适当的反应，一般经历具体、认同和分类三种水平。概念学习，指学会认识一类事物的共同性质，并对同类事物的一般特征"做出反应"。命题学习，是对规则（定理等）和知识结构的学习。命题学习有下位关系、上位关系和组合关系三种情况的学习。下位关系有两种形式，一种是派生的下位，即新学习内容是学习者已有的包摄面较广的命题的一个例证，或是能从已有命题中直接派生出来的。上位关系是指学习一种包摄性较广，可以把一系列原有概念从属于其下的新命题时，新学习的内容便与学习者认知结构中已有概念产生了一种上位关系。组合关系，指当学习者学习与自己已有的概念（或命题），既不发生上位关系，又不发生下位关系的新概念（命题）时，形成的知识之间联系的形式。如质量与能量、热与体积、熵与有序等。习得学习环节的学习活动可以采用阅读（含笔记）、收看收听广播电视或录像录音带（或光盘）、自己做实验和计算机辅助学习等多种形式进行。

③ 记忆学习环节。记忆既是学习的基本要求，又是一个重要的学习活动。所

有的学习都包含记忆，离开记忆，学习就无法进行。如果在学习者的经验中什么都没有记住，那就什么都没有学到。

记忆的差异，也直接影响学习的效果和活动的进行。记忆学习的功能包括对学习内容的保持和提取。记忆保持分感觉记忆、短时记忆和长时记忆保持。感觉记忆是对人的感觉器官输入的信息进行有选择的感觉登记，然后进入短时记忆。短时记忆可以保持 30 秒左右时间，而复述可以使短时记忆保持的时间加长。短时记忆的信息可经再次编码进入长时记忆。长时记忆容量大并可以保持相当长的时间或终生。记忆的提取有两种方式：回忆和再认。除了上述功能，记忆学习的功能还包括一系列提高记忆的储存、检索、提取能力的学习活动。

④ 作业学习环节。其学习活动可以概括为运用和问题解决。它是比习得学习、记忆学习两个环节更高的学习实践层次。运用，是把已知的命题直接转换到类似的新情境中去，主要形式是练习。

练习一般采用两种方法进行：集中练习和间时练习。集中练习是学习者学习期间，不间断地在一段时间内对某些内容反复练习；间时练习是在各次练习之间安排一定的间隔时间的练习。问题解决，指学习者无法把已知命题直接转换到新的情境中去，学习者必须通过使用一些策略，把一系列命题等转换成前后有序的形式。有代表性的几种问题解决的理论模式是："试误"说、"顿悟"说、问题解决的信息加工模式和智力结构问题解决模式。

⑤ 评价学习环节。这一环节的学习活动主要有两种：自我总结和评价测验。自我总结可以是全面性的，也可以是专题性的；可以是学期、学年、毕业总结；也可以是一本书，一个专业的自我总结。一般是在阶段性或局部性自我总结基础上进行全面自我总结。评价测验的形式包括：诊断评价、形成性评价和总结性评价。三者分别为学习初始、学习过程中和特定的学习任务完成后。在功能上，第一个是确认已有的知识掌握水平、必要技能的具备程度、学习方式特点等；第二个是对学习进展的及时反馈，明确学习过程中存在的问题，以便针对性的制订矫正的措施等；第三个是在单元、学期或课程终了时，认定可获得的学分或学业成绩。

⑥ 复习学习环节。它是由远程教育学习者通过自己重温已学知识，使之巩固、保持，并对存在的问题进行矫正的学习实践活动。重温已学的知识和技能，不仅能解决那些过去尚未理解透的问题，而且会对原有的知识产生新的认识、新的理解，"温故而知新"。同时还具有矫正功能，通过自我复习发现问题的矫正学习，可使对知识的理解、技能的掌握更加全面完整。同时能促进知识、技能的系统化。在学习中，知识技能的水平是通过不断积累逐步提高的，通过复习可以对已学的

知识再一次做系统地整理，从而进一步在整体上把握知识技能，建立自己的认知结构，即系统化，使学到的知识技能与原有的知识技能更好地同化。

（2）独立学习活动的六个支持性条件。通常与六个学习环节相关的支持性条件有六个，分别为：学习资源、学习意志、学习动机、学习时间、学习计划、交互活动。

① 学习资源是独立学习的必要条件。学习资源的重要作用是与远程教育的基本特征密切相关的。如师生准分离，采用多种媒体学习及学习者自学为主等。因此，学习资源的功能不仅是知识技能等信息的载体，而兼有教学、传播、援助、支持等多种功能。远程教育学习中，已经使用的学习资源主要有四方面：印刷媒体类、声像媒体类、实践活动类和交互活动类。即将或已经投入使用的教育媒体有交互卫星教育网络、多媒体智能计算机、视频会议系统、Internet 信息计算机互联网络，也可以分别归入这四类。

② 学习动机是一个充分必要条件。从学习动机作用的久暂来看，远程教育学习者的学习动机有间接的远景性学习动机和直接的近期性学习动机之分。远程教育的学习者必须自己树立起一定的学习动机，而不能像普通院校那样，可以通过教师的教学活动，来逐步培养产生学习兴趣和学习目的。学习者的学习自主性越强，学习任务越艰巨，学习动机的功能就越显著，学习者学习动机对学习发挥着动力、定向、维持的重要功能。虽然，一般情况下，远程教育学习者都具有一定的学习动机，但学习动机水平存在"层次"上的差别。这些差别体现在理想、目标、兴趣等具体内容上，对独立学习水平产生重大的影响。

学习动机的功能可以归纳为五条：唤起（引起学习行为的"始动"功能）、定向（对学习行为的维持、"导向"功能）、选择（影响学习者关注有关的"刺激"内容忽略不相关的刺激内容）、强化（对学习行为、或反应的组织和强化）、调节（"校正"学习活动）。

③ 学习时间是一个充分必要条件。按照心理学家布鲁姆和卡洛尔的观点，学习程度是学习者实际用于某一学习任务上的时间量与掌握该学习任务所需的时间量的函数。

一定学习内容需要的时间量是可以测量的，即在理想条件下，掌握某学习任务所需要的时间是固定的（尽管学习者的学习速度快慢是由能力倾向决定的，这个固定量可能会不同）。因此学习者要达到对学习任务的掌握水平，关键在于花在学习上的时间量。如果学习者把所需要的学习时间数量给予保障，有足够的时间去学习，绝大多数学习者都能达到掌握水平。远程教育的学习者基本队伍是成人，成人的学习时间主要是业余时间。学习时间的策略是：一方面要统筹安排时间；

另一方面要靠提高时间利用率，充分利用有限的时间，增加"有效的学习时间量"。

④ 学习意志是一个充分条件。学习意志与智力活动有关的内容主要是"意志品质"。意志品质是人在生活中所形成的比较稳定的意志特点，即意志的功能，包括四个方面：自觉性、果断性、坚持性（毅力）、自制力。学习意志的功能与远程教育自学的特点相关。首先，远程教育是一种再学习和终身学习的教育，因而决定了其学习的长期性，所以对学习要有长期的思想准备和安排，打持久战。其二，独立学习活动的学习过程，是学习者自己由感知到理解，由理解到实践，由事物的现象到本质规律，由不知到知，由知之甚少到知之甚多的过程。即是一个反复曲折、需要坚韧不拔意志才能学而不厌的过程。其三，远程教育的学习者队伍基本是成年人。成年人所处的生活环境较为复杂，在学习中难免遇到各种困扰，使得其独立学习是一个需要坚定的意志，去不断克服困难干扰的过程。

⑤ 学习计划是一个充分条件。学习计划不是单纯的学习安排，而是体现着学习的奋斗目标，长期计划体现长远目标，短期计划体现短期目标。计划性越强，目标就越明确。学习计划另一个功能是解决社会活动、工作生产、家务劳动等和学习时间、精力之间个人投入上的矛盾。学习计划的功能表现为：合理地用脑和科学地学习。合理地、有节奏地用脑，保护大脑的正常活动。既不要无休止地用脑，引起过度疲劳，也不要在较长时间内学习同一内容的材料，使刺激过于单调，降低大脑的活力。制订个人学习计划形成定时做固定内容活动的习惯，可以提高学习的效率。学习计划的功能还涉及具体的学习"战术"。它包括对学习者吸收知识的各感官生理特性考虑。心理学的实验证明：人的各种感官吸收知识的相对比率是不同的。如视觉占 83%，听觉占 11%，嗅觉占 3.5%，触觉占 1.5%，味觉占 1%。据此，对一定的学习任务，学习者应考虑用多通道来吸收知识，并在学习安排上溶入成功和有效的学习策略内容。

⑥ 交互活动是一个充分必要条件。交互活动的功能与远程教育本身有关。首先，远程教育的独立学习活动既不同于完全自学那样基本没有交互活动，又不同于普通院校教师授课式的交互活动，而是运用多种媒体通过多通道实现交互活动，如交互式的实时授课、双向电话联系、面授辅导等。其二，远程教育中的学习者来自社会不同层次，具有不同的学习经历、文化背景和社会阅历。因此许多人在学习中，常感到困难很多，包括时间、精力、资源问题、计划、学习技巧及感到孤独不安等。这些困难的直接"后果"通常是"学习危机"（如习得性无助等），产生较高的"中途流失"率。在远程教育中，解决这些困难的主要方法之一是依靠交互活动。交互活动是实现"教与学"再度综合的方式，因而成为远程教育的重要教学活动。可提供交互活动的教学形式有：

- 一定量的面授课堂教学；
- 个别辅导（当面或电话）；
- 学习小组或互助小组；
- 网上的教学互动；
- 书面作业评价。

8.2　远程教育中的学习支持服务

8.2.1　以学生为中心和双向通信

1. 学习支持服务

以学生为中心的观点，不仅是远程学习的核心原理、也是整个远程教育的基本指导思想。以学生为中心不仅意味着以学生自主学习为主、实现学生自治，而且要求远程教学系统的设计开发、远程教学全过程的组织实施都应该以学生为中心来进行，包括课程资源的创作设计和发送，以及学生学习支持服务。在学生学习支持服务中，双向交流通信和人际交互具有特殊意义。随着电子信息通信技术的发展，各种基于包括双向视频会议系统、计算机网络和虚拟现实在内的信息技术的异步和同步的双向通信，以及移动通信、虚拟教学（远程面授）越来越丰富且有效。

学生学习支持服务（Student Leaning Support Services）是以学生为中心的思想和体制的重要条件和保证。在远程教育中，课程资源开发和学习支持服务是远程教学的两大功能要素。课程资源开发为以学生为中心的远程学习准备和创造了前提物质条件，而学习支持服务则是以学生为中心的远程学习顺利发生和有效达标的重要组织条件和保证。学生学习支持服务是由远程教育院校—远程学习的支持机构及其代表—教师、咨询人员和管理人员组织实施的。远程教育的实践探索和理论研究都表明，除了课程资源创作设计和发送外，要保证远程学生的自主学习有效和成功，为学生提供包括双向通信人际交流在内的学习支持服务具有重大意义。那种以为远程学生从入学一开始就是成熟的独立学习者、就应该实现完全的学生自治是不切实际的想法，已经被各国远程教育实践所否定。那种认为向学生发送精心创作设计的课程材料就可以解决远程教与学的所有问题、就不必为学生提供任何学习支持服务的想法也是不切实际的，同样被各国远程教育实践所否定。远程教育或远程教与学的最大课题就是使建立在课程资源基础上的学生自治的独立学习，同远程教学院校及其代表者教师和咨询人员等提供的包括双向通信人际交流在内的学习支持服务之间取得适当的平衡。只有这样，以学生为中心的远程学生自主学习才会是成功的。上述学生自治和学习支持服务之间的适当均衡是特定的、动态的，并且需要不断的调整和完善。

2. 支持服务的双向通信

在远程教育情境中，教师或其他助学者的指导、辅导和帮助不是不可以、但不应该变成一种主导、主控和直接连续的行为。即学生自主学习既可以是没有师生交流的、基于课程材料资源的完全独立自主的个别化学习活动，也可以是学生同伴之间的协作学习，或者是"学生自学为主、教师辅导和助学为辅"在与教师进行双向通信的教学情境中的学生学习。从"以教师为中心到以学生为中心"的转变表明了学生自主学习在远程教育、远程教学和远程学习中的重要地位。这不仅因为学习归根结底需要通过学习者自身的认知建构来完成，而且也是远程教育中师生分离状态下远程学习的教育资源时空环境决定的。

8.2.2 学生学习支持服务

1. 学生学习支持服务思想

学生学习支持服务有时也简单地表述为学生支持服务、学习支持服务（Learning Support Services）或支持服务。远程教育院校和教师应对学生有更多的持续关心，提供更好的学习支持服务和其他各类服务。否则，远程学生会遇到种种困难而影响学习效果和教学质量并导致学生流失。远程学习的学生不是天生就会自主学习的，学生的自学能力、自治能力、对信息资源的选择能力和对学习过程的控制能力都需要在院校和教师的指导和帮助下逐步培养和发展起来。学生自治是对学生持续关心和支持服务的结果，而不是起点。当然，对学生的支持服务类型、方式、强度、频率等应因人而异。即使对同一个学生，也要随着学习进程而有所变化，要不断培养学生的自学能力。

2. 对学生学习支持服务的界定

（1）将学生学习支持服务界定为师生之间或者学生之间的人际面授交流活动。这一界定来源于对传统校园面授教育的亲近和认同，即认为人际面授这种集体教学活动是任何教育系统的必备要素。这是对学生学习支持服务的最原始、也是最狭窄的理解。依照这种界定，在学习中心或其他教学基地、教学站点、教学班级的集体教学或辅导，以及个别辅导、答疑或咨询；短期住宿学校、课程或实验室工作；学生自学或互助小组、协作学习，实地考察及其他社会活动等都可以归结在这类学生学习支持服务中。一种更为普遍的界定是将学生学习支持服务包括师生之间或者学生之间的人际面授活动和基于信息通信技术媒体的双向交流两大部分。这样一来，师生之间或学生之间通过信函、期刊报纸、电话、录音、语音信箱、音频会议、双向视频会议系统以及计算机网络（如电子邮件、电子公告板、新闻或专题讨论组、计算机会议）等实现的实时同步的或非实时异步的基于媒体技术的双向通信交流也都归结为学生学习支持服务的范畴。

（2）将学生学习支持服务界定为远程学生在远程学习时接受到的各种信息的、资源的、人员的和设施的支持服务的总和。学生学习支持服务的这一界定将以课程材料为核心的教育资源的提供（发送和接收）也涵盖在内了。而比较谨慎的界定是将事先创作设计制作的以课程材料为核心的结构化了的教育资源的提供（发送和接收）归入课程资源的开发与发送，不纳入学生学习支持服务的范畴；将学生学习支持服务限定在远程学生在远程学习过程中即时发生的、动态变化的、非结构化的各种支持服务，即学习（过程）支持服务。

（3）上述两类界定都将远程学习中的实践性教学环节和对学生的平时作业批改和检测评价涵盖在学生学习支持服务中了。实践性教学环节和学生课程作业和学业评价都涉及多重（信息、资源、人员和设施）学习支持服务。

（4）对学生学习支持服务的最宽泛的一种界定是将上述各种学习支持服务同对学生的课程注册、学籍管理、学分认定和证书颁发等行政管理服务都包括在内。这种界定可以称之为学生支持服务。但比较严格的学生学习支持服务仅指前面三类学习支持服务，而不是将行政管理服务包括在内的宽泛学生支持服务。

（5）学生学习支持服务主要应该界定为学生从注册学习课程的远程教学院校得到的各种学习支持服务。为此，将远程教学院校称之为支持机构。但是，随着国家和全球信息技术基础设施的建立和完善，如今，学生还可能从社会其他教育和培训提供者以及全球各类计算机网络得到学习支持服务。

总结起来就是：学生学习支持服务是远程教学院校及其代表者教师等为远程学生提供的以师生或学生之间的人际面授和基于技术媒体的双向通信交流为主的各种信息的、资源的、人员的和设施的支持服务的总和，其目的在指导、帮助和促进学生的自主学习，提高远程学习的质量和效果。

8.2.3　远程学习支持服务的学习指导

1. 远程学习状况的考察指标

远程学习应该是一种高度自主性的独立的学习，学习者要有高度的学习责任感和自我控制学习的能力。衡量自主学习的三个指标是：目标的建立、学习方法以及学习的评价。高自主性的学习者具有自我激励的能力，知道通过怎样的学习方法来达到学习成就。低自主性的学习者难以自己形成学习目标、掌握学习方法、评价学习成绩。

美国教育心理学家齐莫曼则对自主学习的一般特征作了更为全面的阐述。他认为，当学生在认知、动机、行为三个方面都是一个积极的参与者时，其学习就是自主的。齐莫曼在他的学习理论中，采用了五个维度来描述自主学习状态：动机与态度维度、学习方法维度、学习计划维度、学习调控维度以及对物质和社会环境的利用维度。如果学习者的动机是内在的或自我激发的；学习的方法是有计划的或已经达到自动化程度；自主学习者对学习时间的安排是定时而有效的；他们能够意识到学习的结果，并对学习的物质和社会环境保持着高度敏感和随机应变能力，那么，他就是一个自主学习者。

齐莫曼的自主学习理论较好地概括了自主学习的一般特征，而远程教育环境下，学生自主学习还表现出以下具体特征：学生能够保持良好的学习动机、能够对学习时间及进度做出合理的计划与安排，能够灵活地使用远程学习方法及策略，能够合理地选择、使用各种学习资源，有效地进行各种学习交互活动，并能够根据实际情况制订学习方案，能够对以上各个学习环节进行有意识地调控与评价。需要指出的是，远程自主学习不仅存在于学习者独立学习的状态下，也存在于各种学习交互活动中。在远程教育中，只有实现教—学、教师—学生、学习—学习材料、学生—学生之间的学习交互，教与学之间才会再度综合，整个教学过程才得以完成。与传统教育形式相比，远程学习交互活动往往要借助多种媒体技术来实现，这种教学时空的分离决定了学习交互活动在远程自主学习过程中不是退而求其次，而是更为重要和迫切。由以上分析我们可以确定，对远程自主学习状况进行考察，应当围绕以下六个指标进行：

① 学习动机与态度；
② 学习计划与进度；
③ 学习方法的掌握；
④ 学习资源的利用；
⑤ 学习交互活动；
⑥ 学习调控与评价。

2. 远程自主学习指导的主要环节

远程自主学习包括两种学习状态，一种是独立学习状态，另一种是交互学习状态。因此对自主学习的指导也就包括对独立学习的指导和对学习交互的指导两部分。

（1）独立学习的指导。

① 学习动机激励：这方面的指导和激励贯穿整个学习过程，主要通过单向激

励，加强学生对成就动机的自我认识和了解，明确学习动机与学习效率的关系等。提高指导，不仅使学习的外部学习动机向内部转换，并激励学生进行自主学习的动机。

②　学习计划与进度：指向学生提供教学机构制订的教学计划和课程的教学进度安排，为学生自主安排学习时间及进度提供依据。帮助学生了解自己学习的最佳学习时间，指导学生制订符合自己情况的学习计划，并遵循时间表完成计划的各项任务。向学生提供科学运筹时间的方法，有计划地支配时间，使之在单位时间内取得最大学习效果。

③　学习方法指导：向学生提供各种适合远程学习特点的学习方法与策略，指导学生了解自己的学习特点。根据学生不同的个体情况、学习对象与任务、学习手段、学习环境和学习条件提供学习方法建议。如根据课程的性质和特点指导学生如何看书；如何找出要点、提出难点、发现疑点；如何做读书笔记；如何进行知识系统化整理，写出难点试析、疑点化解、创新心得；指导学生如何运用理论、方法去分析解决实际问题；如何带着问题参加讨论、提问和参加辅导；如何备考和参加考试等。从而使学生了解并能够灵活使用远程学习方法。

④　学习资源利用：提供信息资料，加强学生对自身感知觉通道偏爱、学习环境偏爱的自我了解，提出相应的学习建议，指导学生选择和利用学习资源，同时加强对各种学习媒体技术的使用方法指导。向学生提供各种可利用学习资源的信息，使学生明确各种学习媒体的内容和作用，从学习需要和可能两方面指导学生选择媒体。如对各种媒体的主要内容、对学习的作用、方便程度、使用条件等进行介绍，并从对学习的帮助、使用方便程度、使用条件限制等角度提出方案供选择，最终使学生能够自主、合理地选择、综合利用各种学习资源。

⑤　学习调控与评价：使学生能够自主地依据一定的评价标准，对自己学习的各个环节做出分析和判断，并进行反馈和自我调节。提供有关学习调控与评价的信息，培养学生能够对学习不断地进行自我诊断、自我反馈、自我调整和自我激励。

（2）学习交互的指导。

个别化交互和社会性交互是远程教育中自主学习的两个非常重要环节。个别化交互指学习者个人与教学材料之间的虚拟交互；社会性交互指学习者与教师、同学和社会其他成员之间的关于学习问题的交流。与传统面授教学相比，远程教学过程中的学习交互呈现以下几个特点。

①　技术支持：由于远程教育教—学时空分离这一基本特征，决定了学习交互大多数要依靠技术的支持来实现，随着信息技术在教学中的推广，利用技术来实现学习交互也越来越多。

② 实时与非实时交互共存：由于信息技术传递信息的时间周期不同，交互也随之呈现实时交互和非实时交互，并存在远程学习过程中。

③ 广泛性：由于远程学习中大量利用信息技术进行交互，因此，与传统教学相比远程教学过程中的交互的手段、对象都大大扩大了，不仅可以通过面对面的方式进行交流，也可以利用各种现代化教学技术进行跨越时空的交流，不仅可以与周围的老师、同学交流，还可以与更广泛的人群交流，交流对象可以是真实的，也可以是虚拟的。

④ 自主性：远程学习者在学习过程中，面对众多的交互方式和交互对象，有极大的自主选择的自由度，其选定的交互方式是否有效直接影响到其自主学习的效果。所以远程教学中的学习交互比传统面授教学中的学习交互更复杂、更多样，需加强对学习者的学习交互指导，使之形成与学习材料、教师、其他学习帮助者之间的良好交互。

8.3 远程学习支持服务系统

师生之间处于分离状态是远程教育主要特征，这种分离往往导致师生之间不能实现面对面的实时交流，从而给学生的学习带来较大的困难。因此，远程教育的一个重要原则就是以学生的学习活动为中心，这既包括课件的设计要从学生的实际需要与现实水平出发，而且包括在实际的授课以外，还需要提供大量的支持性资源，以帮助学生自主学习。

8.3.1 学习支持服务工作的总目标

1. 为学生提供有效的学习引导机制

学生的学习活动是一个主体内化的过程，但这个过程不应该是盲目的和无序的，否则学习的效率就会降低，就会走一些弯路，达不到预期的效果。因此，研究学生学习活动的特点，并结合这些特点对学生学习进行有计划、有目的地引导显得尤为重要，而建立学生学习的引导机制是为学生提供良好学习服务的主要任务之一。

2. 形成完善的学习服务体系

学习是一种复杂的活动，涉及方方面面的因素，每个因素都对学习过程及学习的积极性产生直接或间接的影响。因此，有必要针对每个影响要素进行认真的设计，建立并形成一套完善的学习服务体系。

3. 提供准确、及时、有效的信息服务

当今社会已经进入信息时代，信息渗透于我们工作和生活的各个方面。对于接受教育的成年人来讲，由于他们有一定的工作经验，对事物的观察有自己的见解，所以要完成复杂的学习过程，就使得对信息服务提出了更多更高的要求。针对这种需求，提供准确全面的信息支持成为教学服务的重要环节。

4. 个性化的职业生涯和职业发展服务

成人教育的特点在于随着知识的更新和时代的需要不断更新和完善个人的知识体系。任何一个人的学习和提高都不是一蹴而就的过程。因此，教育机构提供给学生的教学服务也就应有多次，甚至是贯穿终身的教学服务。所以，教育机构的工作不仅只局限于教学，还可以进一步延伸至给予每个学生提供富有个性化的终身职业生涯的发展服务。

8.3.2　远程学习支持服务系统支持条件

教育机构对远程学习者自主学习的支持服务，都是在各种远程学习活动中实现的。这些学习活动涵盖了远程学习者的全部学习内容。除了面授辅导、小组协同学习、合作学习、自学等基本的学习方式外，还包括通过各种信息技术及媒体所提供的远程学习活动，如收看直播课堂、利用电子教材、CAI 课件学习、进行网络学习、使用电子邮件、进入电话答疑系统、开展 BBS 讨论等方式与老师、同学联系和交流等。

鉴于远程教学的特点，有效的远程自主学习支持服务应具备以下支持条件：

1. 远程自主学习指导资源库

在这个指导资源库中，应包括以下资料和信息：

（1）自主学习指导资料。主要是对学习者如何进行远程自主学习进行理论指导，结合远程教育的特点向学习者提供远程自主学习方面的基本理论知识，包括如何掌握正确的学习方法、如何把握学习进度、如何对学习进行评价、如何选择、利用各种远程学习资源以及各种远程学习资源的具体使用方法、如何在远程学习过程中与教师、同学进行交流等，最终使学习者对远程自主学习有一个理性的认识，并激发学习者主动地进行远程自主学习。

（2）专业学习指导材料。主要是结合具体的专业课程向学习者提供具体的自主学习指导信息。除了根据学习内容提供相关的学习方法、学习进度、学习评价等方面的指导信息外，还要向学习者提供诸如学习本课程的方法推荐、建议使用的学习资源、教学计划、教学大纲、考试纲要、学习资源一览表、教学活动一览表、学习要求反馈表等有关资料。让学习者在学习过程中时时得到指导，使其自主学习能力在课程学习的同时不断得以提升。

2. 网络教学支持性资源的多种媒体与信息技术

在远程教学环境下，教学活动的顺利开展离不开各种媒体与信息技术的支持，同样，在向远程学习者提供自主学习的信息以及进行支持服务活动时，也要依靠多种媒体及信息传输技术才能实现，这使得多种媒体与信息技术成为实施远程自主学习不可缺少的条件。多种媒体与信息技术的特点，决定了远程自主学习的指导活动既可以是实时的，也可以是非实时的。在远程教学中普遍使用支持性资源主要包括网络教学平台以及视频会议系统或单（双）向卫星广播，包括文字印刷材料、电子教材、电视、电话、计算机网络、双向视频会议系统、直播课堂，等等。

8.3.3　平台交互系统

在网络教学平台上教师、教学管理人员可根据课件的章节、知识点来发布相应的作业或综合性的题目。为使作业的表现形式能够做到多种多样，既可以包含普通文本、又可以包含图形、图像等，在系统中可选用 Office 文档作为发布作业的基本格式，教师、制作人员可把作业内容制作成相应的 Office 文档，然后上传文件并将作业发布出去。学生可以通过作业批阅系统提交作业，获取作业批改结果。教师则可以对作业加以批改，还可附以点评。

在有的情况下，学生较多，系统的教学人员较少，角色也比较单一，导致答疑力量不足、对答疑过程缺乏有效的监督和管理，致使大量的问题得不到及时准确的回答。为解决这个问题，可在答疑和作业管理系统中设定多个教学角色，并进行一定的教学分工，尽量保证答疑和作业批改活动在有效的管理、控制下有序地进行。如可设定教学管理人员、教师和助教三种教学角色，教学管理人员负责对答疑和作业活动进行管理和监控，设定作业和答疑批改方案，设定各种教学角色在答疑活动的权限，还可以查看助教和教师的在线答疑和作业批改活动中的工作量统计情况，并允许教学管理人员对作业批改和答疑活动做手工的调节；教师负责指导和监控助教的答疑活动，通过参与作业批改和答疑活动，可以了解学生的学习情况；助教主要负责批改作业、解答问题和分类整理。在设定了多种教学角色并进行教学分工后，就可以根据学生数量的不同，在答疑活动中灵活设置教学人员的数量，做到保证答疑的速度和质量。

有的学校的答疑活动相对封闭，比如用 E-mail 的方式组织答疑，学生看不到别人提的问题，同类问题可能被反复多次提问，造成资源浪费；另外一些学校的答疑活动过分开放，他们直接使用开放的论坛来解答问题，论坛上的内容非常杂乱，难以区分问题和讨论，不利于组织教师解答问题。因此，在系统中宜将答疑和开放性的讨论结合起来，整个答疑包含个人部分和开放部分，综合两方面的优点。学生可以提出问题让教师回答，问题和答复可在个人部分呈现，同时也可以发布到开放性的论坛上。在开放性论坛上还允许其他学习者对自己感兴趣的问题展开讨论，这样可以充分激发学生的积极参与。

8.3.4　学习支持服务系统的实施方案

1. 学前服务

（1）吸引学生：通过一定的宣传（包括在媒体上发布广告、举办宣传活动等方式），扩大市场影响力，使潜在学生了解主要内容和学习方式与要求。

（2）课程开发：在充分调研前提下，根据需求开发适合需要的、有强大群体的教育内容，组织由教学设计人员、分析人员和教学管理人员组成的教学课程队伍共同开发，为学生提供符合客观需要的、一流的教学内容。

（3）信息提供：在开展宣传活动时可采用印制出版纸介宣传材料、免费发放宣传 VCD 等方法，向社会潜在学生推广教育的主要内容，提供最新的信息。管理和服务人员应参与对学生面对面的咨询活动，在与学生直接的交流中推广自己，在公众面前树立良好形象。在信息服务中还要充分发挥咨询中心（CALL CENTER）的对外咨询和信息服务作用，可将学生在学前阶段可能问及的主要问题按出现的频率进行排序整理，并优化 CALL CENTER 的自动信息处理结构，使之适应学生自动查询的需要。同时，由咨询服务人员对学生提供即时的、周到的、个性化的人工服务，回答学生从招生报名、专业课程、学习方式、毕（结）业证书到专业化职业生涯设计等各方面的问题。

（4）技术服务：系统设计专业人员要对学习媒体、学习方式和传输媒介进行有针对性的研究，结合学生的学习条件和具体特点设计出高效、抗干扰性强、连接维护简单方便的学习内容传输系统，并在 CALL CENTER 中全面进行学习方法和网络连接技术方面的培训，向学生提供专业的技术咨询与服务。

2. 学习过程中的学习支持服务

（1）完善信息交流渠道。设计并建立全面的信息交流渠道是为学生提供一流服务的中心内容之一。它具体包括为学生学习提供实时和非实时的交流方式，使学生在学习过程中出现问题时可以通过"在线答疑"、"视频会议"、"面授及考前辅导"及电话等实时方式和 EMAIL 信箱、BBS、白板留言、传真等非实时手段实现学生与教师之间、学生与管理人员之间以及学生之间进行信息交流与共享。对直接影响教学效果的"作业提交与批改"、"实时辅导"等教学环节进行重点维护，并将所提供的各种传输方式在实际运行中不断进行优化和完善。设立专人对各种传输系统进行实时维护，保障信息交流渠道的稳定运行和畅通无阻。

（2）及时准确和全面的信息服务内容。信息的内容大致有两种性质：一种是与学习内容相关的各种课内信息，另一种是以管理和服务为主的课外信息。课内信息主要通过组织教师进行教学并进行质量控制来得以实现，各项教学工作都要严格按照教学的各项规范和要求来进行；课外信息可以通过为学生提供全面网上信息服务以及为学生提供邮件服务、帮助学生进行信息查询的方式得以实现。平台网站设立专门的链接向学生提供学习支持服务信息，如公告栏、特别通知、学院新闻、最新管理动态等。还可以为每个学生设置网上邮箱并为学生提供各类信息邮件和电子杂志的订阅，这项功能具有很强的个性化，可以大大方便学生从中获取大量重要信息。

（3）学习方法指导与服务。成人学生的学习有很多具体情况和特点，他们需要在不耽误正常工作的情况下进行学习，学习的内容与形式也各不相同。这对学习支持服务工作提出了多种个性化的需求。要想取得预期的学习效果就必须能够得到科学的学习方法指导。可以通过"网上学习指南"对学生学习中的常见问题（例如如何进行入学报名、如何计算学费和学分，学习的方式和方法、如何进行考试）进行解答；可以通过咨询中心对学生提供学习方法的指导。还可以聘请成人培训方面的学习专家在网上开设讲座，就"如何进行远程学习"、"如何分配学习时间"、"如何提高学习效率"等问题开设学习指导课堂并安排与学生进行实时交流，针对学生的具体情况为学生提供专业化的指导。

（4）学习全程服务。管理人员通过与教师加强合作，在系统开发人员和各地方学习中心教学人员的紧密配合下，为学生提供从学生报名注册到选课学习（包括网上授课、在线答疑、E-mail 邮件、BBS、作业提交等），再到提供参考资料、进行面授辅导直至结业发证等一系列的服务。相关的具体做法和服务标准目前各远程教育机构已有一套较成熟的做法，这里不再赘述。

（5）学习自测与自我评价服务。在学习的过程中，学习的效果如何是学生和教师都时刻关注的问题。为了让学生对自己的学习效果做到心中有数，同时也为帮助学习记忆、强化学习效果，有必要为学生提供学习自测与自我评价服务。在教学网站或课件中设立专栏，在学生学习某一部分内容后，针对所学内容提供一些启发性的问题，也可设立模拟考试的链接，学生点击进入后可进行学习效果自测。自测完毕并提交后，能够给出评分标准和考试成绩，并对学生还没有掌握的教学内容或重点给出进一步的评价和建议。

可以在网页上设置"考试中心"并提供相关课程的认证服务。学生通过点击相应链接来了解各种考试的信息或直接进行有关考试的网上报名，学生通过考试即可获得相关课程方面的网上认证证书。

（6）计算机专业知识和操作技能的服务。计算机知识是现代社会的敲门砖。有关计算机知识的学习近年来一直是社会学生的学习热点。可以通过提供这些课程来帮助学生完善知识和能力结构。提供的内容一般包括：有关软件的使用、上网硬件连接、课件使用方法、E-mail 信箱使用等。为了更进一步方便学生，还可以设立"网上软件下载中心"，使学生可以方便地在网站上下载所需的各种常用软件。

（7）校园社区服务。对学生来讲，在自己的重要节日收到一份美好的祝福是一件很惬意的事。学习支持服务系统可以在学生重要节日来临之际，提取学生数据库中的信息，向学生发送节日贺卡或生日贺卡、"录取贺信"或学期"成绩合格祝贺通知"。在网站平台上可以设置"生活情感"、"时尚点击"、"文化专区"、"IT论坛"等校园社区栏目，建立虚拟校园，学生进入虚拟校园后可以选择感兴趣的栏目进行聊天、交友、网上购物，并获得自己所感兴趣的领域的最新动态信息。同时，学习支持服务管理人员还可以通过对校园社区的管理向学生提供所需的个性化的交流与服务。

（8）教材与参考资料。教材与参考资料可以分为两大类，一种是网上提供，包括"教学专题推荐"、"论文精选"、"资料室"；另一种是为学生提供的具体的教材和图书订阅、教学资料的邮寄服务。学生可网上浏览和下载相关教学资料，并可直接进行教材和参考书的订阅，由教材管理人员根据订单直接邮寄给学生。

（9）学习中心的服务工作。学习中心是为学生提供面对面服务的基层部门，担负着教学管理与服务的重要任务。学习中心应设有专人对教学环节进行管理并提供与之相关的服务内容。帮助学生进行网上报名、注册、对学生进行学习方法与学习技术的指导、组织学生活动、进行集体答疑和面授、帮助学生订购并发放教材、解答学生学习过程中的常见问题并及时反馈给学校和学生本人。所有的工作具有管理与服务的两面性，相互融合，相辅相成。

3. 学后服务系统

（1）系统资源库。为了更好地方便学生对知识进行深化和扩展，对学生提供专业化的资源库是很有必要的。它不仅帮助学生巩固和深化学习内容，而且对学生扩展视野、从事更深层次的学习和研究都很有益。可以在网上提供诸如图书索引、业界动态、学术论文、行业指导、新书推荐等链接，在链接后面是丰富的系统资源库，学生可以通过这些链接进行检索和查询资料。学生即使是在学成以后仍可通过资源库系统得到源源不断的信息和资料支持。另外，还可以通过邮寄的形式给学生定期寄送相关的学习材料，帮助学生不断提高自身素质和能力。

（2）跟踪回访系统。学生学习过程结束后，可以进入跟踪回访系统。通过这个系统，管理和服务人员将定期实施对客户的回访和问询服务，将学生学习内容对学生个人工作和事业的影响进行评估，并根据评估的结果对学生提供指导。还可以通过开办职业的讲座和培训来帮助学生实现再学习和"充电"的目标，并对所有已完成学业的学生提供最大限度的优惠。

（3）个人职业生涯设计与就业求职服务。学生在学习结束后直接或间接地进入社会，接受社会的选择，这个过程同样是学生不断定位、不断提高的过程。鉴于这个过程的复杂性，学生毕（结）业后需要专业化的个人就业、事业发展服务。对学生的服务措施可在系统平台上设立人才数据库，对学生的就业和个人发展情况进行跟踪和指导；聘请人力资源专家为学生提供个人职业生涯设计并提供相关的培训和就业指导服务；同时开展猎头业务，为企事业单位推荐人才。在网上可以设立如"个人就业"、"新事业发展"、"升职快车"、"创业者之路"等链接，为学生提供职业发展和就业信息。

（4）证书的发放。对于完成学习过程的学生来讲，获得应有的资格证书或结业证书对他们来讲是很重要的。对学生的证书服务是全方位的，具体工作任务依各种证书的要求而不同，包括证书的印制、认证、申请、登记、验证、办理、补发等。

8.4 远程学习组织模式和基础设施建设

各国远程教育中存在的两类远程学习组织模式：个别学习和班级学习。不同的学习组织模式要求相应的学习支持服务体系及其基础设施建设具有不同的特征。

8.4.1 远程学习组织模式——个别学习和班级学习

远程学习可分类为个体化学习模式和集体学习模式，也即个别学习和班级学习两种模式。个别学习模式通常以家庭为学习基地，学生自主学习为主，远程教学院校为学生提供各类个别化的学习支持服务。这是一种以学生为中心的远程学习模式。班级学习模式通常以工作单位或社区学习中心为教学基地，强调师生人际交互或基于电子通信技术的双向交互，以及学生的集体学习，大多数学习支持服务都在教学集体班级中实现。这通常是一种侧重于以教师为中心的远程教学模式。远程学习两大模式之间最重要的差异在于：班级集体教学方式是建立在同步通信基础上的，教师和学生必须进行实时交流，而个别化学习方式是建立在非同步通信基础上的，在学生的家庭里创造出学习环境，学生可以在适合的时间进行学习。在第七章中已指出这两种学习模式在本质上还同教育资源的传输和发送模式有关。英国开放大学和许多其他国家的开放大学大多采用以家庭为基地的个别化学习模式，这同它们主要采用将多种媒体学习包通过邮政系统发送到学生家庭有关。此外，学生大多在家庭内收听收看通过国家公共广播电视网播出的广播电视教学节目。而中国的函授教育和广播电视教育、美国国家技术大学的双向交互卫星电视教育，都是采用班级集体学习的模式，这同它们的广播电视教学节目主要通过卫星电视、直播课堂、双向视频会议系统传送、集体接收有关。进入计算机网络教育时代以来，世界各地依然有两种网络教育资源的发送和接收模式（个别化的和集体的）。在大多数发达国家，大多采用学生个人在家庭上网接收各类网络教育资源的方式，这是远程教学中的院校对个人的模式。在大多数发展中国家，要实现所有家庭计算机上网还有待时日，比较可行的是在工作单位或社区学习中心设立网络教室或网吧实现班级集体上网，这是远程教学中的院校对机构的模式。

8.4.2　学生学习支持服务体系和信息基础设施建设

信息基础设施建设是开展远程教育的必要物质技术基础。随着信息技术的发展和更新换代，对应的第三代远程教育（亦称现代远程教育）的信息基础设施建设也发生了相应的更新换代。随着第三代信息技术和远程教育的发展，远程教育的信息基础设施建设开始从远程教育院校和系统的基础设施建设扩大、发展成为所在国的国家信息基础设施建设及至整个世界的全球信息基础设施建设。

1. 远程教育资源建设的信息基础设施建设

以多种媒体材料为核心的远程教育资源建设，必须有相应的资源建设基础设施和基地，如印刷厂和出版社、视听材料录制中心和音像制品出版社、计算机多媒体开发中心和电子出版社、网络教学资源开发中心和传输中心等，分别承担多种媒体教学材料的开发、生产和发送。在各国远程教育资源及其基础设施建设上，有中央集中化设计、制作和发送，或者协作开发、资源共享的特征。这是提高远程教育课程资源设计开发质量和信息资源发送，提高效率和效益的重要途径。

2. 学生学习支持服务体系及其信息基础设施建设

开展和提供包括师生双向通信交流在内的学生学习支持服务，必须建立并不断完善学生学习支持服务体系和师生双向通信机制的基础设施建设。在学生学习支持服务体系及其基础设施建设上，各国远程教育院校普遍采取校本部和地区基础设施建设并重的方针。在各国远程教育院校的校本部，通常建有图书资料中心、视听资源与设施中心、电子信息通信中心、计算机网络教学服务中心和计算机管理中心等。在地区基础设施建设中，最重要的是基层基础设施建设。而且，学生学习支持服务体系的信息基础设施建设通常都与远程学习的组织模式和学习基地有紧密的关系。为适应以家庭为主要学习基地的个别化学习模式所构建的学生学习支持服务体系及其信息基础设施，以及为适应以工作单位为主要学习基地的班级集体学习模式所构建的学生学习支持服务体系和信息基础设施均有各自的特点。

3. 学习中心

学习中心是远程教学院校在各地学生学习支持服务体系的基层组织机构，是远程教学和远程学习的活动基地，是远程教育教学信息的双向交互通道和教学资源的集散地，是远程教育信息基础设施向社区辐射延伸的节点和终端。由此可见，在远程教育的学生学习支持服务体系及其信息基础设施建设中，学习中心的建设是一个基础环节，占有十分重要的地位。大多数远程教学院校都建立了各自的学习中心体系。在一些远程教育系统中，也由远程教学院校总部直接管理各地学习中心。

社区学习中心体系的建设，适应远程教育中以家庭为主要学习基地的个别化学习模式的需要。因为学生家庭作为主要学习基地，在教学信息的交互、教学资源的配备、信息基础设施的建设，以及集体教学、人际交互和社会活动等方面总是不可能十分完备的。社区学习中心体系的建设，弥补了家庭作为主要学习基地存在的各种缺陷，使得远程学生能够在日常交通距离范围内，自愿地、灵活地就近获得各类个别化、个性化的学习支持服务。

4. 网络教育环境

在第三代远程教育（现代远程教育）的信息基础设施建设中，网络教育环境建设占有十分重要的地位。远程教育的网络环境建设应该是一项系统工程，涉及包括专用的教学平台和教学管理平台等在内的软硬件建设和系统集成，包括网络课程和课件以及各种教学、学习和考试专用的数据库等在内的教育资源的开发，以及网络教学、辅导和技术支持服务人员的配置和培训等。就网络基础设施建设而言，应该同时规划、设计和开发为学校及其教师提供网络教学及相关服务的一端，和远程学生接受网络教学和网络服务进行双向交互、灵活开放的远程学习的一端。在学校及其教师提供网络教学及相关服务的一端，主要要解决好以下三类网络教学服务的信息基础设施建设：

（1）网上提供教学信息和教育资源的单向传输和点播服务。基于互联网的超文本结构的各种多媒体网页、网络课件和网络课程、IP 广播和视频点播等都是这一类服务的典型代表，它们构成了有效的网络教学、网络学习的基础。这一类网络教学服务的系统平台开发和建设相对成熟，越来越通用化和标准化，互联网（WWW）就是一个最好的典型。

（2）网上提供非实时的教与学双向交互的通信服务包括电子邮件、公告板和讨论组、计算机会议等都是目前被广泛应用的工具系统。但是，这些都是为社会公众开发的通用系统，而不是教学系统的专用平台。比如，需要开发可靠的通过电子邮件进行作业提交和批改、评价的计算机网络系统平台。网络教学，尤其是远程学生对网络双向交互功能的高度期望会大大增加教师的工作量和压力。这就需要开发具有人工智能的、依据学科课程性质的专业化的作业批改和评价系统。

（3）网上提供实时与非实时的教与学双向交互的通信服务。网络课堂、网络讲座、网上讨论、在线咨询辅导等都是这类教学服务的典型应用。各类网络教育信息技术公司、各类教育网站、各类校园网解决方案都包含了这类教学平台。

在远程学生接受在线教学和各项网络服务进行双向交互、灵活开放的远程学习的一端，主要有两种解决方案：在学生家庭计算机上网和在社区学习中心上网。学生在应用家庭计算机上网适应以家庭为主要学习基地的个别化学习模式，也是未来的主要发展方向。但是，在相当多的发展中国家，在一定时期发展社区学习中心的网络教育环境还是现实可行的。

网络教育环境建设还可以从教育设施功能结构来进行讨论。总的来说，网络教育就是要构建一个虚拟校园的环境，使远程学生不仅可以远程获得各种教育教学信息和资源、参与教学活动，而且可以亲身感受到校园文化和校园社会生活。虚拟校园又可以进一步分解成虚拟课堂、虚拟图书馆、虚拟实验室、虚拟考场、虚拟学籍管理办公室等。应用虚拟现实技术和开发各类教育资源和大量数据库，构建包括虚拟课堂、虚拟图书馆、虚拟实验室、虚拟考场、虚拟学籍管理办公室等在内的虚拟校园这样一种网络教育环境，可以为远程学生创设一种开放、灵活、高效的远程学习环境，真正实现全民终身教育和终身学习、构建学习化社会的理想。

思考题

1. 简述远程学习是远程教育的核心，学习支持服务中双向通信是远程教育的关键。

2. 如何实现远程学习支持服务？

第9章

远程教育管理

远程教育管理与传统教育管理不同，它是研究远程教育管理过程及其规律的科学，本章从宏观和微观两个层面分析远程教育管理对象的层次结构，论述远程教育管理的理论。

9.1　远程教育行政管理

9.1.1　远程教育管理概论

按照远程教育管理对象的层次结构，可以将远程教育管理理论分为宏观理论和微观理论两部分。

远程教育管理的宏观理论将整个国家的远程教育系统作为研究对象，主要研究国家各级政府及其教育行政部门应用立法、行政、财政等手段，对各级各类远程教育院校机构进行规划、组织、指导和控制，使有限的远程教育资源得到合理的配置，以实现远程教育管理目标的最优化。所以，远程教育管理的宏观理论也可以称作远程教育国家行政管理学。

远程教育管理学的微观理论以远程教育院校机构为研究对象，主要探索远程教育院校与社会环境的关系，远程教育院校内部的组织结构和功能，以及为了保证远程教学的正常运行、提高远程教育的质量和效益而开展的各种行政的、教学的和人员（教师和学生）的管理。因此，远程教育管理的微观理论也可以称作远程教育学校管理学。远程教育学校管理也可以对应地划分为课程管理、学生管理、行政管理和后勤管理等。本书对课程设置、课程资源开发和学生学习支持服务的管理统称远程教育的教学管理，而将行政管理和后勤管理统称学校行政管理。此外，对远程教育教师和学生的管理单列为人员管理。于是，远程教育管理按对象（目标）和内容（职能）可以划分如图 9-1 所示的结构。

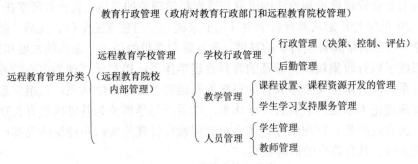

图 9-1 远程教育管理分类

远程教育管理学既有与传统教育管理学相同的共性，又有自身的特殊性。本章主要论述远程教育管理学的特点和个性。远程教育管理学的理论基础是多元的、即建立在多种学科理论的综合创新上，除了远程教育学科外，主要的还有教育管理学的学科理论，而教育管理学学科理论又是建立在教育科学、心理科学、系统科学、行为科学和管理科学的发展基础上的。

管理是一种社会现象，是人类得以生存、发展的重要条件之一。在现代社会，管理同科学和技术一起成为现代文明的三大支柱。管理是一种社会职能，它既是社会发展的产物，又是文化发展的产物。从社会组织和人类行为的角度看，管理就是组织的管理者在特定的环境中，应用一定的原理和方法，引导组织中的被管理者有序地行动，从而使有限的资源得到合理的配置并发挥作用，以达到预期的目标。由上可见，管理具有以下诸方面特点：

- 管理是实现预期目标的一种行为。
- 管理的功能是对有限的资源进行合理配置。
- 管理是由规划、组织、指挥、协调和控制等一系列职能构成的有序活动过程。
- 管理的核心是决策。
- 管理是管理者和被管理者双边活动的过程。
- 管理总是在特定的不断变动的社会和文化环境中进行的。

随着近代经济的发展和企业管理的进步，近代管理科学（广义）已经经历了从传统管理理论到行为科学理论、再到现代管理理论的演变和发展。传统管理理论的主要代表有科学管理理论、组织管理理论以及行政管理理论等。行为科学理论的主要代表有人际关系学派、个体行为学派、团体行为学派和组织行为学派等。

现代管理理论的主要代表则有社会协作系统理论、决策管理理论、系统管理理论、管理科学（运筹学）理论、权变管理理论等。

随着企业管理理论和方法的进展和管理科学理论的发展，教育管理学在 19 世纪末、20 世纪初开始从教育科学中分化出来成为一门独立的学科。此后，随着教育科学、心理科学和管理科学的发展，教育管理学也经历了一系列的发展和演化，逐渐形成了以行政集权制为特征的教育管理学体系；以科学管理为中心的教育管理学体系；以人本主义哲学和行为科学为基础的教育管理学体系；以组织理论和现代管理理论为基础的教育管理学体系；以系统科学理论为基础的教育管理学体系等。所有这些教育管理学理论体系对远程教育管理的实践和理论研究都产生了一定的影响、具有各自的借鉴意义。

9.1.2 远程教育国家行政管理

1. 远程教育的管理体制

远程教育的管理体制是指国家对远程教育院校的行政管理体制，主要包括政府分权体制和对院校的分类管理体制。政府分权体制主要是指中央政府和地方政府在对远程教育管辖权限上的分工。在许多联邦制国家（如美国和澳大利亚），对传统院校的教育管辖权主要归州政府，但在远程教育领域，中央政府往往表现出更多的兴趣和干预。这一方面体现出远程教育对于实现整个国家社会、经济和教育发展的战略目标的重要地位和作用，另一方面作为远程教育物质技术基础的国家信息基础设施建设，若没有中央政府的参与则很难组织实施。美国克林顿政府时期就曾积极推进互联网的更新换代以及教育信息化进程。澳大利亚联邦政府则从 20 世纪 70 年代起，始终一贯地关注并推进革新和发展远程教育的政策和举措。在英国，开放大学则由英国政府创办并直接管辖。在许多发展中国家，通常由中央政府创建并直接管理面向全国的开放大学或远程教学大学，这样便于利用国家乃至军队系统的广播电视系统和国家信息基础设施，动员全社会的人力、物力和财力资源在短期内迅速、大规模地发展教育。在印度，既有中央政府管辖的面向全印度的国立开放大学，也有地方政府管辖的邦立开放大学。在我国，由中央政府统一制定政策和规划，中央和各级地方政府分工办学和管理，形成了学校教育系统与国家行政系统并行设置的独特体制。

远程教育的院校分类管理体制是指政府教育部门分类指导和管理各种教育院校。比如，在我国将教育院校分为普通院校和成人院校两类，与此对应的就有两种全国统一的高等教育入学考试：普通高校入学考试和成人高校入学考试。这种双轨制的院校分类管理体制在现实中已经显示出其不适应来。首先是不适应统一的教育市场；其次，上述双轨制的院校分类管理体制不适应建立终身教育体系和学习化社会的需要。在许多发达国家和发展中国家，已经抛弃了这种普通院校和成人院校人为分割的双轨制的院校分类管理体制，实施面向全体国民的终身教育院校设置体制。对远程教育院校和传统校园院校的分类管理体制正在受到挑战。那些双重模式院校远程教育发达的国家（如美国和澳大利亚），远程教育和传统教育的区分正在变得越来越模糊、越来越不重要。

2. 远程教育的管理机制

远程教育的管理机制是指政府对远程教育院校的行政管理机制，即是政府直接主办和管理学校或政府对实行自治的学校进行宏观管理。在世界各国，对于双重模式院校举办的远程教育，各国政府通常采取宏观管理的机制，即通过立法、规划、拨款等手段来进行宏观调控。因为双重模式院校原本都是由传统院校介入远程教育市场发展演变而成，这些传统院校本来就享有办学自主权。但是，对于独立设置的单一模式的远程教育院校，情形就不完全一样了。像英国等国的开放大学，大多是自治的远程教学大学，在财政，考核、学分认定和授予学位、课程设置、课程材料的设计和开发，以及课程发送和学生学习支持服务诸领域享有充分的自治权。我国政府对广播电视大学和高等教育自学考试则实行另一种行政管理机制，体现出政府直接主办和管理学校的特征。广播电视大学一直在努力争取从各级政府那里取得更多的办学自主权，争取办成享有高等教育法规定的权利和义务、具有独立法人地位的自治高等学校。我国高等教育自学考试和中等专业教育自学考试更是由各级政府直接主办和管理的。委托承办的主考学校或其他机构只是负责课程资源的建设和考试命题，整个自学考试的专业课程设置和组织实施均直接由各级政府中的自学考试委员会及其办公室主办和管理。

3. 远程教育的立法

在世界远程教育的历史上，有一些知名的远程教育院校是由著名的政治活动家、政府领导人直接倡导建立的，比如英国前首相哈罗德·威尔逊和英国开放大学。但是，各国都十分重视远程教育的立法，认为立法对规范和发展远程教育具有重大的意义。在发达国家，远程教育立法及远程教育院校法律地位的确立通常需要经历较长的准备、论证和立法程序。比如，英国开放大学从威尔逊 1963 年提出创建开放大学的倡议，到 1969 年英国国会通过皇家法令正式建立英国开放大学，共经历了 6 年时间。又经过了 2 年筹备，英国开放大学在 1971 年才开始招生开学。再如日本放送大学，早在 1967 年即在文部省有了"关于使用视频和音频广播于教育播出的模式问题"的咨询备案，1969 年通过答辩一致同意着手建立放送大学，经文部和邮政两省向内阁会议提出报告并进行长时间的可行性论证，终于在 1981

年以国会法令《放送大学学园法》公布实施，前后经历了12年，又经过了4年筹备，日本放送大学在1985年才正式开学。与此对比的是，发展中国家远程教育立法经历的时期通常较短。比如，泰国从1978年普密蓬国王亲自签署法令、批准成立苏可泰开放大学的议案，到1980年招生开学共用了2年时间，上述法令明确指出苏可泰开放大学是泰国第11所国立大学，享有其他国立大学同等的自治权。再如，巴基斯坦在1974年召开国民代表大会正式通过了关于建立人民开放大学的议案，1975年即招生开学，1977年改名为阿拉玛·伊克巴尔开放大学。

4. 远程教育的财政

远程教育的财政，广义地说，就是远程教育的成本或费用的分担问题；狭义地说，专指国家财政（各级政府）如何承担远程教育的经费及其拨款机制问题。国际远程教育界普遍认为对于远程教育的费用，应该实行"谁受益、谁承担"的分摊准则。谁是远程教育的受益者呢？通常认为，远程教育的三个主要受益者是国家、社会和学生。

（1）国家：远程教育承担着开发人力资源、培养各类人才、提高国民素质的职能，对经济建设和社会发展、对提高综合国力和国际竞争力都发挥了重要作用。因此，国家是最大的受益者，各级政府理应对远程教育增加投入，进行财政拨款。

（2）社会：远程教育是一种人力资本投资，一种生产性投资，推动着社会经济发展，对国民收入的增长作出了越来越巨大的贡献。远程教育以其培养的人才、生产和传播的知识、推动科技和管理的进步，从而对社会各产业部门增加产出作出了直接或间接的贡献。因此，社会各相关产业和企业雇主是受益者，理应承担远程教育的部分费用。

（3）学生：接受教育对学生本人而言也是一种投资，将会带来包括经济收益在内的各种回报。学生接受了远程教育，增长了知识才干，为其职业生涯注入了新的活力和资本。所以，学生也是受益者，也应该承担部分远程教育的成本。

至于远程教育的成本或费用在国家、社会和学生之间如何分摊，在不同的国家，同一个国家的不同地域和不同时期及各类不同的远程教育院校和项目之间是很不相同的。各国政府的财政拨款不仅在远程教育运行成本中所占比重不一，而且拨款的体制和机制也不相同。

9.1.3 远程教育院校行政管理

1. 单一模式的远程教育院校

（1）自治的单一院校模式。自治的单一院校模式主要指独立函授院校（第一代）、自治的多种媒体教学的远程教学大学（第二代）和独立设置的网络大学或虚拟大学（第三代）。

依据 20 世纪 80 年代的不完全统计，独立函授院校在西欧、北美和苏联较多。苏联的独立函授院校大多数是面向全苏联的。它们在有关城市、边远地区、大型企业设立函授分院、分部、系或函授辅导站。与苏联其他普通高校一样，独立函授院校也实行院、系、教研室三级管理体制，全院实行院长负责制。各独立函授院校还是苏联各有关加盟共和国成人高等教育的教学中心和教学法研究中心。建于 1974 年的德国哈根的远程教学大学原是西欧一所著名的独立函授大学，由北威士特伐利亚州政府高教部管辖，但面向全德国和国外招生。哈根远程教学大学的学校行政管理保持着德国大学的传统，大学主要设校、院两级结构，各学院相对独立，对教学和科研享有充分的自主权。

自治的多种媒体教学的远程教学大学是 20 世纪下半叶发展起来的远程教育的主流模式，各国开放大学和远程大学大多属于这一类。英国开放大学是这类学校的代表，学校在财政、考核、发证、课程设置、课程材料设计制作、课程材料的发送、学生学习支持服务诸领域享有充分的自治权，同时，它是一所大学，大学总部对全英国的地区办公室和学习中心实行垂直领导和直接行政管理。同英国传统大学相似，开放大学也采用双重决策机构模式，决策权由理事会和评议会分享（两院制），理事会和评议会的决策活动主要通过众多的委员会、分委员会和工作小组实现。

（2）协作型多体结构的系统。协作型多体结构的系统，如加拿大哥伦比亚省的开放学习联合体（OLA：Open Learning Agency）和加拿大联邦学习共同体（COL）等。这类系统由多个机构协作提供远程教育，这些协作机构在行政管理上没有上下级层次关系。

（3）多层次结构的多体系统。我国广播电视大学系统和农业广播电视学校系统，以及法国国家远程教育中心（CNED）是这类多层次结构的多体系统的主要代表。

法国国家远程教育中心的前身是建于 1939 年的法国国家函授教育中心（CNEC），用于满足在战争中被迫失学的儿童的学习需要。在 20 世纪 80 年代启用现名，已经成为提供从基础教育、中等教育、职业技术教育和培训、成人教育、直到大学教育和研究生教育的多层次、多学科的远程教育中心。法国国家远程教育中心向全世界开放，每年有来自 100 多个国家的 25 万左右学生注册学习。学员多的一个重要原因是：法国政府官员和在国外从事工商业的法国人，尽管家庭不在法国境内，但都愿意让其子女进入法国国家远程教育中心接受完全的法国学校教育，这已经成了一种法国传统。1988 年，法国通过立法在教育部成立了大学远程教育常务委员会，法国国家远程教育中心主任和 9 个法国大学校长是该委员会成员。同年，另一项立法改组了法国国家远程教育中心的管理机构，成立了由工业、政界和大学的代表共同组成的管理委员会。法国国家远程教育中心的管理中枢设在法国首都巴黎的旺沃，同时，在全法国设立了 7 个地区学习中心。这些地区学习中心提供各类远程教育课程、具体组织远程教学和教务管理。

2. 双重模式的远程教育院校

（1）综合一体化模式。远程教育的综合一体化双重院校模式主要指澳大利亚的校外教育。澳大利亚大学实行校内教育与校外教育一体化的体制，即对校园内学生和校园外远程教育学生同等对待，执行相同的教学计划和课程设置，学习同样的课程材料，接受同样的教师的教学和辅导，完成同样的作业，通过统一的考试，取得同样的学分和授予同样的学位证书，而且还欢迎校外生到校上课。两类学生交费一样，政府拨款也一样。这与澳大利亚的国情有关。澳大利亚相当一部分富人在农村，是占有大片土地和矿产资源的早期殖民者及其后裔，他们在澳大利亚创办远程教育之初就反对"城市中心论"，反对将校外教育另眼看待。澳大利亚的综合一体化模式或新英格兰模式对新西兰、赞比亚、斐济、牙买加和巴布亚新几内亚等国的远程高等教育有一定影响。

（2）分离型的双重院校模式。苏联和我国的大多数普通高校实行的是分离型的双重院校函授教育模式。在分离型的双重模式院校中，有关的学院和教学系部同时负责校园内全日制学生和校外函授学生的教学和考核，但教学计划、教材、教师、学分、学历证书等是不一样的，即它们是分离的。有专门设计的函授教育计划和函授教材。由专职的函授教师和在函授学生所在地聘请的兼职函授辅导教师承担函授学生的教学和辅导，同担任校园内全日制学生教学和辅导任务的传统专职教师分别管理。最后，考核、学分和学位证书也都是不同的。大学设立的函授教学部门也只是承担函授学生的学籍管理、教材制作与发送、函授分校以及函授工作站的教学教务管理工作等。自 20 世纪 90 年代下半期起，我国普通高校组织实施现代远程教育工程。许多重点普通高校建立了网络教育学院开展现代远程教育，从组织管理体制上分析，它们依然是分离型的双重院校模式，因为网络教育学院开设的课程仍然主要地依靠大学的各个学院和有关教学系部及其教师。我国普通高校的网络教育学院在未来是否会发展成相对独立、功能齐全的远程教育实体，即演变成下述独立型的双重院校模式，还有待时间的验证。

（3）独立型的双重院校模式。独立型的双重院校模式在学校行政管理体制上介于分离型的双重院校模式和独立设置的单一院校模式之间。这些大学已经把函授教育独立出来成立了一个功能相对齐全的函授学院，拥有一支相对独立且比较成熟、有经验的函授教师队伍。由函授学院独立自主地组织实施从课程设置、学生注册、教学辅导、学籍管理到考核发证的完整的远程教育全过程和远程教学教务管理。大学相关的各学院和各教学系部可能在远程教育的课程设置规划、教学资源设计开发和某些教学辅导工作上与函授学院开展协作或合作。澳大利亚昆士兰大学探索的昆士兰模式其实就是这种独立型的双重院校模式，只是在澳大利亚的社会环境中没有成功。

（4）多体合作的双重院校模式。多体合作的双重院校模式是指由许多相互独立自治的传统院校联合起来开展远程教育或培训。美国国家技术大学（NTU）和澳大利亚开放学习联合体（OLA：Open Learning Australia）是这种模式的主要代表。

美国国家技术大学是由美国 47 所知名大学的工程技术学院和管理学院结盟开展研究生（硕士）层次的工程师继续教育的远程教育联合体。在这个多体联合结构中，各加盟大学之间是伙伴关系，没有层次关系。美国国家技术大学的最高权力和决策机构是校务会，它是由各加盟大学和参加国家技术大学卫星网的美国公司的代表们组成的。大学校长和全体教学和管理人员均由校务会委任，校务会还授权教师委员会和管理者委员会对大学教学政策和管理工作进行评议。美国国家技术大学的主要组织机构是主管学位教育的 5 个学院：计算机工程学院、计算机科学学院、电子工程学院、工程管理学院和工业系统工程学院。每个学院有 3 个常设的委员会：课程设置委员会、入学政策和学术标准委员会，以及人员督察委员会。委员会成员由有关大学学院的教师代表组成。此外，还有管理学生学籍、学校经营的规划开发部门和管理教学电视卫星通信网的电子通信部门。

澳大利亚开放学习联合体是澳大利亚在 20 世纪 90 年代探索实践的远程教育创新模式。它由澳大利亚传统大学联办，由设在莫纳西大学的一个自负盈亏的公司运作。澳大利亚开放学习联合体与澳大利亚国家电视广播网（ABC）签订合同并由后者播出教学电视节目。澳大利亚传统大学大多已加入了开放学习联合体，实现学生免试入学，课程、教材和学习资源共享，学业学分可灵活转换的体制。澳大利亚开放学习联合体设立了专门的课程设置和课程开发的学术委员会和专家委员会，委员会由加盟大学的教师代表组成。委员会对开设的学科专业课程设置进行论证和规划，对需要进行教育资源开发的课程进行招标、投标、审批和委托建设。各个加盟的大学依据联合体制订的课程大纲进行中标课程的设计开发，开发成果经专业委员会审定后以澳大利亚开放学习联合体名义发送，全体加盟大学共享。联合体设立专门的财务管理部门，学生交费分两部分用途：一部分留在联合体作为总部运作管理费用和课程资源开发费用；另一部分依据注册学生数由加盟大学用于对学生的各项学习支持服务上。

世界各地正在兴起的网络虚拟大学，至少其中有些属于多体协作模式。比如，非洲虚拟大学，其提供的课程大多来自其他院校。英国网上工业大学是英国政府建立的全国性教育机构，但它本身不是教育提供者，即并不是一所提供自己的课程、颁发自己的学位证书的自治的远程教学大学，它是一种中介代理机构，与英国的大学、工商界和其他教育组织以合作伙伴关系进行协作，运行一个完全网络在线的分布式学习系统。英国网上工业大学的主要功能兼有催化、促进、营造市场和中介代理的角色。

3. 准模式的远程教育组织机构

（1）播课中心模式。这种模式的远程教育机构的主要功能是远程教育课程资源的开发与发送，并不负责对学生的注册管理、教学辅导以及考核发证等。如我国电视师范学院，其主要任务就是同高等教育出版社和人民教育出版社以及有关的普通高等学校（尤其是师范院校）和中等师范学校合作，组织相关教学人员制订中小学教师在职培训的教学计划、课程教学大纲，编写培训教材和制作卫星电视教学节目。其电视教学节目由中国教育电视台通过全国卫星电视网播出。我国广播电视燎原学校也主要是面向三农（农业、农民、农村）实行实用技能培训的远程教育播课中心。其他许多国家也有类似的专业（如农业、教师培训、卫生保健等）。教育电视网络组织或公共广播电视机构中的教育广播和教育电视专用频道或专栏节目，这类远程教育播课中心模式的管理主要是对课程资源开发、发行和播送的管理，对远程学习者的组织管理比较松散、通常由各地依据具体环境自主进行。

（2）国家考试模式。许多国家设有国家考试机构和国家考试制度。我国高等教育自学考试和中等专业教育自学考试就是远程教育的国家考试模式。国务院批准在教育部设立了国家高等教育自学考试的国家指导委员会，在委员会下设 13 个专业委员会和 1 个考试研究委员会。指导委员会的日常工作由设在教育部的国家高等教育自学考试办公室负责，同时，在各省、自治区、直辖市相应设立了省级高等教育自学考试委员会和相应的办公室。国家和省级高等教育自学考试委员会和办公室的主要工作任务是分别负责全国和本地区高等教育自学考试的决策、规划、协调和对质量的控制。在各地（市）、县也设立了相关的工作委员会、工作组和办公室，负责高等教育自学考试工作的组织和管理。对每个特定的学科专业，高等教育自学考试国家指导委员会在设有相关学科专业的知名普通高校中选择并任命主考学校，主考学校的职责是确定考试标准，负责考试命题，组织试卷的批改和学分授予工作，以及各学科专业的实验实习、社会调查等实践性教学环节的组织实施。此外，主考学校将同高等教育自学考试的省级指导委员会共同盖章签发毕业证书。

（3）校外学位模式。伦敦大学的校外学位制度代表了远程高等教育历史上最悠久的一种运行和管理体制，即大学只负责考试、学分认定和授予学位，而不负责课程资源的开发发送以及学生的教学辅导和管理。

9.2　远程教育教学管理

9.2.1　远程教育教学管理概述

远程教育的教学管理是指对远程教育的教学活动的管理。根据教学活动的规律和管理活动的一般原则，通过计划、组织、协调、控制、监督等手段对教学工作实施管理的过程。远程教学的两大功能：以课程为核心的教育资源的开发与发送，以及包括双向通信交互在内的对学生远程学习的各类学习支持服务。所以，远程教育教学管理的主要功能也可以分为两大部分：对课程教育资源开发与发送的管理，以及对学生学习支持服务（包括师生双向通信交互）的管理。远程教育教学管理的目的是保持稳定的教学秩序，营造良好的教学环境、提高教学质量，从而实现学校的培养目标。

9.2.2　课程设置和课程资源开发管理

在传统院校中，课程的教学通常是由主讲教师依据自己的经验来组织安排。在远程教育中，情况就复杂得多。根据远程教育系统师生分离，教育信息通过技术媒体传递，学生以自学为主的本质特征，以"计划指导"、"学习资源和质量保障"、"学习支持服务"为手段，形成一个以学习者为中心，调动各教学管理要素，有利于学生独立自主学习和对学习活动发挥支持的服务，使由于使用技术媒体而分离的教与学活动再度综合起来。这里主要论述在远程教育课程设置和课程开发阶段前后相继的三类教学管理：对教学计划和课程设置的管理，对教育资源配置的规划和管理，以及对各门课程开发的管理。

1. 教学计划和课程设置的管理

这里主要讨论对远程教育教学计划和课程设置的管理以及由于远程教育课程设置的创新性、开放性和灵活性带来的管理上的特点。

教学计划是根据教育方针、培养目标、专业方向、学习年限、教学对象特点及课程合理结构等因素，由教育主管部门制定的政策性文件。远程教育要根据自身的特点使远程教育教学计划适应不同的学习群体、不同的学习形式，并根据学习者的不同职业结构、年龄结构、知识结构和学习需求，确定教学计划中课程设置比例，在执行教学计划时，注意灵活性与教学管理的严密性相结合。

在许多发展中国家，远程教育承担了培养国家和社会经济建设急需的各类高级专业人才的任务。对于攻读特定专业、特定学历证书或学位的学生，许多远程教育院校依然执行统一的、固定的教学计划和课程设置的管理办法。

发达国家倾向于实行有较多自由度的个性化的教学计划和课程设置管理。日本放送大学提供的教养学学士学位教学计划和课程设置的管理是如此，英国开放大学提供的大学学位教育和美国国家技术大学提供的硕士研究生层次的工程师继续教育的教学计划和课程设置的管理也是如此。

我国广播电视大学在教学计划和课程设置的设计和管理上经历了许多演变，逐渐形成了一种有中国特色的远程教育教学计划和课程设置的设计和管理体制，这就是通常所说的"统一计划，三级开课，分级管理"的体制。统一计划是指中央电大在全国统一开设高等专科学历教育，统一制订科类或专业教学计划。三级开课是指按教学计划的规定，由中央电大、地方电大（主要指省级电大和地市电大分校）和基层办学单位分工开设课程的体制。分级管理是指各级电大根据教育行政管理部门和上级电大制定的规章制度和批准的实施细则进行教学管理。具体而言，在"统一计划，三级开课，分级管理"的体制中，对于中央电大面向全国统一开设的学科专业，我国电大系统形成了三类教学计划的管理体制：中央电大制定指导性学科类教学计划（或参考性专业教学计划），省级电大制定实施性专业教学计划，基层电大制订专业课程设置与教学环节的操作性教学计划。

我国广播电视大学高等学历教育的"统一计划，三级开课，分级管理"的教学计划和课程设置的设计和管理体制是适应广播电视大学这样一种全国性的、多层次的远程教育系统的创新。这一体制适应了我国人口众多、地域辽阔和地区社会经济和文化教育发展不平衡的国情，是一种能发挥中央和地方两个积极性的体制。这一体制既能发挥系统的整体优势从而保证教育目标的实现和基本的教学质量，又能满足各地社会和学生的不同的教育和学习需求。历史证明，这一创新在实践中是可行的，在理论上是有中国特色的。

2. 教育资源配置的规划与管理

远程教育建立在电子信息通信技术基础上，所以，对于远程教育资源、特别是远程媒体教学资源及其配置的规划和管理是远程教学管理的重要内容，对远程媒体教学资源的管理可以划分为资源规划和资源配置两部分：

（1）媒体教学的资源规划。拥有资源是开展媒体教学的物质基础和前提条件。资源规划管理包括以下内容：系统拥有的教学媒体种类和数量；系统生产和发送有关媒体课程材料的能力；学生实际可能获得的媒体种类和相关的课程材料的数量等。

（2）媒体教学的资源配置。依据各科课程的学科性质和教学目标，经过一定的论证和审批程序，确定各门课程使用媒体教学资源的种类和数量。将系统所掌握的媒体教学资源做出优化的分配方案。这是各科课程媒体教学资源的总体配置，是进行各门课程具体设计开发的基础。

3. 课程开发管理

（1）课程创作的组织与管理。课程创作是课程开发中最重要的。整个远程教学系统的设计开发以课程设计开发为核心和基础。于是，对课程创作的组织与管理也就显得十分重要。多种媒体教材设计工作的前提（依据）是课程教学大纲。在远程教育中，课程教学大纲应对课程的多种媒体教学、资源建设和学习支持服务作出原则规定。教学大纲经大纲审定委员会审定公布生效。各课程创作组或课程开发筹备小组在提交课程开发申请报告和学校资源分配委员会在对媒体资源进行总体分配时，都应以有关课程的教学大纲为依据。在制订并审定课程教学大纲的基础上，课程创作的主要程序如下：

① 组成课程创作组；

② 召开课程创作组会议，做出人员分工，并明确工作进度和合作活动方式；

③ 讨论课程使用的多种媒体之间的教学分工和配合方式，制订、提交并审批通过课程多种媒体教学一体化设计方案；

④ 按课程制订多种媒体教学一体化设计方案的总要求，分工合作进行各种媒体课程材料的教学设计创作；

⑤ 定期讨论，协调多种媒体教学设计中的关系问题；

⑥ 按进度要求完成课程多种媒体教学材料的设计创作任务。

在课程创作组内部，课程组组长以及秘书（或协调员）应该负责课程创作的组织协调和日常管理工作。远程教育院校应设立专门的教学管理部门（如教务处或教材处）负责对各门课程的课程创作和教学设计进度进行督察和管理。

课程创作中的试用评估是指在课程设计创作阶段对印刷教材样章、视听教材样片、计算机课件样品或网络教学资源样本进行形成性评估。并将试用评估的结果及时反馈给课程创作组有关成员，改进和完善课程资源的设计创作。

（2）课程材料的制作与管理。课程资源的生产制作是指在通过专家评审和试用评估、反馈修改后，多种媒体课程材料的创作原型（原稿、母带、母盘等）最后通过终审，依据教育市场需求进入批量生产和制作。课程资源的生产制作通常有两种方式：由远程教育院校或系统内部自建的印刷厂或生产制作中心承担，或者订立合同委托远程教育院校或系统外的相关生产制作单位承担。远程教育课程资源的批量生产制作通常既要考虑远程教育院校或系统自身的需要，有时也要顾及社会教育市场上的需求。多种媒体课程材料生产制作的另一个值得关注的问题是：将课程材料分为相对固定和随时更新两部分。

（3）课程的发送与管理。远程教育院校或系统解决教育资源的传输发送主要有两种方式：院校或系统内部发送的方式和依靠社会公共发送系统的方式，两种不同的课程发送方式要求有不同的管理体制。采取内部发送方式的远程教育院校或系统，通常要建立自己的传输发送多种媒体课程材料的基础设施。进入网络教育时代以来，远程教育院校或系统都在加快建设各自的局域网和校园网，并在此基础上，建设广域网或接入互联网。采取依靠社会公共发送方式的远程教育院校或系统，通常通过由政府安排或订立合同的方式依托社会相关的组织机构完成其教育资源的传输和发送。比如，英国开放大学就将多种媒体课程材料打包［称为教学包或学习包（Learning Package）］后交由公共邮政系统发送。许多远程教学大学都是通过政府安排、由国家电台和国家电视台负责播送广播电视教学节目。美国大学的远程教育节目通常是通过与商业广播电视公司签约取得节目播出权的。随着电子信息通讯技术的发展，远程教育课程资源的传输发送还将有更大的革新前景，特别是以互联网为主要代表的计算机网络、无线移动通信网络和其他电子通信网络的发展更是日新月异。在各国国家信息基础设施和全球信息基础设施建设的基础上，第二代和第三代互联网的发展以及联通所有教室、办公室和家庭，宽带高速，提供职能化多媒体和个性化综合服务的信息高速公路的最终建成，将为远程教育带来无限的生机和活力。

远程教育的教育资源的传输发送应该同教育资源的接收同时予以关注，这是远程教育课程发送管理中的又一个重大课题。比如在中国，教学电视节目的接收，有的是通过安装特定的卫星电视接收天线直接接收卫星电视信号，有的是直接用电视机接收当地电视台转播的教学电视节目，还有的通过有线电视网接入服务接收教学电视节目。但在有些地区，仍然接收不到所需要的卫星电视教学节目。从2000年起，中国教育电视台进行了卫星电视数字化改造，变 C 波段的模拟电视为Ku 波段的数字电视，同时转播数据流和 VBI 信息。各接收点只需安装 0.5 米左右半径的天线并加装特定的机顶盒，原本的模拟电视接收机就可以直接接收到数字卫星电视教学节目。此外，还可以接收 IP 数据广播和 VBI 信息广播。但是接收设备的生产和改造需要投资和时间。随着计算机互联网的建设和计算机网络用户的不断增加，远程教育的教育资源的接收又多了一种手段，而且更适合个人、家庭和单位。

（4）课程的维护、评估、更新与管理。课程评估和更新是整个远程教育课程资源开发管理的重要环节，也是远程教育课程设置得以维持和更新的基础。

9.2.3 学生学习支持服务管理

远程教与学的全过程原则上应包括远程教学和远程学习的全过程。这里重点讨论的是包括师生双向通信交互在内的各类学生学习支持服务的建设和管理。

1. 学生学习支持服务体系的建设和管理

为开展和提供包括师生双向通信交流在内的学生学习支持服务，必须建立并不断完善学生学习支持服务体系和师生双向通信机制的基础设施建设。远程教育院校总部以外的地区和基层，在学生学习支持服务及其信息基础设施建设上，通常有三种管理体制。

（1）当地学习中心或社区中心。它们通常依据学习者的地域分布进行建设，由远程教育院校的校本部统一组织和管理（直接或分级）。远程教学院校在全国或其提供学习支持服务的地区整体规划、建设社区学习中心体系，方便以家庭为主要学习基地的学生自愿的、灵活的获得各类个别化、个性化的学习支持服务。

（2）当地教学站、教学点或教学班。它们通常由当地组织和单位（可以是当地教育院校或机构）建设，接受远程教育院校的校本部及其地区机构、或者当地远程教育院校的指导和管理。这些远程教学站点通过招生、注册和组织远程教学班组对远程学生集体进行远程教学和管理。

（3）当地教育院校或机构。通常自行组织和管理学生的教学，与提供远程教育课程的远程教育院校的校本部可以发生、也可以不发生组织和管理关系。

如上所述，社区学习中心的模式适应了为远程学生提供个别化、个性化学习支持服务的需要，是目前国际远程教育界的主流模式，也代表了未来的发展方向。对社区学习中心有两种管理体制：

① 远程教学院校的校本部直接管理各地学习中心；

② 远程教学院校的校本部直接管理地区办公室（地区中心），再由地区办公室（地区中心）管理学习中心。在地区办公室（或地区中心）和学习中心两层次结构中，地区办公室（地区中心）主要是一个校本部派出的管理机构和执行机构，兼有行政管理和教学功能的双重职责。其主要管理职能有以下方面。

- 招聘和管理课程辅导教师，接受学生咨询。
- 给辅导教师分配所辅导的学生。
- 安排学习中心的工作和活动。
- 依据校本部的计划组织安排教学辅导。

- 依据校本部规定在本地区范围组织考试、举办各种活动等。
- 保存学生和辅导教师的学籍档案和业务记录。

即学习中心主要是一个提供各类学生学习支持服务的基层教学基地。

2. 远程教与学过程与学生学习支持服务的管理

对学生学习支持服务最宽泛的一种界定是将远程学生在远程学习时接受到的各种信息的、资源的、人员的和设施的支持服务的总和（包括师生间的人际交流和基于技术媒体的双向通信交互，以及实践性教学环节和对学生的平时作业批改和检测评价），同对学生的课程注册、学籍管理、学分认定和学位证书颁发以及各种奖励等行政管理服务都包括在内（可以称之为学生支持服务）。

（1）学生注册与选课管理。远程教学系统在学科专业课程设置、学生注册和选课管理上通常表现出比传统教育更多的开放性和灵活性。学校制定相应的选课规则对学生选课进行指导和管理。学生注册也从统一的学期管理体制走向个别化的课程注册管理体制。学生可以依据自己的工作生活安排和学习进度注册学习若干课程。在阿萨巴斯卡大学，学生可以在一年中的任意一天开始注册学习。如今，世界各国远程教育的学生注册和选课都实行了计算机管理。进入网络时代以后，远程教育系统开始应用计算机网络实现学生注册交费和选课管理。

（2）平时作业与检测管理。在远程教育中，平时作业与检测既是远程教学和远程学习全过程的一个重要环节，也是对远程教与学的一种形成性评估。此外，平时作业与检测还是实现师生教与学双向交流和沟通、对学生的个别化学习进行有针对性的帮助和指导的有效手段。最初，远程教育中的平时作业与检测通常是通过学生和指定的课程辅导教师之间的手写函件往返实现的。在我国，远程教育通常仍然是以班组为单位组织进行，平时作业与检测和定期面授辅导结合在一起。课程辅导教师在班组面授教学时布置和收缴平时作业，进行批改和讲评，并组织单元检测。大量研究表明：学生平时作业和检测的教学设计、及时提交（作业提交频率）和及时返还（作业批改周期）、个别批改及批改质量、平时作业和检测同课程考试的相关程度等，对于实现远程教育的教学目标和保证适当的远程教与学的进度，激励学生的学习动机和强化自主学习的信心，顺利完成学业具有重要的意义。在远程教育中，学生平时作业与检测的成绩通常都以一定比例计入课程学习成绩的总分，而且不完成作业或平时作业与检测成绩很差的学生将不允许参加课程考试。因此，世界各国都十分重视对平时作业和检测的管理，设立有专职部门来管理。在许多远程教育系统，由管理部门负责收缴学生的平时作业和检测，登记后及时分发给有关的辅导教师。辅导教师批改后的每一份作业通过管理部门登记后发还给学生，管理部门负责对辅导教师的作业批改及其质量进行监督检查。

进入计算机时代以后，除了辅导教师批改的作业，还增加了计算机阅卷的学生作业和检测。而进入网络时代以来，包括电子邮件在内的基于计算机网络的双向通信对远程教育中学生平时作业和检测及其管理的冲击越来越大。计算机网络大大缩短了作业提交、批改和返还的周期、提高了远程教与学的效率，并且使得师生之间和学习者之间的双向交流变得更加畅通和便捷。但是，随着师生间双向通信和交互的加强，为了实现个别化和个性化的教学目标，辅导教师和课程主持教师的教学工作量和工作压力开始增长，对平时作业和检测的管理和监督也带来了新的课题。为了推进计算机网络技术对远程教育中的平时作业和检测带来的挑战和变革，开发基于计算机网络的智能化的平时作业和检测的批改系统和管理系统、同时开发基于计算机网络的学生咨询答疑系统将有助于进一步改进和完善网络环境下远程教学和远程学习。

　　（3）考试、学分认定及学籍管理。在远程教育中，无论对院校、教师还是学生，考试都是对特定课程的远程教与学全过程的一种总结性评估，其本身也是远程教与学的一个重要环节。通过课程考试，不仅检查了学生的远程学习成绩，检查了教师的远程教学效果，而且检验了远程教育教学系统的设计和运行质量。对各国远程教育和传统教育的比较研究和统计表明，远程教育的教学对象在入学之初总体学历水平较传统教育学生低，而且差异程度大。这主要是由远程教育的特性所决定的，远程教育将更多的受教育机会提供给各类教育对象、包括社会上的各种弱势人群，以期实现全民终身教育和终身学习。这同传统教育院校、尤其是重点名牌大学严格筛选的精英入学政策直接相对。于是，就有通常所说的远程教育实行宽进严出的学籍管理政策，即所谓的进门槛低，出门槛高，以此来保证远程教育的质量。宽进，就是实行相对进入门槛低的入学政策，严出就是取得课程学分和毕业证书、文凭和学位要达到严格规范的统一标准。为此，考试和学分认定，包括课程考试、实践性教学环节的考核和毕业论文（作业）的审查答辩成为远程教育中人才培养规格和质量的出口检验关。因此，考试构成了远程教育质量控制和管理的一个重要环节，这在本章第四节中还将论述。所以，各国远程教育院校都制定了相应的考试规程和考试管理规范来控制、管理和保证远程教育考试的质量。

　　在远程教育中学生分布比较分散，地域广、不集中、不均匀，如何组织和管理考试是远程教育面临的另一个重大课题。世界各国的远程学习主要有基于家庭的个别化学习和基于班组的集体学习两种模式。对于基于家庭的个别化学习模式，通常采用分散考点、个别化考试的组织和管理方式。在许多远程教育系统中，当地学习中心和社区中心不仅在学生学习支持服务上、同样在远程教育的考试上发挥着重要的基层管理组织和运作基地的作用。当然，也有使用函件或电子邮件由远程教育院校及其代表课程教师直接面对学生个人组织实施考试的管理体制。在这种管理体制中，当地被政府和社会认可的公证人在现场控制和监督，从而保证远程教育考试的真实、可靠和信誉。对于基于班组的集体学习模式，考试的组织和管理比较容易规范和统一。计算机网络技术出现后，世界各国的远程教育院校都在积极探索开发和应用基于网络环境的远程教育考试和管理系统，以及基于计算机网络的学分认定和学籍管理系统。

在远程教育中，考试管理的另一个重要职能是组织进行考试试卷试题和学生成绩分析，并以此反馈给远程教与学系统，从而改进学生的远程学习、教师的远程教学和远程教育院校的系统规划、决策和管理。如今，世界各国已经研制开发并在远程教育中应用基于计算机网络的考试分析、反馈和查询系统，为远程教育院校的决策者、管理者、教学人员和学习者提供高效便捷的考试、学分认定和学籍管理诸方面的信息，从而为改进远程教与学、提高远程教育的效率和质量发挥着积极的作用。

（4）实践性教学环节管理。实践性教学的组织和管理被认为是远程教育中的薄弱环节，始终受到国际远程教育实践工作者和理论研究者的关注。不仅理工类、而且工商经济类和社会科学文法类学科专业的课程设置中都有相应的实践性教学环节。这类实践性教学环节主要包括各种课程实验、课程设计、大作业、野外考察、现场操作、社会调查、生产实习、教学实习、模拟实验、模拟系统和虚拟现实教学项目等。在专业教学计划中，通常将实践性教学环节分为课程内、课程外和毕业综合三类进行规范管理。课程内实践性教学环节是指与特定课程联系的，在该课程的教学大纲和教学内容中有明确的目标要求，是取得该课程学分必修的。课程实验、课程设计、课程大作业和某些课程模拟实验、课程模拟系统训练就是典型的课程内实践性教学环节。课程外实践性教学环节是指并不隶属于特定课程、而是所修学科专业必修的实践性教学项目训练，这是取得专业课程外学分、最终获得毕业资格必需的。野外考察、现场操作、社会调查、生产实习、教学实习、跨科目的大作业、模拟实验、模拟系统和虚拟现实教学项目等就是课程外实践性教学环节。毕业作业、毕业论文或毕业调查等综合性训练考核也属于实践性教学，这是取得专业学习总学分、获得毕业资格必需的。

在远程教育中，师生在时空上的相对分离和学生地域分布的分散给实践性教学环节的组织实施和管理带来了很大的困难。但是，成人在职学习、继续学习和终身学习与学习者工作和生活的紧密联系，远程学习者通常能得到的工作单位、当地社区、及家庭朋友的支持和帮助，这对组织实施和管理实践性教学环节带来了便利。从管理体制上，同样可以区分出以当地学习中心、社区中心和家庭为基地的个别化教学和管理模式，以及以班组为基层单位的集体教学和管理模式。比如，家庭实验箱起初是英国开放大学为以家庭为基地的个别化远程学习设计开发的。后来，中国广播电视大学发现实验箱同样可以被班组学习的学生集体教学使用。在许多国家的远程教育系统，为了组织实施实践性教学环节，在当地教育院校、相关的公司或研究机构建立各类实践性教学实验或实习基地。夜校、周末学校、短期住宿学校或暑期学校就是在这类实验或实习基地组织实施实践性教学环节的常见方式。可以由远程教育系统自己、或者委托教学实验或实习基地所在单位依据统一规范和标准来组织实施和管理相关的实践性教学环节。实践性教学环节的质量通常同远程教育系统各级机构及其人员的重视程度、当地教学实验或实习基地的设施和条件、实践性教学环节的教学和管理人员的素质和责任心、远程学习者的努力等有很大的关系。在远程教育中，实践性教学环节的管理和质量，在国家和院校之间，在同一个系统的地区之间，可能有较大差异。在远程教育实践性教学环节的管理体制中建立并完善检查、监督和验收机制，是强化管理、提高质量的有效手段。

9.3　远程教育教师的专业发展和管理

在远程教育中，有两类重要的人员管理：学生管理和教师管理。对学生的管理离不开远程教学全过程及相关的教学管理，对远程学生的学习支持服务的管理中已经包括对学生的管理。在远程教与学中，确立了以学生为中心的地位，强调对学习资源和学习过程的设计和开发，然而，教师的地位和作用不是削弱了，而是加强了，并实现了角色和职能的变换。本节就是在对远程教育教师角色和职能进行探讨的基础上论述远程教育教师专业发展及相应的管理。

9.3.1　远程教育教师——角色、职责和素质

在论述远程教学（教与学）三要素时，强调了从传统教学的学生、教师和教材到远程教学的学习者、助学者和教育资源的扩展和重组。这里，进一步探讨远程教育教师的角色和职责的转换，以及这种转换对远程教育教师提出的新的素质要求。

远程教育教师角色的最大变换就是从传统教育中的讲授者、教导者和权威的角色转变成了远程教育中的教学设计者、学习辅导者和朋友的角色，简言之，变

成了助学者。首先，教师不再是经常出现在课堂讲台上的讲授者，而是为学习者创设学习环境、开发学习资源、提供学习服务的教学设计者；其次，教师也不再是既定的完备的学科知识体系的教导者和演绎者，而是作为学习者自主学习和求知探索的辅导者和导学者；最后，教师不再是神圣不可侵犯的学术权威，而是学习者终身学习历程中可以信赖和求助的朋友。总之，远程教育教师不再扮演远程教学（教与学）的中心和主导角色，不再对远程学习者实行预设的严格的控制，而是隐退到了自己设计开发的教学系统和教育资源的背后，让基于技术媒体的课程材料等教育资源占有了远程学习的前台环境，促成和激励远程学习者成为远程学习舞台的中心和主角，而自己则变成远程学习者利用学习资源进行自主学习过程中的助学者。同时，远程教育教师通常还要承担相关课程的主持人、协调者或管理者的角色。

　　远程教育教师实现了向助学者的角色转换，这并不意味着教师职责的削弱和降低，相反，它要求远程教育教师职责的相应变换和加强。远程教育教师的主要职责就是要实现远程教学的两大功能。首先，远程教育的核心是远程学习，而远程学习以学生基于资源的自主学习为主。但是，学习资源和学习过程的设计和开发是依靠教师而不是学生实现的。当然，远程教育教师不应该将自己置于对学习资源和学习过程的主导和主控的地位，而应该设计开发以学生为中心的远程教学系统，设计开发出由学生自主学习、自治和自控的学习资源和学习过程。就远程教学系统的开发、以课程为核心的教育资源的设计创作而言，远程教育教师的职责相对于传统教育教师需要有相应的变换和加强。这不只是因为传统教育教师面对的通常只是一个班级的学生，且学生之间相对整齐同质，而远程教育教师通常面对数量巨大的远程学习者，且学习者之间差异常常很大。传统教育教师通常是个体劳动，或是在一个规模较小的课程组或教研组中活动，设计创作的大多是自己使用的讲义和教案。而远程教育教师通常要与合作院校、合作机构（如广播电视机构和信息技术公司）的各类专业人员联合组成课程组共同开发基于各种信息技术的多种媒体的教育资源。其次，基于技术媒体资源的远程学生的自主学习需要由远程教育院校及其代表（主要的就是远程教育教师）提供的各类学生学习支持服务来加以提高和强化。为此，远程教育教师需要设计和开发各类有利于学生学习的支持服务和人际交互及基于技术媒体的双向通信交互活动。就为远程学生提供学习支持服务而言，远程教育教师的职责相对于传统教育教师也需要有相应的变换和加强。传统教育教师对学生学习的支持服务通常在校园内、特别是在课堂上人际面授交流中实现的。而在远程教育中，教师实现对学生提供学习支持服务要复杂和困难得多。远程教育教师的职责是依据学生的特点、课程的性质和教学目标设计构建适当的学习支持服务基础设施和双向通信机制，并使之有效地运行。这就是说，远程教学系统的设计和开发，课程材料的创作、设计和发送，以及学生学习支持服务体系的构建及其组织实施，这些都依然是远程教育教师的使命和职责，而且具有与以教师为中心，或者以教师为主导、以学生为主体的传统校园面授教育不同的特点。此外，远程教育教师还应该承担与课程主持人、协调者或管理者相应的教学管理职责。远程教育教师的角色和职责变换对远程教育教师的知识结构、素质和能力以及创新精神提出了新的更高的要求。概括而言，远程教育教师应该具备以下 7 种维度的知识结构、基本素质和能力。

（1）学科。远程教育教师首先应该是学术人员、是某个学科领域的专家。教师对其所属学科的理论体系和知识技能应该有较强的专业基础，对所属学科专业的研究前沿及其最新成果应该有较好的了解，应该经常活跃在所属学科专业的相关学术活动中。

（2）教学。远程教育教师首先应是一名教师，必须具备面对学生进行教学的实践经验，包括课堂面授教学的亲身经历。应该通过第一手的教学实践和经验积累，对教学过程的基本要素，对学生学习、教师教学、教学目标、教学内容、教学方法、教学手段及其相互关系，对教学设计和教学评价等有较深入的了解和把握。

（3）远程教学。远程教育教师同时应该具备开展基于信息技术和媒体的远程教学的基础知识、技能和实践经验。远程教育教师应该掌握远程教育的基本理论，成为远程教育课程设置和教学资源建设的专家，成为设计、开发和提供学生学习支持服务的专家，成为应用基于技术媒体的双向通信指导和帮助远程学生学习的助学者和朋友。

（4）信息技术和教育技术。远程教育教师必须掌握相关的信息技术和教育技术，适应信息技术日新月异的发展和革新，了解并应用教育技术、尤其是教学设计的最新发展成果，才能胜任开展高质量、高效益的远程教育的使命。

（5）研究和评估。远程教育教师在教学的同时应该进行相关的学术研究。首先，应开展所属学科的学术研究、承担项目、发表成果。同时，应开展应用信息技术和教育技术进行远程教学的研究，包括远程教育资源设计开发的研究、学生学习支持服务的研究和远程教育教学改革的研究等。应对自己参与的远程教育教学改革和实践活动开展有效的评估，取得反馈，指导和改进工作。

（6）开拓和创新。远程教育教师应该具备开拓和创新的能力。远程教育是一种新兴的教育形态，而且处于不断的革新和发展之中。远程教育教师应该在自己的实践中，善于学习、善于研究、善于总结，勇于开拓、勇于创新，积极探索远程教育新的教学模式和学习模式。

（7）管理。远程教育教师同时承担着对课程和学生进行教学管理的职能。在远程教育中，对课程开发和发送、维护和更新的管理，以及对远程学生的学习活动的组织和学习支持服务的管理，都同传统校园面授教育中对课程和学生的管理有不同的特点。比较而言，远程教育教师的管理目标、内容和方式改变了，难度增加了，职能加强了。

从以上对远程教育教师应该具备的 7 种维度的知识结构、基本素质和能力的分析可知：远程教育教师既应具备传统教育教师应有的素质要求，更增添了许多新增的或加强的素质要求。总之，远程教育教师应该是一名称职的传统面授教师，然而，传统面授教师未必能成为一名称职的远程教育教师，于是，远程教育教师的专业发展和培训便成为开展远程教育的一项基础工程。

9.3.2 远程教育教师专业发展和培训

对远程教育教师的角色、职责和素质的讨论揭示：远程教育教师的专业发展和培训成为实现高质量的远程教学的必要条件，成为远程教育院校的一项重要任务。

远程教育教师专业发展和培训的总目标是成为两科专家，即所属专业的学科专家和远程教育专家。成为所属专业的学科专家是开展相关学科专业领域的课程设置、课程资源建设和远程教学的学术基础条件。远程教育教师同时应该努力使自己成为远程教育的专家，并不是要求个个成为远程教育的理论专家，而是要努力成为熟悉和精通远程教学和远程学习实践的教育专家。为此，除了重视所属学科的专业发展和培训外，同时应该注重远程教育教师的信息技术和教育技术的专业发展和培训。信息技术和教育技术都已经发展成为独立的专业学科。对远程教育教师组织实施与他（她）们业务相关的信息技术和教育技术专业发展和培训是开展高质量的远程教育的人员技术基础条件。与此同时，还应该对远程教育教师开展教育研究、教育评估和教育管理等领域的专业发展和培训。

远程教育教师的专业发展和培训可以通过多种渠道实施。首先，通过远程教育教师的工作实践进行，边工作、边学习。远程教育教师在远程教学中，在参加远程教育课程资源建设、多种媒体课程材料设计创作和对学生提供学习支持服务中学习远程教育的基本概念和基本理论，学习相应的信息技术和教育技术。同样，远程教育教师也可以通过参加学科专业或远程教育的研究课题，参加远程教育教学改革项目，参加各类远程教育教学评估的实践进行学习、求得发展。其次，应该组织对教师的在职继续教育和培训，这是远程教育教师专业发展的切实可行且卓有成效的方式。各类短期课程学习，各种讲习班和专题报告会，多种形式的项目课题培训，旨在提高英语、计算机技术和教学设计技能的短训班等，直到接受在职学历教育和攻读学位，只要针对性强且精心设计组织，都会收到预期的效果。世界上已有许多国家的大学、包括远程教学大学已经开设大学层次和研究生层次的远程教育专业的学位课程。这类课程大多招收远程学习的学生、适合成人在职学习。一些大学正在合作提供跨国学习远程教育专业课程的机会，创造条件、提倡和鼓励远程教育教师更多地参加各种学术交流活动，包括国内外各类学术会议是远程教育教师专业发展和培训的又一种高效形式。应该要求参加学术会议和交流活动的远程教育教师撰写论文、发表研究成果、积极参加研讨和努力开拓更多更广泛的学术交流和合作。如今，国内外已经有越来越多的以远程教育教师专业发展和培训为目标的双向视频会议和计算机会议在组织实施之中。最后，离职学习深造和接受集中培训仍然是远程教育教师专业发展和培训的一种补充方式，尤其对于重点学科领域、关键技术和课题、骨干人才等是必要和值得的，对于远程教育事业是有重大推动作用的。

9.3.3 远程教育教师管理和评价

在世界各国，远程教育教师队伍通常有两部分组成：远程教学院校在编的专职教师和外聘的兼职教师。不同类型的远程教育教师有不同的职能、不同的管理体制。

大多数国家的远程教学大学依然保持了传统大学的院（学院）系（教学系部）结构。远程教育专职教师大多集中在大学的院系结构中，担任教学和相应的教学管理职责。与传统大学的教学基层组织是相对固定不变的教研组或教研室的设置不同，远程教学大学的教学基层组织通常是设置相对灵活可变的课程组。课程组的设置随课程的确认、创作设计、开发制作、发送和维护、评估和更新的周期而变化。远程教育专职教师参加与自己所属学科专业课程相关的课程组，待该特定课程的资源建设开发就绪后转移到其他课程组或其他工作岗位，具有一定的灵活性和流动性。远程教育专职教师的主要职责是远程教育课程资源的创作设计和开发，学习支持服务系统的设计开发和运行，作为责任教师主持正在发送的课程，指导课程兼职教师并直接面对远程学生提供学习支持服务。

远程教育院校或系统通常聘任大量兼职教师，主要是在远程学生所在地聘任当地教育院校、研究院所和相关企业公司的有关学科的教师、学术研究人员或专业技术人员担任相关课程的兼职辅导教师。这些兼职辅导教师主要在当地学习中心（社区中心）或教学点（教学班）承担课程面授辅导和人际交流，同时与指派的学生进行基于技术媒体（普通信函、电话、电子邮件等）的双向通信，对学生的学习问题进行答疑，对学生的平时作业和检测进行批改，对学习方法进行指导和咨询等。有的兼职辅导教师的主要职责是指导远程学生的实践性进行环节，如实验室工作、野外作业、社会调查、各类实习和毕业论文等。在包括中国和英国在内的许多国家的远程教育系统中，都由其地区机构（地区办公室、工作站、学习中心、教学点或教学班）组织实施对兼职教学人员（主要是辅导教师和咨询顾问）的工作进行检查和管理，同时，组织对兼职辅导教师的培训、教学研究和经验交流等活动。在中国广播电视大学，有将兼职辅导教师按地域和课程组织起来，在课前进行教学培训、在学期中组织扩大的教研组活动的经验。对于多年在广播电视大学担任教学辅导并且教学效果较好的兼职辅导教师颁发特聘证书。在印度，则更进一步将接受培训和通过考核作为聘任兼职教学人员的先决条件。

思考题

1. 简述远程教育管理的分类，并谈一谈如何建立具有中国特色的远程教育教学管理体系？

2. 如何进行远程教育教师的专业发展和培训，以保证远程教育资源的先进性？

第 10 章

远程教育的质量保证体系

本章就远程教育的办学规模与质量之间的关系，提出建立远程教育的质量保证体系，并实施质量控制，以全程监控为手段，加强教学过程质量控制。

10.1　质量控制是远程教育的保证

高等教育的教育质量和投资效益一直是各国政府和国际社会关注的焦点之一。如今，远程教育的飞速发展及其对革新整个教育体系的重要性，使得教育界和社会各界对远程教育的质量及其保证体系表现出极大的兴趣和关切。首先，在教育史上，早期形态的远程教育即函授教育尽管不乏名师名校，但总体而言在质量方面地位较低、声誉较差。经过 20 世纪最后 30 年的努力，远程教育已经从教育家族中发展成令人瞩目的有地位、有声誉的家庭成员。如今，基于计算机多媒体和网络等信息技术的现代远程教育（包括大批介入远程教育市场的网络公司）能否保证提供高质量的教育和培训并保持令人信服的地位和声誉。远程教育的实践经验和理论研究表明：应用技术于高等教育领域对传统教育质量观念的挑战比应用技术于社会其他领域引发的变革更深刻。其次，高质量和高效益的远程教学和远程学习是可以实现的，但这从来不是依靠任何一种技术或媒体自动赐予的，而是同人类活动的其他领域一样，远程教育的质量只能是精心设计、精心计划、专业实施和精细评估的结果。远程教育的质量保证体系在其中发挥着重要的作用。

10.1.1　面对传统教育质量观念的挑战

远程教育要在教育质量上建立信誉，已经经历了近一个半世纪的努力，有成功，有失败。尽管在 19 世纪中叶至 20 世纪 60 年代之间，远程教育的教学方法和课程材料曾经在许多国家和在各种不同的条件下（比如苏联、澳大利亚、美国、中国和南非）被成功地用来进行中学后层次的教育，但在 20 世纪 60 年代末，创办英国开放大学的议案仍然遭到了许多方面的嘲笑和蔑视。这一方面是由于过去的 100 多年中的函授教育、特别是商业性的函授教育的总体地位较低、声誉较差，另一方面则是由于传统教育质量观念的根深蒂固。以致英国开放大学差一点成了一个夭折在襁褓中的大婴儿（英国开放大学第一任副校长佩里语）。一些学术权威人士蔑视开放大学的思想，他们断言：企图用远程教学的方法教授科学技术课程是荒谬可笑的。他们完全无视苏联长期以来在这方面的经验。英国企业主和当时的反对党（保守党）政治家们宣称：从开放大学取得的学位将是没有价值的，特别是没有通过 A 级考试的学生取得的学位尤其如此（通过 3 门以上中学课程毕业 A 级考试，是英国传统大学的入学资格要求）。但是，至少在英国，这些怀疑和质难后来被开放大学取得的巨大成功的事实所攻破。开放大学毕业生的质量在有远见的英国企业主眼里并不低下。相当多的开放大学本科毕业生成功地申请、攻读了其他大学的高学位。开放大学的课程材料被教育界和国际社会公认为是高质量的，不仅被许多英国大学广泛采用，而且传播到世界各地。英国开放大学和世界各地远程教学院校的成功实践表明，远程教学方法可以成功地应用于大学和研究生层次的相当广泛的学科专业课程而并不降低学术标准。这个成功在发展中国家或在高度工业化的国家都得到了证明，并且适用于各种不同的教育层次。所得到的资料几乎都表明：采用多种媒体进行远程学习的学生至少和传统学校学生学习得一样好。

尽管如此，在世界各地，即使到了 20 世纪 90 年代末，远程教育工作者仍然必须面对传统教育质量观念的挑战，因为它们继续在教育界和社会上处于支配地位。尤其到了世纪之交，随着第三代信息技术的飞速发展，现代远程教育在教育界扩张的势头迅猛。一大批网络大学、虚拟大学应运而生，其中有不少是信息产业界出身的营利性网络公司。于是，网络教育和虚拟教学的质量保证机制以及完全在线教学颁发的学历证书、文凭和学位的含金量问题，再次摆到了教育界和社会公众的面前。英国开放大学副校长丹尼尔曾经论述过英国社会有关高等教育质量的传统观念。他指出：如果你询问普通百姓怎么看大学的质量，或是观察家长们怎样为他们的子女提供有关高等教育的意见，他们通常会认同以下四条准则。

（1）建校历史或创办年代。越是古老的大学被认为质量越好。

（2）高度排斥性、选择性的入学政策。对入学学生筛选越严格的大学被认为质量越好。

（3）教学中的人际交流。那些能为师生之间和学生之间提供较多的校园课堂面授、人际交流的大学被认为质量较好。

（4）拥有的教育资源。具有各类教育资源（诸如经费、人员和基础设施—建筑、图书馆、实验室和计算机网络等）越多的大学被认为质量越好。

澳大利亚远程教育工作者则将远程教育面临的传统教育质量观念的挑战概括为：距离（Distance）和亲近（Intimacy）。教（师）与学（生）之间的时空"距离"也即时空分离对远程教育有三重意义：

（1）使远程教育从传统校园面授教育中分离出来，最终成为一种相对独立的新型的教育形态。

（2）使远程教育从传统校园面授教育中解放出来，最终成为一种开放的、灵活的、虚拟的、分布式的教育形态。

（3）使远程教育受到来自传统校园面授教育的巨大压力，始终面临因教（师）与学（生）之间的时空距离也即时空分离给教育教学及其质量带来的挑战。

教（师）与学（生）之间的"亲近"指传统教育理念中教与学必须通过社会群体的人际面对面交流实现，远程教育显然因教（师）与学（生）之间的时空分离、在远程教学和远程学习中较少社会群体的人际面对面交流而同时受到来自传统教育的巨大压力和引力。

（1）压力指来自传统教育对远程教育生存合理性和教学质量的怀疑和质难。

（2）引力指远程教育倾向于向传统教育、即基于人际交流的校园面授教育"亲近"、"回归"而丧失自己的特色或放弃自身独特道路的开拓和创新。

世界各国的远程教育工作者必须从理论到实践接受并解答传统教育质量观念的种种挑战。

10.1.2　加强质量控制，创出远程教育质量品牌

所谓质量控制是为了质量要求所采取的作业技术和活动。质量控制的目的在于监视过程，使之常处受控状态，并排除质量环节中每个阶段中导致不满意的原因。质量控制贯穿于产品和服务质量形成的全过程，是取得一定质量的产品和服务的必要活动。

有史为证。"质量兴国"、"质量富民"在世界上已不乏先例。"东洋货"在第二次世界大战前还是低劣产品的代表，而战后，日本通过向先进国家学习，不断加强质量意识和质量控制，坚持连续不断地进行质量改进，一举使"日本制造"成了世界高级产品的象征，日本也因此成了世界经济强国，铸就了技术立国、质量兴国的神话。

以史为鉴，远程教育面对传统教育的挑战归根到底是质量的竞争，品牌的竞争。远程教育办学常常多地域、分布广、影响教育质量的变数多，因而，更需要

加强对整个教学过程的监控，不断完善质量体系，形成有效的质量监督机制。远程教育机构要始终把质量作为竞争的第一要素，通过质量控制和质量改进增强竞争力，以求生存和发展。质量控制已成为远程教育的永恒话题。

10.2　教育质量观的创新与导向作用

在过去的一个多世纪中，特别是 20 世纪下半叶以来，远程教育在实践的基础上逐步建立起远程教育创新的质量观念，并对传统教育的质量观念进行了挑战和冲击。

从根本上说，教育质量的定义取决于教育设置的目标。教育质量是指教育院校以其教育产出和服务满足教育目标的能力。教育院校的设置可以服务于多重目标。通常有三类目标最普遍：个人的、机构组织的和社会的。这三类目标相互紧密相关、同时又有显著差别，本书主要讨论院校的远程教育。在发达国家和发展中国家，远程教育院校大多是政府建立的，主要为了满足社会经济发展对专业人才培养、劳动力培训和提高全民素质的需要。于是，对于政府设置的公立远程教育院校而言，远程教育质量意味着远程教育院校以其教育产出和服务满足国家的和地区的社会经济发展对专业人才培养、劳动力培训和提高全民素质需要的能力。传统校园院校和远程教育院校的设置在教育目标上有共性、也各有特点。两者的共性都是以其教育产出和服务满足国家的和地区的社会经济发展对专业人才培养、劳动力培训和提高全民素质的需要。然而，在各个国家的国民教育体系中，传统院校和远程教育院校有各自的定位和分工，在教育对象、教育性质、教育宗旨、教育使命和教育模式上各有特点和侧重，在教育承诺和教育哲学上有不同的倾向和信仰。传统院校通常以年轻一代的职前教育为主，学生入学（指义务后教育）时通常要经过相当激烈的选择竞争，入学后通常在校园内全日制学习，学业结束时大多数学生能合格毕业。远程教育院校通常以在职成人的职后教育和培训为主，对学习者实行机会均等的入学政策，强调服务于全民终身教育和终身学习，学习者可以在承担工作和家庭职责的同时利用业余时间进行学习，知识更新和技能培训类型的非学历远程教育并不注重考试和文凭，而远程学历教育则实行宽进严出的政策以保证毕业生的质量。就高等教育而言，传统校园大学主要承担着精英教育的任务，特别是那些重点的研究型大学，即使它们举办远程教育，也主要定位在研究生教育和大学后继续教育；远程教育院校主要承担大众化和普及化高等教育的任务，特别是面向社会经济和文化教育相对欠发达、传统校园大学相对较薄弱的地区和人群。就建立终身教育体系和学习化社会而言，传统校园院校主要定位在正规学历教育（从基础教育到高等教育）、中高等职业技术教育和大学后继续教育；远程教育院校在提供正规学历教育的同时，承担着开展大量的、各种各类的非学历教育和培训，社区教育、终身教育和终身学习的使命。既然传统校园院校和远程教育院校有不完全相同的教育目标和教育使命，远程教育坚持在其教育宗旨、教育承诺和教育哲学上做出独创和革新，于是，远程教育在质量观念上也必然会对传统教育提出革新和挑战。

10.2.1　创新人才观成为教育质量观嬗变的诱因

世纪之交，知识经济成为了最热门的话题，知识将作为最重要的资本要素进入生产领域，以高科技为代表的科技知识及其载体——人才，也无疑成为生产中最宝贵的资源。随着科技的进步和社会的全面发展，人才标准发生了改变，21 世纪的人才观被赋予了全新的概念，具有创新能力将被视为新世纪人才的基本特征。所谓创新能力说到底就是一种竞争能力，一种生存能力。一个人缺乏这种创新能力，在未来社会的竞争中就可能被淘汰，一个国家、一个民族不具备这种创新能力，在国际社会的角逐中就缺乏竞争的实力，就不能自立于世界民族之林，就难以生存下去。因此，创新人才的培养，是关系到国家兴衰、民族存亡的大事，必须引起高度重视，远程教育主要承担大众化和普及化高等教育的任务，为培养人创新能力进行的终身教育和继续教育。

什么是创新人才？创新人才不同于普通人才，而是具有创新素质的人才。在现实生活中，并不是每个人都具有创新素质。一般人很难从司空见惯、习以为常的周围环境中有所发现，有所创新，常常只是被动地认识和接受身边的事物，对蕴含其中的内在规律"视而不见"、"充耳不闻"。然而，有人则能从平凡的生活事物中独具慧眼地发现缺陷和不合理的东西，善于把握生活中稍纵即逝的"偶然"，并且牢牢地加以捕捉，具有这种才能的人，就是具有创新素质的人。创新素质一词含意深刻，内容丰富，其基本内涵包括三个层面：一是创新意识；二是创造性思维；三是创造能力。创新意识是创新素质的起点，没有创新意识，创新素质就无从谈起。创造性思维是创新素质的内核，是创新素质最重要的组成部分，没有创造性思维，即使有创新意识，创新素质也难以提高。创造能力是创新素质的集中体现，没有创造能力，创新素质就是一句空话。因此，创新意识、创造性思维和创造能力诸要素联系紧密，相辅相成，共同构成创新素质的有机整体，是对创新素质这一概念的科学表述，也是对创新素质实质的深刻揭示。进入 21 世纪，人才的需求和评价标准发生了变化，传统人才观让位于创新人才观。人才的培养目标、方法和手段的更新必然引起教育质量观的嬗变，人们将以全新的视角来考察和评估教育质量，打破传统的"应试教育"、"守成教育"，全面实施创新教育，启发和促进受教育者创造潜能的释放，点燃人类智慧的火花，将成为教育质量观的深刻内涵，这是时代的进步导致的教育质量的创新。

10.2.2　教育质量观的导向作用

教育质量观是指用什么标准来评价学生的质量和教育的效果。教育质量观不同，评价的标准也不同，学生质量和教育效果的评价结果也必然不同。因此，教育质量观的导向作用也是不容忽视的。

从理论上讲，教育质量观的核心内容取决于教育目的和培养目标，但实际上，教育质量观是与人才观密切相联的。人才观的不同导致了对教育质量评价的差异。如果人才观认为知识丰富、学术高深的学者就是高级专门人才，那么教育质量观就倾向于以学生掌握知识的多少、深浅为标准，这种教育质量观就是知识质量观；如果人才观认为能干、活动能力强、会做事的技术人才或社会活动家是高级专门人才，那么教育质量观就倾向于以学生能力的高低来衡量教育的质量，形成能力质量观；如果人才观认为德才兼备、有学问、会做事、会做人的人才是高级专门人才，那么教育质量观就倾向于以全面素质，包括知识、能力和思想品德修养等智力因素与非智力因素协调发展为标准来评价学生的质量和学校的教育效果，这种教育质量观就是素质质量观。

我国的教育质量观总体来看经过了三个不同的发展阶段。传统的教育质量观是知识质量观，以知识的多寡、深浅为主要甚至是唯一的质量标准，这种知识质量观根深蒂固，传统的应试教育和守成教育就是这种知识质量观的产物。教师以向学生灌输知识为主，学生以被动接受知识、应付考试为主，填鸭式的教学方法把学生变成了一部接受知识的机器，以至出现了高分低能的现象。到了80年代中期，由于社会上反映大学生能力低，加之西方教育理论强调能力培养的重要性，大学生中流行"能力比知识更重要"的说法，教育界反思了只重知识传授而忽视能力培养的失误，使教育质量观从知识质量观过渡到能力质量观。20世纪末伴随着"两个根本性转变"，教育体制由"应试教育"向"素质教育"转轨，教育质量观也逐步由过去的知识质量观、能力质量观向素质质量观转变。

应当承认，对于高级专门人才的培养，知识与能力都是重要的，但知识、能力一般来说都属于智育范畴，在全面发展教育中，智育是基础，但不是全部。如果我们的教育仅仅局限于知识和能力的培养，忽视了对学生非智力因素（包括思想品德、心理素质、身体素质）的培养，则不符合全面发展的教育方针。因此，在应试教育向素质教育的转变过程中，必须把传统的知识质量观和能力质量观转变为包括知识、能力在内的素质质量观。然而，面对 21 世纪知识经济的挑战，如果教育质量观仍不能摆脱原有框架的束缚，不能跟上时代的步伐，创造性地提出具有时代特征的教育质量评价标准，对创新人才的培养给出明确导向，就无法建立创新人才的培养机制，就难以完成由传统教育向创新教育的转轨，就不能培养大批创新人才以适应知识经济时代的需要。

创新素质质量观，即教育质量观要由一般的素质质量观转变到创新素质质量观。在素质质量观的基础上，更强调创新素质的培养，以创新意识的强弱、创造性思维的高低、创新能力的大小为标准来评价学生的质量和学校的教育效果，以创新素质质量观为导向培养创新人才，这种创新素质质量观的导向作用主要体现在以下几个方面：一是有利于形成一种培养创新能力的机制和氛围，使整个社会从观念到行为都崇尚创新，追求创新。二是有利于促使教育体制由应试教育向素质教育转变，进而由素质教育向创新教育转变。三是有利于促使教学从由传统以教师为中心到远程教育的以学生为中心。教师由"传道、授业、解惑"向创新型远程教育教师的"指导、引导、辅导"为转变，学生由被动接受知识和增强应变能力向主动更新知识和培养创新能力转变，即由"结果"转向"过程"，由"知识"转向"能力"。

总之，不同的人才观导致不同的教育质量观，围绕不同的教育质量观必然形成不同的质量评价标准和教学质量体系。

10.3　远程教育教学质量体系的建立

为避免混乱，这里把人们称之为质量保证体系、质量管理体系等说法统一为质量体系，并按 ISO（国际标准化组织质量管理和质量保证技术委员会）的国际标准术语词典的定义来统一对质量体系的认识。

10.3.1　教学质量体系的概念

概念是理论的基本要素，或者说理论是概念的有机串联或逻辑演义。概念是理论的核心，把握住了概念，便把握住了理论的实质内容。所以，先从教学质量体系的有关概念入手展开讨论。

检索以"教学质量体系"为关键词的相关论文，发现真正对教学质量体系这一概念给以深入研讨的论文并不多，大多只对其作出较为一般的并不严谨的注释，还难以认定为从学术角度给出的严格定义。对这一概念进行了总结和归纳并给出较为全面表述为："质量"指"产品和工作的优劣程度"。由此论之，教学质量乃教学工作或其产品—所培养的学生的优劣程度。"体系"是指"由若干有关事物或某些意识相互联系而构成的一个整体"。如此，教学质量保证体系应是对教学达优能起保证作用的"有关事物"互相联系所构成的一个（有机）整体。按此含义，教学质量保证体系不该是教学程序和各相关环节的简单累加，虽然这些程序和环节都是影响质量的重要因素，但其本身并不构成对教学质量的保证。教学质量保证体系是以保证和提高教学质量为目标，用系统的概念和方法，依靠必要的组织机构，把各部门、各环节质量管理活动严密地组织起来，形成一个有明确任务、职责、权限、相互协调、相互促进的教学质量管理有机整体。

对于质量体系概念的界定，还是应当以《ISO9000 国际标准术语词典》的解释为准：

质量体系（Quality System）：为实施质量管理所需的组织结构、程序、过程和资源。

相应的，教学质量体系定义为：为实施教学质量管理所需的组织结构、程序、过程和教学资源。

10.3.2　建立教学质量体系的指导思想

1. 建立教学质量体系是学校可持续发展的保证

任何一所学校，无论处于何种环境，都会十分关注自己的声誉，关注教育质量，使培养出来的人才质量为社会所认可，在社会上具有竞争力。只有这样，才能树立起自己的品牌，扩大自身的影响，吸引生源，增加效益。才能在激烈的竞争中立于不败之地，并求得生存和发展。为此，则必须建立教学质量体系。

2. 建立教学质量体系既是学生的需要，也是学校的需要

一所学校的教学质量体系有两个相互关联的方面：一方面是学生的需要和期望，另一方面是学校的需要和利益。就学生而言，需要学校具有提供其所期望的教育质量并能保证该教育质量的能力。因此，要使学生对学校树立起信心，就需要组织开展相应内部的和外部的质量保证活动，而教学质量体系正是教学质量保证的依据。就学校而言，需要通过教学质量体系使其在办学中以适宜的成本来达到和保持所期望的质量，为此也必须有效地利用所有获得的各种资源。

3. 完善的教学质量体系是在考虑学校和学生双方风险成本和利益的基础上，实现利益、成本和风险等因素最佳化

利益指的是学校信誉和收益的不断提高，生源的不断扩大，以及使学生对教

育质量日益增长的需求得到满足。

成本指的是学校的办学成本和学生的学习成本。

风险指的是由于教学质量不能保证可能给学校或学生造成的影响和损失。对学生而言，是学费的损失和时间、体力、精力的消耗等风险；对学校而言，则可能导致形象或信誉损失，生源市场的缩小，以及资源的浪费等风险。

上述问题不仅仅是建立、健全教学质量体系应考虑的问题，而且也只有通过建立、健全教学质量体系并使之有效运行，才可能最佳地解决双方所承担的利益、成本和风险等问题。特别是对于师生交互性受限的远程教育模式来说，更应考虑设计出有效的教学质量体系以满足学习者的需要和期望。完善的教学质量体系是在考虑利益、成本和风险的基础上使质量最佳化以及对教学质量加以控制的有价值的管理资源。

10.3.3　教学质量体系的构成要素及教育服务质量环

1. 教学质量体系的构成要素

教学质量体系是为实施教学质量管理所需的组织结构、程序、过程和教学资源，它由若干个相互关联、相互作用的要素组成。一般来说，教学质量体系的构成要素可分为两大类：一类是教学质量体系的结构要素，另一类是教学质量体系的选择要素。

前者是构成教学质量体系的基本要素，或曰基本构成成分，是必不可少的。后者则可结合自身的具体情况来确定采用这些要素的程度。

职能与权限、组织结构、资源与人员、工作程序等被视为教学质量体系的基本要素。

① 职能与权限。质量职能和权限是教学质量体系中的重要组成部分，是以落实各级职能部门和各类人员的质量职能为中心任务。质量职能可按其功能分为六大类，由若干部门承担。这六类是：策划、验收、控制、改进、协调和保证。

② 组织结构。教学质量体系的有效运行需要依靠相应的组织机构，整个结构要合理，纵向上应有利于领导的统一指挥和分级管理，横向上要有利于各部门的分工合作，和谐一致。上下左右的联系渠道要畅通，同时，还应有较强的应变能力，以适应不断变化的新情况。

③ 资源与人员。资源与人员是教学质量体系的硬件，是生产合格产品和提供优质服务的前提和基础。也就是说，教学质量体系的建立和健全其基础在于人和物。一般包括：人才资源和专业技能、设备和设施、计算机软件等。

④ 工作程序。程序是为完成某项活动所规定的途径。在教学质量体系中，程

序要形成文件，即教学质量体系程序。教学质量体系中的程序包括管理性程序和技术性程序两大类。

制定各种程序的目的是确保教学质量体系能对所有影响质量的活动进行恰当而连续的控制，需要时，采取预防性措施以避免问题的发生，并在问题发生时确保能及时反应和加以纠正。形成文件的程序都应简练、明确和易懂，并规定所采用的方法和满意的准则。

2. 教育服务质量环

质量环（Quality Loop）是从识别需要到评定这些需要是否得到满足的各阶段中，影响质量的相互作用活动的概念模式。各服务组织应根据自身的服务方式和特点确定其服务环，以正确指导该服务组织的质量管理。

教育也可纳入服务业。依据远程教育机构的实际情况，参照国际服务质量管理标准的原则，可编制出教育服务质量环（见图 10-1）。

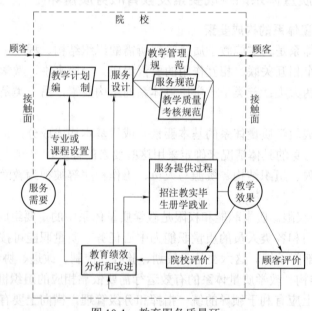

图 10-1　教育服务质量环

从图 10-1 中可以看出，教育服务质量体系具有以下四个特点：

① 院校和培训机构的"产品"是学生或学员；

② 院校或培训机构的直接顾客是学生（员），但最终顾客还是学生（员）的接受或工作单位；

③ 院校或培训机构的教育服务质量体系的建立是一项复杂的系统工程；

④ 院校或培训机构的教育服务质量体系的有效性一般要在学生（员）毕（结）业一段时间以后才能获得全面准确的评价。

以上是对质量体系的建立进行的粗略描述。在具体操作时要注意的是，质量体系的建立和健全必须结合本单位或本部门的具体情况和内外环境来考虑，不可能也不应该千篇一律地采用同一模式。

10.4　让 ISO9000 的理念走进远程教育

10.4.1　初识 ISO9000

ISO 是 International Ognization for Standardization 的缩写，国际标准化组织的略称。

ISO9000 是国际标准化组织为适应国际贸易和国际间的技术经济合作与交流的需要，提高世界范围内的质量管理水平，于 1987 年推出的"质量管理和质量保证"系列标准，从而使世界质量管理和质量保证活动有了一个统一的基础。ISO9000 在世界范围内产生了十分广泛而深刻的影响，并被称之为"ISO9000"现象。它标志着质量管理和质量保证标准走向了规范化、系列化和程序化的世界高度。ISO9000 系列标准现已发展成一个大家族，即为 ISO9000 族标准，该标准遵循管理科学的基本原则，以系统论、自我完善持续改进的思想，明确了有关影响服务质量因素的管理与控制要求，并作为质量管理的通用标准。

美国著名质量管理专家朱兰（J.unan）说："21 世纪是质量的世纪。"这一论断暗示了这样一种世界性的发展趋势：客户对质量的期望更加严格。以质量求生存，以竞争求发展已成为众多企业的共识。可以想见，作为一种管理手段和一项科技成果，从诞生到风靡全球绝不会是偶然的，必然有其客观需求和历史原因。今天，之所以会在世界范围内出现"ISO9000 热"，完全是由于 ISO9000 系列标准顺应了历史潮流，是经济、科学、技术发展的必然结果，也是因为 ISO9000 已经成为推动经济、科学和技术发展的有利工具。

10.4.2　ISO9000 理念对于远程教育的适用性

ISO9000 标准的应用范围覆盖了包括农渔、食品、印刷、航空航天、金融房地产、科技服务、信息技术、公共行政管理、教育、卫生保健与社会公益事业等

39 类行业。教育属于 37 类，ISO "以顾客为关注焦点、领导作用、全员参与、过程方法、管理的系统方法、持续改进、基于事实的决策方法、与供方互利的关系" 八项原则的理念同样适用于远程教育，其理由如下：

1. 教育国际化——远程教育也要与国际接轨

我国加入 WTO 后，我国的教育市场也必将进一步开放，教育国际化成为必然趋势，世界教育市场一体化的格局日益形成。在这种情况下，我国的远程教育要参与国际竞争，必须在办学的规模和模式、层次和结构、管理和质量上与国际全面接轨，必须提高 "质量" 这个最根本的竞争力，这就要求必须建立并执行一套严格的教育、教学质量管理标准，提供可靠的质量保证。如果说，实施 ISO9000 系列标准是企业通向国际市场的 "通行证" 的话，那么，我国的远程教育机构也应设法获得这样类似的国际教育市场的 "准入证"。

2. 教育经济——市场经济的某些规律同样适用

教育经济学的研究成果科学地揭示了教育的经济价值，改变了人们视教育为纯粹的消费与福利的传统观念。作为一种具有经济活动特征的行业，教育同样要考虑投入产出比、成本与效益，即教育生产效率。因此，市场经济的某些规律对教育行业同样适用。而 ISO9000 系列标准的产生正是源于市场经济的发展，其实施的意义就在于使企业或经济活动组织建立现代企业制度，全面提高市场竞争力，积极参与国际竞争。同时也规范了市场竞争准入制度，体现了人类的质量意识是生产力发展的终极动力这一哲。在这一背景下，用 ISO9000 理念来指导教育经济活动不可不谓之顺理成章，水到渠成。

3. 教育服务——ISO9000 在服务领域的应用

ISO9000 系列标准是世界上主要发达国家长期以来实施质量管理和质量保证的经验总结，体现了标准的科学性、经济性、通用性和社会性。它适用于所有的工业行业和经济部门，其中也包括教育领域。ISO 在先期发布的 ISO 9004《质量管理和质量体系要素——指南》基础上，针对服务业的特性 1991 年发布了 ISO 9004-2《质量管理和质量体系要素——第二部分服务指南》，以促进各类服务企业用更有效的方法管理服务活动质量。鉴于教育行业具有服务属性，ISO 9004-2 中的某些条款和理念（如服务质量体系关键要素和运作要素等）也可供教育行业参考和使用。

4. 教育产业——具有产业特征的准企业

西方教育经济学家视教育为一种产业，同其他产业一样可以创造价值。其要素包括：资本（学校固定资产投入）、劳动力（教职工、学生）、组织技术（教法与组织管理机制）、自然资源（土地等）。在美国和法国还出现了以承包方式从事培训等教育工作的专业公司—教育公司（Education Firm）。由此看来，教育产业有着与其他产业同出一源的特征和共性，ISO9000 族标准中针对企业的某些内容也可为教育行业所采用。

10.4.3　ISO9000 带给远程教育的启示

1. 远程教育也应建立统一的质量标准

ISO9000 是国际标准化组织以标准的形式对企业的质量管理所提出的最低要求。它总结了世界各国建立质量体系和开展质量管理的宝贵经验，阐述了建立适合市场需求的有效质量体系的原则和要求。远程教育机构虽然不等同于生产企业，但却具有产业化特征，在实施产业化运作方面与生产企业有着惊人的相似性。因此，把 ISO9000 质量管理体系引入远程教育后，远程教育机构也应建立一套类似 ISO9000 的并具有远程教育特色的统一质量标准，以规范远程教育的各个环节，确保向学生提供高质量的教学服务。

在远程教育的统一标准中一项重要的标准就是确定质量方针和质量目标，质量方针是远程教育组织者的质量宗旨和方向，是实施和改进质量管理的动力，质量目标是远程教育组织者在质量方面追求的目的，质量目标是建立在质量方针基础之上，包括满足服务所需所有内容。远程教育应把"管理规范，资源优秀、服务满意、技术可靠"作为质量方针，"培养适应社会发展的创新人才"作为质量目标。

2. 远程教育的质量控制也应贯彻"预防为主"的原则

自 18 世纪末产业革命后，质量检验开始从生产工序中分离出来，成为专门的工序。进入 20 世纪，随着泰罗制的建立，质量管理成为了科学管理的重要组成部分。时至今日，质量管理作为一门科学已走过了近一个世纪，经历了"质量检验"—"统计质量管理"—"全面质量管理"三个阶段，从"事后把关"的"质量检验"到"事先预防"的"统计质量管理"，再到把质量控制活动从产品的生产过程向前后延伸，形成一套完整的质量保证体系，用新理论、新技术和新手段管理影响产品质量全过程的全面质量管理的概念，质量管理学科日趋形成，全面质量管理理论日臻完善。ISO9000 强调贯彻预防为主的原则对远程教育的质量控制也不能满足于"事后把关"，而应关口前移，未雨绸缪，设法使影响教学质量的技术、管理和人的因素始终处于受控制状态，从而力求将质量事故消灭于萌芽之中。

（1）"以学生为关注焦点"的质量控制。远程教育的顾客即服务对象是参加远程学习的学生。因此，学生始终是远程教育组织者关注的焦点。对于学生的关注，不仅体现在观念的变化，更应体现在实际行动上。首先是调查和识别学生的需求和期望，确保远程教育的目标与学生的需求相结合；其次是沟通学生的需求和期望，使学生能达到远程教育的目标，从而保证远程教育教育质量的实现。

（2）"持续改进"的质量控制。持续改进应是远程教育的一个永恒的目标。任何事物都是发展变化的，远程教育也不例外，会经历不断完善的过程。新理论、新技术和新手段会不断影响远程教育的组织，学生对远程服务要求也在不断地变化和提高。因此，组织者必须建立一种机制，适应这种变化要求。在管理上要对远程教育组织者进行管理评审、数据分析，制定预防与纠错措施；在技术上不断总结、不断更新，使新的教育技术始终伴随着远程教育的发展；在具体工作程序操作上要记录、收集工作中的有关材料及数据，并定期进行数据的统计及分析，为评审、改进活动提供依据。

（3）"与校外学习中心的互利关系"的质量控制。对远程教育组织者而言，校外学习中心教育质量的好坏直接关系到远程教育的质量好坏。高质量的远程教育服务需要有高质量的校外学习中心保证。

首先要选择合格的校外学习中心，明确校外学习中心的基本职能和在质量体系中的重要位置，其次对校外学习中心开展的教学活动进行定期考察评估，督导校外学习中心的质量意识和服务意识。同时也对校外学习中心予以尊重和支持，适当的收入分配比例和教师的培训、进修与交流，使双方达到短期效益与长期效益的综合平衡，在办学理念和利益的认识上达到充分的一致性。

3. 设立远程教育教学质量管理机构

生产企业在实施全面质量管理时，必须有一定的组织保证，设立相应的质量管理机构。而纵观远程教育机构乃至整个教育界目前均无专门的质量管理部门负责教学质量的监控，这样就难免使教学质量管理停滞于口号，流落于形式，处于有名无实或名不副实的尴尬境地。欲从根本上改变这种状况，远程教育机构是否也应考虑设立远程教育质量管理部门，以主持、协调、检查教学质量管理工作，负责制定远程教育的质量标准，提出改进教学质量的意见和建议。这样有利于改变以往各教学部门自查自纠、隔靴搔痒的做法，形成完善的内部质量监督机制，加大教学质量的监控力度。

根据远程教育质量管理体系方针和目标，为管理工作制定整体性的框架：管理的职责、资源的管理、教学的实现，产品（学生）的测试、教学的改进；确定相应的工作流程：教学资源的提供、辅助教学活动、实验教学、实习教学、考核。

4. 推动远程教育教学质量管理可通过不同途径

推动全面质量管理可借助不同途径："管理者推动"和"受益者推动"。

按管理者推动的途径建立教学质量体系的特点是，最高管理者（校长）处于主动状态，向下属积极灌输质量意识，制定政策并提供条件，部署开展此项工作，主动地搞好质量管理，建立、实施质量体系。与前种途径相比，按受益者（学习者）推动建立质量体系的特点是最高管理者处于被动地位，对搞好质量管理，建立质量体系缺乏自觉性。通常是在受益者的要求和促使下（如学习者要求按时配发教学资源，及时提供有效的支持服务等），才被迫采取应对措施，建立、实施质量体系。

思考题

1. 如何建立远程教育教学质量体系？
2. ISO9000 带给远程教育什么样的启示？

第 11 章 ///

远程教育的评估

11.1 教育评估的基本概念和历史发展

在世界范围内，教育评估已经成为同教育理论研究、教育发展研究并列的教育科学的三大研究主流之一。教育评估同教育测量、教育评定和教育研究既有联系，又不相同。可以对评估给出一个较为完整的概念。所谓评估，是指根据决策者的需要，由评估主体（评估者）对评估客体（评估对象）进行调查分析以获得有关客体价值的描述，判断客体的优劣或某方面的特征，为决策者做出决策提供一定的依据。

大多数对评估的讨论都离不开评估的目标。而客体某方面特征对目标的符合程度成为评判优劣的依据，包含以下三层含义：根据价值高低对客体进行排序；判断其达到目标的程度；揭示客体各种特征及其相互联系。

评估是一种系统地搜集、加工和输出信息的活动，是一种信息的再生过程。

11.1.1 教育评估的基本概念

1. 教育评估的定义和特征

评估，就是依据既定的标准对客观事物进行价值判断，它是人类社会的一项基本活动，对社会发展有着重要意义。教育评估则是运用现代科学方法和技术手段，收集并处理与评估对象有关的教育现象的数据资料，并以既定的评估标准（教育方针、法规、计划、目标、大纲等）为依据对处理结果做出分析和价值判断，从而为决策和管理提供反馈信息和论证。教育评估有以下特征。

（1）教育评估是整个教育管理的一个重要环节，直接为教育决策服务，对制定教育方针政策，拟定教育规划方案有重要意义。教育评估使教育管理成为一个系统，对于完善教育管理和改进教学工作发挥着积极的作用。现代管理科学强调决策的核心地位，同时也重视评估的意义。

（2）教育评估是由一系列有目的、有组织、有步骤地展开的活动组成的全过程。教育评估是在进行系统设计之后实施的。

（3）教育评估的核心是确定评估对象（客体）和评估目标（标准），并进一步实事求是地依据标准对客体进行价值判断。

（4）教育评估要建立适当的数学模型，即设计一套量化的指标体系，并规定各种数据资料的收集方式。

（5）教育评估应尽量利用现代科学技术提供的各种物质手段（包括计算机）和技术方法。

2. 评估的功能

评估的功能是指评估在决策中的作用。在决策过程中，一般根据制定的目标和选择的方案，进行计划、实施，然后进行评估，并把信息反馈给决策者。在决策过程中，评估的主要功能是问题诊断、目标调节和评判优劣。一次全面系统的评估往往带有关于系统各方面的信息，所以还有信息采集的功能。

问题诊断。在决策实施的过程中，对各个环节进行评估可以对系统中存在的问题进行诊断，以便及时调整。

目标调节。决策目标并非一成不变的，在决策实施过程中或结束后进行评价，通过现状与目标的比较，能够判断是否有达到目标的潜力，是否目标过高或过低，是否需要对实施过程或目标进行调整，根据现阶段达到目标的情况提出下一阶段的目标。评估的结果和评估过程中得到的各种信息是调节和制定目标的依据。

评判优劣。评估是对事或者物相对于目标的价值的描述和判断过程。通过评估，可以区分单个或多个对象达到目标的程度，比较相互的差异，针对不同的情况可采取不同的措施，对症下药，做出适合不同情况的决策。而且，通过区分优劣，奖优罚劣，能够对评估对象起到监督和激励的作用。

3. 替代性评估、形成性评估和总结性评估

通常，依据特征和职能的不同，可将教育评估分为三类：替代性评估、形成性评估和总结性评估。

（1）替代性评估（Alternative Evaluation）：指在系统（院校、项目、专业、计划）投入运行前进行的评估。常常是对多个替代性方案进行可行性论证、比较研究和优化设计，并以此为决策提供依据。

（2）形成性评估（Formative Evaluation）：指在系统运行过程中进行的评估。

一般为诊断问题而采取的评估。它可以在决策制定时，也可在决策的实施过程中进行。在制定决策时，通过评价可以对决策方案及对象所处的环境进行评价，以选择合理的方案；在决策实施过程中，对各个阶段的活动进行评价，发现决策中或执行中存在的问题，以获得改进工作的相关信息。其功能在于全面、及时地对系统运行状态的反馈信息做出价值判断，为决策者、管理者、操作者改进和完善管理工作和业务工作提供依据，尤其为指挥、协调、控制指示方向。形成性评估注重对教育教学全过程或其重要环节的评估，越来越受到各国教育界的重视。

（3）总结性评估（Summative Evaluation）：指在系统结束一个周期运行时进行的评估，根据决策执行的结果来判断对象达到目标的程度。它主要关心结果而不是过程，常常建立在对系统产出（成果）的测量和对运行全过程的综合评价的基础上。其功能在于加深对系统的本质和功能现状的了解，为下一周期的设计、规划、决策提供依据。经常用于考核、鉴定、分级等活动中。它常常带有关于对象的各方面的信息，对决策者很有帮助。

替代性评估、形成性评估和总结性评估在远程教育系统管理中各自的独特地位和作用。从定性和定量的角度分，评估可分为定性评估和定量评估。定性评估是指采用定性的口头或书面语言描述对象的价值情况，尽管该对象的某些属性含有定量的指标。定量评估是指采用打分或一些数学模型对评价对象的价值进行数量化的描述，使一些主观的事物与数量相对应，具有可比性和可区分性。一般情况下，定性评估较为有效，但科学性与可靠程度不如定量评估。而定量评估精确度高于定性评估，但不一定能抓住问题的本质。目前较为流行的比较好的做法是定性和定量的二者相结合的过程。

4. 评估、测量、评定和研究的关系

为了对教育评估的概念有更深入的理解，有必要对测量、评定和研究等相关概念进行辨析。

（1）教育测量。教育测量是指利用考核（测验、考查、考试等）的手段对单项教育成果进行度量。

教育测量有以下特征。

① 测量的对象通常是教育对象、教育成果。

② 测量的对象通常以个体为主。

③ 测量的目标、内容比较单纯，一般为单项的或单方面的情况。

④ 测量的方案通常较简单，动员的人财物资源有限，持续时间也较短。

⑤ 测量的指标通常具有较精细的量化特征，有较高的客观性。

上述特征足以说明评估和测量的区别。但这两者又有紧密的联系，对教育成果的测量常常构成教育评估的核心。在评估方案的实施过程中将包含一系列单项指标的教育测量。

（2）教育评定。教育评定，依据规定的标准和程序，对教育对象个体做出认定，鉴定。

教育评定有以下特征。

① 评定的对象通常是受教育者个体。

② 评定可以是单项的，也可以是综合的（此时，常常以设计好的一系列测量及其结果为基础）。

③ 评定的量化标度可以是较精细的（评分），也可以是较模糊的（评等）。

④ 评定的方式可以是较客观的，也可以是较主观的。

（3）教育研究。教育研究是指对教育现象、特点和规律的探求，对教育本质的研讨等。

教育研究有以下特征。

① 研究强调的是客观性、学术性和相对独立性。

② 研究通常并不遵循依据既定目标（标准）对客体作出价值判断的模式。

③ 研究与决策、管理的关系也不像评估那样紧密和直接。

5. 评估的过程

（1）确定目的。目前的评估大多是目标指向性的评估，所以在评估实施之前要确定评估的目的。一方面是评估对象应达到的标准的确定，这是指标体系建立的依据。另一方面该次评估是为了评优、考核或是分等级的终结性评估还是以发现问题、诊断提高为目的的形成性评估，或是二者兼有的评估，这将对评估实施及评估结果处理产生影响。评估目的的确定是影响评估质量和效果的根本因素。

（2）建立指标体系。有的评估目标很简单，可以直接观察或测量，如学生的记忆准确程度、操作熟练程度等。然而大多数情况下的评估都是多个指标的综合评价，即把目标分为若干子目标，形成指标体系。如阅读能力就可分为速度、记忆、理解、分析等指标。此时要根据实际情况把目标分解为可以测量或观察的一些二级甚至三级指标，以保证评估的可实施性。

（3）选择评估模型。目前的评估方法有上百种，评估要求选择适合的方法模型，既能解决问题，又方便操作，同时也便于分析。不同的模型对同一评估完全可能形成不同的结果。评估模型不仅显示包含了评估值的获取和合成方法，而且还隐含了搜集哪些相关信息以及如何搜集这些信息，影响评估的实施过程和评估质量分析所采用的方法。

（4）信息搜集。评估作为一种信息处理和再生的过程，信息的搜集是必不可少的。信息搜集的一般方法有：观察法、跟踪调查法、问卷调查法、访谈法、测量法、资料审查法等。信息的搜集一般要依据指标体系和评估模型的需要来进行。

（5）评估实施。根据搜集到的信息，按预先规定好的模型的数据处理方式，整理资料，进行评分，得到一系列的评估价值和评语。在进行评估时，可由一个专家也可由多个专家，现在比较赞同请非专业人士参加评价，这样能够使评估发现新的问题。如果指标和评价准则具有可操作性，专家只要作一些指导性和复查性工作，工作量不会太大。如有合适的计算机软件，评估工作的效率会得到大大提高。

（6）评估质量分析。评估过程中必然会产生偏差，评估质量分析的任务在于为偏差分类和估计偏差的大小，确定该次评估是否能被接受或是在多大程度上被接受。在目标确定好以后，评估的指标体系、使用的工具方法、搜集的过程和所搜集的资料以及参评人员等因素都会给评估带来偏差。对这些方面都要进行分析。评估质量一般可用信度和效度两个指标来描述。信度的估计比较容易一些，而效度（分为结构效度和内容效度）则很苛刻，在定量指标情况下比较适合。目前最好的办法是采用定性与定量相结合的方法来检验评价的效度。

（7）评估结果处理。评估结果处理是发挥评估作用的关键步骤，它的主要任务有以下几个。

① 形成综合判断。根据评估结果形成定性与定量的综合意见、提出建议、区分优劣、判定是否合格以及进行评奖等系列活动。

② 分析诊断问题。无论在形成性评估还是总结性评价中，都应该对资料进行细致研究，发现问题和新的机会，为评估对象的进一步提高或是目标的调整做出初步的规划。

③ 向有关方面反馈相关信息。如评价对象、同行、上级、社会等相关部门。

11.1.2　教育评估在西方的兴起和发展

美国是西方国家中教育测量和教育评估比较发达、很有代表性的国家。以美国为代表的西方国家的教育评估大体经过了萌芽、形成和发展这样三个历史时期。

1. 萌芽时期（从 19 世纪中叶到 20 世纪 30 年代）

19 世纪下半叶，西方国家在实验心理学和数理统计学的基础上，用检查考核的手段对个体在智能上的差异进行定量研究，即探索对学生学力的客观化、标准化测量，从而为教育测量理论的建立奠定了基础。20 世纪初，教育测量运动得到了很大的发展。美国学者桑代克（Thomdike，E.L.）的《心理与社会测量导论》（1904年）被看做美国测量运动史的划时代巨著。桑代克的名言："凡存在的东西都有数量，凡有数量的东西都可以测量。"也成了测量运动的格言。桑代克的工作对教育测量的客观化和标准化起了很大的推动作用。1905 年，《比奈-西蒙智能量表》问世，不久，流传各国。此后，各种修订的量表层出不穷，智力测验风靡世界。随着教育测量的发展，用学生学力测验结果来评价学校教育进入萌芽时期。与学力测验相关的升级率、退学率、教学效率等指标及其评价方法开始出现。与此同时，美国的一些教育协会开始组织对学校教育的鉴定构成学校教育评价的萌芽。

2. 形成时期（20 世纪 30 年代至 50 年代）

1930 年前后美国出现经济大衰退，并引起教育危机。教育思想开始由偏重知识的教育转向重视全面发展人的才能和个性的教育。对教育测量运动也开始了反思和批评。当时在美国进步主义教育联盟会长艾钦的领导下，7 所大学和 30 多所中学进行了长达 8 年（1933—1941）的课程改革实验研究，并推举泰勒（Tayler, R.W.）主持一个评估委员会，全面进行改革前后的两种教育的"课程与评估的研究"，史称"八年研究"。该委员会倡导的教育评估的基本指导思想是：以人的全面发展为主要目标，注意教育效果的价值观；分析教育目标并使之具体化，依据教育目标来评估教育效果和程序。他们认为教育评估能促使教育措施向理想目标逼近。这就是泰勒说的："教育评估的目的是衡量学校教育活动达到教育目标的程度"。泰勒 1942 年发表的《心理学的一般表述》被视为教育评估发展史上的里程碑，也是美国在 40 年代初由教育测量运动转向教育评估时期的主要标志。与此同时，学校教育鉴定在美国也得到继续发展。从本世纪 20 年代开始，美国大学协会一直从事高等学校的教育鉴定工作，后来移交给美国教育理事会。1949 年美国成立了国家教育鉴定委员会，来协调全国高等学校的鉴定工作。该委员会认为，学校教育鉴定的作用是：认可一所高等学校或专业教育计划是否达到了预定的资格和标准。

3. 发展时期（20 世纪 50 年代以来）

第二次世界大战后，教育评估受到更多的重视并加强了教育评估理论基础和技术方法的研究。在系统论、信息论和控制论的理论和方法的影响下，教育评估理论基础经历着扩展和深化的过程。整体原理、动态原理、反馈原理和控制原理等被引进教育评估理论体系，各种教育评估理论和模式层出不穷。随着教育思想的变革，教育评估和教育测量的方向也从研究个体差异为中心，选拔英才为目的的天才教育转向教育机会均等，关心和帮助每个学生全面发展。教育评估的对象内容也从教学过程中的单项评估（课程、教材、教师等），发展到包括整个教育系统的综合评估（决策、计划、管理、体制等）。学校教育评估出现了百家争鸣的形势。教育评估的规模范围也从个体、班组、院校，发展到全国以至国际，教育评估的技术方法也有了极大的发展。

11.1.3 教育评估在我国的历史由来和发展

1. 我国历史上的教育测量和教育评价

国内外许多教育家都认为历史上的考试制度和学校教育评价的思想都起源于古代中国。在我国，教育测量的实践历史悠久。始于隋（公元 607 年），形成于唐，延续至清末（1905 年）的科举制度就是以教育测量（以论文式测验为主）为手段选拔人才。我国的科举制度对许多国家公职人员的选拔有重大影响。

学校教育评价的另一种形式——教育视导早在我国汉代就已出现，发展到清末，形成了较为完备的教育视导制度。

新中国成立后，每年一度的高等学校全国统一入学招生考试是当今世界规模最大的一种长期的教育测量活动。改革开放后，我国实施的高等教育自学考试制度（以及后来的中等专业教育自学考试制度）是将教育测量与办学形式结为一体的一种远程教育新模式。同时，客观性考试、标准化考试的实践探索和理论研究也在我国发展起来。

2. 我国当代的教育评估实践和理论研究

尽管我国历史上较早就有了教育测量和教育评价的实践，但始终未能得到充分的发展，更谈不上理论探讨。这与中国近代学校教育体系发展较晚是一致的。

现代形态的教育评估在我国起步较晚。1985 年颁布的《中共中央关于教育体制改革的决定》第一次明确教育评估在我国教育体制改革中的地位和作用，它指出："要组织教育界、知识界和用人部门定期对高等学校的办学水平进行评估。"此后，系统的教育评估活动和评估理论的研究相继开展起来，评估制度也开始建立。

（1）我国教育评估理论研究的进展。

在教育评估理论研究方面，自 1985 年以来，已经成为我国教育研究中的一个活跃领域。1985 年 6 月原国家教委在黑龙江省镜泊湖召开"高等工程教育评估问题专题讨论会"。随后于 1986 年 6 月在北京、1988 年 6 月在天津、1991 年 6 月在天津、1992 年 11 月在江门分别召开全国高等教育评估学术讨论会。在"七五"和"八五"期间，教育评估研究课题均列入了国家重点项目，取得了重要研究成果。

（2）我国高等教育评估实践。

在高等学校教育评估的实践方面，对全国有重要影响的有：1985 年 11 月，原国家教委颁发了《关于开展高等工程教育评估研究和试点工作的通知》。1987 年 6 月，原国家教委颁布了《关于正式开展高等工程教育评估试点工作的几点意见》，高等工科学校综合办学水平评估、专业评估、课程评估三个层次的试点工作正式展开，涉及全国 80 多所高等工科学校。1990 年 10 月，国家教委发布了《普通高等学校教育评估暂行规定》。这是在总结我国开展高等教育评估研究和试点工作经验基础上，将教育评估一般规律同我国基本国情相结合的成果，是高等学校教育评估走向规范化的标志。原国家教委在全国范围内进行了重点学科、学位授予点和优秀教学成果的评定；部分部、委、省、市教育主管部门对所属高等学校的办学水平进行了鉴定性或监督性评估，或对各校的有关专业进行办学水平的比较性评估，对实验室、校办工厂以及校园环境、后勤工作等进行了专项评估；有的部、委教育主管部门还对所属高等学校的毕业生进行社会评估并将评估结果反馈给院校；一些高等学校在校内开展对本校各系的监督性评估；许多高等学校在校内普遍开展了课程评估、教师教学评价和学生质量评估等等。以上所述各类评估都与深化教育改革，提高教育质量紧密结合，因而都取得了较好的效果。

11.2 远程教育评估类型、程序和方法

本节首先论述远程教育评估的主要类型，进而详细讨论远程教育评估的程序和方法。

11.2.1 远程教育评估的类型

依据评估对象、目的和功能的不同，远程教育评估可以有多种分类。

1. 单项评估和综合评估

单项评估和综合评估主要是依据评估对象的不同来划分的。

单项评估是指评估对象构成比较简单、评估目标比较单纯的项目。对远程教育课程的评估，对远程教育各种媒体教学材料的评估，对某教师授课的评估，对某课程考试的评估等都可归为单项评估。

综合评估的对象是某个系统，通常是一种多因素、多目标的评估。各类远程教学院校、项目、计划、专业的办学水平的评估就是一种综合评估。

2. 目标评估、过程评估和条件评估

对于综合评估，应处理好目标评估、过程评估和条件评估的关系。

（1）目标评估，也叫成果评估，指依据教育目标对教育成果进行评估。

（2）过程评估，指对教育全过程（包括教学过程和管理过程）进行评估。

（3）条件评估，指对办学条件（人财物资源状况及其有效利用率）进行评估。

在教育评估理论中，对上述三种评估的关系是有争论的。有人主张，决定教

育系统价值的最客观的标志是教育成果，而不管得到这一成果的具体过程如何。所以，教育评估的对象主要应是目标（教育成果）。有人则认为，成果评估是主要的，但不是唯一的。因为，教育成果必定是某个转化过程的产物，所以对这个转化过程（包括教学和管理两个侧面）的评估也应列为评估对象。对条件评估的分歧和争论更多。有人认为，办学条件主要是一个客观因素，是既成事实，所以办学条件不同，而教育成果相当，则办学条件好的应"扣分"。有人则主张，办学条件是历史地形成的，是主观努力的长期积累。并且，办学条件也有个有效利用的问题，所以办学条件好的和有效利用好的应"加分"。还有人认为，办学条件差距大的学校可比性小，所以应按办学条件分档次进行分级评估。

上述关于办学水平的综合评估通常是对同类学校、同类专业、同类计划、同类课程进行比较评估，是一种横向比较评估。也可以进行评估对象本身的纵向历史的比较评估。此外，还可以组织鉴定性评估或监督性评估，这些都是达标性的或检查性的非比较评估。

3. 诊断性评估

有一类评估，其目的和功能在于发现评估对象现存的问题和寻找解决这些问题的对策，此类评估称为诊断性评估。诊断性评估一般用于院校内部微观领域的单项评估或专项评估。诊断性评估的目的明确，针对性和功能性强。

4. 替代性评估、形成性评估和总结性评估

这三类评估的定义、特征及其在教育系统决策和管理中的不同地位和作用已在第一节中讨论过。

11.2.2　远程教育评估的程序和方法

远程教育评估的主要程序如下：① 确定评估对象（客体）和评估目标（价值标准）；② 制定评估方案，选定评估主体；③ 组织评估队伍，培训评估人员；④ 实施评估方案，收集数据资料；⑤ 数据资料的处理；⑥ 对处理结果的分析解释；⑦ 讨论并撰写评估综述报告；⑧ 评估报告的发表和宣传，影响决策，改进系统教学和管理工作。

以上①—③三个环节可称为评估的准备，④—⑥三个环节可称为评估的实施，⑦—⑧两个环节可称为评估的完成。下面对每个环节的主要步骤、指导原则及其有关的技术方法作简要讨论。

1. 确定评估对象和评估目标

教育评估的第一步，就是确定评估对象，也即确定评估客体。其基本指导原则是：

（1）有利性原则。要根据教育事业发展和教育改革的需要选定评估对象。它们通常是对全局发展有重大影响的事物，或者是目前有突出问题或争议集中的对象等。

（2）易行性原则。所选定的评估项目要比较容易实现（从需要动员的人力、经费和工作量等方面看）。

（3）明确性原则。所选择的评估对象要有明确的规定；与此相应，该评估项目要达到的目的也应该明确。

在确定了评估对象后，应确定评估目标，即应制订价值标准。

在远程高等教育评估中，评估目标应由两部分组成：

（1）高等教育评估共有的普遍价值标准；

（2）远程高等教育评估特有的价值标准。

以远程教育课程教材评估为例。评估目标既要包含思想性、科学性、启发性、适合我国国情的先进性、教学上的适用性等这些高校教材都应遵循的共性标准外，还要增设有利于多种媒体教学、有利于远程学习者自主学习等体现远程教育特点的个性标准。

评估目标应在设计评估方案之前就予以明确，并在评估方案的设计中指导指标体系的制定，使评估目标在评估指标体系中得到具体的反映。

2. 制定评估方案，选定评估主体

整个评估方案主要包括以下三方面内容：

（1）评估指标体系；

（2）各项指标的采集方法和处理技术；

（3）评估的组织机构和工作进度安排。

在评估方案中，评估指标体系是核心，是搞好教育评估的基础。

评估指标体系是根据评估目标（价值标准）设计的一组定量指标，这组指标构成一定的数学模型，并使评估者通过这一指标体系的测算结果对评估对象做出价值判断和分析。

制定评估指标体系应遵循以下原则。

（1）方向性原则。制定评估指标体系等于树起了一个路标，对有关的教育工作将起某种指挥棒的作用。所以，应该要求指标体系对系统的改革和发展起正确的导向作用。

（2）科学性原则（客观性原则）。指标体系应体现出评估对象本身的客观规律，指标设计及数学模型的选取应能科学地反映出评估客体的本质，其主要因素及内在联系。

（3）可比性原则。可比性是设计指标和制定指标体系时应遵循的另一个重要原则。这一原则是保证教育评估所做出的价值判断公正、有效、准确、有意义的必要条件。

（4）可测性原则。指标体系应尽可能地量化，对各项指标的量值、标度和权重都应有明确而适当的规定。

（5）简易性原则。在不违反上面四条原则的前提下，应使指标体系尽量简单易行，切忌烦琐或追求全面。

在评估指标体系确定后，应该制定各项指标的采集方法和处理技术的具体方案。在教育评估中，通常采用的技术方法有如下几种。

（1）借助于日常例行的管理程序收集数据资料，或从已有的统计报表中提取所需信息。

（2）发放专门设计的调查表。

（3）组织各种类型的测量、考核和实验。

（4）个别采访或小组座谈。

（5）专家组或委员会评议。

在制定评估方案时，要恰当地选择好评估主体。所谓评估主体就是在教育评估中直接影响各项指标取值的人员。比如填写调查表的人员，参加考核的学生，被采访人员，参加座谈的人员，参加评议的专家等。远程教育评估对评估主体的选择应给予更多的重视。对较大的综合评估项目，要考虑包括以下几类人员：

（1）远程教学院校的教师、管理和技术人员。

（2）远程学习的学生（包括在校生、毕业生，有时还应包括自学课程不参加考试、不求学位、文凭的学习者）。

（3）教育界（包括其他高校）、知识界人士。

（4）用人部门代表。

（5）社会有关人士（包括教育主管部门、信息产业部门等）。

3. 组织评估队伍，培训评估人员

应根据评估方案制定的评估组织机构建立评估队伍，明确成员组成和职责分工，并对评估工作人员进行培训。

教育评估通常通过三个层次的评估活动相互配合共同完成评估目标。

（1）群众评估。特点是发动面广，工作量大，它是整个评估工作的基础。

（2）专门机构评估。这是由专门组织的评估机构专业人员进行的评估。特点是精细、深入，技术性和准确性都高，但其适用范围有限。

（3）专家评估。特点是权威性高，影响面大，它承担评估工作的某些核心部分项目。

4. 实施评估方案，收集数据资料

实施评估方案，主要是指按照评估方案规定的各项指标的采集方法，收集数据资料。这是整个评估工作中历时长、耗资大的主要环节。

远程教育评估方法，一般有如下五种。

（1）一般调查法。

（2）抽样调查法。

（3）对比实验法。

（4）专家评议法。

（5）定量评分法。

5. 数据资料的处理

首先，可划分为定性分析和定量分析两大类。

（1）定性分析：对于采访、座谈、评议得到的许多结果和报告，首先应进行定性分析，通过分析、综合、概括归类，识别主要因素、层次和结构，引出诸因素关系等。

（2）定量分析：对大量量化的数据资料进行分析处理。有些信息，在定性分析的基础上也可进行定量分析和处理。

教育评估中数据资料的定量分析和处理通常要利用计算机进行。这里有前后衔接的三步工作要做：建立适当的数学模型；设计计算机软件；数据处理。因此常常要应用各种近代数学的研究成果，如数理统计、模糊数学等。关于数学模型的建立、计算机软件设计及数据处理是一种专业技术，可参考相关的专业文献。

6. 分析解释，判断和结论

数据处理的结果（无论是手工完成的，还是计算机输出的）不是教育评估的最后成果，必须依据评估目标（价值标准）对处理结果（得分、数字、图形、模式等）进行分析解释，形成判断，得出结论。

7. 撰写评估综述报告

评估综述报告主要应包括三部分内容。

（1）评估项目和方案的规划设计、组织和实施过程简介和经验小结。

（2）评估数据资料的处理及其主要结果。

（3）对处理结果的解释和结论，对决策的建议，对改进管理工作和业务工作的意见、方案。

8. 评估报告的发表和宣传

远程教育评估的最终目的是将评估结论（包括意见、建议、方案）反馈给决策者、管理者、操作者，使系统的运行和管理水平得到提高，即评估的主要功能不是解释、而是促进。所以，评估报告的发表和宣传是使整个评估工作有收获、有成效的关键一环。应注意评估报告发放的时机和时效，应将所有从评估报告中能有所收益的部门和人员作为报告发放和宣传的对象。只有这样，兴师动众、耗资巨大的评估工作才是真正有益的，也才能长期坚持下去。

9. 小结

在上述 8 个环节构成的评估周期中，由 1～3 三个环节构成的评估准备，应进行充分一些。必须在考虑评估的对象和内容的同时，充分考虑人财物这些资源条件。条件不具备，或准备不充分的项目不要匆忙地付诸实施。由 4～6 三个环节构成的评估的实施，历时最久，耗资最大。这一阶段工作需要加强控制和协调，对随时出现的新情况要及时作出适当的反应和处理，保证工作进度，务必在规定截止日期前将处理结果全部交出。7～8 两个环节构成评估完成，评估报告要精心撰写，保证报告的质量，而且不宜拖延。时间观念强是教育评估有别于一般科学研究的一大特点。

11.3　国外远程教育评估的理论方案和指标体系

无论是发达国家还是发展中国家，高等教育都面临着政府、教育界和全社会的与日俱增的关注。各种关于高等教育的"评估体系"和"实绩指标"设计出来并被应用到评估实践中，远程教育更是首当其冲。在许多场合，这些评估方案和指标都指向教育的质量和效益。对教育质量的定义取决于教育的目标。教育的目标可以是多元的，但主要有三种：国家和社会的，组织和机构的，学生个人的。这三类目标是相互关联的，但在许多场合又表现得不尽相同。本书讨论的是院校远程教育，远程教育院校都有其各自的教育（办学的和教学的）目标。无论在发达国家还是发展中国家，远程教育院校多数是国家建立的，用以满足社会和个人的教育需求。

对远程教育系统（院校、项目、计划）评估的理论方案作出过研究成果的很多，限于篇幅，只能介绍其中的少数影响较大的。

11.3.1　古勒的评估准则

古勒（Cooler）在 1979 年提出过评估远程教育项目的若干准则：

● 增加入学机会，特别是为各类新的对象扩大教育机会。

- 满足国家、地区和个人需要的程度。
- 提供的教育项目的质量。
- 学习者达到院校和学生个人确定的教育目标的程度。
- 成本效益。
- 教育项目在目标、政策、方法和行为等方面对社会、其他项目、院校和个人产生的影响。
- 知识的创新，如成人学习者的特性，新教育技术的应用等。

11.3.2　鲁姆勃尔的基于"四项测试"的评估方案

鲁姆勃尔在 1981 年设计了一种基于"四项测试"的远程教育系统的评估方案：

（1）反应时间测试（或培养毕业生所需的时间）。

（2）产出—投入比测试（或合格毕业生占入学学生数的比例）。

（3）产出适应性测试（依据院校的目标、社会对受教育人才的需要、社会对教育的需求、社会中处境不利人群的需要考查毕业生的数量和质量）。

（4）成本效率和成本效益测试。

11.3.3　基更和鲁姆勃尔的"四维评估体系"

在鲁姆勃尔和哈里主编的《远程教学大学》专著中，基更和鲁姆勃尔撰写了"远程教学大学：一种评估体系"一文（基更和鲁姆勃尔 1982）。论文指出：教育评估可以分为基于标准的评估和基于常模的评估两种。基于标准的评估要求依据"理想"的实绩标准对评估对象进行定性和定量的价值判断。但是，制订这种"理想"的实绩标准常常很困难。基于常模的评估提供了一种替代方案。评估远程教育系统的常模可以通过以下三种方式取得：

（1）所有高等院校的正常的（标准的、平均的）实绩。

（2）传统高等院校的正常的（标准的、平均的）实绩。

（3）非传统高等院校的正常的（标准的、平均的）实绩。

由于远程教育系统所在国家的文化、社会、政治和经济的环境差异很大，将各国远程教育系统直接比较困难较大。通常的做法是比较同一个国家中的传统教育系统和非传统教育（远程教育）系统。即使这样，也可能会掩盖这两类系统在教育目的、目标和条件方面的差异。基更和鲁姆勃尔在上述鲁姆勃尔基于"四项测试"的评估方案基础上提出了一个扩展的远程教育系统的"四维评估体系"：

（1）远程学习实现的数量。

（2）远程学习实现的质量。

（3）远程学习实现的声誉。

（4）远程学习实现的相对成本。

对于每个评估维度，都设计了相关的评估指标或变量。

11.3.4　史密斯的 7 项评估标准

史密斯在 1987 年的论文《远程学习的发展和现状》中提出了远程教育评估的 7 项标准：

（1）系统的产出。

（2）毕业生的认可。

（3）远程教育院校的地位。

（4）课程材料和教学服务的质量。

（5）为国家和社会培养的人才。

（6）学生对所采用的远程教学方法的评价。

（7）远程教育研究。

11.4　建立建构主义远程教育评估体系

11.4.1　建构主义与建构主义的学习环境

建构主义（Constructivism）是教育心理学在学习理论的研究中，从行为主义到认知主义后的进一步发展，是朝着与客观主义（Objectivism）更进一步对立的方向发展的学习理论。行为主义认为学习是通过强化建立刺激反应链，教师的任务是传递客观世界的知识，而学生的任务是达到教师所确定的目标，获得与教师相同的理解，而不管这种目标是否合理。认知主义则认为学生有其内部的认知结构，学习的目的在于使外部的客观事物转化为内部认知结构，但一些专家还是基于客观主义的传统。建构主义认为人们是以自己的经验为基础来建构或解释客观存在的现实的，不同的人经验不同，对外部世界的理解也不同。建构主义更关注于学生是如何以原有的经验、心理结构和信念为基础来建构知识的。

建构主义支持同一学习过程中不同的理解和观点，其学习环境的构成与现存的模式不同，主要有以下几种：

1. 随机通达教学（Random Access Instruction）

由于在学习过程和知识应用中存在不同的角度，因而学生的学习环境应能对同一知识在不同的侧面、不同的场景下的有机反复。这样有利于学生减少对知识的偏见，形成背景性经验。

2. 情境性教学（Situated Instruction）

建构主义提倡教学内容尽量靠近现实生活，主张弱化学科间的界限。教师提出问题等待学生解决，只对学生作探索问题解决方法的指导，而工具就隐含在问题中。这样的教学环境有利于提高学生学习的兴趣，培养学生的探索精神。

3. 支架式教学（Scaffolding Instruction）

教师在建构主义环境中的作用将发生变化：从传统的知识传授者成为学生学习的引导者和助手。教师为学生的学习搭建类似于建筑中的"脚手架"，让学生作为工程师或是建筑工人在支架上发现和解决问题，形成并表达出自己的知识结构。

4. 合作学习（Cooperative Learning）

由于各个学生的知识建构不同，所以学生之间的合作讨论十分重要，这样做可以使学生对知识的理解更为全面。同时，在讨论中学生也可能重新构建自己的知识结构。在这种情境下，还强调学习的交互性（Reciprocal Instruction）。在学生与学生之间、学生与教师之间互相交流、讨论，再得到反馈，不断优化各自的知识结构。

11.4.2　建构主义学习评估的特点

根据以上对建构主义学习模式的分析，建构主义学习评估是指对学习者知识建构情况的评估。其目的在于更好地根据学生的需求安排教学，使学生通过建构性的学习朝着专家方向发展。建构主义承认学生的差异，并根据不同的学生的知识建构提供不同的教学策略，以使每位学生在学习过程中最大限度的朝专家方向发展。在建构主义学习环境下，对学生学习的评估是一个全新的概念。或者说，即使在传统的教学环境下，如果能借鉴建构主义的评估思想，教学的效率会得到很大提高。一旦在评估中介入了建构主义思想，教学必然要朝着建构主义方向倾斜。

作为建构主义环境下的评估方法，应体现以下特点：

（1）目标自由性。传统的学习评估往往通过统一的教学目标来要求学生，这样教学成了容易控制的活动，也能保证教育部门所谓的权威性。但这种做法必然使个人和社会都产生偏见，从而使个人效益（包括学生和教师）与社会效益都得不到最大的体现。建构主义评估是从不同学生的需求出发，来确定各自的学习目标。由于不同学生知识建构不一样，同一学生不同时期、不同环境下的知识建构也不一样，因而称评估目标是自由的。一旦在学习之前有明确统一的目标，教师、评估者和学生都会受到影响，教学与评估过程就会受到局限，所以必须目标自由。

（2）面向真实任务。建构主义提倡情景性教学，是以解决接近现实的问题，完成真实任务为学习的内容与目的的。因而对学习的评估应该是面向这种真实任务的。对同一任务有不同的完成策略，学生在学习为完成任务所需的知识技能时，掌握和接受的方式不一样，此时的评估属于形成性评估，评估者应注意的是学生对知识技能的理解是否与其知识建构相适应。在解决问题时，问题是否解决，解决的效率等属于终结性评估。评估者应关注学生的行为所投射出的新的结构是否合理，是否与问题的解决正向相关，学生的知识结构是否还能够优化。

（3）以知识和经验的建构为评估对象。传统的评估是外化评估。建构主义的评估是内化的评估，即从学生本人出发，以大脑内知识的建构为评估对象。虽然这些建构也需要一定的投射，会产生一定的偏差，但比起把外界不适合的学习目标强加在其学习行为上，并从外界观察其学习过程与效果来更适应学生的发展。对知识经验的评估包括建构过程与建构结果，对过程的评估类似于对于认知的投射的认识，对结果的评估则是对学习结果的评估。在此，形成性评估与终结性评估没有明确的界限，二者是交替混杂在一起的。

（4）背景参照的评估。建构主义学习大都假设教学是抛锚于某种有意义的、真实的背景中的，对学习的评估标准还要参考背景的要求。例如在司机培训中，如果学生是出租汽车驾驶员，对其驾驶要求应是速度适中，技术熟练、举止优雅、能挣钱，但学生如果是一位救护车司机，要求就会变成能应急、速度快、精力高度集中。总之，应当考虑这些标准是否达到取决于学生对学习的掌握，对自己所处环境的领悟。

（5）评估的多元化。多元评估从 90 年代开始成为美国教学评估的发展方向，它主张评估者、评估方法和评估对象的多元化（即由多种学科专业人士参加评估，同时采用多种方法模型，评估同一事物的不同方面），开始介入学生知识的建构过程。评估多元化的观念支持情景性学习，关注合作学习，重视学生的自我评估，有利于提高评估的全面性，也有利于提高学生学习的主动性和积极性，发展其批判性思维和创造能力。

11.4.3 以建构主义理论构造远程学习评估模式

远程学习特别是基于网络环境的学习给学生提供了丰富的学习材料，学生从各种媒介得到多种多样的信息，师生通过网络随意地进行交流，学生可以随时选择自己需要的内容进行学习，建构自己的知识。这些都是建构主义学习环境所需要的条件。这意味着以网络和多媒体技术为基础的学习环境将为建构主义学习提供一个大舞台。除了提供建构主义学习的材料外，学习评估的手段和方式将决定学生学习的方向，引起教师、教育部门、学生和社会观念的变革。所以在远程学习中首先采用建构主义的评估是有必要性的也是有现实性的。

随着新技术在教育领域的应用，远程学习的建构主义评估模式的研究和应用将提上议事日程。在讨论远程学习中的建构主义评估时，要着手研究以下问题。

（1）学生建构知识的过程与知识结构的研究。如何反映学生的建构过程，某一知识进入学生大脑后是如何引起结构变化的，如何判定某一过程是适合某一学生特定环境下的某种知识结构。如何确定某学生在某一时刻的知识结构是否有利于问题的发现与解决，如何根据学生现状提供学习材料等一系列问题都有待于解决，而这两方面是密不可分的，都需要心理学家的参与。

（2）建构主义学习环境的提供。只有提供了相应的学习环境，讨论这种环境下的评估才是有意义的。这要考虑什么样的知识技能在某种情况下应该以何种方式提供给学生，如何选择合适的学习情景，哪些知识是学生在建构新知识时必须明白的，如何提供学生之间、学生与外界的信息交流与讨论，教师在教学中应正确扮演合适的角色。与此同时，在建立这种学习环境时，必须考虑评估的问题。

（3）评估模型的研究。建构主义评估并不意味着抛弃传统的评估方法。在新的条件下已有的模型如何有效地使用，如何开发和应用新的模型，并使模型的运算简单化、使用方便化，都是应思考的问题。

（4）对计算机在评估中应用的探讨。与传统的评估相比，建构主义学习和评估的复杂程度大大地增加了。这将成为教师和教育主管部门不愿接受的事实。如能使用高速的计算机在一定范围代替人工进行判断和决策，这会加速远程学习评估朝着建构主义方向的发展。网络通信与传输技术、网络数据库技术、人工、智能、专家系统和神经网络等技术将在评估中发挥重要的作用。

（5）着手于观念的转变。目前社会上已经习惯了传统的学习和评估方式，是大张旗鼓地宣扬建构主义还是让它潜移默化地进入人们的学习生活中，还是对不同的对象采用不同的方法。从而让人们特别是教师和教育主管部门喜欢建构主义并从中受益。无论如何，观念的转变对事情的发展是起着至关重要的作用的。

在构造新的远程学习评估模式时，要以建构主义为依托，发挥多学科使用的优势，使远程学习评估更为科学，使远程学习的效率达到最大限度地提高。

11.5　远程教学评价的模型

远程教学评价属于教育评价的子范畴，具备教育评价的三个方面的含义（价值判断、评价发展、参照标准）。然而，远程教学与传统教学相比，又体现出鲜明的特色，如教与学的活动在时空上的分离、远程教学的实现需要可靠而安全的网络传输系统、学习者的学习主要是自主学习（学习者需要一定的自控性，通常是成人学习者）等，因此，远程教学评价也表现出其独特的特点。

（1）注重过程性评价，强调对远程教学的过程进行实时的监控。网络评价注重评价的过程性，利用及时反馈信息来指导、调控甚至补救远程教学与学习活动。总结性评价充分考虑学习者在学习过程中的行为、态度、实际。

（2）对运用教育技术实施智能教学以及对利用探索、发现、竞争、协作、角色扮演等一系列策略教学的效果进行有效的评价。对学生在学习中的主动性、自控性、学习的效果进行评价。

（3）评价对象广泛，不仅仅对传统教学系统的四要素（即学生、教师、教学内容与媒体教学支撑平台）进行评价，还对学习支持和服务系统进行综合评价。

（4）实现远程教学评价系统与远程教学支撑系统的无缝结合，利用支撑系统的教学活动记录功能搜集评价信息，实现对远程教学的动态评价和动态调控。

（5）充分利用互联网的技术优势，缩短评价的周期，及时反馈评价结果以便于及时调整教与学，而且降低了学校管理部门对学生教师进行评价的技术要求，降低了费用。

远程教学的评价模型要依据不同的评价目标、对不同的评价对象采取不同类别的评价而需要制订适于远程教学评价的评价指标和要素，对学习和教学的过程与效果进行充分的评价，以促进网络环境下的学习。基于远程教学评价的特点，我们建立如下远程教学评价的模型，它包括学生、教师、学习资料、远程教学支撑系统、学习支持与服务系统五大方面的评价，每一个方面都包括若干子项评价。

从图11-1可以看出，远程教学的评价依赖于远程教学评价系统的实现，评价的因素有定性指标和定量指标，评价方式包括过程性评价（形成性评价）和总结性评价，而且更加关注形成评价的促教与促学的作用，质量的保障不仅是一个结果，更应是一个过程。

11.5.1　评价方式

根据评价工作的任务和发生的时间，通常可以把评价分为形成性评价和总结性评价。而对于远程教学来说，为了便于提供适于学习者特征的学习目标、内容与策略等，还需对学习者进行诊断性评价。

诊断性评价，即学前评价，是指为了使教学适合于学习者的需要和背景而在一门课程和一个学习单元开始之前对学习者所具有的认知、情感和技能方面的条

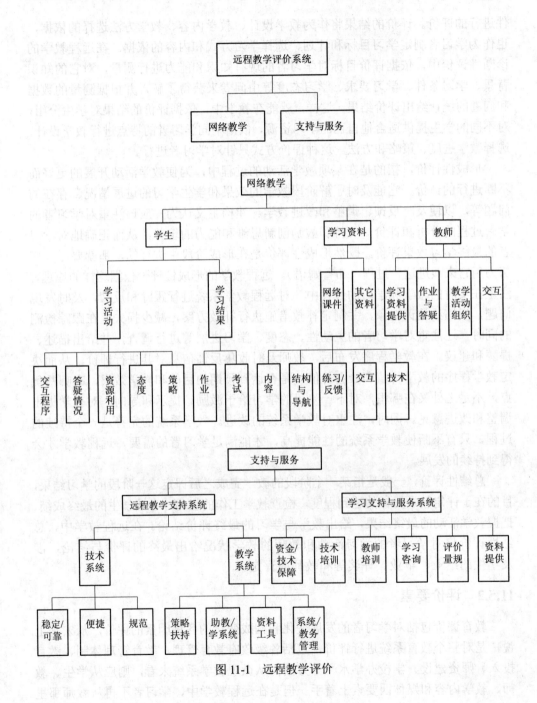

图 11-1　远程教学评价

件进行的评价。评价的结果将作为教学设计、教学内容、教学方法选择的依据，也作为学习者制定学习目标和计划、选择学习方式和内容的依据。在远程教学的诊断性评价中，依据评价目标对学习者的现有知识和能力进行测量，对它的知识背景、学习条件、学习要求、学习态度等由问卷来获得了解，并根据测量的数据和问卷的统计给出评价结果。这样，就能在教学中，依据评价的结果对学生分组，对不同的学生提供适合他自己的学习资源，依据不同学习者的特点进行教学设计，选择教学进度、策略和方法。这种评价方式只针对学习者进行。

形成性评价，指的是在某项教学活动的过程中，为使教学活动开展的更好而不断进行的评价，它能及时了解阶段教学的效果和学生学习的进展情况、存在的问题等，以便及时反馈、调整和改进教学。建构主义认为，应该注重对学习者的学习过程的分析和评价，支持和鼓励创新思维和能力的培养，从而正确地对学习者的最终学习效果评价。既然形成性评价是在形成阶段中进行的，那就要尽一切努力用它来改进这一过程（布鲁姆语）。远程教学的形成性评价依据这样的原理，注重在实时的教学和学习的过程中，对远程教学系统进行跟踪和反馈，及时发现问题，反馈给被评对象，并制定补救措施执行补救方案，减少损失。在跟踪检测的同时，还注重对学习者的主动性、态度、学习进展等进行调查，并给出描述、提醒和建议。在教学程序发布后，教师及时收集反馈信息对其进行评价，从而决定教学程序的教学价值和社会价值，是否达到预期的目的和教学效果，有哪些优点，不足之处又在哪里，对下一阶段的学习给予激励、提示和导向，对教学提出调整和改进意见。同时，注重对教学系统的改进。教学系统的完善是一个持续的过程，只有不断使教学系统的性能提高，才能满足学习者的需要，远程教学才会得到持续的发展。

总结性评价，一般是指某一个阶段的教学完成之后评定这一阶段的学习结果，目的在于评定教学目标的达到程度，检查教学工作的优劣，考核学生的最终成绩、把握教学活动的最终结果，给出教学与学习的最终评价结论。在远程教学中，总结性评价将对学习者的学习活动和教师的教学状况给出最终的评价与结论，涉及学生的结业、毕业、评奖等和教师的评定。

11.5.2　评价要素

教育评价包括对学习者的发展变化和构成变化的各种因素的评价。从宏观上说，是对整个教育系统进行评价，包括各级政府教育管理、教育管理体制、教育投入、师资建设、学校办学水平等方面；从微观教学系统来看，则应从学生、教师、教学内容和媒体四要素上着手。但是在远程教学中，学习者不再从教师那里直接获取信息，而是自主地在远程教学支撑平台中进行各种学习活动，要保证学习者能顺利进行学习并且取得成功，就不仅要考虑以上四个要素，还要具有比较完善的学习支持系统和学习服务系统。

1. 对学习者的评价

学习者是学习的主体，远程教学的主要目的是向学习者提供学习的途径、资源和方法，使学生获得知识与技能，培养学生的认知策略，最终获得发展，因此，对学习者的评价是远程教学评价的主体内容，远程教学注重对学习者的态度、意义建构过程的评价，一方面真正了解学生的学习过程，另一方面做出评价和反馈，提出提示和建议信息。具体来说，又包括以下几项。

（1）交互程度。目前，许多远程教学仅仅将课程当作课本的搬家，在网络上的学习资源是大量的文本、图片资料，学习者的任务是阅读大量的材料，然后就去做教师设计好的练习题或进行考试，这种网上学习对于学习者来说，只是资料的浏览和练习，网络课程也仅仅是课本的代言人，这对学习者的认知领域和情感领域的发展是极为不利的。远程教育的研究与实践都已充分表明，交互对于学习动机的激发与保持、远程学习的成功是极为重要的。事实上，Email、BBS、聊天室、视频会议等网络相关技术的不断发展与成熟已使网络环境下的交互相当便捷，在教学设计时应考虑利用这些工具来促进学习者与学习者、学习者与教师、学习者与学习材料之间的交互。对学习者交互程度的评价可以通过记录学习者利用远程教学支撑平台中的各种交流工具辅助学习进行，如根据讨论区发表的文章（发言）及数据总量等信息提供给系统学习者意义建构过程的信息、提供他主动参与教学活动的参数和他学习的态度的参数，根据聊天室的发言次数及发言数据量提供学习者对所学知识认知程度的信息，提供与他人合作学习的积极主动性的参数。

（2）答疑情况。在网络学习过程中，学习者需要向教师或相关专家请教问题是不可避免的事情。通过答疑，学习者可以更加深入地理解学习的主题，可促进知识意义的建构。答疑情况可以通过学习者请教的问题数、浏览问题解决的次数，以及提供解决方案的次数等信息反映学习者对所学知识理解程度以及主动学习的参数。

（3）资源利用情况。学习者利用丰富的课程资源及互联网资源进行学习是远程教学的一大优势，通常这一优势都会被教师充分利用。学习者对资源的利用不仅指利用教师或互联网提供的资源，对体现学习者的学习过程和意义建构过程来说，更为有价值的是学生在学习过程中所上载的数据。这里的资源包括课程本身（通常是教师提供）的资源和互联网资源。前者包括对远程教学平台及其中的资源（如问题资源、电子图书馆）的使用情况，如记录学习者登录系统的时间及注销登录的时间来确定学习者的在线学习时间，通过课程内容页面浏览范围和次数来提供学习者学习范围、进度的参数和信息，利用问题资源的浏览情况及电子图书馆资料的浏览来了解学习者学习的深度与广度，利用学习者提交的问题和解决方案、在讨论区或聊天室的发表情况以及在电子图书馆中发表的资料甚至是对网络课程的修改来提供学习者学习的态度、对学习主题的理解、问题的解决、学习策略的调整以及意义建构的相关信息，后者包括利用浏览器或搜索引擎来浏览互联网资源的情况等。

（4）作业。根据作业完成情况与得分，提供学习者平时知识点掌握程度的信息和作业完成情况的信息，评价系统据此生成反映学生知识点掌握程度和作业完成情况。作业的设计不能只强调对知识点的考查，还应注重对学习者问题解决能力的考查。

（5）考试。考试是对学习者的学习情况作一阶段性的评定。对于学习来说，考试不是目的，而是一种促进更佳学习的手段。评价系统据此生成学习者知识点掌握程度及问题解决情况的结果，并对学习者的下一步学习提供改进意见。

对学习者的评价可以通过教师评价、同伴评价以及学习者自评进行，不同的学习方式可以采用不同的评价手段，如协作学习效果的评价，可以通过教师评价、同伴评价和自评实现，而对于自主学习，采用自评手段更为有效。但是在网络环境下，由学生进行的多是自我建构的学习，即使在同样的学习环境中，对不同学生学习的内容、途径可能相关不大，如何客观公正地对他们学习的结果作出评价就变得相当困难。事实上，最为有效的评价是让学习者去完成一个真实任务，并让学习者对自己的意义建构情况作出合适的评价。不管是教师评价还是同伴评价，并不能真正决定学习者意义建构的评价，这两种评价手段的最终效果只是用来促进学习者的自我评价。

2. 对教师的评价

教学的过程是一个不断改进和提高的过程，只有不断地对教师的工作提出改进意见，不断调整和提高教学的质量，教学才能获得持续的发展。在网络教学环境中，学生与教师的地位发生了改变，教师成为学生学习的辅助者而不再是传递者，信息的传递主要由网络系统完成，网络与教师所提供的教学资源作为主要的学习内容仍然是主要的教学信息。由于网络教学是师生异地，学习者可以与教师在不同的地点学习，网络教学提供实时和非实时的学习方式，单单一个教师不可能完成所有的教学任务。因此在网络教学中依据分工的不同把教师分为主讲教师和主持教师。主讲教师主要是依据教学目标，采取教学策略和手段，对学习过程进行组织，进行教学内容的设计、课件的制作。主持教师主要是针对学生提出的问题依据教学目标给以解答。

与对学生的评价一样，对教师的评价也同样不能"一试定终身"。对教师的评价主要包括五个方面，即师生交互程度、作业与答疑情况、教学活动的组织、学习材料的提供和学生的考试情况。

（1）交互。对学习者是否关注，是否有效组织讨论区和聊天室的讨论，对学生的讨论情况进行评价，及时鼓励学生，以及该教师的课的学生发言人数、发言量、发言时间，据此提供对学生的关注程度参数、教学策略使用、教学组织情况信息以及提供学生对教师教学的感兴趣程度的信息。

（2）作业与答疑情况。针对不同学生设计合适的作业，对学生的作业及时批改以及给予适当的助学意见，浏览学生所提问题的次数及回答的题目数，据此提供教师对学生学习的关注程度的参数和对学生的疑难解决程度的参数，系统据此在反馈系统中生成教师调整教学满足学生学习需要程度的结果。

（3）教学活动的组织。用登录时间与注销登录时间来确定教师在线教学时间，教师应能及时规范和调整学习者的学习行为以及对学习者的信息搜索与获取能力进行引导。

（4）学习材料的提供。教师提供有效资源的数量，以此提供他组织学生学习的广度和深度的信息，教师提供的学习资料是否足够新，并且及时更新，据此来提供该教师对教学内容的把握程度与满足学习者需要程度的信息。

（5）学生成绩。由学生的平时成绩、考试成绩而来，这是对教师评价的参考指标，但不以此为准绳。

3. 对教学内容的评价

网络教学中的教学内容是一个广义的概念，不仅指教师提供的网络课件，还包括教师提供的其他学习资料以及互联网提供的巨大资源。对网络课件的评价包括课件的内容、结构与导航、练习与反馈、技术、交互性等五个方面，这些信息可以以调查问卷的方式由教师、学生和管理人员填写。

（1）课件内容。是否适于网络教学，教学目标是否清楚、是否可以达到，内容是否能激发学习兴趣以及深度讨论，用学生应用课件的次数和频率来作为课件是否符合学习者要求的依据。

（2）课件结构与导航。导航是否合理、使用方便，页面超链接清楚一致，具有学习过程记录功能，便于学习者随机进入学习内容，有引航功能，使网络学习者不至于迷航。

（3）练习与反馈。练习设计有利于学习者知识、技能的发展与策略、态度情感的培养，练习对教学支持，考虑学习者的实践能力；反馈及时且激励学习者。

（4）技术性。课件安全可靠，易于使用，对学习者的技术要求不高，充分利用了网络优势，能支持不同学习策略，获取信息、处理加工信息便捷，适于个别化异步学习，页面、图标的设计协调一致。

（5）交互。交互响应及时，能满足师生、生生不同的交互需要，对交互的参与度能进行记录。

对其他学习资料，则关注其是否获取方便、信息的搜索冗余是否足够小等。对教学内容的评价通常是形成性评价。

4. 对远程教学支撑平台的评价

无论是传统的教学还是远程的网络教学，都必须通过一定的媒介在学生与教师之间传递特定的信息。在网络环境下，教学信息的传递通过网络媒介进行。为了有效组织网络教学活动，远程网络教学的实施通常在网络教学支撑平台下进行。网络教学支撑平台的评价包括技术系统和教学系统的评价。技术系统即网络系统本身，是为教学活动提供的技术平台，指系统的安全性和传递系统的可靠性和稳定性，对用户的信息加密，信息备份，系统架构规范，要保证网络教学活动得以安全、可靠而快速。教学系统是指平台能够提供实现自主学习、协作学习、讨论学习和探索学习的策略支持系统，如答疑系统（提供多种答疑渠道）、自主学习系统（提供有效的资源和讨论学习、协作学习、探索学习的工具）、辅助教学系统（提供方便的教学设计模板协助教师完成课程的组织和课件的制作）、课程与教学计划、评价时间及方式等信息。评价数据的获得可以通过评价系统稳定工作时间、系统工具的利用率、系统资料的丰富程度及利用率等途径获得，而获取方式则可以是管理员、教师、学生的反馈信件以及问卷调查。远程教学评价系统一般作为网络教学支撑平台的一个组成部分而存在，通常包括质量指标生成子系统、数据采集子系统、数据分析子系统、反馈子系统等组成部分。

5. 对学习支持与服务系统的评价

对于远程教学来说，学习支持与服务系统同课程与媒体一样，对教与学也相当重要，只是它对远程教学的影响是非直接的具体来说，包括以下几方面。

（1）对网络教学平台。提供功能相当齐全的网络教学支撑平台，并且负责对平台的管理维护，建立比较完善的管理机制，保证网络教学的安全、稳定实施；对教师和学生提供简单明了的使用指南。

（2）对教师。提供比较完善的教师培训计划；提供教师进行教学设计和应用各种教学策略的资料和模板；提供便于教师组织教学活动和师生交互的技术支持；为教师评价学生及系统提供可参考的量规；对教师的评价反馈合理及时，能促进教师的教。

（3）对学生。提供平台的使用指南；为学习者提供学前指导，包括通过诊断性评价确定学习者的初始能力、认知风格等，提供学习者学习方法的建议等；采取适当措施保证学生与教师或其他学习者的交互以及对学生的问题进行及时、准确的回答；学生自我评价的参考量规以及方法指导，对学生的评价准确及时，能激励学生的学习。

11.5.3　评价者与评价要素的关系

从以上的分析可以看出，对这五种因素的评价主要通过教师、学生和系统管理员进行，评价人员与各评价要素之间的关系如图 11-2 所示：

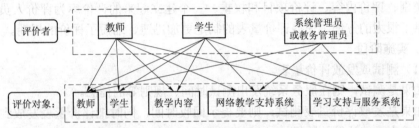

图 11-2　评价人员与评价要素之间的关系

对学生的评价可以有教师、同伴及学生自己进行，但最终要靠学习者的自我评价，对教师的教学工作、教学内容和系统的评价则需要教师、学生以及系统或教务管理员共同参与，根据上述评价要素所提供的信息进行分析，将评价的结果反馈给评价对象，并提出改进意见。

远程网络教学评价所得到的信息包括定性和定量的信息，这些信息大多数来自系统的自动检测，网络教学平台通过数据库技术和网络技术对系统、教师的教、学生的学提供监控和记录功能。这样，得到的量化参数更加准确、及时，为了实现系统的自动评定和反馈创造了条件，也简化了评价人员的工作。

11.5.4　评价过程

远程网络教学评价是一个动态的过程。尽管对不同评价对象的评价方式有很大的不同，但都经历准备、实施、处理、反馈四个评价的阶段。

1. 准备阶段

（1）确定评价对象和评价目标。

（2）选择信息来源和信息处理方法。

针对确定了的评价对象和评价目标，确定评价的信息来源。信息来源于考分、系统量化评价指标、评价量表、活动记录日志、轶事记录、反馈信件等。再结合指标体系，确定选用何种信息处理方法。

（3）生成试卷或评价量表、调查问卷、质量诊断表。

由于网络平台提供了题库、评价项目库、问卷库与指标体系库，因此在评价的准备阶段，评价的组织者（或系统管理员）可以从试题库或问卷库中选择已有的问卷，或者手动或自动生成试卷、问卷或评价量表、质量诊断表。系统的评价组织者或系统管理员可以在专家的指导下修改已有的试题或评价项目，或增添新的试题、评价项目。

评价项目库是在专家的参与组织下建立起来的，包括了评价者、评价对象、评价类别、评价内容、评价项目和权重。一个建立起来的评价库为评价人员的工作提供了很大的方便，使得评价量表的制定更加迅速、缩短了评价的周期。

2. 实施阶段

（1）测试或发放评价量表。

如果是测试，则在服务系统发出测试时间、规则等的信息。

如果是发放评价量表测试，则要提示回收时间，同时把评价量表发放到每个人的信箱中，统计发放数量。

（2）获取信息，去除无效信息，进行误差诊断。

统计回收数量，去除无效量表，确定此次评价的有效性。

3. 处理阶段

（1）依据权重对信息进行处理和统计。

主要是系统依据权重自动统计评价量表的得分。

（2）分析统计信息、进行综合判断。

主要是评价人员依据权重对评价量表、活动记录日志、轶事记录、反馈信件等的信息进行统计，综合判断。

（3）形成综合判断、分析诊断问题。

评价的目的是为了给教学的提高和系统的改进提供依据。统计信息后，评价人员依据评定标准进行综合的判断，写出评价意见，并对问题进行深入分析，找出问题的症结所在。形成性评价的评价结论应该包括：对学生表现的评价、劝告和指导性意见；对教师表现的评价、劝告和指导性意见；对日常的教学工作和教学活动的评价、补救措施；对系统的补救措施，课程决策；对教学内容的改进意见、补救措施等。总结性评价的评价结论应该包括对教师和学生的选择性决策。

4. 反馈阶段

（1）反馈前评价。

估计本次评价的质量。对评价工作给以评价，发现评价过程中出现的问题，提出改进评价本身的措施。

（2）反馈。

对学生和教师的评价的反馈方式有：公告形式、E-mail 形式。每一个时期都对教师的教学活动进行总结、对学生的学习给予评价。对好的教师和学生在公告栏中给予表扬，对仍然需要改进的学生和教师指出改进方案，可以信件的形式反馈。

对系统和教学内容的评价以评价报告的形式做出反馈，指出改进措施，报告给教师或系统管理员或网络站点技术支持人员。

（3）再评价。

教学评价的本身是一个循环往复的过程。在做出教育决策后，评价进入下一个周期。新的周期之前，采用前次评价的结果如何，实际上就是对上一轮教学评价全过程的检验。要通过教学评价对教学进行调整，必须对评价的方案、过程、结果进行分析和评价，为下一次评价提供有效的信息。因而，对评价结果的再评价是一个评价周期的终点，也是下一个评价周期的起点。

11.6　远程学习评估

11.6.1　远程学习评估的概念

远程学习评估是指对进行远程学习的学生的学习情况进行评估的活动或过程。该种评估是以学生为中心来研究其学习的背景、手段、方法及取得的效果，从而寻求适合学生的学习方式或是考查学生学习质量。

与面对面的教学相比，对远程的不可见的对象进行评估，取得更为详尽的资料显得特别重要。因为远程的学生数量一般会更多，学习活动很难控制，为了提高教学的可控性，更合理地对学生作出评估，就需要更为周全的考虑。

除了原来的广播、电视和函授等手段，计算机互联网络技术的兴起为网络远程教学的产生和发展提供了一个广阔的天地。计算机网络上的学习评估又不同于传统的评估，网络的实时性与信息的存储特征使得对远程学习评估的讨论和研究有了新的课题。

11.6.2　远程学习评估的特点

由于远程学习具有的特点所致，对学生学习进行的评估活动有以下特点：

1. 目标的多样性

远程教育的学习环境，为学生提供了广阔的学习空间。一般是以学生自学为主。即使在有着同一培养目标的教学中，每个学生的知识背景不同，他们对知识的需求不尽相同，很难用同一种尺度来衡量学生在学习中取得的成绩。我们不能很好地判断能顺利通过各种过关考试的学生从本次学习中究竟得到了多少益处，以及每个学生是否得到了他所真正需要的知识和技能。所以在这一层面上，远程学习的评估目标是多样的。

另一种情况是：远程学习大都不强调同一的目标，它允许学生自己选择学习内容、学习方法和学习时间，为了提高不同的知识技能，如果提供 100 门课程，每个学生选三门的话，理想情况下要考虑对每一种组合，假设学生可能的学习目的一、目的二、目的三……，提出评估标准，或是先通过某种手段了解每位学生学习的目的，再提出标准，这样的工作量是十分惊人的。当然，最简单的办法是为每门课设置一系列的考核，这又回到了上一种情况，并不能很好适应不同学生的不同学习要求。

其实在面对面的教学中，以上两种情况也不同程度地存在，但面对面教学中学习目标是由教育部门或教师规定的。对远程学习来说，距离使学习目标成为不可控因素，学生的需求将变得越来越复杂，目标多样性问题变得更为突出。

2. 信息的不完全性

由于距离的原因，整个评估系统不可能全面有效地了解和监控远程学习的情况。首先，很难统计学生的出勤率，这样的话就不容易判断学生学习中产生的问题是由于何种原因造成的。其次，不利于观察学生学习时的各种反应和表现，更谈不上研究学习方法。再次，不能以一种巧妙的方式调查学生的学习环境，如家庭、工作、学习时间等因素。

学生在远程条件下不可能与辅导教师进行面对面的交流与讨论，产生的对知识技能方面和对作业要求方面的问题经常得不到及时地回答，因而有时不能很好地理解学习的内容，对教师评估的理解是否合理也经常得不到很好地证实。

师生双方不能进行面对面的交流导致了相互了解的不完全性，这对学生学习的信心以及教师作出公正客观地评估会产生很大的影响。

3. 时间的延迟性

在远程教育中，对学生的学习评估一般是通过信件传递来进行的。远程教育在学习情况的反馈上不可避免地有一定延迟。以作业为例，不同的学生完成作业的时间长短不同，不同地域的学生的作业在邮路上的时间不同，辅导教师的时间安排及水平等因素的不同都会导致作业流通时间超过规定的期限。这样的后果是学生得到评估结果时，已经在进行其他知识技能的学习，对上次评估结果的重视程度自然大大减弱，评估就起不到应有的作用。而且，超时的反馈往往会影响学生学习的积极性和对学习的兴趣。

基于计算机网络的远程学习可以做到实时传送课程，接受学生的反馈。但其他系统像电子邮件系统也会产生延迟甚至信息丢失，另外问题的描述还会受到学生语言表达能力的影响。一些网络远程学习系统允许学生自由选择学习时间和学习内容，此时辅导教师可能同时收到不同的作业，或在休息时学生把作业传来，这些情况自然会导致时间上的延迟。如果学生对网络期望过高，由此导致的失望感可能会比传统的邮件带来的更大。

4. 评估结果的相对公正性

由于远程学习不是面对面的学习，师生极少有相互见面的机会，这样就减少了对学生学习评估的一些人为因素和偏见。师生直接相处的环境中，教师虽然可以更全面地了解学生的学习情况，但同时也会了解学生其他方面的信息，也会不可避免地因为学习之外的原因对学生产生好恶和偏见，这种偏见也会很自然地带到学习的评估中，从而忽略印象中好学生的问题以及所谓差生的进步和特长。在远程学习中，对学习的评估是通过较单一的媒介进行信息传递的，这种媒介导致教师产生较大偏见的可能性很小，因而可以在很大程度上保证评估的公正性。

之所以说这种公正性是相对的，是因为某种评估称为公正，首先是要评估指标体系的完善。如果评估指标体系本身是有缺陷的，其评估过程再严格也不会有真正公正的结果。

11.6.3　远程学习评估的方法

1. 传统评估

目前在远程学习中使用较多的方法有：正式评估、非正式评估和混合性评估。正式评估由作业、测验和考试三部分组成；非正式评估是考查学生的出勤及是否参与相关的学习活动；混合性评估是在非正式评估中加入正式评估的成分。

在评估的研究中，以上的方法应该划分为一系列的测量活动。一般情况下，评估应在测量的基础上进行，采取上述方法可以得到一系列学生的学习情况记录或评分，作为评估活动应做的工作就是在这些记录或评分的基础上作出价值判断，分析学生的学习水平，为学生学习及课程的设置和教学提供有益的建议。以上活动是绝大多数教师习以为常的评估活动，他们往往通过这些记录和评分构成的描述，凭借经验来评估学生的学习。实际上，教师的工作量也不允许对每位学生的学习情况进行细致的分析和建议。所以目前的评估，特别是远程学习的评估并没有得到应有的作用。

2. 多指标综合评估

学习活动是一个复杂的系统，影响学习效果的变量是多方面的。如果在评估学生学习时能综合考虑这些因素的影响并有效地加以控制，不仅能有效地改进学习，同时也可以进行优劣的判断。为此，采用多指标综合评估来进行处理是合理的。目前国内外建立的多指标综合评估数学模型有数百种之多，其中使用较多的有加权求和法、AHP（层次分析法）、模糊综合评判、多元统计方法、综合指数法（GDP、股票指数等）、DEA（数据包络法）、TOPSIS（一种以指标最大值为标准的方法）法等数十种。其中，TOPSIS 法、综合指数法和多元统计方法在经济、环保方面使用较多，DEA 是一种评估系统效率的方法，指标选取较难，计算量大，因而不宜于推广。在教育系统中，使用较多的是加权求和法、AHP（层次分析法）、模糊综合评判、多元统计及因子分析方法五种。

（1）加权求和法。加权求和法在教育系统中最为广泛。根据 1991 年的一次调查表明：有 95%的教学评估使用了这种方法。其优点在于使用简单，易操作和适用范围广。在进行综合评估时，有的问题很复杂，不能通过简单的方法得到数据，这时可以先确定目标，然后将目标层层分解为子目标，形成指标体系，直到形成的最低级指标达到容易量化为止。还可以根据相对于评估目标的重要性为各指标赋予一定的权重（Weight），然后以和积的方式合成各级子目标的评估值和最终评估值。这就是加权求和法的由来。权的获取可用德尔菲（Delphi）法、0—1 法及主成分分析法等。在这种方法中，不仅可以通过综合评估值对评估对象的优劣进行比较，还能够通过子目标的评估值及其对上级目标的权重（重要程度）判断该子目标是否影响了总目标的实现，优化该子目标是否能够使总目标的性能得到改善。同时，研究评估对象与各级目标之间的关系也可以帮助对目标进行调整。

（2）模糊综合评判。在客观世界中存在着许多模糊现象，如地震的震级，老、中、青年的划分等。这些现象在定义中没有明确的边界，以致构成了模糊性。

（3）层次分析法（AHP）。层次分析法是美国著名运筹学家、匹兹堡大学教授 T.L.Saaty 提出的一种系统评估方法，1982 年介绍到我国，由于它有一套完善的理论体系，而且在政治、军事及教育等领域的应用中取得了很大的成效，因而受到了重视。AHP 是一种综合主观判断的客观定量方法，有利于定性和定量相结合的评估分析。AHP 要求把一个复杂的系统分解为不同的要素，并归于不同的层次，这些层次又归于三个大的层次：目标层、准则层和方案层。

（4）多元统计方法。如果把指标看作随机变量，多指标综合评估问题就能用多元统计的方法处理。在多元分析中，主成分分析、因子分析和典型相关分析等方法主要用于降低变量维数和描述变量间的关系。在教育领域中，主成分分析和因子分析使用得比较多。主成分分析利用多元统计技术，通过矩阵分析，根据特征根的累计贡献率大小抽取最有代表性的前若干指标作为主成分，这样既能抓住主要因素，又能减少指标数量。对主成分分析得到的指标按一定的方法进行综合，可以得到评估值，但实际应用中主成分可能没有什么实际意义，以之作为指标不易解释。

（5）因子分析法是 Chales Spearman 于 1904 年创立的，发展至今，已在许多学科领域得到广泛的应用，并取得不少成效。使用因子分析法，可以发现多变量间的关系，或是从庞大的数据中发现规律，也能提出新理论并使之量化。如吉尔福特的智力三因素论、卡特尔的十六种价格特质，在心理学上都有重要意义。与主成分分析法相比，因子分析法，因子分析通过因子旋转等处理可以使指标间的关系更为明朗，更容易解释。

在对因子分析产生的指标进行综合时，有以下方法可供选用：① 按 Kaiser—Guttman 准则或其他方法选择主因子，以因子得分之和或因子得分的加权和为评估结果；② 选择主要因子，以特征向量为权对指标求和，再对主因子重新赋权，以加和形式合成评估结果；③ 对因子、指标均重新加权，以加和形式合成评估结果。

因子分析和主成分分析既可以在评估中单独使用，也可只用于指标体系的生成和改造中。它们主要适用于量化指标场合，虽然计算量大，但现在有象 SPSS 等统计软件支持，只要知道原理，就能够很方便地处理数据。但在使用中存在以下问题：① 样本不宜过小；② 主成分和因子个数选择的主观性；③ 对因子或主成分解释的随意性。所以在应用中要与实际问题紧密地联系，更要尊重实际经验。

11.6.4　计算机在远程学习评估中的应用

1. 评估信息计算机处理（EIP）

评估信息计算机处理能支持评估的某些步骤。指标体系的建立采用可达矩阵的分解和因子分析法，通过 PASCAL 高级语言、C 语言等编程或一些统计软件如 SPSS、STATISTICS 来完成。在评估时，根据一定的数学模型得到评估结果，可以选择适合的软件或自行编制程序实现，一些简单的计算在表格软件如 EXCEL、LOTUS1-2-3 就能够完成，以提高计算的速度和精度。在进行评估质量分析时，统计软件、表格软件也是适用的。

评估信息计算机处理目的是利用计算机减轻工作人员的负担。这种对计算机的应用是松散的，模型的选取完全由人工控制，主观性较大。但在对评估作某一方面的研究或非经常性评估时，评估信息计算机处理是有效的，可以节省大型软件开发费用。但对于大型的经常使用的评估来说，显得力不从心。

远程学习评估计算机系统（LDLES）

远程学习评估计算机系统是专为评估远程学习效果而设计的系统。通过这种系统，可在计算机上以人机交互的方式实现指标体系建立、评估、结果分析及评估质量分析等功能，并能实现联机查询和信息输出。

指标库存放指标集、指标结构、权重集和评估每一指标时所需要的信息表。外部信息库保存评估所需外部信息，可以是机内信息，也可由网络调入。结果库保存每次评估的指标体系、结果以及质量分析结果。指标体系维护模块负责指标体系（指标集、权集和外部信息表）的输入和修改。评估模块具有指标提取、评估值获取和结果合成三个功能，评估值的获取有直接输入、联机查询评估和机器评估三种方式。评估分析模块根据评估情况对评估对象进行比较、排序、分析评估质量，提供信度和效度的计算。查询模块可分别对指标体系、外部信息、评估结果以及分析结果进行查询，有表格、图表显示的功能，输出模块以数据、表格、图形等形式将查询结果或指定内容输出到磁盘或显示在屏幕、通过打印机打印出来。

建立这样一个系统一般来说是比较容易的。其优点是易实现，易维护，系统性强，缺点是功能单一，不够灵活，适用面窄，不同的课程需开发不同的系统。

2. 通用评估计算机系统（GES）

软件开发工具（CASE）是为了提高软件系统的重用性、延长软件生存周期而提出的计算机辅助软件工程方法。通用评估计算机系统为 CASE 技术在评估中的应用，通过通用评估计算机系统可生成各种专用的评估系统。

通用评估计算机系统支持指标体系的建立，可生成不同目的、不同结构的指标体系，用户可定义评估的数学模型和检验模型。

通用评估计算机系统包括人机界面、指标体系管理系统、数据库管理系统、模型库管理系统、知识库管理系统和评估系统。与远程学习评估计算机系统相比之下，通用评估计算机系统具有很强的通用性，但在系统分析和软件设计上要求较高，需要教育、管理、数学、统计学及计算机科学等方面的专家密切配合，在目前技术条件下是有可能实现的。

3. 基于评估的远程学习决策支持系统（EBLEDSS）

决策支持系统（DSS）的概念是由美国 MIT 的 M.S.Scott Morton 教授于 20 世

纪 70 年代初在《管理决策系统》中提出来的。DSS 以管理学、运筹学、控制论和行为科学为基础，以信息仿真和计算机等技术为手段，综合利用现有的各种数据、信息和模型，辅助决策者解决半结构化和非结构化决策问题的人机交互系统。它具有为决策者提供一整套辅助决策方法的功能，如搜集数据、整理数据、加工信息、分析问题、模拟、计算输出结果等。

远程学习决策的步骤是：提出问题、确立目标、收集整理资料设计方案、评估方案、选择方案、试验和实施。远程学习评估与远程学习决策是密不可分的。首先，评估有问题诊断和目标调节的作用，为决策者发现问题和确立目标提供可靠依据；其次，一次全面的评估往往带有关于系统各方面的信息，可以提供给决策者制订方案和作出选择时参考；再次，评估模型也可用于决策方案的评估；最后，由于指标状态与系统状态有对应关系，在方案试验阶段可先估计后果，然后在指标体系上进行模拟。这样不但有助于调整目标和选择方案，而且将模拟结果与实际实施后的结果相比较，有助于研究指标体系中各指标间的关系，从而完善评估的研究与实践。

建立基于评估的远程学习决策支持系统的目的，是最终在计算机上完成远程学习评估，为决策提供依据的任务。其建立有多种途径，一般可考虑在现有系统如远程学习评估计算机系统、通用评估计算机系统等的基础上生成。基于评估的远程学习决策支持系统涉及远程学习评估到的各方面，对其展开研究可以促进研究和实践的深入开展。基于评估的远程学习决策支持系统在研究和实施中还需解决以下问题：① 远程学习中问题诊断、目标制定和方案建议等方面的专门、系统的研究；② 远程学习中半结构化和非结构化决策的机制与信息的研究；③ 各种数学模型和评估方法的比较研究以及评估质量检验与结果分析的研究；④ 多学科综合人才的培养。

4. 网络环境下的学习评估

在互联网上的学习系统中，评估有其独特性。第一，在时间延迟上大大低于以前的远程学习；第二，可以实现学生与教师、学生与学生之间的交流；第三，在学生练习时可获得实时的、有针对性的个别化辅导。

互联网上目前最方便的信息交互媒介是 WWW（World Wide Wed）、E-mail、Ftp 等服务。在基于 WWW 的学习系统中，有以下几种评估学习的方式：

（1）学生提问处理系统。学生通过文本或语音提问，系统自动根据学生所处的场景到知识库中快速寻求解答或提示，给学生以帮助。另外，分析问题及其产生的场景可以判断推理出学生的知识结构和学习状况，也可分析出教学中的得失，帮助系统改变教学方法以适应不同学生的学习。

（2）作业处理系统。教师可以通过网络针对所有学生或个别学生发布作业和练习，学生完成后提交给教师。作业的评改及统计一般由系统自动完成，而有些主观性和创造性作业还要由教师来批改。

（3）远程考试系统。支持题库和自动出题，学生可在学习前、学习中和学习后随时进入，并很快得到成绩和考试情况分析以及学习指导，同时教师可在网上查看学生考试情况。

（4）非正式评估系统。在网络上通过学生登录可以统计学生出勤情况，使用远程会议技术、聊天室等手段可以观察学生在参与有关活动时的表现。如果要评估情景型和操作型的行为，则要借助三维技术和虚拟现实技术。

除了以上传统的评估可以在网络上实现外，远程学习评估计算机系统、通用评估计算机系统和基于规程学习评估的决策支持系统也可以研制其网络版，而且在网络上能够采集到更为丰富的信息资源。

思考题

1. 简述教育评估的定义和特征及在教育系统决策和管理中的地位和作用。
2. 简述教育评估的各种分类及其对应的功能。
3. 远程教育评估与传统教育评估有什么异同。

参 考 文 献

[1] 陈玉琨. 教育评估的理论与技术. 广州：广东高等教育出版社，1987.

[2] 陈玉琨. 中国高等教育评价. 广州：广东高等教育出版社，1987.

[3] 丁兴富等主编. 远距离高等教育学导论. 北京：中央广播电视大学出版社，1987.

[4] 顾明远. 教育大词典. 北京：人民教育出版社，1990.

[5] 丁兴富. 中国电大教育质量和投资效益评估. 武汉：武汉出版社，1992.

[6] 王承绪，徐辉. 战后英国教育研究. 南昌：江西教育出版社，1992.

[7] 乌美娜. 教学设计. 北京：高等教育出版社，1994.

[8] 南国农，李运林. 教育传播学. 北京：高等教育出版社，1995.

[9] 丹尼尔著，丁兴富译. 巨型大学、虚拟大学和知识媒体：我们能否同时拥有数量和质量. 开放教育研究，1995（5）.

[10] 黄济，王策三. 现代教育论. 北京：人民教育出版社，1996.

[11] 巴巴拉·西尔斯等，乌美娜等译. 教育技术：领域的定义和范畴. 北京：中央广播电视大学出版社，1996

[12] 德斯蒙德·基根，丁新等译. 远距离教育基础. 北京：中央广播电视大学出版社，1996.

[13] 杨治超，余善云，冉红. 中国广播电视大学开放办学与质量控制. 现代远距离教育，1996（4）.

[14] 孙可平. 现代教学设计纲要. 西安：陕西人民教育出版社，1998.

[15] 李富强等. 知识经济与信息化. 北京：社会科学文献出版社，1998.

[16] 张铁明. 教育信息论. 南京：江苏教育出版社，1998.

[17] 高文. 建构主义学习的评价. 外国教育资料，1998（2）.

[18] 德斯蒙德·基根，丁新等译. 远距离教育理论原理. 北京：中央广播电视大学出版社，1999.

[19] 张奇. 学习理论. 武汉：湖北教育出版社，1999.

[20] 黄梅英. 中国远距离高等教育的机构与功能—以广播电视大学为主要研究对象. 北京：中央广播电视大学出版社，1999.

[21] 于清涟. 论知识经济挑战与教育观念的更新. 教育与经济，1999（6）.

[22] 徐辉富. 促进自主学习的若干思考. 中国电化教育，1999（3）

[23] 张建伟. 从认知主义到建构主义. 北京师大学报，1999（3）

[24] 有宝华. 课程、教学与哲学. 外国教育资料，1999（5）

[25] 傅培玲. 知识经济对我国教育的挑战与对策. 思考教育探索，1999（6）

[26] 谢新观. 远程教育概论. 北京：中央广播电视大学出版社，2000

[27] 李学明，李继，魏芳. 远程教育系统及实现. 北京：人民邮电出版社，2000

[28] 曹卫真. 试论网络教学过程的延伸. 中国远程教育，2000（3）.

[29] 赵国栋，刘强. 美国远程互联网教育的质量评估. 中国远程教育，2000（12）.

[30] 王承绪. 英国教育. 吉林教育出版社，2000

[31] 黄清云. 国外远程教育的发展与研究. 北京：人民教育出版社，2001.

[32] 丁兴富. 远程教育学. 北京：北京师范大学出版社，2001.

[33] 孙绍荣. 教育信息学. 北京：人民教育出版社，2001.

[34] 丁俊杰. 网络传播与现代教育. 北京：北京广播学院出版社，2001.

[35] 吴疆，王润兰. 21 世纪现代教育技术. 北京：人民邮电出版社，2001.

[36] 李国斌. 法国的国家远程教育中心. 中国远程教育，2001（10）.

[37] 侯庆伟. 法国远程教育一瞥. 宁夏教育，2001（6）.

[38] 夏之莲. 外国教育发展史资料选粹（下册）. 北京：北京师范大学出版社，2001.

[39] 罗招全，刘俊国，李晓平，黄洁. 远程开放教育课程质量的影响因素及保证策略. 2002 两岸远程开放教育研讨会论文集. 北京：中央广播电视大学出版社，2002.

[40] 陶遵适. 优化与整合：多种远程教育媒体选择的原则. 2002 两岸远程开放教育研讨会论文集. 北京：中央广播电视大学出版社，2002.

[41] 李力. 现代远程教育论. 广州：南方日报出版社，2002.

[42] 丁新. 中国远程教育发展的十大趋势. 中国远程教育，2003（2）.

[43] 胡晓虹. 网络教育资源开发平台的功能. 中国远程教育，2003（4）.

[44] 余胜泉. 国外网络教育的评价标准. 中国远程教育，2003（8）.

[45] 刘义光，高澍苹，孙宝芝. ISO9000 质量管理体系在远程教育中的实践. 中国远程教育，2003（15）.

[46] 拉马纽健. 开放和远程教育的沿革与发展：来自印度的经验. 中国远程教育，2003（19）.

[47] 陈丽. 远程教育学基础. 北京：高等教育出版社，2004.

[48] 李桂芸. 聚焦亚洲开放大学年会. 中国远程教育，2004（12）.

[49] 张舒予. 德国远程教育：事物功能本质观念的体现. 中国远程教育，2004（4）.

[50] 李亚婉. 法国远程教育:国家实现终身教育的依托. 中国远程教育，2004（11）.

［51］周小粒，王涛. 世界远程教育发展概况. 继续教育，2004（10）.

［52］美萨利·约翰斯顿. 美国远程教育的发展现状、挑战及策略. 中国远程教育，2004（15）.

［53］吴钧等. 发展中国家的远程教育：机遇与挑战. 开放教育研究，2004（1）.

［54］李私明. 德国远程教育的特点及对我国农广校远程教育的启示. 北京林业管理干部学院学报，2005（3）.

［55］哈桑. 瑞典远程教育的发展与模式. 中国远程教育，2005（3）.

［56］孙淑艳. 阿萨巴斯卡大学的远程教育呼叫中心. 中国远程教育，2005（5）.

［57］魏泽荣等. 网络教育中外对比研究.［EB/OL］http://www.edu.cn/20050812/3146576.shtml.

［58］祝怀新，孙敬娜. 澳大利亚南昆士兰大学远程高等教育探析. 中国远程教育，2006（11）.

［59］孙卫华. 凤凰城网络大学的办学特色及启示. 中国远程教育，2006（12）.

［60］孙敬娜. 澳大利亚远程高等教育概览. 中国远程教育，2006（5）.

［61］张美兰. 英国开放大学发展的战略关注：十项优先发展战略与十项战略风险. 中国远程教育，2006（6）.

［62］丁宁. 荷兰的远程教育. 中国远程教育，2006（4）.

［63］阎兵，李娜. 俄罗斯远程教育教学过程组织模式探析. 现代远距离教育，2008（4）.

［64］曾海军，曾德考，范新民. 从国外远程教育看中国高校网络教育的发展. 电化教育研究，2008（4）.

［65］Scott M&clean. 加拿大综合教育组织有效的领导与管理. 中国远程教育，2008（1）.

［66］李建航，周洪利. 高校发展战略规划的制度化建设：英国大学的经验及启示. 国家教育行政学院学报，2008（9）.

［67］曾海军，马国刚. 网络教育那些事儿. 北京：高等教育出版社，2009.

［68］陈馨. 澳大利亚现代远程高等教育发展概览. 中国科教创新导刊，2009（13）

［69］汪全胜，金玄武. 德国高等教育国际化改革及其对我国的启示. 国家教育行政学院学报，2009（9）.

［70］王卿，韩颖. 德国教育信息化历程之启示. 科教文汇（上旬刊），2009（11）.

［71］吉隆坡马新社讯. 马来西亚开放大学主办第 9 届资讯国际大会. 2009.08.08.

［72］韦润芳. 英国开放大学再认识：结构篇. 中国远程教育，2009（11）.

［73］高澍萍. 远程教育 ISO9001:2008 质量管理实务. 北京：中国标准出版社，2010.

［74］丹尼尔. 通向全民教育之路：巨型学校、技术和教师. 刘黛琳，译. 北京：中国广播电视大学出版社，2010.

［75］王爱祯. 加拿大远程教育的经验、反思与启示. 北京广播电视大学学报，2010（4）.

［76］李学，李三福. 英国开放大学发展历程述评. 教育史研究，2010（1）.

［77］袁利平，杨琴琴. 马来西亚开放大学办学特色及其启示. 国家教育行政学院学报，2011（4）.

［78］李亚婉. 日本开放大学的教育实践对中国远程开放教育的启示. 天津电大学报，2011.3.

［79］杨青. 基于经济学视角的网络教育探究. 北京：经济科学出版社，2011.

［80］吴刚. 巴西远程开放教育的现状与启示. 天津电大学报，2011（4）.

［81］陈斌，卢勃. 德国远程教育发展模式研究. 现代远程教育研究，2011（2）.

［82］李亚婉. 荷兰开放大学教育创新的使命与经验. 北京广播电视大学学报，2011（1）.

［83］张亚斌，周宏等. 从加拿大的远程教育制度安排看开放大学的模式建构. 中国远程教育，2011（2）

［84］丰华涛. 英国开放大学发展战略探究. 电大理工，2011（4）.

［85］赵啸海. 德国远程教育综述. 广西广播电视大学学报，2012（3）.

［86］新华网. 法国国家远程教育中心. 2012-08-08.

［87］王春玲. 英国开放大学：创建、特色及启示. 中国电力教育，2012（1）.